Platons grotesker Irrtum

Gunter Dueck

Platons grotesker Irrtum

und 98 andere Neuronenstürme
aus Daily Dueck

Springer

Prof. Dr. Gunter Dueck
IBM Deutschland GmbH
Gottlieb-Daimler-Str. 12
68165 Mannheim
Germany
dueck@de.ibm.com
Homepage www.omnisophie.com

ISBN 978-3-642-04606-3   e-ISBN 978-3-642-04607-0
DOI 10.1007/978-3-642-04607-0
Springer Heidelberg Dordrecht London New York

Die Deutsche Nationalbibliothek verzeichnet diese Publikation in der Deutschen Nationalbibliografie; detaillierte bibliografische Daten sind im Internet über http://dnb.d-nb.de abrufbar.

© Springer-Verlag Berlin Heidelberg 2010
Dieses Werk ist urheberrechtlich geschützt. Die dadurch begründeten Rechte, insbesondere die der Übersetzung, des Nachdrucks, des Vortrags, der Entnahme von Abbildungen und Tabellen, der Funksendung, der Mikroverfilmung oder der Vervielfältigung auf anderen Wegen und der Speicherung in Datenverarbeitungsanlagen, bleiben, auch bei nur auszugsweiser Verwertung, vorbehalten. Eine Vervielfältigung dieses Werkes oder von Teilen dieses Werkes ist auch im Einzelfall nur in den Grenzen der gesetzlichen Bestimmungen des Urheberrechtsgesetzes der Bundesrepublik Deutschland vom 9. September 1965 in der jeweils geltenden Fassung zulässig. Sie ist grundsätzlich vergütungspflichtig. Zuwiderhandlungen unterliegen den Strafbestimmungen des Urheberrechtsgesetzes.
Die Wiedergabe von Gebrauchsnamen, Handelsnamen, Warenbezeichnungen usw. in diesem Werk berechtigt auch ohne besondere Kennzeichnung nicht zu der Annahme, dass solche Namen im Sinne der Warenzeichen- und Markenschutz-Gesetzgebung als frei zu betrachten wären und daher von jedermann benutzt werden dürften.

Einbandentwurf: KuenkelLopka GmbH

Gedruckt auf säurefreiem Papier

Springer ist Teil der Fachverlagsgruppe Springer Science+Business Media (www.springer.com)

Vorwort: Seit 2005 alle vierzehn Tage ein Daily Dueck

Es ist schon lange, lange her – am 23. August 2002 hielt ich einen Vortrag bei den Argonauten in München, einer Kreativagentur. Ich versuchte zu zeigen, dass Agenturen zu kreativ sind, eigentlich fast zwanghaft auf Pointen hinaus sind, wo normal gute Werbung für mich besser wäre. So wie Wissenschaftler nicht für den Nutzen forschen, sondern für ihren Ruhm und einen weiteren Ruf an eine berühmte Universität, so texten und designen Werbefachleute nicht zum Verkaufen von beworbenen Produkten, sondern für ihre eigene Kunstmappe, mit der sie sich bei immer besseren Werbeagenturen bewerben können. Mit dieser These gab es eine fulminante Diskussion neben dem Reitstall am Englischen Garten in München – das Wetter war wundervoll.

Irgendwann fragte jemand während der Veranstaltung, warum ich denn noch keine Webseite hätte. Ich antwortete: „Ich habe noch keinen mit Langeweile gefunden, der mir beim groben Design hilft, und HTML kann ich nicht." Ich hatte nach dem Vortrag noch einigen Kontakt mit verschiedenen MitarbeiterInnen, und eine von ihnen, Brigitte von Puttkamer, bot mir ein Design glatt zum Geschenk an. Da war ich richtig glücklich! Ich fand sofort heraus, dass alle Web-Domains mit Dueck als org, net, biz etc. schon vergeben waren, und wählte omnisophie.com und ktisis.de für meine Homepage aus (Ktisis ist „Schöpfung" im Griechischen, das weiß leider keiner, deshalb finde nur ich allein den Namen so schön). Ich schrieb an BvP, es könne nun losgehen.

Na, bei IBM sind wir immer so entschlossen schnell, quasi anerzogen hyperaktiv. Natürlich musste sie noch längere Zeit andere Webseiten für Freunde fertig stellen. Und dann kam es zu allerlei Hindernissen und Kapriolen des Schicksals bei allen Beteiligten – es wurde nichts daraus, das Projekt verharrte scheintot. Ich dachte nur noch alle paar Monate daran ... Im Herbst 2004 schickte mir BvP dann diese wundervolle blau-braun-gelbe Komposition für meinen „Sinnraum", wie ich ihn nannte. Der ist wahrscheinlich zu schön für mich, auch das Wort Sinnraum, ich weiß. Es sieht nicht nüchtern genug nach Mathematiker aus. Gut, dann können Sie alle etwas darüber lächeln. Mit dem Sinnraum als solchem ist es aber ernst gemeint! Wirklich!

Anja Deubzer, PvBs Freundin aus München, begann dann sofort mit der Implementierung meiner Homepage, ich schrieb schon mal eine erste Kolumne. Die war am nächsten Tag, am 14. November 2004, fertig, aber irgendwie haben alle Leute im Design-Business noch mehr Arbeit als bei mir in der IT-Branche. Unglaublich, wie viel und wie lange sie arbeiten! Mehr und länger als Berater – und dabei ganz ohne Gier. Sie haben Spaß bei der Arbeit – so sieht es aus! Das müsste man sich einmal zur Beseitigung der Finanzkrisen anschauen. Ja, und so kam es, dass meine Homepage im Februar 2005 live ging.

Seitdem erscheint dort meine Kolumne, die ich wegen der schönen Alliteration *Daily Dueck* nannte, obwohl natürlich klar war, dass ich nie täglich würde schreiben können. Und wer wollte so viel lesen? Im Februar 2005 haben gut 600 Personen meine Webseite besucht! Da war ich schon ganz schön stolz. Jeden Tag meldeten sich ein bis zwei Subskribenten für die Daily Duecks an. Die Zahl der Besuche auf der Seite stieg von 25.000 in 2005 auf 60.000 in 2006, dann auf 103.000 in 2007, auf 134.000 in 2008 und auf 150.000 in 2009. Die Anzahl der Personen, die sich für Mail-Benachrichtigungen eintrugen, stieg entsprechend auf etwa 6000 zum Ende 2009. Dieser Zuwachs an Interesse hat mich immer motiviert, weiterzuschreiben.

Ursprünglich dachte ich mal, mir würde der Stoff ausgehen, aber ich bekomme so viele Anregungen allein aus Leserrückmeldungen, dass ich gar keine Befürchtungen mehr habe!

Ich war immer bemüht, halbwegs zeitlos zu schreiben, damit man die Beiträge auch später noch mit einigem Gewinn lesen kann. Manche Beiträge – nicht sehr viele – beziehen sich auf politische Tagesereignisse. So juckte es mich zum Beispiel, gleich nach dem berühmten Ausfall des SPD-Politikers Franz Müntefering gegen die turbokapitalistischen „Heuschrecken" ein DD6 mit diesem Titel zu schreiben. Da war ich etwas beunruhigt, als Radikaler eingestuft zu werden, als ich das schrieb. Aber heute denken alle Leute hässlich über die Heuschrecken am Kapitalmarkt! Dafür brauchte es aber einige Jahre. Genauso kritisch fand ich mich beim Schreiben von DD67 mit dem Titel „Banken verbaseln alles" vom 17. Juni 2008! Schon drei Monate später brach Lehman zusammen (am 15. September 2008) und der Artikel war ganz „normal". Ich habe für Interessierte daher immer das Datum der Entstehung eines DD genannt. Auf meiner Festplatte waren noch die Daten gespeichert. Sie stimmen so etwa auf zehn Tage genau, weil ich die Files nach dem Schreiben noch Korrekturlesen ließ, und meine Tochter Anne hat öfters Änderungen angeregt bzw. verlangt. Manchmal habe ich an mehreren DDs gleichzeitig geschrieben, daher sind die Erscheinungsdaten nicht ganz chronologisch.

Die DDs lesen sich heute, im Nachhinein, noch ganz frisch! Gut für ein Buch! Ich fragte irgendwann ohne jede Hoffnung, also nur, um gefragt zu haben, meinen Verleger Hermann Engesser vom Springer-Verlag, ob man die DDs nicht als Buch publizieren könnte. Das wäre ja seltsam, dachte ich, etwas schon Erschienenes Jahre später als Buch zu publizieren. Hermann sagte spontan zu! Das hat mich so sehr gefreut!

Hier kommt also die erste Staffel meiner Kolumnen, die zweite begann schon im Netz auf meiner Homepage www.omnisophie.com . Falls Sie dann gleich dort weiter mitlesen wollen, wenn Sie mit diesem Buch durch sind: Willkommen im Sinnraum!

Inhaltsverzeichnis

DD1: Frühling in der Luft? (November 2004) 1
DD2: Spart Intelligenz! (März 2005) 3
DD3: Erlernte Phantasielosigkeit (April 2005) 7
DD4: Beigebrachte Hilflosigkeit (Mai 2005) 11
DD5: Fahrlässige oder vorsätzliche Seelenverletzung –
Psychozid (Juni 2005) 15
DD6: Heuschrecken (Juli 2005) 19
DD7: Gimpel ziehen singend in den Krieg (Juli 2005) 23
DD8: Kunde, du! Wir sind nicht zufrieden! (August 2005) 25
DD9: Contra-Platonismus (September 2005) 29
DD10: Platons grotesker Irrtum (Oktober 2005) 33
DD11: Declaration of Lights (Oktober 2005) 37
DD12: Lesen ist unsozial! (November 2005) 41
DD13: Radikale Konstruktivität! Wohlwillen! (Dezember 2005) 45
DD14: Mein Mord (Januar 2006) 47
DD15: Business-Pornographie (Februar 2006) 49
DD16: Projektruinen in der Herzblutwüste (Februar 2006) 51
DD17: Keiner will gut drauf sein! (März 2006) 55
DD18: Die Deutsche Abfrage (Juli 2006) 59
DD19: Business Dysmorphic Disorder (Mai 2006) 61
DD20: Muskelsprache des Ich (Mai 2006) 65
DD21: Denkstimmen für den Protest ohne Radikalismuszwang!
(Juli 2006) 67

DD22: Leichtes Leben mit Zwei Plus! (August 2006) 69
DD23: Das Panopticon (August 2006) 71
DD24: Overdemanding Underachiever (Oktober 2006) 75
DD25: Wegelagerer im Hotelzimmer (Oktober 2006) 77
DD26: Keine Richter, nur Henker (Oktober 2006) 81
DD27: Die Abtötung des Handlungsreisenden (November 2006) 85
DD28: Praesentomania: You too can do! (Dezember 2006) 89
DD29: Wer sich Zeit nicht nimmt, braucht sie nimmermehr
(Dezember 2006) 91
DD30: Du Ziegelstein (Januar 2007) 93
DD31: „Sie sind Q negativ!" Alle abnormal! Alle krank! (Januar 2007) 95
DD32: „Vertraue mir oder ich hau dich um!" (Februar 2007) 99
DD33: Barfuß zur SZ – das Zeichen des Aufschwungs (Februar 2007) . 101
DD34: Gold Ass – der treudoofe Bestandskunde
(Mai 2007) 103
DD35: 1 Kranker + 1 Kranker = 3 Gesunde? Über
Synergieverlust (März 2007) 105
DD36: Mitarbeiter wie gehütete Flöhe (März 2007) 107
DD37: Die Osteridee – verraten Sie sie? (April 2007) 109
DD38: Life Alienation Syndrome (April 2007) 111
DD39: Siegen wollen! Aber nicht siegen müssen! (Mai 2007) 115
DD40: Baby Innovation (Mai 2007) 117
DD41: Scheubletten für Überschwarze! (Mai 2007) 121
DD42: Wer kein Vertrauen hat, arbeitet nicht gut! (Juni 2007) 125
DD43: Die Exekutionssucht (Juni 2007) 127
DD44: Vertrauen – die Formel (August 2007) 131
DD45: Haben Sie das Recht zum Rat? (August 2007) 133
DD46: Sag lieber nix! (August 2007) 137
DD47: Vertrauenserwerb (September 2007) 139
DD48: Virtuelle Streiks in Second Life? (August 2007) 143
DD49: Pflegeroboter und Technologielüge (Oktober 2007) 145
DD50: „Zeitschriften auf Papier?" (Oktober 2007) 147

DD51: Role Overload – zu viele Hüte auf! (Oktober 2007) 151
DD52: Role Underload – würdigen Sie Menschen! (Oktober 2007) . . . 155
DD53: Employee-Value: Mein gefühlter psychologischer
Arbeitskontrakt (Dezember 2007) 157
DD54: Projektizismus und Unwirksamkeit (Oktober 2007) 159
DD55: Betriebliche Universalansprache zum Jahresbeginn
(Oktober 2007) 163
DD56: Der Inquisitor und der Manager (Januar 2008) 167
DD57: Über Konferenzpausen (Januar 2008) 169
DD58: Die Rede sind Sie (Februar 2008) 175
DD59: Chemie des Dankes (Februar 2008) 177
DD60: Versager bringen satten Profit (Februar 2008) 181
DD61: Verpuffen Sie bei schlechter Energieeffizienz? (März 2008) . . . 183
DD62: Zeile beherrscht Spalte und dominiert das Denken (April 2008) . 187
DD63: Viagrata – die Ethikpille (März 2008) 191
DD64: Menschenbewertungen, das perfekte Dinner und das
Subjekt Inferior (Mai 2008) 195
DD65: Das Schweigen ist Schrei! (Mai 2008) 197
DD66: Der perfekte Mensch in der TV-Vorstellung (Mai 2008) 201
DD67: Banken verbaseln alles (Juni 2008) 203
DD68: Der Zorn des Deutschen darf Jammer nur sein (Juni 2008) . . . 207
DD69: Kunde und Überkunde (Juli 2008) 211
DD70: Der Betriebsrat gibt dem Boss den Bonus
(Juli 2008) 215
DD71: Die deutsche Zerrissenheit, der deutsche Doppelbrave
und ein Sturm auf die klassische Erziehung (August 2008) 217
DD72: Mist, nur Silber! (August 2008) 221
DD73: Konstruktion von Prozessleichen und das Fehlen von
Blut und Atem (September 2008) 223
DD74: Was ist noch neu? (September 2008) 227
DD75: Dr. med. Simpel ohne jede Praxis (Oktober 2008) 229
DD76: Durch Mega-Rechenfehler zur Kreditkrise? (Oktober 2008) . . 231
DD77: „Papa, kann eine Bank ethisch sein?" (November 2008) 235

DD78: Der Wohlstand und das dritte Lotka-Volterra-Gesetz
(Dezember 2008) 239

DD79: Vom Wert des Versprechens (Dezember 2008) 241

DD80: Liebe ist wichtig, aber wo kommt sie her? (Dezember 2008) . . . 245

DD81: Im Wahnsinn würde alles enden, wenn wir nicht so
wahnsinnig hofften (Januar 2009) 247

DD82: Schwärmende Intelligenz in Gruppen (Januar 2009) 249

DD83: Heartstormings statt Brainstormings! (Februar 2009) 253

DD84: Green Programming! (Februar 2009) 257

DD85: Der IQL ist wichtig, nicht der IQ! (März 2009) 261

DD86: Brainstorming mit diversem IQL (März 2009) 265

DD87: Spoiled by Rewards: Qualität oder „Achievement"?
(März 2009) 269

DD88: Die Arroganz der Routiniers gegen uns Neulinge (April 2009) . . 273

DD89: Wendungen über Glauben und Bratkartoffeln (April 2009) . . . 277

DD90: Blockierte Unternehmen (Mai 2009) 279

DD91: Utopiesyndrome überall (Mai 2009) 283

DD92: Wie erzeuge ich Schizophrenie? (Mai 2009) 287

DD93: Missbrauch der BILD-Zeitung als Kernintellekt
Deutschlands (Juni 2009) 291

DD94: Innovation durch einen Prozess – geht das? (Juli 2009) 295

DD95: Was im Unternehmen für Innovation zusammenpassen
muss (August 2009) 299

DD96: „Ich zahle den Schaden selbst, ich bin systemirrelevant"
(August 2009) 303

DD97: Strukturloses Träumen der Innovatoren (August 2009) 305

DD98: Der Profit der Anerkennung und mein Hass auf
Hobby-Statistiker (September 2009) 309

DD99: Elite verpflichtet – sie muss unten sein (September 2009) 313

DD1: Frühling in der Luft? (November 2004)

> *Ende 2004 fühlte ich den nahen Aufschwung, als die meisten von uns noch Trübsal bliesen, weil die Folgen des 11. Septembers noch drückten. Ich dachte damals, ehrlich gesagt, dass es auch einen Aufschwung bei den Löhnen und der Stimmung geben würde. Dieses mögliche Positive wurde aber von der Globalisierung geschluckt...*

Riechen Sie ihn auch? Den nahenden Frühling?

Die Welt pendelt hin und her und ich habe nachgedacht, was die Welt bewegt. Die Liebe? Der Zustand des deutschen Fußballs? Eher schon der Klingelton des Handys. Da fällt mir ein, dass Anne und Johannes meinem Diensthandy, das ich sehr selten benutze, öfter neue Töne beibringen. Ich weiß nun fast nie, dass *ich* gemeint bin, wenn es klingelt. Ich höre andächtig zu, überlege, was es bedeutet ... drehe mich um, wer gemeint ist.

Wissen Sie: Wenn uns etwas wahrhaft bewegen soll, muss es uns unter die Haut gehen!

Das, was wirklich durch die Haut dringt, sind die Analystenmeinungen von der Wall Street. Wenn ein Unternehmen eine schlechte Kritik bekommt – zack! – und 20 Prozent des Börsenwertes sind futsch! Das tut elend weh. Da merken die Manager, dass sie ein Herz haben – denn dort schlägt es jetzt zu. Stellen Sie sich vor, Sie führen eine gute Ehe, erziehen wundervolle Kinder – und der Partner geht plötzlich fremd, weil es ihm neuerdings auf etwas anderes ankommt als bisher! So geht es den Unternehmern. Sie arbeiten hart und erzielen Gewinne. Plötzlich beschimpfen die Analysten sie als „Old Economy" und verlangen, dass sie das Unternehmen im Internet führen und eine globale Zukunftsvision haben! Wenn die Unternehmer jetzt nicht sofort eine globale Hitech-Idee erfinden, bekommen sie das Label „Old" und – zack! – sind Prozent des Börsenwertes weg.

So entstanden der Internetboom und die Globalisierung. Alles Gute war „New Economy" oder „Global Player". Weil die Analysten technische Visionen wollten, überschwemmten Hypes die Märkte. Bubble auf Bubble auf Bubble – die Ideen und die Unternehmensgrößen schossen in den Himmel und die Kurse zogen ihnen nach.

Im Jahr 2000 befanden die Analysten, es wäre jetzt doch besser, die Unternehmen machten auch Gewinn dabei. Das war für die Unternehmer ein herber Schock, weil mit dem bloßen Erzielen von Gewinnen bis jetzt kein Geld zu verdienen war, denn die Analysten honorierten das ja nicht!

Da traten alle auf die Bremse. Die Bremsspur zieht sich durch alle Statistiken, unsere Bankkonten und unser Gemüt. Man musste Kosten senken, Kündigungen aussprechen und Produkte so viel billiger produzieren, dass sie nun nicht mehr wirklich von denen im Aldi unterschieden werden können. Nun sparen wir uns alle anderen Läden und gehen gleich zu One-Stop-Shoppings zu Aldi oder Lidl.

Unternehmen, die noch irgendwelche Kosten hatten, wurden von den Analysten abgestraft!

Riechen Sie den Frühling in der Luft?

Die Analysten wollen neuerdings *Innovationen*! Sie sagen, Gewinne wären nicht „regulär durch Arbeiten" erzielt, wenn sie nur durch brutales Kostensenken entständen – denn das Kostensenken hätte ja eine natürliche Grenze (die einfache Null). Nun stehen wir da! Die Umsätze sollen steigen! Wir müssen uns etwas Neues einfallen lassen! Die Unternehmen haben aber alle Forschungsanstrengungen eingestellt! Unser Bildungssystem ist gar nicht dafür gedacht! Reformen müssen her! Koste es, was es wolle!

Die Zeiten werden also wieder besser – da bin ich sicher, weil die Analysten von den Unternehmen gerade so etwas wie sinnvolles Arbeiten fordern.

Das ist schön für uns alle! Die Zukunft wird wundervoll! Genießen Sie sie in vollen Zügen!

Aber ich? Ich bin ja von Beruf Visionär ... ich frage mich schon, was die Analysten als Nächstes fordern werden. Was wird für die Welt der nächste Klingelton sein? Und wenn er das erste Mal ertönt, werden Sie ihn gar nicht erkennen, weil Sie nicht wissen, dass es *Ihrer* ist. Oder? ... oder haben Sie wirklich schon gehört, dass es gerade INNOVATIONEN klingelt? Auf *Ihrem* Handy?

Was machen eigentlich Analysten aus meinem Leben? Dürfen die das?

DD2: Spart Intelligenz! (März 2005)

> *Dieses DD schrieb ich aus reinem Übermut, es war ein Augenblicksanfall. Aber die Idee brodelte noch Monate später in meinem Gehirn.* Es wurde langsam ein ganzes Buch aus der einen kleinen Idee. Das Buch zu *diesem DD2 erschien als* Lean Brain Management – Erfolg und Effizienzsteigerung durch Null-Hirn *in Springer-Verlag. Es wurde von der Financial Times Deutschland und getAbstract zum Managementbuch 2006 gewählt und ist bis heute kurz nach meinem Erstling* Wild Duck *das meistverkaufte meiner Bücher.*

Die PISA-Studien haben ergeben, dass es bald zu wenig Intelligenz in Deutschland gibt, wenn weiterhin die Produktion der Intelligenz in den Schulen so schlecht läuft. Die Produktionsstätten der Intelligenz müssen also dramatisch verbessert werden, wenn der Bedarf in der Zukunft gedeckt werden soll. Wir müssen in Intelligenz und Wissen investieren!

So sagen alle Leute völlig einhellig. 100 Prozent Einhelligkeit!

Das muss doch fast misstrauisch machen, dass sich alle einig sind. Oder? Noch merkwürdiger ist, dass überhaupt nichts geschieht, um die allgemeine Intelligenz auf moderates finnisches Niveau zu heben. Wir kürzen ja gerade die Zeit bis zum Abitur auf 12 Jahre!

„Was ist faul?", dachte ich. „Wieso will niemand Intelligenz herstellen helfen? Nach den Gesetzen des Marktes wird nur dann etwas produziert, wenn es Nachfrage danach gibt."

Ich erschrak.

Warum gibt es keine Nachfrage nach Intelligenz?
Braucht man sie denn eventuell nicht?

Nein! Man kann Intelligenz einsparen! Wozu muss denn jeder intelligent sein? Stellen Sie sich vor, alle würden studieren! Wer soll dann die hohen Gehälter bezahlen? Es ist tatsächlich besser, wir beginnen endlich, an Intelligenz zu sparen. Wie könnte das gehen? Und wie viel Intelligenz brauchen wir überhaupt? Mein Vater sagte manchmal: „Das musst du nicht wissen. *Ich* weiß es ja." Er meinte, das würde ausreichen. Und er hatte ja Recht.

Stellen Sie sich vor, Sie rufen bei einer Bank an. Dann nimmt bei einer sparsamen Bank ein Call-Center-Mitarbeiter ab. „Was möchten Sie uns abkaufen?" – „Ich möchte nichts kaufen, nur etwas Geld an meine Tochter überweisen." – „Ach schade, das kann ich nicht, ich verbinde Sie mit einem qualifizierten Berater. Warten Sie." Musik aus dem Telefon. Nach einer Minute zu 12 Cent: „Hallo, Sie wollen etwas überweisen?" – „Ja, an meine Tochter in Frankreich." – „Oh, ich kann nur Inlandsüberweisungen durchführen. Ich verbinde Sie mit unserem Auslandsexperten. Warten Sie... Moment. Hallo? Hören Sie? Wir haben nur Leitungen für Italien und Spanien frei. Darf ich Ihnen so lange etwas verkaufen? Einen Bausparvertrag? Ach, Moment, es geht doch." Musik aus dem Telefon. „Hallo? Hier ist der Berater für französische Services." – „Ich möchte etwas an meine Tochter überweisen. Wie viel kostet das?" – „Oh, ich überweise nur. Über Preise darf ich nicht reden, wir haben Tagespreise dafür. Jetzt zu Mittag ist es sehr teuer. Dazu müsste ich Sie weiter an einen Experten überweisen." – „Ich will nicht dauernd überwiesen werden, sondern selbst überweisen! Verdammt!" – „Bitte, es kostet, was es kostet. Beim Urlaubskatalog versteht auch keiner die Preisliste. Und der Hausarzt überweist Sie ja auch immer nur, mehr kann er fast nicht! Jeder Mensch muss immer nur wissen, wohin die Arbeit überwiesen werden muss, die er selbst nicht ausführen kann." – „Aber wer bitte, zum Teufel, kann denn etwas?" – „Das wird durch einen Geschäftsprozess bestimmt. Das Wissen ist hauptsächlich in der Telefonanlage. Die meisten, die hier bei mir ankommen, wollen etwas nach Frankreich überweisen. Sonst verbinde ich sie weiter." – „Dann sind Sie nur wie ein öliger Fließbandarbeiter, der bei Roh-Autos zwanzig Jahre lang immer die gleiche Schraube andreht?" – „Das wäre schön! Ich würde dann besser bezahlt. Ich mache das als Aushilfe von zu Hause aus. Meine Frau nebenan am Küchentisch beantwortet Fragen nach kaputten Scannern. Sie muss sagen, dass das Netzteil defekt ist, was zu 90 Prozent stimmt. Wenn es nicht stimmt, verbindet sie weiter. Sie hat noch nie einen Scanner gesehen." – „Aber das ist doch hirnlos!" – „Alle Arbeit ist hirnlos, wenn sie immer dieselbe ist." – „Und wer weiß Bescheid?" – „Niemand! Woher denn? Neulich hat bei einem Nachbarn der Scanner nicht funktioniert. Er war wütend. Ich habe sofort meine Frau angerufen. Sie sagte, das Netzteil sei kaputt. Es stimmte." – „Und niemand weiß wirklich etwas? Mein Gott!" – „Rufen Sie Gott an!"

Verstehen Sie? In einem guten System ist Intelligenz nicht nötig. Sie darf auch nicht zugegen sein, weil sie stören würde. Gute Arbeit muss von selbst laufen. Intelligenz kann in diesem Fall fast ganz eingespart werden. Jeder macht seine einfache kleine Aufgabe und schickt den Rest an andere Restintelligenzen weiter oder nimmt ihn nicht an. Ja, so könnte es gehen. Darauf ist noch keiner gekommen: Wir müssen an den Schulen Leistungskurse im Blitztelefonieren einrichten. Dann ist man bestimmt mit dem Abitur ein mündiger Wähler.

War das zu indirekt und nur sarkastisch? Im Ernst: Fast alle Arbeit ist vor allem Routine. Deshalb ist es intelligent, das Einfache auf niedrig bezahlte Routinearbeiter zu verteilen und nur das Wenige, was nicht Routine ist, höherwertigen Arbeitsplätzen zuzumuten. In der Kfz-Werkstatt riecht der Meister am Auto und sagt: „Drosselklappe reinigen!" Der Rest ist Routine. In der Klinik sagt der Chef: „Herzklappe ersetzen!" Der Rest ist Routine. Es wäre nun dumm, wenn der Meister selbst repariert oder der Chef selbst operiert. Deshalb zieht sich die Intelligenz langsam hinter Call-Center zurück. Die Arbeit wird routiniert getan – und erst dann, wenn jemand keine Ahnung hat, wie es weitergeht, wird man weitergeleitet. Beim Hausarzt, bei der Wertpapierberatung, im Reisebüro, im Kaufhaus. Wer Routine will, bekommt sie prompt. Wer mehr will, trifft auf völlige Ahnungslosigkeit! Das erschreckt Sie im Leben bestimmt sehr oft, aber das ist in einem Intelligenz sparenden System gewollt! Denn wer was weiß, will mehr Lohn! Das weiß jeder! Weil das so ist, muss sich ein sparsames System vor Intelligenz hüten. Oder die intelligenten Menschen müssten so intelligent sein, für ihre Intelligenz (die sie sich sparen könnten) keinen Lohn einzufordern. Sie müssten sich also als dumm verkaufen. Wenn Sie dann an Ihrem Arbeitsplatz ab und zu mehr wissen, als die Routine verlangt, dann hält man Sie für einen fähigen Menschen, der sich weit unter Wert verkauft. Man hält Sie dann folgerichtig für dumm (also am richtigen Arbeitsplatz, der Intelligenz spart), aber man mag Sie, weil Sie Intelligenz verschenken.

Damit ist klar: Bildung zahlt sich doch aus! Nur nicht unbedingt in Geld. Für etwas anderes aber besteht heute kaum Nachfrage. Deshalb wird heute die Produktion von Bildung gar nicht erst erwogen. PISA ärgert uns nur, weil andere angeblich besser sein sollen. Dass uns Bildung fehlt, betrübt uns nicht. Und genau dieser Mangel an Betrübnis darüber ist die Katastrophe. Sehen Sie: Wenn im Extrem jemand ganz dumm ist, merkt er das nicht. (Das Ungenierte gehört zum Wesen der Dummheit.) Er ärgert sich aber, wenn andere als klug bezeichnet werden und er selbst nicht. Das Symptom haben wir also schon. Nun fehlt uns noch die Krankheit dazu. Wenn wir aber immer mehr Intelligenz sparen, wird die Zeit das heilen.

DD3: Erlernte Phantasielosigkeit (April 2005)

Susanne Seffner (www.seffner-personal.de) verwendete in einer längeren Mail an mich die Worte „erlernte Phantasielosigkeit in der Gegenwart".

Da saß ich vor dem Computer, zog die Augenbrauen zusammen und stützte meine Hand unter das Kinn, so wie Walter von der Vogelweide auf dem berühmten Bild. „Ich hete in mine hand gesmogen, daz kinne und wine wange." Sie wissen schon, so beginnen die wichtigen Gedanken „wie man zer welte solte leben".

Eines der ganz großen Bücher der Sozialwissenschaften ist *Learned Helplessness* oder *Erlernte Hilflosigkeit*. Martin Seligman wurde mit einem Experiment und diesem Buch berühmt, obwohl einem die Hunde echt Leid tun, wenn man zum Beispiel schon in Rente ist oder noch nicht im Arbeitsleben steht.

Angeschirrte Hunde bekommen Stromstöße, die ihnen kurz vorher durch ein Signal angekündigt werden. Sie werden so lange traktiert, bis sie sich schließlich nach jedem Signal leise winselnd in ihr Schicksal ergeben. Sie kauern nur noch da und zittern unter dem Strom. Sobald sie nach vielen Durchgängen ganz hilflos geworden sind, bringt ihnen der Versuchleiter bei, dass sie sich bei Stromschlägen durch den Sprung über eine Wand in einen anderen Käfig retten können.

Es zeigt sich, dass sie das schwer oder gar nicht mehr lernen. Sie sind so hilflos geworden, dass sie keine Anstrengungen mehr machen, auch wenn es neuerdings einen Ausweg geben könnte. Sie haben die Hilflosigkeit dauerhaft adaptiert. Sie glauben an kein Entrinnen mehr. Normale Hunde dagegen, die noch nicht auf Hilflosigkeit getrimmt worden sind, erlernen den rettenden Sprung sehr schnell!

Seligman erklärte aus diesen Erkenntnissen heraus, dass eine gefühlte Ohnmacht gegenüber einem beherrschenden Übel so hilflos macht, dass nicht mehr nach Auswegen gesucht wird, auch wenn dem Hilflosen die Auswege immer wieder vor Augen geführt werden. Der Hilflose ist apathisch und depressiv geworden. Er ist in einem dunklen Zustand des selbst wahrgenommenen Kontrollverlustes angekommen, in dem „nichts mehr hilft" und alles „keinen Zweck mehr" hat.

Menschen aber sind bekanntlich nicht Hunde.

Deshalb stellte man nach 1975 neue Experimente mit Menschen an, wahrscheinlich ganz ohne auf die jahrtausende alten Erfahrungen der Geheimdienste zurückzugreifen. Wir kennen sie doch, die Gebrochenen, die wir aus der Folter befreiten. „Du bist wieder frei!", rufen wir, die Gesunden, ihnen glücklich zu und umarmen sie, aber sie schauen stumpf. Es stellte sich bei Menschenexperimenten heraus, dass manche Teilnehmer tatsächlich apathisch blieben, andere aber schnell den angebotenen Ausweg erlernten. Menschen sind eben doch nicht wie Hunde! Oder jedenfalls manche von ihnen nicht? Martin Seligmans Theorie wankte, bis L. Y. Abramson herausfand, dass sich Menschen jeweils verschieden verhalten, je nachdem, wie sie sich in der Problemsituation ihre eigene Ohnmacht selbst erklären. Apathisch werden diejenigen Menschen, die sich selbst in ein „Nichts geht mehr"-Dunkel versinken lassen. Es gibt andere, die auch in grässlichsten Notlagen denken: „Im Augenblick kann ich nichts tun, ich muss ausharren und geduldig auf eine Lösung warten." Wenn diesen Menschen ein Ausweg gezeigt wird, freuen sie sich, dass die Zeit des Leidens vorbei ist!

Seitdem gibt es eine Menge Bücher über *Learned Optimism*. „Sei voller Zuversicht! Es ist nicht sicher, dass du noch sechs Jahre arbeitslos sein musst!" – „Wer immer an sich glaubt, geht nicht unter!" Sie kennen das sicher.

Das alles fiel mir ein, als mir Susanne Seffner schrieb. Mir fielen Menschenversuche ein, bei denen Menschen Aufgaben lösen sollten, für die es keine Lösung gab. Manche erkannten das, andere wurden depressiv, weil sie sich als Versager fühlten.

Wir sind oft in Situationen, in denen wir das Gefühl haben, keine Kontrolle mehr über unser Schicksal zu haben. Die Schule fällt uns über dem Kopf zusammen. Die Eltern lassen sich scheiden. Der Chef macht Andeutungen, mindestens die Low Performer entlassen zu wollen – oder noch besser, den Teilbetrieb aufzulösen und alle in die Wüste zu schicken. Wer heute nach Sinn schreit, wird gefragt: „Was bringt er in Cash?" Wer eine Verbesserung vorschlägt, wird gefragt: „Wie viel spart das? Erspart es dich?" Wer nach Anerkennung lechzt, wird abgefertigt: „Sei froh, dass du Arbeit hast." Die Manager, die einst trieben, sind längst selbst Getriebene. Als sie selbst trieben, konnten die Mitarbeiter sich an ihnen reiben und streiten und streiken. Heute sitzt der Chef noch stärker zitternd unter den Stromschlägen neben ihnen. Die Mitarbeiter bedauern ihn.

Und nun! Tusch! Gong! Vorhang auf!

Nun kommt die Welt mit Fanfarenklang zu uns und verkündet: „Innovation muss her! Deutschland muss ein blühendes Land werden! Wir wollen in Bildung investieren! Wir wollen mit Phantasie zu alter Stärke zurückfinden! Wir wollen wieder Sinn in unserer Arbeit spüren! Ein Kulturwandel muss her! Wir wollen alle gleich heute Nacht beginnen, uns mit Kindern zu segnen! Macht Optimismus!"

So fühlt es sich für die Hunde im Pawlow-Geschirr an, wenn man sie abkettet und ihnen den neuen Weg zeigt. Wie wenn befreite Gefangene sich mit der Hand gegen die blitzende Sonne schützen und einen ersten Schluck Wasser schlürfen.

Wir haben das Arbeiten ohne Ende und Anerkennung gelernt. Wir haben das Sparen, das Arbeitslossein, die Zukunftslosigkeit gelernt. Viele haben Hunderte von Absagen auf Bewerbungen betrauert und sind apathisch geworden. Niemand kann sagen, welches Studium noch einigermaßen eine Arbeit garantiere.

Nun heißt es: Aufbruch Deutschland!

Wie aber kann man denn aufbrechen, wenn man die Phantasielosigkeit erlernt hat? Wenn man die Sehnsucht verlernt hat? Oder den Stolz auf die eigene Selbstwirksamkeit?

Ach, ich wünschte, wir hätten schon früher – lange vorher – den Optimismus erlernt.

Dann könnten wir aufbrechen.

Wenn wir aber apathisch sind, können wir die Predigten doch gar nicht hören! Hilfe! Man hätte uns den Optimismus *vorher* beibringen müssen! Als wir *Kinder* waren!

Leider brauchten wir nie Optimismus. Es ging uns gut. Und wir vertrauten.

Die Apathie ist das Wissen, dass es nie aufhört. Das Vertrauen ist sich gewiss, dass nichts beginnt.

Nun muss es aufhören. Nun muss es beginnen.

Das sollten wir lernen. Ja, es könnte wie Optimismus sein.

DD4: Beigebrachte Hilflosigkeit (Mai 2005)

Wenn man Menschen barbarisch brutal hilflos macht, dann werden sie nie mehr richtig selbstständig oder frei! Sie haben den Habitus der Hilflosigkeit erlernt. In diesem Zustand wirken Menschen wie Depressive. Sie werden nun angeherrscht, nicht so traurig und apathisch herumzuhängen. Wer aber hat es ihnen denn beigebracht?

In DD3 habe ich Hundeexperimente geschildert. Es gibt auch Versuche mit Menschen, die schmerzenden Tönen ausgesetzt werden, die sie aber in der Versuchszelle durch das Drücken eines Knopfes abstellen können. Manche der Versuchspersonen jedoch werden in Zellen mit ganz wirkungslosen Knöpfen gesetzt. Sie resignieren unter den ständig schmerzenden Tönen und ertragen diese mit zunehmender Apathie. Wenn man ihnen nach längerer Leidenszeit verrät, dass der Knopf jetzt wieder geht, schalten sie nur sehr zögerlich. Sie lernen sehr langsam. Sie haben Hilflosigkeit erlernt.

Warum graut es Langzeitarbeitslosen bei der Stellensuche? Sie sind durch die Hölle der Dauerabweisung gegangen! Warum fürchten sich Menschen, deren engste Arbeitskollegen plötzlich per Lostrommel entlassen werden? Es ist wie ein Bombeneinschlag in Bagdad neben mir. Menschen bleiben liegen. Ich gehe in Trance unter Schock weiter. Warum leisten Kinder in der Schule nichts, nur weil sie zu Hause geschlagen wurden? Warum werden ehemals kolonialisierte Länder nicht frei, wenn man sie in die Freiheit entlässt? Warum integrieren sich Minderheiten in Deutschland nicht? Die Hilflosen hängen dann irgendwo am Tropf, entmutigt und still. Und wir rufen: „Suche Arbeit!" – „Leiste!" – „Sei optimistisch und frei!"

Wir schauen also auf die Apathischen und ermahnen sie, munter zu werden. Das ist wie Trampeln auf Leichen. Denn Apathische erwachen nicht so leicht, weil das Grauen in ihnen festsitzt. Es ist ihnen gut beigebracht worden.

Sie erfuhren Zustände, in denen keine Anstrengung einen Unterschied macht. Alle gedrückten Knöpfe erwiesen sich als wirkungslos. Der schrille Ton blieb: „Du bist zu nichts zu gebrauchen. Niemand mag dich." Diesen Satz hat nicht jeder von uns gehört, sicher nicht. Aber Menschenexperimente zeigen, dass Hilflosigkeit durch Zuschauen erlernt werden kann. Wer das Niederschmettern sieht, den schmettert es ebenfalls hin. Es reicht, wenn ich nur selbst erlebe, wie weinende Menschen entlassen oder wie Angehörige meiner Hautfarbe geschmäht werden:

„stellvertretende Unwirksamkeitserfahrung." Sie müssen nur genug Nachrichtensendungen verfolgen.

Das Kerngefühl dieser Hilflosigkeit ist „Unkontrollierbarkeit". Es kommt zu Passivität, Müdigkeit, Muskelanspannung, Absinken des Selbstwertgefühls und Appetitverlust für vieles. „Das von mir Erwartete übersteigt mein Können." Lähmung. Was kann man tun? Das ist klar! Motivierende Ansprachen! Loben! Ermutigen! Vorführen von Erfolgsmenschen, damit stellvertretend Wirksamkeit erlernt werden kann! Zeigen, dass der Knopf wieder schaltet. Ja, sicher. Der Knopf schaltet wieder. Der Kopf aber nicht.

Ich stelle die Frage: „Warum kurieren wir herum, wo nicht mehr richtig zu kurieren ist? Warum bringen wir es den Menschen denn erst bei, dass ‚sie nicht gut genug' sind? Den Schülern? Den so genannten Ausländern? Den Arbeitslosen?"

Studien haben gezeigt, dass Depressive ihre Möglichkeiten, Kontrolle zu haben, besser und realistischer einschätzen als Normale. Normale erinnern sich objektiv zu stark an das Positive. Sie haben Zuversicht und Hoffnung, die ganz nüchtern besehen vielleicht schon hätten sterben können. Alloy und Abramson führen nach Experimenten 1989 den Begriff der *Illusion der Kontrolle* ein.

Können wir nicht einfach etwas mehr an uns glauben? Zuversichtlich uns so sehen, wie „wir bald sein werden", also besser? Nein, das können wir nicht. Denn wir sind hilflos geworden. Man sagte uns: „Pass auf. Das kannst du nicht. Du bist zu klein. Denk nicht, gehorche. Erwachsene haben Recht, weil sie die Macht haben. Kinder sind ohnmächtig und brav. Schweige, wenn man dich nicht fragt. Unterbrich nicht. Schau dich mal im Spiegel an. Ich habe keine Zeit. Hier ist Geld. Ich kann nichts dafür, wenn du schlecht bist. Lerne. Da ist jeder allein. Ich bin seit der Scheidung auch allein. Schlimmer, ich blieb mit dir sitzen. Sieh zu, dass du nicht sitzen bleibst."

Wenn man das den Menschen sagt, verlieren sie das Gefühl der Selbstwirksamkeit. Sie reagieren nach allen Messungen zuerst mit der so genannten Reaktanz. Wer noch glaubt, die Kontrolle wiedergewinnen zu können, kämpft darum. Er wird hektisch, hyperaktiv, feindselig und aggressiv. (Fühlen Sie die Schule? Die Reaktanz?) Erst wenn im Zustand der Reaktanz die Umgebung immer noch unkontrollierbar bleibt, kommt die Hilflosigkeit über uns. Es dämmert und wird Nacht.

Reaktanz!

Fühlen Sie, wie Reaktanz schmeckt? Wie Aufbäumen.

Spüren Sie, was die Eltern und Lehrer sagen?

„Nicht kooperativ. Gehorcht nicht. Antisozial. Ritalin. Unkonzentriert. Böse."

So nennen sie die Reaktanz, das letzte Zucken des Lebens.

Und dann töten sie es.

So wird die Hilflosigkeit eingefleischt. „Sag nichts!", flehen wir Hilflose. „Es hilft nichts. Sie werden zurückschlagen." Lehrer haben Recht. Professoren haben Recht. Manager haben Recht. Macht hat Recht. „Sag bloß nichts!", wimmern wir Hilflose. „Wenn der Spargel den Kopf erhebt – zisch!"

Später nennen sie uns Verlierer. „Tu etwas, unternimm etwas. Zieh um, sieh nach neuer Arbeit. Zeuge Kinder, damit es viele Deutsche gibt. Wirf die Bedenken ab. Sei optimistisch. Aus dir kann trotz allem etwas werden. Du musst an dich glauben, dann werden wir irgendwann auch einmal an dich glauben können. Dann hast du dir unsere Liebe verdient."

Die Macht hat bei Hilflosen leichtes Spiel. Eine Schiffsladung Spanier kann einen ganzen Kontinent erobern. Ein paar Garnisonen halten große Kolonien in Schach. Braucht Macht Hilflosigkeit? Vielleicht nicht gerade genau die, aber die Macht kann Reaktanz nicht ausstehen (Familie, Firma, Irak). Sie sieht den Ausweg im Befrieden. Sie verwechselt Frieden mit Ruhe.

Und jetzt haben wir in Deutschland diese gewisse Ruhe. Sie fühlt sich an wie Zukunftslosigkeit.

Lassen Sie uns also unruhig werden!

Ach ja – das ist schwer. Verlernen, was eingebrannt wurde. Was man uns gelehrt hat. Was sollen wir tun? Unruhige Kinder erzeugen, sie herzen und loben, herausfordern und stärken. „Kind – möge die Macht mit dir sein."

Bringen wir niemandem bei, was wir lernen mussten. Auch nicht das, wobei wir zuschauen mussten.

(Und bald geht es hier um die „Schuldfrage" . . .)

DD5: Fahrlässige oder vorsätzliche Seelenverletzung – Psychozid (Juni 2005)

Wer ist verantwortlich? „Mein Kind ist missraten." – „Der gute Mitarbeiter hat sich überraschend schlecht entwickelt." – „Wir haben über sie gelacht, sie ist so wahnsinnig fett." – „Ich betrüge dich schon seit Jahren und du blöder Hund merkst nichts. Jetzt habe ich dich ganz satt." – „Ach Kind, du wirst einmal schwer eine Frau finden. Du bist klein."

Ich bin 1,69 m. Genau so groß wie der kleine Littbarski, der trotzdem Fußball spielt. Mir haben sie das gesagt. Ich war ganz hoffnungslos. Ich dachte traurig an einen Witz vom Zwerg, der die blonde Riesin heiratete und zu Beginn der ersten Nacht um das Bett herum tanzte und in die Hände klatschte. „Mir! Mir! Das alles gehört mir!" Ich begann als Junge, Mädchen nach der Größe zu beurteilen. Bei der Bundeswehr musste ich immer als Zweitletzter beim Antreten stehen, nur so sah es schön aus. „Ach Kind, du bist klein." Das ist eine schwere Seelenverletzung gewesen. Fahrlässig? Bestimmt – vorsätzlich war sie nicht. Zum Mittelball des Tanzkurses hatte ich ein Mädchen, das etwas kleiner war. Ich liebte aber ein anderes sehr, das war 1,71 m. Es hatte kurz vor dem Ball noch „keinen Herrn", da wurde hektisch noch einer gesucht und besorgt. Ich weinte die ganze Nacht. Nach dem Ball sagte mir jemand aus meiner Familie lächelnd: „Du tanzt hölzern wie ein Mathematiker." Das streckte mich nieder. Meine Frau würde heute so gerne mit mir tanzen. Ich kann aber nicht. Es sitzt in mir fest. Erlernte Hilflosigkeit. War das fahrlässig oder vorsätzlich? Ich denke, es ist, wie wenn ein Kannibale nach Heidelberg kommt, ein Kind erschlägt und isst, weil er es so gewohnt ist.

In meinem Buch *Topothesie* habe ich für Seelenverletzungen das Wort Psychozid benutzt, analog zum Wort Mentizid („Erzwingen erwünschter Denkweisen durch seelische Folter"), das es schon gibt. Mentizid ist Absicht. Umerziehung. Verhaltensänderung! Psychozid ist die größte Sünde des Menschen, die aber nicht bekannt ist, weil uns irgendwie die Wahrnehmung verletzter Seelen fehlt. Wir sehen schon, dass jemand zusammenzuckt und leidet, aber wir verstehen die Tiefe des Leidens nicht. Wir halten für „normal", was schon kriminell ist.

„Schon wieder null Punkte für Stefan, unseren Musterschüler!" – „Was leisten Sie eigentlich für unsere Firma? Schon innerlich gekündigt?" – „Sie sind nun schon zwei Jahre in Therapie, es muss jetzt langsam etwas werden!"

Seligman berichtet in seinem Buch *Erlernte Hilflosigkeit* über Experimente mit Ratten. Man lässt sie in einem Bottich schwimmen, bis sie ersaufen, und stoppt die Zeit. 60 Stunden. *Stunden!* Nun nimmt man wieder eine neue unverbrauchte Ratte in die Hand. Sie zappelt verzweifelt und zappelt und zappelt. Nach einigen Minuten lässt sie nach, gibt auf und reagiert nicht mehr. Still. Dann setzt man sie in den Wasserbottich. Kaum eine Ratte schwimmt so länger als 30 Minuten, manche sterben schon in der Hand vor Angst. Sie in der Hand halten, bis sie ruhig sind, ist wie Vergewaltigen für Ratten. Das verstehen wir alle. Wäre es aber eine vergewaltigte Frau, würden wir uns wundern, warum sie so klaglos im Leben untergeht. Ein vergewaltigender Mann wird sozusagen für das „Festhalten" bestraft, nicht für den Zustand danach. Nicht für den Seelentod.

Mütter! Väter! Lehrer! Bosse! Offiziere! Wissen Sie, was Sie tun? Was Sie gesunde Härte nennen würden, ist in vielen Fällen Psychozid. Fahrlässig? Vorsätzlich? Nein, es ist meist die Unkenntnis, dass es auf dieser Welt mehr als eine Seele, nämlich die eigene, gibt. Ich habe schon öfter einmal in geselligen Runden diskutiert, ob das Kind misslingt oder verdorben wird. Ob der Mitarbeiter unfähig ist oder stumpf gemacht wurde. Ob der Schüler rein gar nichts kann oder nur verletzt wurde. Da werden die Mächtigen sehr böse und fauchen mich an. „Kann ich etwas dafür?" Wer denn? Insbesondere Mütter haben mich schon angebrüllt, weil ich meinte, sie wären für die Kinder verantwortlich, sie hätten ja lange Macht über Leben und Tod gehabt. „Wir haben unser Bestes getan!" Dieselben Väter und Mütter sind vorher beim Diskutieren beim Kaffee über alle Nachbarn hergezogen. Sie stellten fest, dass die Nachbarn schlecht erzögen und lausige Eltern seien.

Eltern sonnen sich im Erfolg ihrer Kinder, Lehrer sind stolz auf die guten Noten, Manager werden für gute Zahlen befördert. Das waren sie, sie ganz allein! „The Power Takes the Credit." Und am Misserfolg sind die Kinder und kleinen Leute selbst Schuld.

Wenn man Schülern immer fünf normale und fünf sehr schwere Aufgaben gibt, geben sie innerlich auf und schaffen mit der Zeit nichts mehr. Sie sehen ihr Versagen im Lehrer. Gibt ihnen dann ein anderer Lehrer zehn normale Aufgaben, schaffen sie alle (siehe bei Seligman), insbesondere auch die fünf normalen, die sie beim „Lehrer mit unfairen Aufgaben" nicht lösen konnten. Ach, du liebe Schulzeit . . .

Wenn man Hunde mit Stromschlägen eine Stunde traktiert, sind sie für zwei Tage hilflos und apathisch. Dann erholen sie sich wieder. Wenn man sie aber an zwanzig Tagen hintereinander je eine Stunde traktiert, bleibt es in ihnen sitzen. Sie bleiben apathisch. Wie ruhige Schüler. Wie maschinisierte Soldaten. Wie Ausführungsorgane.

Ist es ist nicht so, dass wir uns am liebsten Untergebene vorstellen wie Ratten in unserer Hand, die aber trotzdem 60 Stunden schwimmen? Dass wir die Ruhe wollen und die Hochleistung dazu? Für die Disziplinierung sieht sich die Macht in der Verantwortung. Für die Leistung muss der Untertan geradestehen. So sind die Rollen verteilt. Die Macht formt unsere Seele, indem sie sie machtvoll motiviert.

Ich habe mit mir angefangen. Ich bin verletzte 1,69 m. Im Fernsehen lassen sich gerade Frauen mit nur durchschnittlichen Brüsten neu zuschneiden.

Was geschah Ihnen? Was tun Sie?

Wollen wir uns nicht bemühen, Psychozide zu erkennen? Anzuklagen? Im Grunde müsste das Seelenverletzen ins Strafgesetzbuch. „Demütigung." – „Mobbing." – „Überraschende Kündigung." Ja, selbst eine unangekündigte Klassenarbeit ist Seelenverletzung, das wissen wir alle, auch die Lehrer, die Revisoren, die Prüfer. „Wie Verbrecher!", wimmern innerlich die Unschuldigen hilflos.
Es ist unser System.

DD6: Heuschrecken (Juli 2005)

Der müntige Bürger kennt sich neuerdings mit Heuschrecken aus! Die kommen sonst nur als Plage in Bibelverfilmungen vor, wo sie den Pharao niederzwingen, der ungefähr wie Yul Brunner aussieht. Was aber hat es mit den Heuschrecken an den Kapitalmärkten auf sich? Gar nichts, es ist ein Problem breitester Dummheit.

Wissen Sie, was Risiko ist? Wenn Sie beim Roulettespiel Ihr ganzes Geld auf Zero setzen. Hopp oder Top, alles auf eine Karte. „Ich setze alles." Normale Menschen arbeiten brav lange Zeit und bekommen eine kleine Pension, so der Staat will. Die aber, die Kopf und Kragen riskieren, haben meistens Pech und nur ab und zu Glück. Wenn jemand Pleite macht – dann bekommt er auch eine kleine Rente, weil er ein Mensch ist. Wenn er Glück hat, gewinnt er alles und lacht über uns, die wir denen, die Pech hatten, auch noch die Rente bezahlen.

Das Glück gehört, dem es lacht. Das Pech wird sozialisiert. Das große Pech bekommen wir als Gemeinschaftsmenschen noch zu unserem normalen eigenen Pech dazu. Wir bezahlen die Pleiten, die Politikerfehler und die Kriege. Wir bezahlen, wenn jemand alles auf eine Karte setzt und verliert. Er hat dann, wie er sagt, auf die falsche Karte gesetzt . . .

Das Problem unserer Zeit ist es, dass normale Menschen keinen blassen Schimmer von Risiken haben. Ich könnte sagen: In dieser Hinsicht grassiert krasseste Dummheit.

Die Risiken von Aktien zum Beispiel werden erst seit einigen Jahren in der Wissenschaft betrachtet. Harry Max Markowitz untersuchte in den 50er Jahren Aktienportfolios unter verschiedenen Zukunftsszenarien und erhielt erst sehr viel später, 1990, den Nobelpreis dafür. Bei der IBM arbeiteten wir schon 1988 an Verfahren, das Risiko von Aktienpositionen zu berechnen und damit die Vermögensstrukturen zu optimieren. Die Banken kannten so etwas damals noch kaum. Ich versuchte, die Wichtigkeit dieser Gedanken zu propagieren. Es gelang nicht. Wir gaben entmutigt auf. Keiner wollte etwas von Risiken wissen! Ich konnte ja nicht ahnen, dass wenig später Markowitz den Nobelpreis dafür bekommen würde! Pech, 1990 hatten wir schon etwas anderes angefangen.

Ich weiß noch, wie ich 1988 vor Bankern dringlich vorgetragen habe, voller Verzweiflung um Aufmerksamkeit kämpfend. Ich versuchte es mit einer großen Geste und bot einer Großbank großspurig an, einen Fonds von 10 Milliarden Euro kostenfrei zu führen, solange ich weniger als 20 Prozent Rendite erzielen sollte. Wenn allerdings die Rendite mehr als 20 Prozent betrage, wollte ich die Hälfte von dem abhaben, was darüber lag. Da saßen sie ungläubig da und lächelten säuerlich wie über einen schlechten Scherz. Wo war der Trick? „Oh, das wäre ein gutes Geschäft für uns. Niemand schafft 20 Prozent. Das wäre ein gutes Angebot, es kostenfrei zu führen. Wie aber verdienen Sie Ihr Geld? Das sehen wir nicht." Ich lächelte überlegen zurück und sagte lässig: „Ich nehme die ganzen 10 Milliarden Euro und setze sie in der Spielbank auf Rot." – „Ja, und?" Sie verstanden nicht. Ich wartete. „Wenn Rot kommt, werden wir alle reich. Wenn Schwarz kommt, tut es mit leid um Ihr Geld. Verstanden?" – „Oh, das gilt nicht, das ist kein Geldanlegen, es ist Spielen." – „Wo ist da die Grenze?", fragte ich. Das wussten sie nicht. Sie legten damals das Geld immer nur an.

Heute spielen sie mehr.

Ein Hedge-Fonds bekommt bei Erfolg 20 Prozent vom Ertrag, sonst nichts. Niemand kontrolliert, was mit Ihrem Geld geschieht, das steht jeden Tag in der Zeitung ...

Manager werden mit Optionen bezahlt. Angenommen, der Aktienkurs eines Unternehmens notiert mit 20 Euro. Dann könnte ein Topmanager neben seinem Gehalt vielleicht eine Million Optionen zum Ausübungspreis von 30 Euro erhalten. Er hat damit das Recht, gegen 30 Millionen Euro die Herausgabe von einer Million Aktien zu verlangen. Da der Kurs an der Börse nur 20 Euro beträgt, nützt dieses Recht im Augenblick nichts. Wenn aber der Kurs auf 40 Euro steigt, kauft er für 30 Millionen Euro eine Million Aktien und verkauft sie sofort wieder für 40 Euro das Stück. Er ist jetzt für einen Manager moderat wohlhabend – aber nur, wenn der Aktienkurs um mehr als 50 Prozent steigt. Sonst tut sich nichts! Aktionäre halten das für total schlau, weil sich jetzt der Manager anstrengen muss. Aktionäre denken sich, Manager sind sonst faul. Das weiß man ja. Manager brauchen einen Anreiz.

Nun stellen Sie sich einmal vor, was der arme Manager tun soll. Wenn er jedes Jahr den Gewinn um 10 Prozent steigert, dann muss er womöglich vier, fünf Jahre arbeiten, um etwas zu verdienen. Da kommt dem Manager eine tolle Idee: Er geht aufs Ganze! Er versucht, seine Firma aufkaufen zu lassen („er schmückt die Braut"), er plant ganz waghalsige Innovationen („Breakthrough!"). Er verkauft alles außer dem gewinnträchtigsten Teil, um mit dem Rest Eindruck zu machen („auf das Kerngeschäft konzentrieren"). Er kauft eine riesige Firma auf, um die Aufmerksamkeit der Finanzjongleure auf sich zu ziehen („wir werden global"). In allen Fällen beginnt er, auf eine Karte zu setzen. Er erhöht das Risiko und beginnt zu spielen, denn normale Arbeit hilft ihm selbst nichts. Wenn die Aktien unter einem wilden Gerücht nur einen einzigen Tag auf 40 Euro stiegen, so wäre er ein gemachter Mann. Anderntags könnte das Unternehmen in Trümmer gehen. Wenn der Manager aber nur immer 5 Prozent Wachstum durch normale Arbeit schafft (also wenn er normal erste Klasse ist), dann verdient er nichts und hat keine Lust mehr. Er wechselt die Firma, er bekommt dort neue Optionen. Neues Spiel, neues Glück.

Die ganze Weltwirtschaft jongliert. Firmen werden zerteilt und zusammengeschweißt, sie ziehen um, wenn ein Staat die Steuern erlässt. Hin und her. Das Hin und Her kostet uns viel Geld. „Außer Spesen nichts gewesen", heißt es an der Börse, wenn jemand durch zu viele Transaktionen sein ganzes Geld in Spesen verwandelt hat. Versuchen Sie einmal, Ihre Urlaubsgeldscheine ein paar Mal am Schalter umzutauschen, dann sind sie in kurzer Zeit weg. So geht es uns. Wir ruinieren uns durch Hin und Her.

Herr Müntefering schimpft auf den Kapitalismus. Weiß er, was er sagt? Es sind die Aktionäre, die Optionen ausgeben, nicht wahr? Es sind Menschen, die Hedge-Fonds kaufen, oder? Und wer ist der Dumme, am Ende? Wenn die Menschen wollen, dass Manager Wunder vollbringen und nur diese bezahlen, nicht etwa schon gute Arbeit, dann vollbringen Manager auch Wunder – am Spieltisch. Wenn wir Manager für Arbeit bezahlen, werden sie wohl arbeiten. Sie tun, was die Aktionäre wollen, nicht wahr? Was wollen Sie? Soll es Ernst sein mit der Arbeit oder ein Spiel? Wenn das Spiel verloren wird, werden Sie Ihr Geld verlieren und vielleicht auch Ihren Arbeitsplatz ...

Was sagte noch der Berater der Bank? „Spekulieren Sie nur mit Geld, das Sie in etwa wie Spielgeld übrig haben."

Die Heuschrecken sind wir. Wir fressen uns selbst. Es schmeckt uns gut. Wir sind die Dummen. So oder so.

DD7: Gimpel ziehen singend in den Krieg (Juli 2005)

> *Bis heute wird so getan, als seien Heuschrecken und Turbokapitalisten an allem schuldig. Ab und zu wage ich darauf hinzuweisen, dass die Anleger doch ohne Ahnung alles kaufen. Sie denken viele Tage darüber nach, ob das einen Cent billigere Dieselöl vielleicht schlechter ist als ein Markendiesel – ohne Ahnung davon zu haben. Aber bei Vermögensdingen wird der Nachdenktag ganz eingespart.*

Welche Menschen sind in Gelddingen die größten Idioten? Um das herauszubekommen, fragte ich einen schneidigen Anlageberater, der Mondgrundstücke und Einwegautoaktienanteile verkaufte: „Sagen Sie einmal, wer nimmt Ihnen das ab?" Er wusste es: „Gimpel."

Ich erfuhr, dass es eine Gimpelliste geben soll. Hoffentlich stimmt das, sonst bin ich ein Gimpel. Die Gimpelliste ist eine größere Adressensammlung von lauter Menschen, die schon einmal in Gelddingen dramatisch reingefallen sind. Sie wurden völlig abgezockt und haben dann einen Prozess geführt und verloren. Dadurch haben sie eine Menge Erfahrung sammeln können. Insbesondere aber warten schon die Adressensammler, die sich aufschreiben, wer die Prozesse so alles verliert. Es steht ja am Gericht draußen dran, wer wen verklagt.

Angenommen, jemand hat die Idee, die neue Erfindung – sagen wir – des Klo-Shredders zu verkaufen. (Man füllt Pappe oder Bonbonpapier oben rein, es wird geshreddert und kommt unten als Klopapier wieder heraus. Das habe ich als Patent angemeldet.) Dann nehme ich die Gimpelliste her und besuche alle Leute, die nachweislich schon einmal in Mist gefasst haben. „Stellen Sie sich das gigantische Marktpotential vor! Es gibt niemals Klopapier an der Autobahn. Da fischt man sich jetzt einfach Picknickmüll aus der Tonne oder vom Rasen – schwupp rein in den Shredder – und der produziert zeitgleich mit Ihnen! Den Überschuss nehmen Sie mit und verkaufen ihn unter meinem Patentschutz als Franchise-Unternehmer. Steigen Sie mit 10.000 Euro ein und werden Sie Shredder! Sie werden Herold der Umwelt! Alle Autobahnparkplätze werden nun sauber gewischt!"

Das klappt.

Ich fragte, ob auf der Gimpelliste nur Leute stehen, die den Prozess *verloren* haben. „Aber natürlich! Leute, die ihn gewannen, bringen doch nichts!" Es scheint so, dass der Körper den Verlust des Geldes und dann den des Prozesses schmecken muss. Es muss beißen und bohren. Das Selbstwertgefühl muss zertrümmert sein. Gift steht stickig im Blut. Und dann komme ich! Erlöse die Umwelt mit Geschäftsnutzen! Da setzen die Gimpel alles auf eine Karte. Da holen sie den letzten Cent aus der Tasche!

Gimpel sind Menschen, die einen großen Fehler durch einen noch größeren wieder gut machen wollen. Sie erinnern an Soldaten, die singend in einen Krieg ziehen. Sie werden diesmal *siegen*! Sie werden nicht fallen wie der Onkel und der Großvater schon, deren Namen neben dem Dorfbrunnen in Stein gemeißelt sind. Gimpel erinnern an Unternehmensführer, die immer größere Firmenübernahmen versuchen, obwohl auch die kleineren nie wirklich zum Segen gerieten. Sie erinnern an Politiker, die das große Schuldenrad drehen und nun endlich die Umkehr herbeiführen. Immer ist Jubel dabei.

Erinnern Sie sich an die Heuschrecken (DD6)? Dort begann ich, über die Risiken zu philosophieren. Gimpel verstehen Risiken nicht. Risiken sind für sie nur die letzte Chance, die frühere Wunde loszuwerden. „Ende gut, alles gut." So wollen sie triumphieren. Am 19. Juli 2005 titelt auf Seite 30 die Süddeutsche:

Kleinanleger drängen in Risikofonds
(Anbieter profitieren von der „Heuschrecken"-Diskussion)

Ich zitiere aus dem Artikel: „Wer bei dem neuen [...] einsteigt, zahlt zunächst 6 Prozent Ausgabeaufschlag, wer sich als Ratensparer beteiligt, muss sogar 6 Prozent entrichten. Geschmälert wird die Rendite laut Verkaufsprospekt außerdem durch den Abzug weiterer Emissionskosten in Höhe von 14,9 Prozent auf das eingezahlte Kapital. Jährlich erhebt [...] zudem 1,5 Prozent Managementgebühr, abhängig von der erzielten Rendite kommen weitere 7 Prozent Gebühr hinzu, wenn das Management mehr als 10 Prozent Rendite erzielt, sowie 1 Prozent Verwaltungsgebühren." Und aus berufenem Munde heißt es: „Die Diskussion um Heuschrecken hat sich als positiv für die Anlageklasse Private Equity erwiesen."

Sehen Sie? Weil Müntefering schimpft, dass abgezockt wird, machen die kleinen Leute sofort mit! Sie kommen in Scharen wie Heuschrecken und schrecken vor keinen hochprozentigen Gebühren zurück! Wenn Sie mir 100 Euro auf mein Konto überweisen (die Nummer ist hier auf der Homepage), dann verrate ich Ihnen, was [...] ist. Ich rate Ihnen aber, lieber die Rolle des Shredders zu übernehmen, um Ihre Geldsorgen einfach wegzuwischen. Das ist ein sauberes Geschäft. Die Weisen wissen schon immer, dass das Glück überraschend den Beharrlichen besucht.

Der Gimpel aber zwingt sein Glück.

„10 Jahre lang machte ich 100 Prozent Gewinn, nur im letzten Jahr 100 Prozent Verlust. Das sind im Durchschnitt 81 Prozent Plus."

DD8: Kunde, du! Wir sind nicht zufrieden! (August 2005)

Das war auch ein frühzeitig kritischer Artikel. 2009 haben reumütige Kurse über die Rückkehr zu einem Klima der Kundenloyalität Konjunktur – jetzt, nachdem wir sauer sind!

Neulich waren wir im Restaurant. Auf der Speisekarte stand Bauernsalat. Ich murmelte vor mich hin, dass ich heute lieber kein Fleisch essen wollte. Da lachten mich die anderen aus und klärten mich auf, dass gar keine Bauern drin wären, es sei nur Salat „nach Art des Bauern" gemeint. Aha, das habe ich wohl einige Jahrzehnte lang falsch interpretiert. Ich habe noch nie Jäger-, Zigeuner- oder Kinderschnitzel bestellt. Das fand ich ganz abartig.

Spaß beiseite! Heute las ich in der Computerzeitung einen Artikel über Kundenmanagement-Software. Davon gibt es eine ganze Menge. Es ist modern geworden, die Kundenbeziehungen über Computer zu pflegen. Auf Englisch heißt es „Customer Relation Management". Damit ist es möglich, herauszufinden, was die Kunden lieben – was sie kaufen und was nicht. Die Computer berechnen das aus meinen Einkäufen. Da wissen sie alles über mich!

Na, ich weiß nicht, ob das überhaupt geht! Der Computer wird mich bestimmt für einen Fetischisten oder Transvestiten halten, wenn er Zusatzbestellungen meiner Tochter irgendwie falsch interpretiert, oder? Wie weiß er denn, wer das Zeug anzieht, was ich bezahle? Aber – gut – man kann es versuchen. Es geht darum, den Kunden zufrieden zu stellen. Das Zauberwort heißt Kundenzufriedenheit oder besser ausgedrückt „Customer Satisfaction". Dieses Wort las ich heute in der Computerzeitung. Da leuchtete plötzlich in mir ein Gedanke auf!

Bauernsalat!

Stellen Sie sich vor, ich hätte wirklich immer geglaubt, Holzfällerscheiben wären aus Holzfällern geschnitten! So viele Holzfäller kann es nicht geben. Das hätte mich misstrauisch machen müssen. Und jetzt das Wort Kundenzufriedenheit! Dieses Wort habe ich mein ganzes Leben hindurch so verstanden, dass der Kunde zufrieden ist. Sie auch?

Aber es könnte doch sein, dass damit etwas anderes gemeint ist, nämlich dass das Unternehmen mit dem Kunden zufrieden ist, oder? Wenn die Bank zum Beispiel mit einem Kunden zufrieden ist, ist das die Kundenzufriedenheit der Bank. Banken teilen gerade ihre Kunden in gute, mittlere und schlechte ein, in A, B und C oder so ähnlich, in Platinkunden, Goldkunden oder Silberkunden und noch solche, die gar keinen Aufpreis für Schnickschnack bezahlen wollen, die bilden die unterste Stufe und heißen eventuell „Comfort-Kunden". Die Bank sagt mir als Silberkunden dann: „Gunter, streng dich mal an. Wir sind mit dir noch nicht zufrieden. Du musst mehr tun, damit du zum Goldkunden aufsteigst, indem du mehr Geschäfte abschließt, die du dir sparen kannst." Bei den Fluglinien sagen sie: „Gunter, wir sind nicht mit dir zufrieden, weil deine Firma Reisen einspart, deshalb darfst du ein Jahr lang nicht in die Lounge. Das wird dir eine Lehre sein." Der Apotheker bestraft mich dadurch, dass ich keinen wertlosen Kunstkalender bekomme, weil ich ein ganzes Jahr gesund war. Er ist mit mir nicht zufrieden!

Kundenzufriedenheit! Mensch, ich hatte echt die ganze Zeit gedacht, es sei gemeint, ich als Kunde wäre zufrieden!

Erst heute fiel es mir wie Schuppen von den Augen.

Es geht um die Zufriedenheit mit mir!

Ach, das habe ich oft gespürt, wenn ich wieder mein neues Auto versichern musste. Der Vertreter ist immer missmutig, weil ich kein Sorglospaket will. Ich zahle dabei alles Geld an die Versicherung und verpfände mein Gehalt, dafür habe ich garantiert keine Sorgen mehr. Ich will mir aber Sorgen machen! Das ärgert den Vertreter gewaltig. Er trottet immer frustriert weg. Jetzt ahne ich, was er mit mir macht. Er trägt in die Kundendatenbank ein, dass ich mich nicht genug für die Versicherung einsetze. Morgen bekommt er sicher was von seinem Chef auf die Nase gehauen. „Sie wollen ein Verkaufsprofi sein! Pfui über Sie! Wir wollen verdammt noch mal nur Kunden, mit denen wir zufrieden sind. Rufen Sie die Kunden an! Geben Sie nicht nach! Verkaufen beginnt erst nach dem dritten Nein! Die dummen Kunden werden immer schwieriger! Sagen Sie ihnen, wir sind nicht zufrieden mit ihnen! Schauen Sie mal in der Datenbank nach. Wir haben nur wenige Absahnkunden! Viel zu wenige!"

Ach ja, der Arzt jammert auch, dass ich gesund bin und dass meine Frau wieder arbeitet und nicht mehr privat versichert ist. Er ist nicht zufrieden mit uns. Telefongesellschaften rufen uns an, weil wir für 1,4 Cent pro Minute Call-by-Call in die USA telefonieren, ohne uns für 10 Jahre an den Provider zu binden. Unser Volvo hält sein Alter blendend aus, bald wird der Händler fluchen. Es kommen schon erste Briefe. Kundenzufriedenheit! Da haben wir von IBM eventuell immer die falsche Software bei den Unternehmen installiert, au weia. Wir wollten damit die Zufriedenheit der Kunden maximieren. Aber wenn ich zurückdenke, sortieren alle Unternehmen die Kunden niemals nach zufriedenen oder unzufriedenen Kunden, sondern immer nur nach satt profitablen und schwach profitablen Kunden. Sie schauen also doch immer nach, ob sie selbst mit dem Kunden zufrieden sind. Und das managen sie dann. Deshalb heißt es jetzt auch Kundenmanagement-Software!

Und, aha, mit mir sind sie jedenfalls nicht zufrieden.

Das ist mir alles gerade eingefallen. Bin ich denn nun ein schlechter Mensch? Muss ich nachgeben und ein Glückslos kaufen oder Schokolade mit Krachbrauseperlen? Mögen mich dann die Datenbanken? Ich fürchte, sie werden nicht Ruhe geben. Wenn ich etwas kaufe, damit sie zufrieden sind, werden sie erst recht nicht zufrieden sein. Sie werden wollen, dass ich Platinkunde werde! So viel Geld habe ich nicht! Sie werden also nie – nie – nie mit mir zufrieden sein. Ich kenn das, manche Eltern und Lehrer sind so. Sie wollen Platinkinder. Nie sind sie zufrieden und das ist schlimm. Was soll ich tun?

„Ich kaufe nix mehr! Seid ihr jetzt zufrieden?"

Ja – so mach ich das. Ich streike. Bis die Unternehmen sozial werden und ab und zu auch leistungsschwache Kunden loben. Ach, wenn Deutschland doch von Servicewüste.

DD9: Contra-Platonismus (September 2005)

> *Die folgenden drei DDs sind für diesen Band titelgebend. Drei hintereinander waren wohl zu viel für einige Leser. Sie knurrten ein bisschen über abstrakte Philosophie, dichterisch vage gehalten. Aber ab und zu muss ich einfach rücksichtslos schreiben dürfen, was mir selbst auf der Seele brennt. Ich habe das Thema geehrt, indem ich den letzten Beitrag nochmals Platon widmete. Sie können vielleicht alle vier DDs am Stück lesen.*

Die Welt blickt in die falsche Richtung. Jedenfalls nicht dahin, wohin Platon zeigt. Nun ist beileibe nicht jeder von uns Platoniker – aber kann es denn gut sein, wenn wir direkt in eine ganz andere Richtung schauen?

Contra bedeutet „gegenüber, auf der entgegengesetzten Seite" und „gegen". Ich will das nur erwähnen, damit Sie gleich würdigen können, wie schön die Bezeichnung Contra-Platonismus zutrifft. Platon lehrt uns, dass wir unser Leben dazu verwenden sollten, uns der Idee des Guten zu nähern. Wenn wir es denn wollen, anstreben oder zulassen, breitet sie sich in uns wohlig aus und wirkt wie das Gefühl Gottes in uns. „Gott existiert, ob es ihn gibt oder nicht." So heißt ein Kapitel in meinem Buch *Topothesie*, in dem ich diesen Sachverhalt furchtbar nüchtern mit Mathematik untermauere. Es geht in jedem Falle darum, den Erkenntnishorizont zu erweitern.

Die Unwissenden unter uns bezweifeln jeweils, dass es höhere Erkenntnisse geben könnte, die über das Niveau des deutschen Fernsehens hinausgehen. Natürlich konzediert jeder Mensch, dass er nicht alles Wissen im Kopf hat. Natürlich kennt jeder Mensch das Sokratische „Ich weiß, dass ich nichts weiß." Aber an eine wirklich höhere Erkenntnisstufe, an einen anderen Bewusstseinszustand glaubt niemand so recht. Deshalb reden die Wissenden die anderen mit „Unwissende!" an, was die ungläubigen Unwissenden als schmerzend arrogant empfinden. Sie schlagen brutal zurück: „Wissender, sag doch, was du mehr weißt als ich!" Da lächelt der Weise hilflos und rollt verzweifelt mit den Augen. „Weisheit ist nicht in Worten vermittelbar. Es ist ein anderer Zustand des Geistes." Da höhnen befriedigt die Unwissenden: „Wir wussten, du bist ein Scharlatan."

Platon muss ganz schön gelitten haben und deshalb hat er uns die berühmtesten drei Buchseiten Philosophie geschenkt. In diesen erklärt er sein Höhlengleichnis. Ganz kurz, Sie kennen es ja??

In einer halbdunklen Höhle sind Gefangene zur Fronarbeit angekettet. Sie arbeiten mit dem Rücken zum Höhleneingang und können niemals dort hinsehen. Ich stelle mir die Angeketteten immer wie Ruderslaven auf einer Galeere vor, die ja auch immer in eine Richtung schauen – dahin, wo nicht die Peitsche ist. Das ist jetzt eine merkwürdige Vorstellung für eine Erdhöhle, aber ich selbst lebe damit ganz gut. Im Rücken der Sklaven also ist der Eingang der Höhle. Von dort dringt schwaches Licht ein. Die Sklaven können die Vorgänge *hinter sich* nur als Schatten *vor sich* an der Wand sehen. Das ist bei Platon viel komplizierter beschrieben, weil er es ordentlich erklärt hat, ohne Ruderboote. So. Jetzt wird einer der Sklaven durch einen Zufall kurz frei, bevor man ihn wieder einfängt. Er rennt aus der Höhle und sieht die Welt und die Sonne, das Licht. Er wird wissend. Man fängt ihn wieder und kettet ihn an. Er erzählt nun den Rest seines Lebens den anderen Sklaven von der Schönheit der Welt. Und die anderen Sklaven wissen, er ist in dem kleinen Moment der Freiheit wahnsinnig geworden. Sie fürchten sich fast, je selbst einmal losgekettet zu werden. (Das merke ich beim Lesen, das hat Platon nicht echt gefühlt. Ich bessere das nach.)

Verstehen Sie? Der Wissende kann nicht sagen, was Weisheit ist, weil er dafür Begriffe wie Licht benutzen muss, die dem Unwissenden fremd sind. „Erkläre es ohne Licht!", rufen die Unwissenden. „Wir glauben nicht an die Existenz von Licht, denn es ist immer dunkel." Da lächelt der Weise voller Wehmut und verstummt. Und die Unwissenden erkennen, dass es ein Wahnsinniger ist.

Heute – darum schreibe ich den Artikel – leben wir wieder im Dunkel. Glauben Sie mir das? Ich will es erklären, ohne das Wort Licht zu benutzen. Wir sitzen nicht mehr in einer Höhle angekettet, sondern vor dem Computer. Wir glotzen in ihn hinein und klicken auf Datenpunkten herum. Dort steht alles im SAP. Alles in Zahlen, Beständen und Ident-Nummern. Die Zahlen sind eine Vorstellung der Wirklichkeit. Sie sind für uns Computergefangene die Schatten an der Wand. Diese Datenschatten sind die auf den Bildschirm projizierten Wirklichkeiten des Lebens, die wir selbst in natura nie mehr sehen. Manche von uns sind schon alt. Wir kennen noch ein Leben ohne Computer. Viele aber von Ihnen kennen kein Lager mehr, nur noch den Lagerbestand. Besonders die Manager sind „Generalisten" und behaupten, sie könnten alles managen, weil alles Zahl sei und außer dieser die Wirklichkeit keine Rolle mehr spielen würde. Wir leben also in einer Zeit, in der bewusst alles als Schatten gesehen wird, als Nummer oder Zahl. Das Wirkliche ist zu komplex, sagen wir. Alles Wichtige muss in einer Tabelle darstellbar sein, sagen wir. Die Manager dringen in uns, noch einfachere Zahlen zu liefern. „Keep it simple and stupid!", rufen sie jedem zu, der etwas Wirkliches erklären will.

Die Weisen und Wissenden unserer Zeit sagen: „Es gibt etwas jenseits der Computerzahlen!" Da drehen sich die Unwissenden vor den Computerbildschirmen kurz unter Neonleuchten im fensterlosen Großraumbüro um. „Erkläre es uns, Wissenender, aber drück es in Zahlen aus, weil es nichts anderes gibt in dieser Welt. Drück es in einfachen Zahlen aus, damit wir es verstehen können." Da sagt der Wissende:

„Ich kann es nur ohne Zahlen sagen, ich möchte über Dinge sprechen." Und wieder verhöhnen sie ihn: „Er kann es nicht in Zahlen ausdrücken! Er muss wahnsinnig geworden sein."

Der griechische und indische Weise versuchte, uns Licht zu zeigen. Wir glaubten es nicht. Heute wissen wir schon, dass es Licht nicht gibt. Wir sind weiter gegangen und haben die Welt in Zahlen verwandelt. Wir glauben nicht mehr, dass es außerhalb der Zahlen etwas gibt. Platon würde sagen: Die Gefangenen sind weiter hinein in die Höhle gegangen, wo die vielen Schatten zu wenigen wichtigen Kennzahlen verschwimmen.

Platon rief: „Geht aus der Höhle hinaus!"

Raabes Stopfkuchen sagt bedächtig: „Gehe heraus aus deinem Kasten!", womit Raabe etwas gegen die „misstrauische, stänkerhafte, auf Kisten und Kasten hockende Bauernseele vom faulsten Wasser" gesagt haben wollte.

Aber wir, wir selbst gehen immer tiefer in das Reich der Schatten hinein. Bald wird Zerberus böse.

Wir sind Contra-Platonisten.

DD10: Platons grotesker Irrtum (Oktober 2005)

Die Welt blickt in die falsche Richtung. In das Dunkle von Platons Höhle. Sie orientiert sich an den Schatten, die im fahlen Lichte das ganze Abbild der Menschen und Dinge bilden. Warum drehen sich die Menschen nicht um? Sind sie angekettet? Ach Platon, du irrtest. An der Wurzel der Weltphilosophie ist etwas faul. Und alle Philosophen haben sich angesteckt.

Das Höhlengleichnis „geht nämlich in echt so" (und für Platons originale falsche Version lesen Sie bitte schnell noch DD9): In einer fast dunklen Höhle arbeiten Menschen. Sie sind keineswegs angekettet, was Platon irgendwie falsch beobachtet haben muss. Diese Anketterei gibt Platons Gleichnis auch einen ziemlich künstlichen Anstrich. „Okaayy – also gut," stöhnt man beim Lesen von Platon. Also aus meiner Sicht: Sie sind nicht angekettet. Allerdings – das stimmt – blicken sie beim Arbeiten stets in die Tiefe der Höhle hinein, eben in die falsche Richtung auf das größere Dunkel hin. Sie sind an diese Lebensweise gut gewöhnt. Sie können sich gegenseitig an den Schatten erkennen, die sie weiter in das Höhleninnere werfen. Fast niemals aber sehen sie – wie schon gesagt – in die Richtung des helleren Höhleneingangs! Das tun sie nur sehr selten und stets ganz verstohlen und heimlich.

Wirklich nur ausnahmsweise – es geschieht schlimmstenfalls alle paar Jahre, und manche können sich kaum an den letzten Fall erinnern – wagen es Einzelne, zum Höhleneingang zu gehen. Vielleicht haben diese nicht richtig aufgepasst, Warnungen in den Wind geschlagen oder nur eine dumme Mutprobe zum Besten geben wollen? Die meisten Menschen in der Höhle trauen sich kaum, sich jemals in ihrem Leben auch nur einmal umzudrehen. Wenn sich tatsächlich jemand dem Höhleneingang nähert, schauen sie peinlich und voller Angst konzentriert nicht hin und sehen angestrengt ins Dunkle. Manche rufen dabei flehentlich bittend mit geschlossenen Augen dem Frevelnden zu, er möge doch umkehren.

Viele Unvorsichtige sind noch im letzten Augenblick zurückgekommen. Ganz wenige haben die Höhle verlassen und blieben immer verschwunden, so wie Tote verschwinden.

Alle, die je etwas von diesen Vorgängen gesehen haben, finden dafür keine Worte in der Sprache des Schattens.

Sie sagen in hilfloser Gestik, sie hätten den Sichhinauswagenden unter trübem Lichte gesehen: zottelig, faltig, verzerrt, schmutzig, angestrengt, voller Schweiß und Grimm, in schrecklicher Angst. Diejenigen, die hinschauten, flüstern oft schadenfroh und giftig über den, den sie sahen: „Vielleicht ist das sein wahres Gesicht? Ist das seine wahre Natur? Ist er ein böses Tier?" Und es gibt solche, die nicht selbst zurückschauten, aber nur ein bisschen wagten, zur Seite zu sehen, um die Gesichter derer zu beobachten, die das Gesicht aus Neugier ganz umgedreht hatten. Und sie berichten, auch auf diese umgedrehten Menschen sei Licht gefallen, auch diese seien hässlich, faltig, unmenschlich – wie Bestien erschienen.

Insgeheim wissen sie alle um ihr hässliches Wesen. Wer sich aber umschaut, gibt sich dem Lichte preis und macht sich anderen sichtbar. Wer weiter zum Höhleneingang geht, sieht sich gar im Hellen selbst und kehrt fast immer in heller Angst wieder zurück. Wer je zurückkam, redet nie mehr ein Wort. Er hat sein wahres Gesicht gesehen. Deshalb verbergen sie sich alle und lieben schwarze, einheitliche Schatten, die sich kaum unterscheiden. Niemand wagt sich hervor. Niemand zeigt sein Gesicht. Es ist Sitte der guten Menschen, die Augen zu schließen, wenn sich ein Mensch unabsichtlich umdreht, aus Versehen, ohne Schuld. „Wir haben es nicht gesehen!", versichern sie dem, dem das Malheur passierte, wie etwa ganz kleinen Kindern, die noch nicht gewöhnt sind, ins Dunkel zu schauen. Es ist Sitte und fällt aus ungeklärten Gründen leicht, winzige Kinder im Licht schön zu finden. Wer sich aber absichtlich im Lichte zeigte, muss mit dem entsetzten Blick vieler leben, die ihn sahen oder auch nur erzählen hörten, wie man ihn hatte sehen können. („Wie hässlich war er?") Er muss lange um Verzeihung bitten, bis all die Schatten erweichen und den Anblick verzeihen.

Schatten sind gut. Schatten sind Leben.

Licht ist gut, denn es schenkt den Schatten, durch den Menschen sich ertragen können. Ohne Licht gäbe es die Schatten nicht und die Menschen müssten vor Entsetzen verderben. Der Mensch, das Wesen also, das nicht gesehen werden kann, lebt dennoch, weil es ihm durch vollendete Kultur gelingt, nur durch sein Bild zu existieren. Die Weisen sagen:

Wenn du mit einem Menschen lebst, sieh nicht zu genau hin, dann ist gut leben mit ihm.

Das ist Dueck's Höhle: Menschen verstecken sich hinter Fassaden, in einer „Persona", bilden Panzerungen und Hornhäute aus. Sie verschanzen sich und verbergen sich, denn was da drinnen vorgeht, geht niemand was an. Sie schminken und verkleiden sich. Sie verkaufen das Schattenbild als Image. „Kind, wehe dir, du erzählst außen irgendwas von dem, was hier zu Hause los ist." Sie kehren unter den Teppich und sehen nie unter ihm nach. Niemals Licht!

Und es geschah:

4. Da sprach die Schlange zum Weibe: Ihr werdet mitnichten des Todes sterben;

5. sondern Gott weiß, dass, welches Tages ihr davon esst, so werden eure Augen aufgetan, und werdet sein wie Gott und wissen, was gut und böse ist.

6. Und das Weib schaute an, dass von dem Baum gut zu essen wäre und dass er lieblich anzusehen und ein lustiger Baum wäre, weil er klug machte; und sie nahm von der Frucht und aß und gab ihrem Mann auch davon, und er aß.

7. Da wurden ihrer beiden Augen aufgetan, und sie wurden gewahr, dass sie nackt waren, und flochten Feigenblätter zusammen und machten sich Schürze.

DD10: Platons grotesker Irrtum (Oktober 2005)

DD-Hab8: Und sie machten sich Schürze für ihre Augen, auf dass sie keine Erkenntnis mehr litten.

Und Adam versteckte sich mit seinem Weibe vor dem Angesicht Gottes des HERRN unter die Bäume im Garten.

9. Und Gott der HERR rief Adam und sprach zu ihm: Wo bist du?

10. Und er sprach: Ich hörte deine Stimme im Garten und fürchtete mich; denn ich bin nackt, darum versteckte ich mich.

11. Und er sprach: Wer hat dir's gesagt, dass du nackt bist?

Das Paradies nach dem Apfel, das ist die Höhle! Wer sich nicht umschaut, kennt nur die Schatten von Eden!

Zu DD9 erhielt ich einen Leserbrief. Der klang so: „Ich arbeite in einem hohen Bankgebäude. Manchmal sind wir oben, ab der 33. Etage. Dort ist es ruhig, totenstill. Die Welt liegt geräuschlos unten, ganz unwirklich und weit. Hier oben herrschen sie. Sie können nichts sehen. Sie sehen nur Daten und Schatten. Sie fühlen sich wohl und sind geborgen. Unten ist das Reale, das Pulsierende. Würden sie je unten stehen, müssten sie sich wie nackt vorkommen. Deshalb treiben sie Contra-Platonismus! Die Höhle schützt sie und gibt ihnen Kleid. Und sie verschanzen sich gerne, nur zu gerne, tiefer und tiefer in die Höhle hinein."

Ich habe den Brief literarisch geschönt, insbesondere habe ich die Etagenzahl um eine Einheit verändert, damit niemand daraus etwas schließen kann. Es ist vollkommen egal, denn die Höchste Etage ist überall. Niemand sieht dort oben, dass alle nackt sind – wenn sie es je erkennten, würden sie sich Schürze aus nackten Zahlen nähen.

DD11: Declaration of Lights (Oktober 2005)

Licht, sagt man, hat kein Herz. Es zeigt das vorher Verdunkelte nun ganz unvollkommen. Wer aber stark ist, versteht das Licht und weiß dankbar für sich, was zu tun ist. Wer das Licht versteht, muss achten, sein Herz zu behalten.

Sie müssen jetzt DD9 und DD10 gelesen haben, sonst sehen Sie nichts, und Sie haben keinen Schatten! Ich unterstelle jetzt Ihre Vorkenntnisse!

Wer aus Platons Höhle (DD9) herausschaut, sieht ins Licht der Erkenntnis. Er ist heiter erwärmt von der unbändigen Freude, der Idee des Guten nahe zu sein.

Wer sich in der DD10-Höhle verbirgt, hat Angst vor dem Licht, denn das Licht ist die Idee der Erkenntnis. Erkenntnis erhellt das Dunkle. Wo kein Licht ist, ist immer Dunkel, und man kennt das Dunkel als solches nicht. Dunkel lässt sich nur erkennen, wenn es Licht gibt. Die Frage der Erkenntnis stellt sich im Dunkel nicht. Deshalb ist dort das Paradies. Wer nur im Dunkeln ist und das Licht nicht kennt, ist nicht unzufrieden darum und fühlt sich im Dunkeln geborgen.

Ohne die implizite Wertung von Licht und Dunkel zu unterstellen – kennen Sie solche Gefühle?

„Wer nur das Dorf kennt, ist glücklich. Geh nicht in die Stadt!" Oder so: „Ich erkannte und ward einsam fortan." – Oder: „Es waren wundervolle, lustvolle Monate im Dunkeln. Da musste er unbedingt das Licht dabei anknipsen – und alles zerbrach."

In der Höhle aber geschah dies: Ein Jüngling war lange von der Sehnsucht erfüllt, in das Licht vor der Höhle zu sehen. Er wollte einen jeden Preis zahlen und sich in Hässlichkeit ertragen. Eines Tages entschloss er sich finster, stand auf, drehte sich um und ging. Die Menschen schrieen auf, sie baten ihn zu bleiben. Die Eltern rangen die Hände und klagten laut in Verzweiflung. Alle schauten ins Dunkel. Er ging fort. Es wurde heller und heller, er sah sich selbst in seiner Schmutzigkeit. Er schaute tapfer im Licht an sich hinunter und erschrak. Er biss sich auf die Lippen und ging. Draußen war es grauenhaft hell. Das gleißende Licht stach schmerzend in die Augen. Draußen saß ein alter Mann mit schönem weißen Bart.

„Wo bin ich?", fragte er den Weisen.
„In einer größeren Höhle, hier ist es heller als in dem Loche, aus dem du kommst."
„Ich schäme mich, so hässlich vor dich zu treten! Wie Adam, nachdem er den Apfel aß."

„Du bist nicht hässlich, sondern nur unvollkommen", erwiderte der Alte. „Was im Dunkel vollkommen erscheint, kann es bei Lichte besehen niemals sein! Wie könnte jemand im Dunkel das Vollkommene erschaffen, ohne je vom Lichte zu wissen?"
„Und kann ich schön werden wie du, Weiser, hier im Lichte?", fragte der Jüngling.
„Da wirst du viel Mühe erfahren und du musst beharrlich sein."
„Und am Ende bin ich wie du? Vollkommen?"
„Oh Jüngling!", seufzte der Alte. „Du bist nur hier, nur hier, vollkommen, soweit das Licht hier ausreicht, dich zu sehen. Aber wenn du vor diese größere Höhle trittst, wirst du neuerlich sehend werden und vor dir selbst erschrecken."
„Dies ist auch eine Höhle und draußen eine mehr?"
„Ich glaube schon ... ich war nicht dort. Ich verzagte dort vorn." Tränen schimmerten in des Alten Augen.
Der Jüngling ließ nicht locker: „Gab es Menschen, die sich weiter wagten? Was geschieht, wenn ich jetzt gleich beherzt ausschreite, mehrere Stufen zu nehmen?"
„Das Licht wird dich töten. Du musst dich hier rüsten."
„Und so ziehen die Weisen wohl gerüstet weiter und weiter ins Licht?"

 Der Alte schwieg traurig.

 Der Jüngling dachte an seine Lieben in seiner Höhle. „Ist es gut und soll es so sein, dass sich das Weise allein ins Licht begibt und das Gewöhnliche in der Höhle seinem unvollkommenen Schicksal überlässt? Erlöst das Licht den Mensch allein?"
„Oh Jüngling! Die Weisen sagen: Jeder gehe seinen Weg so weit ins Licht er je vermag."
„Wäre es nicht gut, alle Freunde ins Licht zu begleiten? Sollten wir sie nicht holen – heraus ans Licht? Ja! Ja! Das sollten wir!", rief der Jüngling. „Aber ich fürchte, sie würden mich prügeln oder gar töten, wenn ich ihnen das Licht brächte oder sie hierher hervorzöge. Denn sie wollen sich nicht hässlich sehen. Mich selbst macht es ja gerade ganz unglücklich."
„Ja, das sagte Platon auch."
„Wer ist Platon?", fragte der Jüngling.
„Er zog weiter ins Licht."
„Und du?"

 Dem Alten schimmerten wieder die Tränen. „Ich denke nach, wie ich das bisher Verdunkelte so erhelle, dass es nicht hässlich erscheint, sondern nur unvollkommen. Ich will Licht bringen, das nicht versengt. Licht, das nicht verletzt. Licht, das nicht verhöhnt. Warmes Licht, das für den Weg zum Vollkommenen auf dieser kleinen Stufe erwärmt. Ich denke nach. Mir scheint, das wäre die wahre Weisheit, dies zu vermögen. Vielleicht kann ich hoffen, meinen Lieben in Wärme zu leuchten und sie zum Mitkommen verlocken."

 Der Jüngling sah an sich hinunter und erschrak noch kaum.

 Sie schwiegen lange.

„Hat schon jemals jemand die Höhle von hier aus wieder betreten und es mit Licht versucht?"
„Sokrates. Jesus."

 Der Jüngling seufzte und der Alte fuhr fort.

„Sie leuchteten hell und warm – und als sie sterben mussten, ließen sie ihren Tod als Licht zurück. Früher, so hörte ich sagen, war es viel dunkler in der Höhle."
„Und was müsste man heute tun? Was kann ich selbst beitragen?", fragte der Jüngling.
„Viele Weise müssen zurück und ganz schwach leuchten, jeder für sich ein bisschen. Und wenn sie gestorben sind, müssen andere an ihren Platz treten, ganz still."
„Du meinst, wir sollen uns für die anderen opfern? Und verzichten, immer weiter für uns selbst ins Licht zu gehen?"

Der Alte zögerte lange. „Wer weiter und weiter ins Licht geht, ist immer neu unvollkommen. Was wäre gewonnen?"

Da erstaunte der Jüngling, der langsam verstand. „Wenn wir aber immer unvollkommen sind, warum bleiben wir dann nicht gleich alle unvollkommen in der ersten dunklen Höhle?"

„Gott ruft in mir, ich müsste weiter und zur Vollkommenheit streben!", rief der Weise. „Mein Herz aber schlägt in mir, ich müsste bei den Meinen bleiben. Es will für sie das Wohl."
„Was ist das Wohl?", fragte der Jüngling.
„Das hellste Licht, in dem sie nicht leiden."
„Ich bleibe bei dir! Später helfe ich leuchten!", versprach der Jüngling.
„Dann sprich mir nach", bat der Weise.

Das Licht sei Licht für mich,
und keine Gefahr.
Ich nehme Anteil und sorge.
Ich, ein kleines Licht,
Gehe weit zum Zentrum des Alls.
Das ist im Herzen.
Das ist hier.

DD12: Lesen ist unsozial! (November 2005)

Ich ärgere mich sehr oft über Humbug, der aus Studien geschlossen wird. Statistiken aus Studien führen zu weitreichenden Behauptungen in Schlagzeilen, die dann über die Boulevardzeitungen ungeprüft Teil des kollektiven Bewusstseinsgemischs werden – keine Chance, solche Themen je wieder zu versachlichen! „Du, damals die Studie hat aber gezeigt, dass ..."

„Das Große Einmaleins der Ungerechtigkeit." So lautete der Titel eines Handelsblattartikels vom 21.11.2005 (Seite 11). Kinder reicher Deutscher wissen mehr! Ungerecht! Ich las weiter – und mich riss es fast vom Stuhl. Ich wurde wütend und hatte niemanden, den ich hauen konnte. Ohnmacht.

Sie haben es bestimmt schon hundertmal gelesen: In Deutschland entscheidet die soziale Herkunft stärker als in anderen Ländern über den Erfolg eines Kindes in der Schule. Das deutsche System wird als Schandfleck bezeichnet, weil es Arbeiterkinder benachteiligt. Nur in England, Schottland und Ungarn geht es noch ungerechter zu! Pfui über uns!

Na gut, ich habe den Artikel noch einmal gelesen. Die Artikel im Handelsblatt über neuere wissenschaftliche Ergebnisse sind richtig gut geschrieben (Kolumne: „Wissenswert"). Und dann fand ich einen Absatz, der mich alarmiert hat. Ich zitiere:

„Als Indikator für den familiären Hintergrund der Schüler nutzen die Wissenschaftler eine auch unter Soziologen gängige Größe: die Zahl der Bücher im Elternhaus. Denn diese hängt in aller Regel eng mit dem Bildungsniveau und Einkommen zusammen. Zudem können viele Kinder die Frage, wie viele Bücherregale es zu Hause gibt, einfacher beantworten als die, was Papa und Mama für einen Bildungsabschluss haben oder an Gehalt nach Hause bringen. Die Auswertung zeigt: Ein deutsches Kind, dessen Eltern nur ein Regal voller Bücher haben, schneidet deutlich schlechter ab als eines, bei welchem zu Hause doppelt so viel Literatur vorhanden ist." Viele Bücher im Haus – so wird dann festgestellt – geben ein gutes Schuljahr Vorsprung in Schulkenntnissen.

Dämmert es Ihnen auch? Es ist echt schwierig für Wissenschaftler, eine gute Statistik zu erstellen, weil sie ja nicht wissen, welche Deutschen reich sind oder nicht. Es ist viel Arbeit, das herauszufinden! Das wollen sie sich lieber nicht antun und nutzen hilfsweise einen so genannten Indikator, der sich leicht messen lässt:

„Habt ihr ein oder zwei Bücherregale zu Hause?" Da antworten alle Kinder, deren Eltern im Buchclub bei Bertelsmann oder in der Büchergilde Gutenberg sind, mit „Ja." Dann wissen die Wissenschaftler, dass die Eltern dieses Kindes total reich sind.

So also kommen die Ergebnisse zustande, mit denen hinterher ganz Deutschland verprügelt wird. Nüchtern gesehen haben die Wissenschaftler eigentlich nur festgestellt, dass Leute, die Bücher im Hause haben, den Kindern damit eine gute Infrastruktur für ihre zukünftige Bildung zur Verfügung stellen. Wahrscheinlich finden dieselben Wissenschaftler noch zusätzlich heraus, dass bei Kindern das Lesen von Büchern zu einem Bildungsvorsprung führt. Solche Studien gab es neulich auch. Dort sagten die Wissenschaftler:

„Kinder! Lest! Eltern! Schleppt Bücher herbei! Lesen ist gut!"

In dieser Studie aber, für die locker Lesen = Reichtum gesetzt wird, wird geschlossen:

„Lesen ist unsozial! Wenn einige lesen, aber andere nicht – dann wird alles ungerecht! Bertelsmann und Weltbild verzerren Deutschland!" Ich glaube, in Frankreich gibt es nicht so richtige Buchclubs. Deshalb gibt es nicht so viele (Bücherregal-) reiche Leute dort und alles ist statistisch gesehen viel gerechter? Und Engländer und Ungarn lesen vielleicht auch nur viel? Oder liegt es daran, dass es viel mehr verschiedene Buchtitel in Englisch und Deutsch gibt und die Ungarn viel in Deutsch und Englisch lesen, weil sich Buchübersetzungen in Ungarisch nicht lohnen? Dann wäre nach dieser Studie in Ungarn reich, wer Deutsch und/oder Englisch kann? Ach, Statistik. Ich fürchte, hier wird etwas ganz Furchtbares über das Land der Dichter und Denker geschlossen. Eigentlich gibt die Studie Furchtbares über das Land der Dichter und Denker geschlossen. Eigentlich gibt die Studie nur her, dass Gebildete gebildeter sind als Ungebildete, oder? Das ist eine interessante Erkenntnis. Wer sich bildet, erzielt einen Vorsprung und erzeugt Ungerechtigkeit. Noch einmal Pfui! Alle Kinder sollen ganz genau gleich sein und dann aber, beim Abitur, am besten gleich alle die Besten, damit sie beim gnadenlosen Kampf um die paar verbliebenen menschenwürdigen Arbeitsstellen die Wettbewerber vernichtend besiegen können! Gemein sind die, die Bücher besitzen! Leute, lest alle!

Oh weh, jetzt poltere ich schon wieder. Ich schau lieber schnell im Internet nach, wie viele Billy-Regale von IKEA die Leute im Haus haben. Unterscheiden Wissenschaftler zwischen breiten, schmalen und hohen Billy-Regalen? Ist Kiefer reicher als Birke?

Hier ist etwas!

"Finally, per capita spending on books in 1999 ranged from 25 to 120 euros in the different European countries (source: The Economist, Pocket Europe in Figures, Facts and figures about 48 countries that make up Europe today, 5th edition, London, 2001)."

(In Deutsch: In Europas Ländern lagen die Pro-Kopf-Ausgaben für Bücher zwischen 25 Euro und 120 Euro.)

Und da, das Statistische Bundesamt von 2003:

„Haushalte mit weniger als 900 Euro Monatsnettoeinkommen geben der Statistik zufolge im Bundesdurchschnitt 5 Euro für Bücher aus. Bei Haushalten mit

Einkommen zwischen 2.000 und 2.600 Euro monatlich sind es 11 Euro. Haushalte mit einem Nettoeinkommen ab 5.000 Euro verwenden 25 Euro im Monat für den Bücherkauf. Nahezu doppelt so viel wie der Durchschnittshaushalt wendeten Beamtenhaushalte für den Kauf von Büchern auf. Im ersten Halbjahr 2003 waren es 23 Euro im Monat. Ihnen am nächsten kamen Haushalte von Selbstständigen mit 21 Euro im Monat. Am niedrigsten waren die Werte bei Haushalten von Arbeitern und Rentnern mit je 9 Euro im Monat sowie bei Arbeitslosenhaushalten mit 7 Euro monatlich."

Beide Quellen zusammen sagen, dass in Deutschland wohl mit am meisten für Bücher ausgegeben wird. 120 Euro im Jahr oder mehr. Reiche Leute mit mehr als 5.000 Euro Einkommen geben doppelt so viel für Bücher aus wie Arbeiter. Stimmt! Ich würde aber vermuten, die Arbeiter kaufen eher Taschenbücher und die Reichen gebundene Ausgaben? Sagt das also etwas über die Anzahl der Bücherregale aus? Ist der Unterschied nicht ziemlich klein, mit zwei zu eins? Warum kaufen Beamtenhaushalte so viele Bücher? Wollen sie mehr Bildung? (Sie werden denken: „Die haben Zeit." Lassen Sie das. Ich tippe, dass Beamte mehr in Buchclubs sind und deshalb wieder in der besagten Studie mit Reichen verwechselt werden.)

Fragen über Fragen. Ich will damit nur sagen: Wenn die Studien nicht saubere Daten erheben und wirklich Reiche untersuchen, nicht aber Leute in Buchclubs oder eBay-Steigerer, dann ist das Ganze, was herauskommt, irre fragwürdig. Ich will hier sagen, dass ich das sehr fragwürdig finde. Ich will nicht behaupten, dass die Studie falsch ist, da müsste ich mich genau einarbeiten. Sie erscheint mir fragwürdig, des Nachfragens würdig.

Wenn die Bücherverteilung in Deutschland nur um 10 oder 20 Prozent anders als in anderen Ländern von der Reichtumsverteilung abhängt, dann schließen wir ganz unsinnige Dinge daraus und reformieren wieder einmal unser Bildungssystem genauso unsinnig.

Die Moral von der Geschichte: Liebe Welt, nimm doch wenigstens echte Messwerte – nicht leicht erzielbare Indikatoren aus Kindermund. Selbst mit Messwerten sind Statistiken noch problematisch genug.

DD13: Radikale Konstruktivität! Wohlwillen! (Dezember 2005)

Ich habe damals Bücher über radikalen Konstruktivismus gelesen. Der meint, dass wir uns unsere Welt nur im Hirn konstruieren und dass die Welt sonst gar nicht objektiv da ist. Das wird vielfach als Nestbeschmutzung normaler Ansichten über die objektive Realität aufgefasst. Aber ich meine: Wenn ich schon alles konstruiere, dann doch bitte konstruktiv!

Der radikale Konstruktivismus ist eine philosophische Richtung, die lehrt, dass wir die Wirklichkeit subjektiv erfinden und nicht etwa objektiv entdecken, wie es sich viele Wissenschaftler einzubilden beliebten. Es gibt also vor allem die eigene konstruierte Wirklichkeit. Objektives Erkennen ist gar nicht möglich! Wir sind nämlich Opfer unserer Sinneswahrnehmungen, jeder eines der eigenen. Wir können uns höchstens intersubjektiv darüber verständigen, wie lang ein Meter ist! Und schon das ist schwierig!

Es gibt Experimente, bei denen eine Gruppe von Personen einige Stäbe zu sehen bekommt, die bis auf einen längeren alle gleich lang sind. Die Gruppe besteht aus etlichen Psychologen und einer einzigen Versuchsperson, die das nicht weiß. Die Gruppe soll durch Diskutieren herausfinden, ob die Stäbe alle gleich lang sind oder nicht. Die Psychologen diskutieren nun so, als seien die Stäbe gleich lang! Gemein, was? Dann stimmen am Ende viele Versuchspersonen zu, dass die Stäbe gleich lang sind, obwohl es offensichtlich nicht stimmt!! Es gibt seltene Spezies wie mich, die dann bis zur Selbstaufgabe leidenschaftlich brüllen: „Hier stehe ich, ich kann nicht anders! Und brechet ihr auch den Stab über mich!", aber ganz viele stimmen in den Chor mit ein. Man kann sich also auch beliebig darauf neu einigen, wie lang ein Meter ist.

Da fallen mir ganz viele Meetings in allen möglichen Firmen ein – es reicht dort aus, dass die überwiegende Gehaltssumme ganz sicher darüber ist, wo es gleich lang geht.

Gibt es denn gar nichts Objektives mehr? Zum Beispiel den mathematischen Beweis in meiner Doktorarbeit? Da machen zumindest die Naturwissenschaftler nicht mehr mit. Die halten sich natürlich für objektiv. Für manche Mathematiker stimmt das wahrscheinlich sogar, aber die zählen dann für viele andere subjektive

Menschen schon gar nicht mehr zu den Menschen im engeren Sinne. Naturwissenschaftler können mit ein bisschen Zureden einen Sozialkonstruktivismus akzeptieren. „Nur das Soziale ist konstruiert, die Natur nicht." Na gut.

Wir Menschen sind also Eigenkonstruktionen, die aus unseren Wahrnehmungen eine Welt gezimmert haben? Ich bin meine Konstruktion – Sie Ihre? Wenn ich bei Douglas an Parfümen rieche, dann finden meine Sinne, dass die meisten Parfüme ziemlich abartig stinken. Wer kauft die denn? Na, das werden Sie auch finden, wenn ich vor Ihnen mit Versace Green Jeans herumlaufe. Sehen Sie? So beurteilen wir nicht nur unsere Parfüme, sonst auch uns gegenseitig. Deshalb muss man auch so lange suchen, bis man einen Lebenspartner findet, der einem nicht gleich stinkt.

„Der Konstruktivismus kann keine Ethik produzieren," meint Ernst von Glasersfeld, einer der Väter des radikalen Konstruktivismus. Der radikale Konstruktivismus hat also keine eigene Ethik hervorgebracht! Kann das sein? Mir ist gerade so nach Weihnachten zumute, da möchte ich doch etwas dazu sagen. Was, bitte, hat Ethik mit Erkenntnis zu tun? Ethik denkt nach, *was sein soll*, nicht über das, was objektiv ist.

Und das, was sein soll – das nenne ich für meine subjektive Konstruktion: Radikale Konstruktivität! Wohlwillen!

Das fühle ich subjektiv. Das soll in mir sein. Ich bin verantwortlich, eine subjektiv gute Welt um mich und in mir immer weiter mit einem Wohlwillen zu konstruieren, der nie erlahmt. Ich finde, ich soll meine eigenen Wahrnehmungen der Sinne mit dem Ziel der radikalen Konstruktivität steuern. Ich soll meine subjektive Rolle auf dem Weg aller finden. Ich soll die subjektiven Konstrukte, die die anderen Personen darstellen, achten und sie nicht zwingen, wie ich selbst wahrzunehmen und sich zu konstruieren wie ich. Ich soll anderen helfen, sich zu konstruieren, und ich soll meine Kinder artgerecht halten, auf dass sie sich subjektiv radikal konstruktiv konstruieren können. Ich soll streben, voller Wohlwillen das Rechte wahrzunehmen, was für mich das subjektiv Wertvolle ist. Ich will das andere Wertvolle in Ihnen achten und respektieren.

Ich will radikal konstruktiv sein. Ich bin mein Schöpfer. Ich bin mein Geschöpf.

Wenn ich einst zur Ruhe muss, will ich wohlgetan haben.

Ich muss nicht objektiv sein – nicht erkennen – mich dafür nicht selbst aus dem Paradies treiben ...

In der Szene reden sie heute von Bodymodding, der bewussten subjektiven Modifizierung des eigenen Körpers, am besten unter objektiv besten Mustervorlagen von der prall gefüllten CD „Pam's Greatest Tits". Immerhin bringt es der radikale Konstruktivismus zu einer eigenen Ästhetik?

Ethik geht auch! Radikale Konstruktivität!

DD14: Mein Mord (Januar 2006)

Auf einem Bauernhof werden die Tiere liebevoll großgezogen und geschlachtet. Wir wollen sie ja essen, aber es ist schwer, ein Tier zu ermorden, das einen Namen hat. Anders ist es mit dem Schießen von Spatzen, die das Hühnerfutter wegfressen. Es gab damals im Dorf 10 Pfennig für einen Toten. Das war in meiner Kindheit als Kopfprämie ungeheuer viel Geld. Es reichte am mechanischen Drehautomaten beim Kaufmann Bartels für zwei Stangen Prickel-Pit oder ein Tütchen Salmiakpastillen.

Die Bauern stöhnten damals unter den Spatzen im Hof und den Mäusen in der Scheune. Wir Kinder jagten sie und verteidigten damit unser Hab und Gut, den Weizen. Ich durfte mit einem Luftgewehr schießen, traf aber wenig, weil die Spatzen es fast immer merken, wenn man auf sie zielt. Wahrscheinlich war die Munition viel teurer als die Kriegsbeute, aber das ist zu allen Zeiten so. Ich war jedenfalls sehr nützlich, weil ich schädliche Wesen vernichtete.

Eines Tages traf ich einen halb verdeckten Spatz im Birnbaum, der todwund herunterfiel und noch etwas lebte. Ich stürzte herzu, ihn zu erbeuten.

Wie ein Blitz fuhr es in mich und drehte mein Herz für längere Zeit um. Ich stand betäubt, versteinert, begann zu zittern. Es war kein Spatz. Es war ein Grünfink. Ein wunderschöner, lieblicher Singvogel. Ich tötete ihn vollends mit Tränen in den Augen. Es war grauenhaft. Ich saß lange da und begrub ihn schließlich feierlich und ganz heimlich unter einem Baum. Ich betete für ihn und bat Gott inständig um Verzeihung. Ich zitterte, ob es jemand gemerkt haben könnte. Ich schaute in den Augen der Menschen nach, ob sie davon wüssten. Ich horchte schon im Morgengrauen auf die Stimmen der Vögel, ob sie klagten und mich verrieten. Ich glaubte, den Ehepartner des Grünfinken heraus zu hören – wie er verzweifelte und mich verfluchte. Ich schlief unruhig und wand mich unter meinem Gewissen. Denn ich hatte einen Mord begangen.

Ich erzähle es heute zum ersten Mal. Das Gefühl des Mordes sitzt heute noch in meinem Herzen und kommt immer noch heiß hoch, als seien nicht seither über 40 Jahre vergangen. Ich habe nach und nach das Vernichten von schädlichen Tieren aufgegeben. Der Grünfink war bei mir. Er redete mit mir über die Spatzen. „Sie sind nur braun, nicht grün, aber Vögel wie ich!"

Vor einigen Monaten kam der Grünfink wieder. Ich war bei einer Firma im Ausland. Sie waren alle sehr unruhig. Die Firmenleitung hatte alle Mitarbeiter am Vorabend zusammengerufen und die Entlassung von 10 bis 15 Prozent der

Belegschaft angekündigt. Die Gründe wurden lange dargelegt und die Versammlung endete mit dem Satz: „Wir kennen schon die, die gehen müssen. Wir werden den Betroffenen morgen über den Tag verteilt davon Mitteilung machen. Wer morgen nichts von uns hört, kann bleiben. Wir können nicht alle verständigen. Wir bitten dafür um Verständnis."

Heute aber war morgen und sie warteten. Die Manager wollten nicht zu unpersönlich vorgehen und nahmen davon Abstand, eine nützliche seelenlose E-Mail zu verschicken. Sie riefen die ausgesuchten Low Performer daher telefonisch an. Ich rief entsetzt: „Warum reden sie nicht von Angesicht zu Angesicht?" Aber einer der Mitarbeiter hatte genau das schon einen der Manager gefragt.

„Wissen Sie, es ist zu viel von einer Führungskraft verlangt, in die Augen der Mitarbeiter zu sehen. Ich sehe dann, wie das Leben weicht, wie ich die Familie zerstöre und Elend einzieht unter denen, mit denen ich spreche. Ich fühle, wie ich töte. Kann ich das überstehen – wenn ich mit so sehr vielen reden muss? Mich würde noch lange das Grauen schütteln! Ich käme mir vor wie ..."

Und ich dachte bei mir: Bei einer bloßen Entlassungsmail sind es schädliche Spatzen, aber wenn wir ihnen in die Augen schauen, sind es Grünfinken – totwund – und gleich muss unfeierlich ein Ende gemacht werden.

Es gibt einen Unterschied in uns – zwischen dem Morden und dem nüchternen notwendigen Töten. Schädlinge, Schmarotzer und Terroristen töten wir entschlossen, Nutztiere schlachten wir zum Essen, japsende Fische zappeln lecker im Netze als Ernte des Meeres. Man darf nur nicht in die Augen schauen! Man muss lernen, dass es Schädlinge oder Nutztiere sind! Man muss lernen, sie ganz blind zu hassen oder sachlich und objektiv mit ihnen umzugehen. Denn sie versuchen immer, in unsere Augen zu schauen.

Da müssen wir lernen, die eigene Seele so fest vor ihnen zu verschließen, als ob sie uns verloren gegangen wäre.

Und wenn uns das gelingt, sehen sie uns wie wir sie.

DD15: Business-Pornographie (Februar 2006)

Ist das nicht ein schönes Wort? Das hat jemand ein einziges Mal im Internet zu Managementbüchern gesagt. Ich habe ganz vergessen, wo es steht. Versuchen Sie doch einmal, diese delikate Stelle mit Google zu finden. Ihnen gehen die Augen auf.

Ach ja, deshalb verzichte ich lieber, den Urheber dieses Ausdruckes zu outen. Business Pornography. „Die Hure (griechisch: porne) legt sich hin und ist willig. Es gibt beim Verkehr mit ihr keine Aspekte des vernünftigen geschlechtlichen Aktes zwischen guten normalen Menschen, welche seine psychischen und partnerschaftlichen Seiten beleuchten." Beleuchten! Oh, Pornographie, hier ist genau das im Licht, was sonst im Dunkeln bleibt und umgekehrt. Pornographie ist das Schreiben über Huren.

Und es ging mir durch den Kopf, dass die meisten Managementratschläge etwas Einfaches ins Licht stellen, was sich locker auf den Schreibtisch legen lässt und willig ist. Die schwierigeren Aspekte und die arbeitsamen Seiten der ganzen Problematik aber bleiben bedacht im Dunkeln.

„Beseitigen Sie Fehler im Unternehmen! Je weniger Fehler ein Unternehmen begeht, umso mehr Profit wird gescheffelt. Das ist statistisch erwiesen!" – „Ziehen Sie sich auf Ihre Kernkompetenzen zurück. Arbeiten Sie nur noch, was Sie gut können. Stoßen Sie Verluste ab."

Da denke ich immer an Schüler. Diktatfehler schaffen im Leben Probleme, das verstehe ich. Schüler, die nur ihr Lieblingsfach belegen, haben den besten Notendurchschnitt. Das verstehe ich. Löst es das Problem? Wie schaffe ich es denn, die Diktatfehler auf null zu bekommen? Überlebe ich denn mit nur einem engen klitzekleinen Wissensbereich?

„Firmen mit vielen Frauen haben mehr Gewinn!" Oh, da stelle ich ein paar Tausend ein. „Firmen, in denen die Leute genial sind und wenig Gehalt bekommen, führen im Markt." Oh, da schmeiße ich alle Mittelmäßigen raus, senke für den Rest die Gehälter und heuere Genies.

„Firmen, die mehr als 25 Prozent Gewinn machen, sind profitabler als solche, die nicht einmal 20 Prozent schaffen." – „Dehnen Sie Ihre Firma in alle Länder aus, weil nur das Globale überlebt. Schnell, überall eine Geschäftsstelle und die Adressen ins Internet!" – „Man muss jedes Jahr ein neues Logo erstellen, damit sich die Marke allen Menschen unwiederbringlich ins Hirn brennt." Schnell, ein neues Logo, das mir ähnlich sieht! „Firmen, die weniger Zeit verplempern, sind erfolgreich." Auslastung erhöhen! „Ich bin für die professionelle Zahnreinigung zuständig. Es dauert 45 bis 60 Minuten, je nach Patient. Ich arbeitete im Stundentakt, bis man meine Auslastung maß. Da kamen die Pausen ans Licht. Ich habe es aber noch rechtzeitig gemerkt und putze jetzt immer genau 60 Minuten herum. Sie wollten, dass ich die Patienten für 52 Minuten bestelle und dann flexibel ausgleiche."

Mutti sagte: „Du, nimm dir deinen Bruder zum Vorbild. Sei lieb wie er. Pass gut auf."

Lehrer Lempel sagte: „Seid wie der Primus. Das ist einfach. Schreib nur Einser. Pass gut auf."

Management-Pornographie sagt: „Sei wie das beste Unternehmen. Das ist einfach. Mach so viel Gewinn wie sie. Spioniert dazu in den besten Unternehmen. Findet heraus, wie viel Gewinn sie machen. Wenn ihr es wisst, kopiert einfach ihre Kennzahlen."

Mutti schafft es nicht, Lempel schafft es nicht, Manager schaffen es nicht. Sie holen Nachhilfestunden oder Berater, die schon das neue Buch mit dem einfachen Ratschlag gelesen haben. „Berater sind immer ein Buch voraus und halten die Hoffnung im Unternehmen so lange aufrecht, wie der Kunde zahlungswillig ist." Schrieb mir neulich jemand... Das stimmt nicht generell, aber für Business-Pornographie schon, wo das Schwierige nie auf den Schreibtisch gelegt wird.

Ach, aber wir lesen das alles so gerne, oder nicht? Und haben Nachhilfe und fesche Berater gern? Wir gründen lustvoll Power Teams, coachen Top Talent, generaten true Leadership, we work only with the best. Es ist herrlich wie ein Adelheid-Roman. Es wirkt besonderes in Kurzlehrgängen so erlösend. In der ganzen Misere kann ich wieder einen Tag länger hoffen. Abnehmen durch Vollfressen! Sparen durch Kaufen! Erfolg durch Schuhputzen mit Aloe Vera. Klavier im Traum lernen – nach dem Kauf des Traumklaviers. Leistung auf Kredit. Doktor durch Ghost Writer. ...Ach, es liest sich wunderschön. Soul Porn everywhere. Auf der letzten Seite steht immer: „Sie müssen es ernst nehmen – es kostet letztlich Mühe. There is no free lunch." Wir wollen es ja nicht ernst nehmen. Wir wollen ein bisschen träumen und uns gut fühlen. Ich will mich auch gut fühlen! Heidi Klum hat gesagt, ich muss erst nur 90-60-90 haben, dann kann ich ein Model für andere sein. Damit fange ich an. Ich kann es kaum erwarten, mich mit Heidi zu messen. Ich wette, ich habe in allen Disziplinen die Höheren Werte, obwohl ich kleiner bin. In Ewigkeit.

So, das wollte ich sagen – und nun wird auch meine Homepage von allen Suchmaschinen gefunden.

DD16: Projektruinen in der Herzblutwüste (Februar 2006)

> *Über solche Themen schreibe ich ein hier ein paar Mal, und ich soll immer wieder Vorträge darüber halten. Ich habe ein schlechtes Gewissen, weil ich gegen hohes Honorar gefühlte Selbstverständlichkeiten vortrage. Neulich fragte jemand, ob manche Erkenntnisse von mir geheim wären – ob man sie im Internet zitieren könnte. Da musste ich etwas lächeln. Die wirklich wichtigen Sachen sind so selbstverständlich, dass sie fast geheim sind: Wie man ein guter Mensch wird, weniger Alkohol trinkt oder keine ausgespuckte Zahnpasta im Becken kleben lässt.*

„Als Kaiser Karl V. Granada besuchte, war er außer sich vor Entzücken. Er beschloss augenblicklich, hier wohnen zu wollen. Da begannen alle mit dem prächtigen Bau, den Sie hier ganz unfertig sehen. Leider hat Karl so viel reisen müssen wie alle tüchtigen Herren noch heute. Und so ist er nie wiedergekommen. Das müssen Sie verstehen." – „Ich habe getöpfert, gebatikt und sogar ikebanalisiert. Leider merke ich immer schnell, dass es sofort in Arbeit ausartet. Das liegt daran, dass ich kein Talent habe. Ich bin traurig, weil mir partout nichts zufliegen will. Das ist ungerecht."

Im Jahr 2005 haben wir eine wunderbare Rundreise durch Andalusien erleben dürfen. Da hörte ich von Karl V. Ich dachte traurig, dass es in der ganzen Welt nur so von Projektruinen wimmelt.

Wikipedia und der Reiseführer sagen: Karl V. plante, Granada zum Regierungssitz zu machen. Deshalb ließ er einen großen Renaissancepalast auf der Alhambra errichten. Da sich aufgrund der Entdeckung Amerikas die Interessenschwerpunkte des Königreiches verlagerten, ließ man die Residenzpläne fallen. Der Palast von Karl V. wurde nie fertig gestellt.

Und dieselben Stimmen melden zu einem anderen Schloss aus unserem Urlaub 2004: Das Schloss Herrenchiemsee, das ursprünglich ein exaktes Abbild von Versailles werden sollte, besteht allerdings nur aus dem Haupttrakt, da Ludwig II. während der Bauzeit das Geld ausgegangen war und er vor der Vollendung verstarb. Im Schloss wechseln prachtvoll ausgestattete Räume wie der riesige Spiegelsaal, das Treppenhaus und das Prunkschlafzimmer mit unverputzten, leeren Räumen, die aufgrund des Geldmangels nicht mehr wie geplant fertig gestellt werden konnten. In mehreren unvollendeten Räumen des Südflügels ist ein König-Ludwig-II.-Museum untergebracht. Ludwig II. wollte das Schloss niemals der Öffentlichkeit zugänglich machen; es sollte einzig und allein ihm als privates Refugium dienen, in das er sich vor dem Alltag in seine Traumwelten zurückziehen konnte.

Wenigstens haben wir jetzt eine Menge Weltkulturerbe. Denn einige Zimmer sind ja doch fertig geworden, in Neuschwanstein und anderswo. Bei den meisten Projekten aber beginnt man alle Zimmer gleichzeitig und beendet keines. Das ergibt eine vollendete Ruine, aus der dann neue Erbauer manchmal noch die Steine für ein ganz neues Projekt stehlen.

„Wie haben Sie es denn so irrwitzig schnell geschafft, solche wundervollen konstruktiven Pläne zur Beseitigung unserer lebensbedrohenden Produktionsprobleme in der Fabrik zu erarbeiten?" – „Ich habe mich erinnert, dass wir seit langem jedes Jahr solche Pläne machen müssen! Da habe ich jemanden aus dem Stab um seinen Plan von vor vier Jahren gebeten, für den er damals befördert worden ist. Ich denke, dass ich jetzt auch die Treppe hoch falle." – „Bestimmt, das sehe ich ebenfalls so. Ich freue mich sehr für Sie. Es ist eine glänzende Idee, Wissen kostengünstig wiederzuverwenden. Ich werde Ihr Projekt als Success Story für mein eigenes Knowledge-Management-Projekt zitieren, darf ich?" – „Aber ja, dann werden Sie doch sicher befördert!" – „Gewiss doch, in schlechten Zeiten macht Arbeit Spaß – man hat mit allem sofortigen Erfolg, weil die Ängstlichen nach jedem Rettungsanker greifen. Es muss unter Druck nur sehr schnell gehen und einen neuen Namen haben. Statt Abschreiben oder Ideenklau heißt es jetzt Knowledge-Management!" – „Wenn ich befördert bin, gründe ich eine Taskforce, die einen originellen neuen Firmenklingelton mit Paris Hilton erarbeitet. Corporate Ring Tone heißt die neue Heilsleere. Das senkt die Arbeitslosigkeit, obwohl Hartz V. nie mehr wieder kommt." – „Oh, geht es denn mit der Arbeitslosigkeit nicht mehr aufwärts?" – „Doch, aber Hartz V. hat aufgrund von neuen Entdeckungen in Südamerika seine Interessenschwerpunkte verlagert. Wir planen heimlich eine Agenda 2020, aber wir fürchten, andere wollen uns mit einer Agenda 2030 übertrumpfen. Die Zahl 2025 haben wir als Warenzeichen registriert, wir dachten damals aber nicht, dass sie so weit gehen würden. Aber sie wagen 2030. Es wird kitzlig."

Überall fast mutwillig provozierte Projektruinen. Woran liegt das?

Ich bin gar nicht negativ, denken Sie das ja nicht. Die großen Beratungsfirmen zählen oft durch, wie viele Projekte von allen „erfolgreich" sind. Wie immer sie das zählen – jede ernsthafte Schätzung ist kleiner als 25 Prozent. Denken Sie an die normale Politik, an die lokalen Planungen von Umgehungsstraßen oder Ihre eigenen häuslichen Versuche, mehr Sport zu treiben oder eine Diät durchzuhalten. „Ich sollte mal wieder lesen, das Buch habe ich schon. Ich habe auf Langlaufski-Outfits gespart, alles noch neu. Ich würde gerne das Abi nachholen. Ich mache immer nur die ersten drei Wochen in der VHS, dann versteh ich es nicht mehr ohne Arbeit. Vielleicht mache ich einen eBay-Shop auf oder ich melde mich bei Dieter Bohlen oder Heidi Klum." Im Beruf schafft es kein Projekt schneller als der Manager wechselt. Immer ist Wahltermin. Wir sind überdrüssig und unlustig.

Es ist Herzblutwüste.

Ohne Herzblut flackert nur kurz die Freude eines immer wieder neuen Neubeginns. Wer Herzblut hat, funktioniert seine Sehnsucht zum Hobby um, zu Leidenschaft. Mit Herzblut wird von einem Haus nicht nur geträumt, sondern auf den Tag hingefiebert, an dem stolz die letzte Rate bezahlt wird. Herzblut gibt Kraft und setzt alles durch. Jeder, der herzlich will, bewegt Berge. Wer will, nimmt ab und hört mit dem Rauchen auf. Wer will, schafft noch alle Ehrenämter nebenbei. Die anderen fragen: „Wie schaffst du das alles?" Die Antwort ist Herzblut. Konzentration. Vorfreude. Fokus. Heitere Opferbereitschaft. Beharrlichkeit. Stetigkeit. Unverdrossenheit. Wohlsein auf dem Weg.

Es gibt sehr viel mehr Projektruinen als Beispiele von Herzblutvergießen für nichts. Denken Sie manchmal an die total unbegabte Möchtegern-Operndiva, der man ein eigenes Opernhaus baute, damit sie auftreten konnte? So krass wird nicht oft das Ziel verfehlt, wenn es mit ganzem Herzen verfolgt wird.

„Ein großer Teil des Fortschrittes ist es schon, fortschreiten zu wollen. Wo dieser Wille lebendig ist, ist auch der Weg frei." (Seneca)

Das halbe Herz ist gefangen. Das ganze Herz ist frei.

Ich wüsste gar zu gern, wie ich Herzen ganz machen kann.

DD17: Keiner will gut drauf sein! (März 2006)

Ach, diese Kolumne endet mit der Kopfhörererfindung. Die ist immer noch gut, auch noch 2009, wird eventuell auch kommen, aber das große Business ist noch ausgeblieben.

Im Fernsehen! Da war ich das erste Mal. Mein IBM-Arbeitskollege nebenan arbeitete gerade in Dubai, schaltete dort im Hotel die Deutsche Welle ein und sah seinen Schreibtisch in Mannheim – und mich! Wie langweilig! Aber für mich war es aufregend. Besonders das deutsche Wesen drum herum.

Es fing damit an, dass Elke Opielka von der Deutschen Welle alle möglichen Drehszenen in Berlin sekundös plante. Sie musste für jede Zehntelsekunde Kamera-auf-die-Straße-Halten eine Drehgenehmigung einholen. Das fand ich komisch und sagte lieber vorher dem Empfang in IBM, es werde das Fernsehen vorbeikommen. Oh, das ist verboten! Ich musste eine Drehgenehmigung einholen. Ich wurde von der Gebäudeverwaltungsfirma befragt. „Stört es Mitarbeiter?" Ich nickte. „Natürlich." Sie zogen die Augenbrauen hoch, da verstand ich, dass es bei Fragebogen nicht um die Wahrheit, sondern um die Einhaltung von Vorschriften geht. Man muss antworten: „Ich vertraue Ihnen. Füllen Sie es so aus, dass Ja herauskommt." Ich fragte alarmiert alle, ob sie gerne ins Fernsehen wollen. „Huh, nein!" Sie wollten lieber fliehen. Andrea Winkler, meine Assistentin, schien es wenigstens nicht arg schlimm zu finden, sie sieht im Film dann auch echt gut aus – wie immer.

Gedreht wurde in Berlin und in Mannheim im Abstand einer Woche. Ich musste mir genau merken, wie ich gekleidet war, damit ich im Film immer gleich aussehe. (Als Mathematiker beschloss ich natürlich sofort, einfach die Woche dazwischen das Gleiche zu tragen, dann gibt es kein Problem.) Nur die Haare sind in Mannheim länger! Die meisten Szenen aus Berlin sind gar nicht in den Film hineingekommen. Ich sollte dort einige Fragen zur Universität beantworten. Wir hatten eine Genehmigung, in der Mensa der Humboldt-Uni zu drehen. Vor dem Gebäude wurde ich gefilmt, wie ich die Uni betrat. Da fing es schon an. Sie schauten mich an wie einen Aussätzigen. Es war fast unangenehm, normal zu bleiben. Ich hörte erst noch unbekümmert das Wort „Einstweilige Verfügung". Lustig, dachte ich noch zuerst, zweimal in einer halben Minute so eine seltene Wendung im Freien zu hören! Dann betraten wir die Uni, um nach links 30 Meter zur Mensa zu gehen. Nach ungefähr zehn Metern hinter der Eingangstür eilte eine ältere Dame heran, die sich etwas besorgt-aufgeregt als Beamtin mit Hausvollmachten vorstellte und nach der Genehmigung fragte. „Okay, nur in der Mensa, die ist für die Uni extraterritorial (?), sonst NIRGENDWO." Wollten wir ja gar nicht. In der Mensa wurde es finster. Alle schauten grimmig verstohlen. Ich war schon ganz nervös. Gleich an der Tür stürmten zwei Studenten mit Essen-Tabletts aggressiv heran und forderten drohend, jede Kamera von ihnen abzuhalten. Ich rechnete nach, wie viel Schmerzensgeld es wohl vor Gericht kosten könnte, wenn wir einmal in die Menge filmen würden... Wenig später eine Szene im Café Einstein, dessen Besitzer uns ganz freundlich den zum Filmen zweitschönsten Tisch freigehalten hatte. Am allerschönsten Nebentisch saß ein alleiniger Herr, den wir um einen kurzen Tausch baten. Er wurde sehr ärgerlich und wollte mit dem Fernsehen nichts zu tun haben...

Dabei war das Fernsehteam so nett! Keine Ahnung, was die Leute haben. Das Fernsehteam zuckte daran gewöhnt die Achseln. Sie sagten, sie würden immer und überall so behandelt – und ich dachte, alle Menschen wollten wie ich einmal ins Fernsehen, manche doch schon allein deshalb, um einmal ihre Verdauungsprobleme zu besprechen oder ihre Ahnungslosigkeit vor Wahlen zu demonstrieren. Durch das Böse in den Blicken wurde mir doch als armer Interviewter ganz mulmig! Wenn ich jetzt noch etwas Merkwürdiges über Computer sage, dachte ich, dann freut sich meine Firma zusätzlich nicht. Ich darf nie in die Kamera schauen! Ich soll ganz natürlich erscheinen, wie ich immer zu jeder Zeit bin! Und gleichzeitig über jeden Tadel erhaben reden, wie soll das zusammenpassen? Ich habe die bei Männern häufig anzutreffende Gabe, über jedes Thema länger als zwei Stunden reden zu wollen. Ich habe es trotzdem für die Deutsche Welle diszipliniert geschafft, jedes Mal in zwei Minuten das Wichtige wenigstens andeutungsweise auszudrücken. Sie nickten immer, fanden mein Gesagtes ganz toll und baten, ich solle dasselbe in 17 Sekunden wiederholen, ohne an Schärfe und Tiefe der Argumentation einzubüßen – das wäre optimal. Ich war erst ganz verwirrt – aber jetzt hätte ich fast Lust, ein paar Tage gefilmt zu werden: Vielleicht lerne ich dann ganz schnell Politik?

Und immer klarer wurde während der Aufnahmen, dass tiefe philosophische Gedanken so ganz und gar nicht zu visualisieren sind! Die sind leider im Hirn, was ja im Film auch besprochen wird. Unsere Erfindung des Cola-Automaten bei IBM, der den Preis nach Temperatur und Wochentag bestimmt, lässt sich dagegen an jeder Ecke verfilmen. Ich müsste meine ganze Trilogie in drei Sätzen ausdrücken können! Eine Philosophie in einer Maxime oder einem Imperativ! Ich müsste Schlagworte parat haben! Mich mit einem Ankhaba-Symbol aus meinem Vampirroman vor der Kamera outen! Etwas Drastisches sagen!

Ich selbst, als Ich, will eigentlich auch nicht gut drauf sein, fällt mir als Philosoph da ein.

Aber er fühlt sich doch gut drauf, spürt Gunter Dueck, das Ich.

Das kam heraus (in Deutsch und Englisch mit Real Player oder geduldigem Download von meiner Homepage, dann geht auch der Media Player):

http://www.dw-world.de/dw/article/0,2144,1924887,00.html
http://www.dw-world.de/dw/article/0,2144,1919028,00.html

Vielleicht hat die ganze Sache ein Nachspiel? Ein Erfinder, Boris Weigend, hat mir ja am Ende des Spots einen Kopfhörer aufgesetzt. Er hat eine Software entwickelt, die digitale Musikfiles so umrechnet, dass man sie im Kopfhörer wie Hyper-Super-Dolby-Surround anhört. Ich weiß nicht, ob ich das jetzt exakt erkläre, aber das Gesicht sieht beim Hören so aus wie meines in der Schlusseinstellung. Jemand aus meiner Nähe vermutete über genau diesem Endblick von mir, so schaue man nur in Gegenwart einer schönen Frau – nein, es ist die Musik. Boris Weigend hat dafür schon eine Firma gegründet, sie heißt 3ears. Ich habe ihm dann ein paar kritische Kommentare oder „gute Ratschläge" für die Gründerphase mitgegeben, wir haben länger telefoniert und dann kam heraus, dass seine Lebensgefährtin Margret Albers (Managing Director der Stiftung Goldener Spatz) diplomierte Vampirexpertin ist! Darf ich das so sagen? Ihre Diplomarbeit heißt jedenfalls *Formen der kognitiven Bedrohung in post-modernen Horrorfilmen*. Das klingt noch etwas wissenschaftlich, aber so eine Diplomarbeit für Medienwissenschaften an der HFF Babelsberg muss ja seriös klingen – es war auch die historisch erste und als solche natürlich irre gut! (Muss ja sein – die erste, aber bestimmt darf man sie nicht in Rot-Schwarz gebunden abgeben, oder?) Und ihre Magisterarbeit in Anglistik heißt „Vampire und Vampirismus in der Nordamerikanischen Literatur". Da gibt es also auch Blutsauger, in Amerika?? Ich dachte eigentlich, Vampire sind aus Irland, wo Bram Stoker lebte... Das ist der, der Oscar Wilde die Frau ausspannte, so dass dieser Irland verließ... Florence hieß sie! Wilde? Eine Frau? Wirklich? Oscar Fingal O'Flahertie Wills Wilde – und eine Frau? Ich merke jetzt, ich schwimme doch ein bisschen.

Oh je, und auf diese kümmerlichen Kenntnisse bekomme ich gleich nach dem Erscheinen vom Ankhaba von M. A. im Gegenzug kritische Kommentare und gute Ratschläge zu meiner neuen Unternehmung. Dankbar werde ich sein und habe Angst.

DD18: Die Deutsche Abfrage (Juli 2006)

Zu Karfreitag und Ostern blättere ich ruhig in meinen prachtvollen Büchern. Ohne Brille, ganz entspannt. Ich kann aber nicht mehr so gut sehen. Osterspaziergang. Faust!

„Zufrieden jauchzet groß und klein:
Hier bin ich deutsch, hier darf ich's sein!"

Ich bin deutsch geboren, ich werde ja nicht mehr ausgefragt! Ich jauchze. Ich muss keinen Ausländertest absolvieren!

Die armen Ausländer tun mir ein bisschen leid, sie müssen Fragen beantworten, deren Antwort ich ja auch nicht kenne, bestimmt nicht die mit dem Kaspar-David-Kreidefelsen auf Rügen, die wahrscheinlich aus Proporzgründen in den neuen Einbürgerungstest auf Deutschtum hinein musste. Zu dem Test fallen mir fast nur Sarkasmen ein. Wie haben wir als Kinder immer gesungen?

„Die Gedanken sind frei,
wer kann sie verraten?
Der Test will sie wissen,
das Land sie erschießen, mit Fragen zu Brei!
Die Gedanken sind frei!"

Das Lied ist von einer alten Schweizer Weise abgeleitet und fängt ursprünglich anders an.

„Nur die Franken sind frei, das Gold und Dukaten..."

Glauben Sie im Ernst, ein paar Bildungsfragen machen zum Deutschen? Hindert der Führerschein, wie eine Sau zu fahren? Würden wir einen Wolf, der einen Kreidefelsen frisst, gleich als Ziege bezeichnen? Doch eher als Schaf? Wenn der Test angeblich Terroristen entlarven hilft, dann müssten wir doch auch alle Stasispitzel damit finden können? Wahrscheinlich ist der Test von den Flughäfen abgekupfert. Wenn man dort die Frage nach dem Mitführen von Bomben bejaht, darf man nicht mitfliegen. Die listigen Gepäckpackgeschenkfragen entlarven dort jeden Terroristen. Deshalb wurden in jüngster Zeit auch keine Flugzeuge mehr entführt.

Wenn jemand irgendwo einheiratet, muss er verinnerlicht haben, wo er ab jetzt leben wird. Es wäre schön, er könnte Ideen in sich fühlen. „Freude, schöner Götterfunken..." – „Lasset die Kindlein zu mir kommen und wehret ihnen nicht." – „Handle so, dass die Maxime deines Willens jederzeit zugleich als Prinzip einer allgemeinen Gesetzgebung gelten könnte." – „Die Würde des Menschen ist unantastbar." Aber ein Test? Wenn eine Deutsche in den Nahen Osten einheiratet, warnen wir sie, wappnen wir sie, klären sie auf. Es ist kein einfacher Schritt, in eine andere Kultur zu wechseln, in keiner Richtung. Hilfe und Willkommen wird gebraucht! Beratung, Gespräche! Aber ein Test?

Und wenn schon ein Test, dann bitte ein paar entlarvendere Fragen!

- Begründen Sie, warum das deutsche Bildungssystem am besten ist.
- Was verbinden Sie mit dem Wort Kopfpauschale im Zusammenhang mit Krankheit?
- Wann nimmt der Deutsche einen Jägerzaun, wann Stacheldraht?
- Bis zu welchem Alter dürfen Hunde in der Mittagszeit bellen und welche Einschränkungen bestehen für Kinder?
- Der folgende Satz ist ein Gedicht – interpretieren Sie! „Wer in der Schule schillert, bekommt eins auf die Glocke."
- Nennen Sie drei Politiker, die eine Zweitstimme haben.
- Welche Arbeiten hält ein Deutscher für würdelos?
- Was ist ein Schmerzkeks?
- Wer ist mit der Bezeichnung Allgemeinheit in dem Artikel 14 des Grundgesetzes gemeint? „Eigentum verpflichtet. Sein Gebrauch soll zugleich dem Wohle der Allgemeinheit dienen."

Ach, ich bin etwas bitter ... die Gesinnung wird doch nicht besser, wenn man etwas weiß. Wissen hilft, ja! „Lerne, dann weißt du in der Not!", zum Beispiel, wenn man etwa nach Deutschland fliehen will. Aber schon Goethe beschrieb die Tragödie eines DDR-Fluchthelfers:

„Erreicht den Westen mit Müh' und Not, in seinen Armen das Kind blieb rot."

Es ist Ostern. Ich lese Faust und in der Bibel. Ohne Brille, ich sehe etwas schlecht.

„Habe nun, ach! Philosophie, Juristerei und Medizin,
und leider auch Theologie! Durchaus studiert mit heißem Bemühn.
Da steh ich nun, ich armer Tor! Und bin so deutsch wie nie zuvor."

DD19: Business Dysmorphic Disorder (Mai 2006)

Es gibt eine Krankheit, die man mit BDD abkürzt: Body Dysmorphic Disorder. Menschen, die daran leiden, halten ohne logische Grundlage ihren Körper für defekt. Ihnen gefällt gewissermaßen die eigene Nase nicht. Das macht sie verrückt. Und ich dachte, es gibt vielleicht noch eine Verrücktheit, die noch keiner erkannt hat: Ich nenne sie hier ebenfalls BDD, ich meine damit aber Business Dysmorphic Disorder.

Menschen mit BDD leiden unter vorgestellten Defekten am Körper oder sie übertreiben einen minimalen Defekt maßlos, so dass sie gegen ihn wie gegen das Unheil der Welt kämpfen. Ein Leberfleck entstellt sie schon vollkommen, so dass sie sich von allen verlacht und verachtet vorkommen. Ihre Nase ist schief, der Bart zu schütter, die Frisur misslungen! Die schlaffen Oberarmmuskeln verbieten jedes T-Shirt-Tragen! Viele finden, dass sie irgendwie nicht gut riechen. Die häufigsten Symptome sind:

- Sich immerzu in allem betrachten, was spiegelt
- Oder lieber ganz vermeiden, in irgendeinen Spiegel zu schauen
- Ununterbrochen heimlich messen, wie es um den Defekt steht
- Den vermeintlichen Defekt ununterbrochen befühlen oder betasten
- Andere unentwegt um positives Feedback bitten („Deine hässliche Nase ist schön!")
- Exzessiv gepflegt aussehen, um negativem Feedback zuvorzukommen
- Den angeblichen Defekt kaschieren (z.B. durch seidene Maßanzüge oder Make-up)
- Situationen meiden, in denen der Defekt gesehen werden kann

Viele zehn Prozent besonders der Frauen finden sich nicht okay. Das ist toll, auch wenn Pink sich gerade in ihrem neuen Video darüber auskotzt! Da muss man den BDDs nur schlechten Geruch, Falten, zu kleinen oder zu großen Busen, ein gebärfähiges Becken oder eine merkwürdige Frisur einreden und schon sind sie in ihrer aufkeimenden Krankheit hinterher, sich mit Parfüms und Operationen zu heilen! Sie kaufen Kräuter und Abführmittel, lassen sich liften und befüllen, kleiden sich beliebig gut, damit man ihnen nichts anhaben kann! Natürlich macht das alles noch kränker und elender, aber die Industrie verdient prächtig daran!

Einige zehn Prozent der Männer beginnen sich um ihren Körper zu sorgen. Das ist toll! Sie sind jetzt fast genauso auf dem Radar der Industrie wie Frauen schon immer. Sie werden magnetisch von Fitness-Studios angezogen, die heute oft ein großer Umschlagplatz von Amateur-Doping-Mitteln sind. Blitzmuskeltraining! Sie wissen, wie viel Viagra kostet. Ein kleines Tattoo, wer hat denn keines? Ein Drama, sich gekonnt zum Bewerbungsgespräch anzuziehen! Ein Drama, im Meeting müde zu werden! Männer schlucken Konzentrationskapseln und Koffein im roten Bereich, damit sie stark wie Ochsen sind.

Das Wundervolle an dieser Krankheit BDD ist, dass sie dem Kranken nicht erkennbar gemacht werden kann. Wenn man ihm sagt: „Sie sind krank mit ihrer angeblich ach so schiefen Nase." Dann sagen sie: „Ich bin kerngesund, nur die Nase ist schief. Es ist ein physisches Unglück, kein psychisches. Sehen Sie das denn nicht? Gefällt Ihnen denn meine Nase? Na? Sie ist nie und nimmer so schön wie die von Naomi! Fünf Operationen sind bisher umsonst bei mir verpufft!" – „Ich bin kerngesund, nur die Arbeit verlangt zu viel. Ich muss in langen Sitzungen fit sein und darf nie durch eine schreckliche Krawatte auffallen. Ich bleiche mir als Topmanager die Zähne, weil ich sie oft zeigen muss." Es gibt einige Topmodels und viele junge Berater, die an BDD leiden. Bei ihnen heißt es Schönheitswahn, was bei normalen Menschen nur verrückt ist. Männer dürfen noch nicht einmal zugeben, dass sie ein Problem haben ...

Da fiel mir sofort auf, dass die Leute während der Arbeit auch psychisch krank sind. Sie haben immer Angst, dass etwas mit ihrer Leistung nicht stimmt und dass der Chef ihre Nase nicht mag. Sie denken unaufhörlich darüber nach, wie sie den vermeintlichen Leistungsmangel beheben können. Sie wollen andauernd wissen, wie gut sie sind. „Deine durchschnittlichen Performance-Zahlen sind exzellent!" Das wollen sie immerzu hören, aber sie bilden sich fest ein, schlecht zu sein. Sie messen andauernd heimlich, wie weit sie gekommen sind. Sie erschrecken, wenn ein Vorgesetzter die Zahlen sehen will. Sie kaschieren alles unter „Business-Make-up", also unter sorgsamer Datenpflege. Sie versuchen, ihre Abteilung exzessiv gut dastehen zu lassen, damit Fragen zur Leistung gar nicht aufkommen. Sie hüten sich vor Reviews und Prüfungen aller Art. Die Business-Dysmorphic-Kranken können nie erkennen, dass sie krank sind. „Meine Leistungen sind leider schlecht! Ich selbst bin kerngesund. Es ist ein physisches Problem, kein psychisches. Es gibt in einer internationalen Abteilung unseres Unternehmens in Frankreich einen Vorarbeiter namens Naomi, der bessere Zahlen hat. Das wird uns jeden Tag unter die Nase gehalten. Das tut weh, aber es ist schließlich ein unleugbares Faktum."

Das ist Business Dysmorphic Disorder, denke ich.

Sie ist wahrscheinlich gewollt! So wie bestimmt vielfach die Body Dysmorphic Disorder auch. Man lästert über Falten oder Körpergeruch oder eben über schlechte Verkaufszahlen oder zu geringe Kundenkontakte. „Du bist schlecht!" heißt die zentrale Botschaft. Und dann beginnen sie alle zwanghaft, sich mit Wüstensandaloevera zu duschen oder Überstunden zu machen. Operationen oder Reorganisationen in der Firma! Unentwegte Veränderungsversuche, die zu immer größer werdender Unzufriedenheit führen und dadurch enorme dunkle Verzweiflungsenergien erzeugen, die sich in Kaufräusche und Arbeitssucht entladen.

Wenn man BDD von außen in die Menschen senkt, setzen die Erkrankten große dunkle Energien frei, die genutzt werden können. Je mehr sie sich als Loser fühlen, umso besser schuften sie oder kaufen sie wie blöd! Und sie wissen nie, woher das alles kommt! Sie denken, das Problem wäre physisch oder objektiv da!

In Wahrheit ist nur die Macht physisch, die dieses Geringsein einredet. Sie erzeugt eine psychische Gegenreaktion im Menschen, sich voller Energie in den Dienst der Macht zu stellen. Das Hauptproblem der Macht ist, dass die deklarierten Loser nur dagegen ankämpfen sollen und nicht zu viel Zeit mit Jammern verplempern dürfen, damit sie effizient sind. Die BDDs sollen ja nur arbeiten und kaufen und nicht so lange vor dem Spiegel stehen. Einmal erkennen, dass man defekt ist, muss doch reichen?! Dann sollen sie malochen! Und nur ab und zu – wenn Weihnachten ist oder eine Firmenfeier – gibt man ihnen ein bisschen Hoffnung. Die ist ihr eigentlicher Lohn. Ab und zu ein gutes Wort. „Gar nicht so schlecht!"

„Herr, ich bin nicht würdig, dass du eingehst unter mein Dach, aber sprich nur ein Wort, so wird meine Seele gesund." Bei BDDs wird die Seele ganz und gar nicht gesund, weder durch ein Wort Gottes noch durch ein Lob vom Chef oder vom Spiegel. Das Wort ist wie ein Funken neuer Hoffnung, die jetzt ein bisschen länger leben kann. Die Hoffnung stirbt bekanntlich viel später als der Mensch selbst. Sie ist seine verkaufte Seele.

DD20: Muskelsprache des Ich (Mai 2006)

„Dein Gesicht spricht Bände!", sagen wir, wenn jemand sorgenvoll ausschaut, aber finster behauptet, fröhlich zu sein. Der will nämlich fröhlich aussehen! Aber wir durchschauen das doch. Oder? Oh, gerade lächelt mir mein Chef zu. Es bedeutet – ja, was?

Der französische Neurologe Duchenne de Boulogne beschrieb als Erster im späten 19. Jahrhundert das Lächeln in der Muskelsprache. Das authentische Lächeln wird durch zwei verschiedene Muskeln im Gesicht geformt: Der Zygomaticus major zieht vom Backenknochen her den Mundwinkel hoch. Der Obicularis oculi Muskel umgibt das Auge – er zieht die Augenbrauen und die Haut unterhalb der Augenbrauen hinunter, und er hebt die Haut unterhalb des Auges und die Backen an.

Und so kommt die Wahrheit ans Licht: Der erste Muskel wird vom Menschen gut beherrscht. Der zweite dagegen ist unserer Kontrolle entzogen, er kontrahiert nur bei spontaner Freude. „Bei herzlichen Emotionen der Seele", sagt Duchenne. Wussten Sie das? Probieren Sie es! Sie können den Grinsmuskel sofort anziehen – aber den anderen? Das schaffen Sie nicht! Ich weiß es, ohne dass ich Sie kenne – denn es geht ja nicht. Jetzt weiß ich aber auch, warum sich manche Mitglieder unserer Familie nicht fotografieren lassen. Es erzeugt in ihnen keine genuine Freude und deshalb grinsen sie nur mit dem einen Muskel. Da kann ich locken, wie ich will. „Bitte recht freundlich! Hey, ich meine, ihr sollt freundlich SEIN, nicht nur freundlich gucken wollen!" Diesen Unterschied verstehen die Leute nur leider nicht. Es ist wie der Unterschied zwischen Höflichkeit und wirklichem Takt oder Zuvorkommenheit/Aufmerksamkeit. Es ist wie der Unterschied zwischen Wissen und Bildung.

Überall ist dieser Unterschied! Zwischen dem Authentischen und dem Künstlichen. Zwischen dem Herzlichen und dem Professionellen. Zwischen Anteilnahme und angemessenen Worten.

Sehen Sie auf die Muskeln der Politiker und Manager! „Wir erhöhen die Steuern, es tut uns leid." – „Aufgrund einer betriebsbedingten Störung haben heute alle Züge Verspätung von zwei Stunden. Wir freuen uns, denn wegen dieser Gleichmäßigkeit werden alle Anschlusszüge erreicht." – „Unser Gewinn für nächstes Jahr wird sehr gut werden, meine Damen und Herren, weil wir Ihnen das Weihnachtsgeld gestrichen haben. Der Erfolg des Managements ist damit schon heute sicher." Dazu lächeln sie, aber nie mit dem Obicularis oculi.

Manche von Ihnen lächeln ja auch nur mit dem Zygomaticus major, dann verstehen Sie meine Bemerkungen eventuell nicht und denken bei sich: „Es ist passiert und ich finde es gut, dass sich die Bahn an jedem Bahnhof entschuldigt und so über die Aussteiger freut." – „Ich finde es gut, dass sich der Chef so überschwänglich für meine Arbeit bedankt hat, als er mich rausschmiss. Er sagte, sie würden mich sehr vermissen und mir das sogar durch eine gekünstelte Schlussfloskel unter meinem Zeugnis offiziell schriftlich bestätigen. Das macht mir die Sache leicht." Uiiih, denken Sie so? Dann können Sie offenbar das Spiel der Muskeln nicht wirklich beurteilen. Ich wüsste zu gerne, ob das stimmt – dass ganz viele von Ihnen echt nicht wissen, ob das Lächeln ein Fake ist oder nicht.

Ich habe einen Test im Internet gefunden. Zuerst wurde ich gefragt, wie sicher ich darüber bin, dass ich weiß, wer was zu lachen hat. Ich war mir total sicher, aber das Herz rutschte mir schon ziemlich weit in die Boss-Jeans. Hier sind die anderen Fragen!

http://www.bbc.co.uk/science/humanbody/mind/surveys/smiles/index.shtml

Ich war ja so erleichtert, dass ich fast alle Fragen richtig beantworten konnte! Ich kann echt echtes Lächeln vom Fake unterscheiden! Juhu! Ich freu mich so! Mein Obicularis oculi zuckte vor Wonne. Aber dann stutzte ich. Ich ärgere mich nämlich ganz oft über die schreckliche Falschheit, die meist mit Professionalität entschuldigt wird. Über den vielen Dank und das entsetzlich viele Verständnis. Und die anderen Leute sagen resigniert, ich soll mich nicht so tierisch aufregen. Aha, dann merken die das vielleicht gar nicht? Weil die den Test nicht bestehen? Und ich muss alleine leiden? Und ich kann es niemandem erklären, dass wir alle von den jeweils Führenden und Bedienenden fast nur vershowkelt werden? Faken denn fast alle? Halten fast alle Fakes für echt? Wo bin ich?

DD21: Denkstimmen für den Protest ohne Radikalismuszwang! (Juli 2006)

Denkstimmen! Das war wieder so eine Schnapsidee von mir. Bei IBM dürfen wir nämlich auch negative Stimmen abgeben. Da dachte ich – das könnte auch für unsere Demokratie eine gute Idee sein, einmal friedlich solide zu protestieren, anstatt immer gleich radikal werden zu müssen.

Jetzt, im Sommer, wählen die 300 Mitglieder der IBM Academy of Technology immer so viele neue Mitglieder, dass wieder die Sollstärke von 300 erreicht wird, die dieses Gremium der IBM hat. Es soll die IBM in Fragen der strategischen Ausrichtung, der technologischen Qualität und der Innovation voranbringen. Wählen ist da harte Arbeit. Ich muss etwa 90 Vorschläge und Lebensläufe durchlesen und kann dann mit Ja, Nein oder Enthaltung stimmen. Wenn ich mit Nein stimme, wird dem Kandidaten eine Stimme abgezogen. Das mache ich aber nur selten. Wenn ein Kandidat so schlecht ist, dass es mich durchzuckt, ihn zu bestrafen – dann wird er wohl ohnehin nicht gewählt. Was soll's also. Es hat also nur Sinn, wenn ich mir aus verschiedenen Gründen denken könnte, er hätte eine Chance – aber ich will partout nicht.

Da dachte ich an unsere Demokratie! Stellen Sie sich vor, wir könnten auch Nein-Stimmen abgeben! Die würden wir dann als Denkzettel verwenden. Deshalb nenne ich sie jetzt einmal Denkstimmen. Ha, wenn ich eine Partei wähle und sie mich dann enttäuscht, kann ich sie endlich einmal richtig bestrafen! Der Staat zahlt ja pro Stimme eine gewisse Summe an Wahlkampfkostenerstattung. Ich schlage vor, dass ab jetzt die Parteien nur Geld für *den Stimmensaldo* bekommen, nicht einfach für alle Ja-Stimmen. Wenn ich also eine Nein-Stimme abgebe, bekommt die Partei auch Geld abgezogen. In der letzten Zeit habe ich gemerkt (Sie auch?), glaube ich, dass Geld das Einzige ist, was sie echt kratzt. Die Macht ist ihnen wohl nicht so wichtig, sonst würden sie besser regieren. Nein, sie wollen nur Stimmen! Ich sehe deshalb die Chance, dass sie endlich auf mich reagieren, wenn ich ihnen eine Nein-Stimme reinwürgen kann. Sie würden vor Angst schlottern, dass jetzt alle resignierten Nichtwähler, die Intellektuellen, die Rentner, die Studenten und die Klinikärzte sich zur Urne aufmachen und sie negativ beurteilen! Dann sind sie pleite! Sie würden vor Angst wieder regieren! Wir könnten uns auch zusammentun und alle radikalen Parteien abwählen. Sie haben dann einen Minussaldo an Stimmen. Geht das? Hmmh. Ja. Es ginge. Und dann?

Ja! Ich habe es! Sie müssen uns dann das Geld für den Minussaldo einzahlen! Da würden sie vor Schreck nicht mehr radikal sein wollen und Kreide fressen.

Die Parteien buhlen heute nur um die unverdrossenen Pflichtbürger, die noch grummelnd mit folgenden Worten wählen gehen: „Eigentlich finde ich keine einzige Partei gut. Nur die Grünen, wenn die Leute im Schnitt dreißig Jahre jünger aussähen, nicht nur ihre neuen Frauen. Ist deswegen egal, was ich wähle. Aber es ist meine Pflicht, zwischen den Übeln das kleinere zu bestimmen. Okay, ich mache ein Kreuz vor der Brust nach der Wahl."

So geht es nicht weiter! Aber mit der Nein-Stimme hätten wir alle eine Chance, es ihnen einmal richtig zu zeigen. Wir können jetzt die schlechteste Partei wählen und abstrafen.

Ist das nicht eine tolle Idee? Die Politiker müssten jetzt anstreben, in einem ganz naiven Sinne echt gut zu sein! Nicht mehr nur die beste von den schlechten Parteien! Die Regierung muss Hochleistung bringen, weil wir uns an ihr eher rächen als an einer lahmen Opposition! Je länger ich schreibe, umso begeisterter werde ich. Die Denkstimme könnte die Menschheit retten! Sogar Amerika – da wird schön was im Busch sein, wenn es Denkstimmen gibt! Wenn wir die Denkstimmen auch bei Einzelkandidaten einführen, werden alle Machtekel abgewählt! Es gibt wieder klare Mehrheiten für ... ja ... für glatte durchschnittliche Menschen? Oh je, könnte das passieren? Ich denke ...

Ach, das glaub ich nicht! Menschen wie Beckenbauer würden gewählt! In meinem Buch *Wild Duck* habe ich schon 1999 angeregt, ihn zum Bundespräsidenten zu wählen. Das lesen Sie wohl nicht? Dann hätte man beim letzten Mal keine Verlegenheit gekannt. Schriebe BILD etwa wieder, weil die Redakteure die nötige Bildung nicht haben: „Wer ist Franz?" Nein, sie würden schreiben: „Wir sind Kaiser!" Sehen Sie? Und jetzt, nach der WM, da haben Sie doch endlich klar bestätigt bekommen, dass ich die ganze Zeit weiß, was gut für Deutschland ist?

Die Denkstimme!

DD22: Leichtes Leben mit Zwei Plus!
(August 2006)

Wer gut rechnen kann, ist viel schneller als andere und macht weniger Fehler. Wussten Sie das? Wer gut schreiben kann, formuliert viel schneller und begeht kaum Orthografie-Sünden. Schüler, die gut sind, brauchen viel weniger Zeit für gute Hausaufgaben als solche, die sich fürchten müssen. Warum gibt es also Leute, die noch Zeit für schlechte Leistungen haben?

Nicht wirklich überlegte Menschen glauben, dass schnelleres Arbeiten zu mehr Fehlern führt. Nicht wirklich überlegte Menschen glauben, dass fehlerfreies Arbeiten länger dauert. So etwas sagen sie nämlich nur, wenn sie etwas nicht gut können. Wenn sie es gut können, ist es immer schnell und fehlerfrei – wenn ich einmal von abstrusen Perfektionisten absehe, die sich an den Universitäten zu sammeln scheinen. Ich stelle hier die Behauptung auf: „Wer etwas gut kann, ist schnell, fast fehlerfrei und hat ein gutes Leben."

Ich sagte gut wie Zwei Plus, nicht Note Eins, ja? Die ist oft Liebhaberei, nicht Pragmatismus. Meine These ist schwer zu glauben. Denn Sie haben vielleicht eine Vier gehabt und so irre viel Arbeit und Angstschweiß aufwenden müssen, dass Sie sich die Mehrarbeit für eine Zwei Plus nicht einmal in Alpträumen vorstellen wollten. Viele Jahre habe ich diese These zu Hause diskutiert. Ich musste Hohn einstecken. Der klang so – sie äfften mich in meiner prophetischen Sprechhaltung nach: „Interessier dich doch, Kind! Hab das, was du können willst, etwas lieb, Kind!" Und dann fügten sie erregt hinzu: „Blabla, es ist nur doof, alles in der Schule, und man hat schon keine Lust mehr, wenn man das Heft aufschlägt. Und sie schimpfen doch wieder über alles, so oder so." Gegen Ende der Schulzeit, als die Punkte für das Abi zählten, kam dann jemand heim und sprach also: „Du, ich habe etwas erkannt, was mir das Leben sehr erleichtert. Wenn du nämlich schon in der Schule das Gehirn angeschaltet lässt und verstehst, worum es geht, musst du irre viel weniger lernen als sonst. Ich glaube, du musst gar nichts mehr arbeiten, wenn du eine Eins hast, dann verstehst du ja alles gleich online und kritzelst schnell nach der Schule die Aufgaben runter. Alles ist sofort richtig, die Lehrer maulen nicht rum und die Eltern auch nicht. Jetzt bin ich gut in der Schule. Schon gemerkt? Darf ich ab jetzt über Nacht wegbleiben, Pa?" – Ich war mächtig stolz, dass mir jemand mal zugehört hatte und äußerte das ungemein froh. Ich wurde schwer für diese Eitelkeit ausgeschimpft: „Ich habe es selbst entdeckt! Ich brauche dich nicht dafür!"

In meinem Buch *Wild Duck* habe ich das Buch *Peopleware* von Tom DeMarco und Timothy Lister zitiert und empfohlen. Dort berichten die Autoren, die meine These offenbar nicht kannten, von einem Programmierwettbewerb. Viele Testpersonen mussten ein Programm schreiben, dabei wurden Zeit und Fehleranzahl gemessen. Nun wurde ausgewertet, wer am besten abschnitt und woran es lag. Am Alter? An der Erfahrung? Dem Computer? Der Bezahlung? Der Ranghöhe? Das ganz grobe Ergebnis: Die besten Leute waren doppelt so schnell und ziemlich fehlerfrei. Sag ich ja! Das weiß jeder! Und welche Leute waren gut? Jetzt kommt der Hammer: Die Qualität hing nicht von Geld, Alter, Rang, was weiß ich ab – nur – ja – nur – wovon?

Sie raten es nie – von dem Unternehmen, in dem sie arbeiten. Warum das? Ich weiß es nicht. Sammeln sich die Guten irgendwo? Oder ist die Qualität eine implizite Sache der Unternehmenskultur? Wissen alle in einem Unternehmen, wie gut und wie schnell etwas zu sein hat? Gibt es deshalb unglaublich gute und schlechte Schulen? Gute und schlechte Klassen? Ich habe sofort so einen Artikel wie diesen im IBM-Intranet publiziert. Aber immer noch gibt es Manager, die glauben, dass gute Arbeit zu lange dauert und teuer wird. Das ist nur dann so, wenn man gute Arbeit von schlechten Leuten verlangt! Immer noch gibt es Manager, die glauben, dass schnelle Arbeit zu Fehlern führt! Das ist nur dann so, wenn man schlechte Leute antreibt!

Es kommt darauf an, mit Leuten in einem Klima zu arbeiten, die etwas gut können. Dann sind sie alle offenbar doppelt so schnell und doppelt so gut. Und dann gibt es immer noch Manager, die glauben, durch Antreiben bei guten Leuten etwas erreichen zu können! Hey, gute Leute sind schon am schnellsten und am besten!

Wenn wir als Manager die Menschen antreiben, dann machen die schlechten Mitarbeiter mehr Fehler und die guten erklären uns zu Idioten. Wenn wir als Manager den Menschen bei Fehlern den Kopf abreißen, arbeiten die schlechten beliebig lange und die guten erklären uns zu Idioten. Was bewirkt also das Management oder die anherrschende Pädagogik? Noch schlechtere Leistungen. Gibt es deshalb gute und schlechte Unternehmen, Schulen oder Klassen?

Das Hetzen und Beckmessern schaut nicht auf die Hauptsache: Man muss nicht schnell und nicht fehlerfrei sein, sondern einfach gut, nicht besser und nicht schlechter. Nur gut. Zwei Plus. „Lehrer zufrieden, Eltern zufrieden, Schüler zufrieden, viel Freizeit, Selbstbewusstsein, schönes Leben, wenig Arbeit." – Nicht Vier: „Lehrer mault, Eltern schimpfen, niedriges Selbstbewusstsein, Nachhilfestunden, Geldverdienen für Nachhilfestunden, Hausarrest, Nachsitzen, Versetzung gefährdet, Deadlines – immer kurz vor dem Tod." Oder in Firmen – Note Vier: „Revision, Meeting, Review, Genehmigung, Nacharbeit, Nochmaleinreichen, Überstunden für Fehler, Misstrauen, Mobbing, Projektleiter böse, Kollegen böse, Chef böse, Kunde böse, Nacharbeit, Nachprüfung, Gehaltskürzung."

Wer hat so viel Zeit? Wer ist so masochistisch, nicht gut zu sein?

DD23: Das Panopticon (August 2006)

„Big Brother is watching you!" Orwell 1984. Es geht um den Schrecken der Überwachung. Orwell hatte keinen richtigen Sinn für Effizienz. Wer hat denn so viel Zeit zum Zuschauen?

Eckhard Umann hat mich dazu gebracht, das Buch *Überwachen und Strafen* des französischen Philosophen Michel Foucault zu lesen. Wer sich anschließen will, schaue einmal hier:

http://www.amazon.de/gp/product/3518277847/302-4244913-9832826?v= glance&n=299956

Es beginnt mit authentischem Gruseln, wie Schergen versuchen, jemanden mit untrainierten Pferden zu vierteilen. Pferde bleiben ja normal stehen, wenn es nicht weitergeht. Sie zerren doch nicht in eine abstrakte Richtung! Nach ein paar Versuchen mit der Peitsche bittet endlich der Delinquent, doch etwas angeschnitten zu werden ... Na ja. Ich konnte noch weiter lesen. Foucault berichtet, wie sich die Machtausübung im Laufe der Zeit verändert hat. Früher zeigte sich die Macht in Waffen und Goldkleidern, erhob die Stimme zum Volk und verkündete. Es gab Bier und Brot, man warf die Reste an den Pranger und henkte ein paar Sünder. Die Macht war offen anwesend und demonstrativ. So ein System ist aber nicht effizient, nicht wahr? Wenn die Macht ab und zu anwesend sein muss, kann sie allenfalls Länder von der Größe eines Wahlkreises wirklich kontrollieren oder sie muss überall Fürsten einsetzen.

Das Buch trägt den Untertitel *Die Geburt des Gefängnisses*. Früher wurde man nur selten gefangen genommen. Hand ab! Ein paar zehn Hiebe! Fertig. Heute wird man nur noch ins Gefängnis gesteckt. Sagt Foucault. Das Buch ist ja schon 1957 erschienen. Foucault starb 1984.

1957! Da gab es noch keine Geldstrafen, keine Computer und keine richtige Arbeitspsychologie! Schade, da wäre das Buch sicher anders ausgefallen.

Was mich am meisten an dem Buch bewegt hat, ist die Schilderung des Panopticons (von pan und opticos wie Gesamt-Schau). Im Deutschen kennen wir das Panoptikum wie Kuriositätenkabinett, das meine ich nicht!

Ich meine das Panopticon von Jeremy Bentham. Es ist ein Gefängnisbau-Prinzip. Die paradigmatische Konstruktion ist von Bentham in einer Reihe von Einzelschriften und Briefen beschrieben und kommentiert worden. Ich gebe Ihnen die Literaturstelle. Sie ist in sich sehr interessant. Lesen Sie bitte genau.

Bentham, Jeremy, *Panopticon: or, the Inspection-House : Containing the idea of a new principle of construction applicable to ... penitentiary-houses, prisons, houses of industry, work-houses, poor-houses, manufactories, mad-houses, hospitals, and schools. With a plan of management adapted to the principle / In a series of letters, written ... 1787, from Crecheff ... to a friend in England.* Dublin : Thomas Byrne, 1791.

Es geht um die effiziente Beaufsichtigung von . . . tja, rotzfrech gesagt, von „armen Schweinen". Ich glaube, das trifft es am besten, wenn man sich mit dem Panopticon näher befasst. Was ist nun ein Pan-opticon? Ich habe jetzt etwas Bedenken, öffentlich Bilder zu stehlen. Darf ich Sie bitten, bei Google auf Bildersuche zu klicken und dort Panopticon einzugeben? Dann sehen Sie:
http://images.google.de/images?q=panopticon&hl=de

Ich beschreibe es mit eigenen Worten. Stellen Sie sich ein großes Fußballstadion vor, in dem die Zuschauer ausschließlich nur in Promi-Logen mit Ganzglasscheibe zur Mitte sitzen. Wir nehmen den Rasen aus dem Stadion heraus und setzen einen Wachturm auf den Mittelanstoßpunkt. Dort wird ein um 360 Grad drehbares Teleskop montiert, mit dem ein *einziger* Wächter alle Zuschauerlogen inspizieren kann. Das Teleskop selbst ist für die Zuschauer kaum sichtbar, und der Wächter aber ist ganz bestimmt unsichtbar. Bentham nennt seine Konstruktion auch „Inspection House". Hier sind unsere Zuschauer nur eben nicht Zuschauer wie im Stadion, sondern Gefangene in Zellen oder ganz generell „Beaufsichtigte".

Die Konstruktion war ursprünglich für seinen Bruder gedacht, der den Fürsten Potemkin bei der Industrialisierung der Ukraine beriet. (Dieser Fürst ist der, dem die geschichtliche Lüge der Potemkinschen Dörfer bis heute anhängt. Er war ein sehr tüchtiger Manager.) Die Benthams wollten das Problem lösen, wie ganz wenige „qualifizierte" Engländer möglichst große Massen von Arbeitern überwachen könnten. Die Idee war: Wenn sich Menschen immer beobachtet fühlen, werden sie sich selbst disziplinieren und reibungslos arbeiten. Da der Wächter nicht sichtbar ist, wissen die Menschen nur, dass sie möglicherweise beobachtet werden, nicht aber, wann oder ob überhaupt. Sie haben Angst. Im Grunde reicht schon das bloße Vorhandensein des Fernrohrs für nieder ziehende Furcht aus. In dieser Weise kann eine Teilzeitkraft große Mengen von Gefangenen, Arbeitern, psychisch Kranken oder Schülern inspizieren – weist Bentham 1791 nach. Nach dem Vorbild seiner Originalkonstruktionen wurden tatsächlich Gefängnisse gebaut.

Die Macht erscheint in diesem System nicht mehr laut oder im Goldgepränge. Sie ist unsichtbar und grau – fast nicht da! Die Überwachten aber leben in ständiger Furcht, dass die unsichtbare Macht zugreift. Damit kehren sich die Verhältnisse um! Die Macht ist im Dunkel, der Untertan steht im eingebildeten Licht. „Gott sieht alles!", so sagt man in anderen erfolgreichen Modellen. Ich stehle jetzt doch einmal, aber in einer Dichtung und verändere ein ganz klein wenig die Wortwahl – und ziehe damit das Messer:

Und der eine steht im Dunkeln,
Und die andern stehn im Licht.
Doch man sieht nur die im Lichte,
Den im Dunkeln sieht man nicht.

Merken Sie etwas? Die, die im Licht stehen – die, die das Fernrohr trifft, zu denen kommt das Finanzamt, die stehen rot markiert im Excel-File, die werden mit einem Minus im SAP stigmatisiert, die werden als D-Kunde in einem Siebel-System vernichtet. Es droht uns ein Review, eine Untersuchung, eine Prüfung. Etwas Unsichtbares übt Macht aus. „Ich kann die schlechten Zahlen erklären!", rufen wir flehend unter dem gesenkten Pfeil, aber unsere Führungskraft zuckt resigniert mit den Achseln. „Auch ich", sagt sie, „auch ich bin unter Beobachtung. Auch ich bin getrieben vom Licht auf mich. Niemand kann etwas tun. Das System nimmt keine Einwände entgegen".

Ach, Michel Foucault (http://de.wikipedia.org/wiki/Panopticon), Sie hätten noch die PCs miterleben müssen und die kommenden Human-Resource-Planning-Systeme.

Da fällt mir ein: Wenn Menschen vor dem Fernrohr Angst haben, was tun sie dann? Sind sie innovativ? Vertrauen sie der Nachbarloge? Sprechen sie miteinander?

Wir lernen immer, dass wir im Informationszeitalter leben. Wissen! Lernen! ... Oder Videoüberwachung?

Man macht uns abstrakte schwache Angst und Stress. Panopticon.

Und der eine steht im Dunkeln,
Und die andern stehn im Licht.
Doch man sieht nur die im Lichte,
Den im Dunkeln gibt es nicht.

Aber sein Abdruck ist in uns selbst. Er brennt sich über das ein, was wir Gewissen nennen.

DD24: Overdemanding Underachiever (Oktober 2006)

Als ich völlig zufällig dieses Wortpaar beim Googlen fand, fiel mir so etwas wie ein Groschen (darf man das noch sagen?). Overdemand: immer fordern. Underachieve: wenig zustande bringen. Das passt gut zusammen, oder?

Mitarbeiter regen sich vor Kaffeeautomaten auf. Eltern verdammen die Lehrer, die zu Hause beim Kind schlecht wegkommen. „Das Kind hat nicht allein die Pflicht, in der Schule gut zu sein. Es hat Anspruch auf einen guten Lehrer und interessanten Lehrstoff. Bei einem schlechten Lehrer kann man nichts lernen, da fehlt alle Lust." Und die Lehrer geben zurück: „Wir sollen nur lehren, das Interesse muss das Kind mitbringen – auch eine gewisse Mindesterziehung. Wir können und wollen die Eltern nicht ersetzen. Wir versinken in Frust." Mitarbeiter klagen am meisten über ihren direkten Chef, der ihnen das Leben unerträglich macht. Die Bosse wiederum ächzen unter blöden Fehlern von einem der ihren, die zu unangenehmen Kundentelefonaten und allgemeinem Ausbaden führen.

Rumbrabbelndes Schimpfen macht die Atemwege frei und schafft neue Luft zum Arbeiten. Wir trinken einen Kaffee dabei, ernten Nicken und Zustimmung. Alles ist Mist! Und dann gehen wir wieder zufrieden zur Arbeit. Als ein Mitglied unseres Haushaltes einmal am ersten Tag eines Schuljahres fürchtete, dass ihm zu schlechte Lehrer zugeteilt werden könnten, erklärte ich, dass es da eine gewisse Quote von unvermeidlichem Pech gäbe. Der Klassenlehrer gab also kurze Zeit später die Lehrer bekannt. Ein bestimmter Schüler grinste. „Warum grinst du? Bist du so zufrieden?" – „Mein Vater hat sagt, ein Drittel miese Lehrer seien okay, erst danach beginnt Pech. Also: okay."

Es gibt eine andere Art von Schimpfen, die nicht befreit, sondern in schwere Ketten legt und fesselt. Es ist das bittere Schimpfen über gefühltes erlittenes Unrecht. Da schieben Menschen lautstark Schuld und Verantwortung hin und her und haben fast immer Recht darin, dass ihnen ein gewisses Maß an Unbill geschieht. Ja, der Stoff ist langweilig. Ja, der Chef kann nichts. Ja, der Lehrer ist schlecht. Ja, die Schüler sind undiszipliniert. Das stimmt praktisch immer! Sie haben meine Ansicht dazu gehört: „30 Prozent Mist ist normal, erst darüber beginnt Pech."

Sagen Sie einmal, weiß das denn keiner? Diese „30 Prozent" muss man einfach wegstecken, dass gehört zum Leben dazu! Und Sie können glauben, dass bei höher bezahlten Berufen dieser Prozentsatz noch viel höher erwartet werden kann.

Aber das bittere Schimpfen fühlt nur das eigene Leiden und stellt es ins Zentrum. Es fordert von den anderen eine Besserung der Lage, als sei auf einen Kranken Rücksicht zu nehmen. Es fordert Beachtung der eigenen gefühlten Not und sieht von außen aus wie verwöhntes Kreischen. Wer das tut, lenkt sich von seinem eigenen Leben ab und nimmt es nicht ernst. Wollen Sie in Armut versinken, weil Ihr Lehrer mies ist? Wollen Sie in die Arbeitslosigkeit, weil der Chef blöd ist?

Wenn Bewerber bei Vorstellungsgesprächen schimpfen, sie seien böse, bei einer Beförderung übergangen worden zu sein oder wegen einer Grippe das Diplom versaut zu haben, dann fühle ich, dass sie nicht die Verantwortung für sich selbst übernommen haben. Ein Vorstellungsgespräch ist nicht zu Atemwegsreinigungen beim Kaffee gedacht und das Bittere dort ist ein schreckliches Zeichen. Menschen wollen fliehen. Sie denken, sie fliehen in eine neue Umgebung, aber ich sehe, dass sie sich immer selbst mitnehmen – das Problem bleibt da.

Overdemanding Underachiever! „Alle Welt hat an meinem ach so durchschnittlichen Leben Schuld!" Hallo? Erst so ab 30Prozent beginnt Pech und das Unglück noch viel später. Wir haben für vieles Kraft genug allein.

DD25: Wegelagerer im Hotelzimmer (Oktober 2006)

Unten an der Rezeption regeln sie, ob der Veranstaltertarif oder der von IBM günstiger ist. Selbst wenn der IBM-Tarif höher ist, sollte ich eventuell lieber auch etwas mehr zahlen, weil ich bei der Abrechnung hinterher schwören muss, die als billigst angenommene IBM-Rate bezahlt zu haben. Sonst gibt es einen Ausnahmegenehmigungsprozess, der viel mehr als die Differenz kostet. 90 Euro soll meine Rate sein. Oben im Zimmer steht ganz bestimmt der offizielle Zimmerpreis, vielleicht 450 Euro. Wehe, wenn sich spät am Abend hierhin jemand ins Hotel verirrt – ganz ohne IBM-Ausweis. Dem werden sie wohl das schreckliche Preisschild zeigen. „Kann ich bitte einen Abdruck Ihrer Kreditkarte haben, damit sie nicht ohne Bezahlung abhauen können?"

Ich weise mich schüchtern als Treuekunde mit meiner Hotelsupervorteilskarte aus, für die ich wie versprochen angeblich noch ein paar Miles & More bekommen soll. Der feine Herr an der Rezeption seufzt mich mitleidig an. „Das auch noch zum Spottfirmentarif hinzu?" Ich zucke zusammen. „Oh, ich dachte, da steht eigentlich, ich als Gast ..." Sofort springen sie herbei. Für mich (vielleicht nur für mich) ganz aufdringlich wollen sie meinen kleinen Koffer ins Zimmer rollen – sie erwarten einen Euro dafür. 50 Cent, Augenbrauen. 2 Euro, ein Lächeln. 1 Euro, gleichgültig routiniertes Selbstverständnis.

Im Zimmer muss ich noch etwas arbeiten. Internet? Gibt es! „Bitte gehen Sie zur Rezeption und zahlen Sie für eine Surfstunde so viel wie für den häuslichen DSL-Anschluss pro Monat. Sie müssen eventuell nur den Computer neu installieren." Das Telefon blinkt rot. Ich habe eine Nachricht. „Hallo, hier ist Ihre Telefonanlage, ich bin immer für Sie da. Eine Einheit kostet nur 40 Cent."

Ich weiß seit Jahren nicht mehr, was eine Einheit ist. Früher kostete eine Einheit einen bestimmten Betrag, für den man unterschiedlich viele Sekunden morgens, mittags oder abends telefonieren konnte. Heute rechnen alle Telefongesellschaften pro Minute oder Sekunde ab. Was kann eine „Einheit" sein? Mir fällt die letzte Reiseleiterin in Kalifornien ein, die die Hoteltelefonanlagen mit dem Wort „offener Raub" erklärte. Ich lasse das alles lieber, nehme mein Handy und schalte den Computer mit dem langsamen GRPS ein. Auf dem Schreibtisch steht eine Flasche schön zimmerwarmes Mineralwasser. Sie hat eine ringförmige Botschaft um den Hals. „Trink mich für 4,50 Euro." Bei REWE kostet ein Kasten Klosterquelle 3,49.

Jemand klopft. „Hier soll etwas kaputt sein." Ich rate auf blauen Dunst hin, es sei der Duschkopf. Er sagt, der sei sowieso bei allen Hotels und allen Zimmern kaputt, es sei diesmal etwas anderes. Er werkelt kurz und meint, es ginge so nicht.

Die Minibar daneben sieht aus wie ein Gefängnis für Fläschchen. In lauter Glaszellen stehen höllisch übertäuerte Kleingetränke in Minisondergrößen. „Bloße Entnahme führt zur automatischen Zimmerrechnungsbelastung." Es sieht nicht einladend aus, sondern eher drohend. Nebenan ist eine Tankstelle, denke ich. Überhaupt ist es laut im Zimmer. Ach ja, der Fernseher läuft. „Willkommen, Günther Dück", begrüßt er mich herzlich. Ich kann für 19,50 Euro ununterbrochen Orgien anschauen, die neutral auf einer Extrarechnung verbucht werden. Zur Auswahl steht daneben ein harmloser Schneewittchenfilm. Der dient dazu, dass ich an der Rezeption nicht rot werde, wenn sie mir Schneewittchen auf die Rechnung setzen. „Schneewittchen oder Rosenrot – alles ein Preis!"

Auf dem Nachttisch steht ein Papierreiter, der mir das Bestellen von Pizza empfiehlt. Ein Heft zeigt gesponserte Stadtwerbung. Wenn ich ausgehen sollen wollte, sei ein Safe für meinen Laptop bereit. Der Safe kostet nur ein paar Euro pro Tag und ist für einen normalen Laptop zu klein. Sie denken wohl, ich bin mit Schmuck behängt.

Es klopft. Sie wollen die Minibar auffüllen. „Es fehlt nichts, das sehen Sie doch am automatischen Computersystem." Sie sagt, das würde nur zum Abrechnen benutzt, nicht zum Auffüllen.

Auf dem Fernseher dankt mir „Janina" vom Zimmerservice für meinen Aufenthalt und deutet an, dass sie von mir leben wird, wenn ich ihr etwas hinterlasse. Daneben stehen die Gebühren für den Fall, dass ich die Playstation benutze. Im Bad bieten sie Rosenblüten und Champagner für ein prickelndes Bad mit meiner Gefährtin für 100 Euro an.

Ein Schild an der Wand warnt mich:

„Heißes Duschen kann zum Auslösen des Rauchmelders führen, weil dieser billige hier oft Dampf mit Rauch verwechselt. Wenn das passiert, müssen Sie für alle entstehenden Kosten aufkommen."

Ich will doch nur schnell Mails beantworten und schlafen! Ich schalte den Fernseher wieder an, der mit einem Menu startet und Orgien empfiehlt. Ich finde die Nachrichten nicht. Ich sinke aufs Bett, ein Stück Schokolade rutscht runter. Da liegt ein Fragebogen, ich soll ankreuzen, ob ich mich zu Hause fühle und schon eine Hotelsupervorteilskarte mit Meilen für Treuekunden habe, die ich ohne Mucks bekomme, wenn ich auf Gold zu 50 Euro im Jahr upgrade.

Ich schlafe mitten in diesem Supermarkt ein. Nebenan dröhnt ein Fernseher mit Stöhnen.

Am Morgen brüllen sie sich fremdsprachige Befehle auf dem Flur zu. Sie klopfen um halb acht. „Roomservice! Schon ausgecheckt? Oh, sorry, ich verstehe, ich komme erst in ein paar Minuten wieder."

Ich überlege, ob ich zum Aufstehen mehr als einen Kaffee möchte. Das Frühstück soll 18 Euro kosten. Das zahlt eigentlich IBM. Ich finde es aber nicht okay. So viel! Dieser Preis stört mein Rechtsempfinden. Wenn ich aufstehe, muss ich erst noch herausfinden, wie die Dusche funktioniert. Ich bin aus Gewohnheit sicher, dass sie einen Vorhang haben, der die Fliesen flutet ...

„Auschecken? Günther Dück? 90 Euro, sonst noch etwas? Erdnüsse? Einen weißen Bademantel mitgenommen? Oder ein Handtuch geworfen?" – „Nein, gar nichts." – „Auch keine Garage?" – „Nein." – „Oh schade. Haben Sie sich wie zu Hause gefühlt?" – „Es gibt kein besseres Hotel als dieses."

DD26: Keine Richter, nur Henker (Oktober 2006)

Ethik fragt nach dem, was wir als Individuum oder Gemeinschaftsmensch tun sollen. Die Vorschrift oder der Code of Conduct befiehlt, was wir tun müssen. Wir fühlen in letzter Zeit oft, dass wir müssen, was wir nicht sollten. Wir haben nicht verstanden, dass wir nicht mehr nur uns selbst, Gott und der Gemeinschaft verpflichtet sind, sondern auch...ja, wem? Der Effizienz.

Ethik fragt, wie verantwortlich gehandelt wird. Die Vorschriften werden um die Antworten der Ethik wie ein Cocon (Code of Conduct) herum gesponnen, damit das, was getan werden soll, nicht aus den Augen verloren wird – damit das, was getan werden soll, im Grunde auch getan wird. Die Vorschriften regeln das Minimum, die Ethik sieht auf das Höchste. Die Vorschriften sind dazu da, das Höchste zu fördern. „Liebe den Nächsten wie dich selbst!" will die christliche Ethik und „Du sollst nicht töten!" das Mindestgebot.

Die Verkehrsschilder zum Beispiel stellen als Gesamtheit eine gigantische Vorschrift dar, die nur das ausdrückt, was als ethisches Verhalten im Paragraph 1 der Straßenverkehrsordnung festgelegt ist – nämlich: das gegenseitige Rücksichtnahmegebot und die Vorsicht für sich selbst. Wir empfinden die Verkehrsvorschriften immer ein wenig zu hart, weil sie über den Konsens hinausgehen und schon eine unnötig erziehende Miene aufsetzen. Die Moral wird teilweise über die Ethik geschrieben.

Stellen Sie sich im Extrem vor, die Behörden würden Tempo 30 auf Autobahnen verordnen! Eine solche Vorschrift hat gar nichts mit Rücksicht oder Vorsicht zu tun. Sie steht im glatten Widerspruch zur Ethik, die im Paragraphen 1 niedergelegt ist. Deshalb würden wir alle Tempo 30 ignorieren. Die Regierung müsste bestimmt die Bundeswehr einsetzen, um eine solche Vorschrift durchzusetzen. Wir wollen nicht müssen, was offenbar sinnlos ist!

Wir haben zu Hause bei Tisch ein wenig über einen tragischen Fall diskutiert. Im Nachbardorf hatte der im Supermarkt angestellte Fleischermeister nach der harten Vorschrift drei volle Kilo Hackfleisch vernichten müssen und es als wirklich braver Deutscher nicht übers Herz bringen können. Er mischte es am nächsten Morgen unter, wurde prompt scharf kontrolliert und natürlich sofort entlassen, weil er eine ganze Ladenkette in Verruf gebracht hatte. „Warum nimmt er das doofe Hackfleisch nicht einfach mit und isst zu Hause ein paar Tage Frikadellen?", rief ich, wurde aber von Caro korrigiert, die manchmal als studentische Aushilfe beim Bäcker arbeitet. „Wir durften einige Zeit lang auch alles Unverkaufte mitnehmen, aber manche legten ihre Lieblingskuchen beiseite und trieksten den Bäckermeister aus. Das kam irgendwann ans Licht, und nun müssen wir ganz unbedingt alles vernichten."

Das Bekämpfen von Verantwortungslosigkeit durch harte Regeln zwingt Verantwortungsvolle unter Umständen zu unethischem Verhalten, wenn die Regeln das Höchste nicht unterstützen. Das Höchste muss unter den Regeln erlaubt sein! Moral darf Ethik nicht verletzen.

Schlechter Schulunterricht wird durch zentrale Abiturprüfungen bekämpft. Exzellenter Unterricht wird dadurch tendenziell unterdrückt. Das muss in Kauf genommen werden, denn der Lehrplan steht über allem – das Normale und Vorgeschriebene. Im Servicebereich sind wir schon weiter: Wer zu schlechten Service leistet, betrügt den Kunden. Wer mehr tut als gefordert, schädigt den Shareholder oder Arbeitgeber. „Tut mir leid, ich darf Ihnen nicht sagen, wie spät es ist, denn Sie haben nur Normalkundenstatus. Ich könnte es allerdings gegen Aufpreis tun. Zahlen Sie?" – „Klar könnte ich ihn schnell wieder beleben, aber ich brauche erst eine Versicherungsnummer, die der Sterbende nach den herrschenden Regeln immer um den Hals tragen müsste. Sein Pech, wenn nicht. Wenn ich ihm ohne Liquidationsnummer helfe, killen sie mich. Erst wenn er praktisch schon tot ist, greift eine ethische Ausnahmeregelung, die mich aber einen ganzen Feierabend Bürokratie wegen der horrenden Dokumentationspflicht kostet. Wenn wir alle Patienten nach unserem Gewissen behandeln würden, bräche das System zusammen."

Der Code of Conduct weiht sich der Effizienz, nicht dem Höchsten. Regelgerechtes Verhalten hat nun nur noch beiläufig mit Ethik zu tun.

Das, was unbedingt sein muss, wird möglichst billig hergestellt. Deshalb darf nie mehr getan werden, als unbedingt sein muss. Es wird ganz genau nur das geliefert, was bezahlt wird. Abweichungen werden gnadenlos bestraft. Eine Bankangestellte bekam neulich eine Abmahnung, weil sie sich von einer Nachbarin direkt in der Bank hatte anrufen lassen. Kunden müssen das Call-Center anrufen und zehn Minuten erklären, wer sie sind!

Es ist niemand vorgesehen, der im Einzelfall weise urteilt und handelt. Der Bäckermeister könnte all den Bäckereigehilfen den unverkauften Kuchen mitgeben, die niemals schummeln. Der Filialleiter könnte sinnvolle Regelüberschreitungen bejahen, weil sie treue Kunden erhalten. Ärzten könnte im Einzelfall erlaubt sein, den Hippokratischen Eid zu beachten. Lehrer könnten einzelnen Schülern aufhelfen. Die Regeln und Prozesse der Arbeitsvorschriften aber wollen keine Einzelfälle mehr, weil ihr Abwägen und Behandeln zu viel Geld, Zeit und Sachverstand („Weisheit") kostet.

Das weise Richten ist schwierig, das Henken kann fast automatisiert werden. Manager, die das gut verstanden haben, flehen ethische Mitarbeiter heute fast schon an: „Stell doch nicht immer Sinnfragen! Es hat keinen Sinn. Tu, was getan werden muss. Ich verstehe dich ja auf einer höheren Ebene als Restmensch, aber als Manager will und kann ich nicht verstehen. Ich bin nicht der, der Zeit zum Abwägen hat. Ich bin der Finalizer, ich bin Executive, ich bin Kommando."

Der ethische Mensch zwischendrin versucht noch eine Weile, nach Feierabend auf eigene Kosten ethisch wertvolle Arbeit zu leisten. Er tut in seiner Freizeit mehr, als er muss. Er tut, was er nach eigenem Gefühl oder Gewissen tun soll, damit er sich selbst als sinnvoll empfindet.

Das aber merkten die Herrschenden! Sie sahen, wie er am Abend arbeitete, der ethische Mensch, und nun gaben sie ihm neue Arbeit für die Nacht von der normalen Art, wie sie normal getan werden muss. Und irgendwann, in der Nacht, lässt er los – vom Sinn. Er ist gerichtet – genau, wie er sein soll.

DD27: Die Abtötung des Handlungsreisenden (November 2006)

„Das einzigste, was ich intensiv in der Schule beigebracht bekommen habe, war, dass ich ein Verlierer bin." Das schrieb der Amokschütze dieser Woche, der sich durch seine Tat in das Hirn derer brennen wollte, die ihn das alles lehrten. Er schoss sich in den Mund.

Selbst schuld, wer ein Verlierer ist! So denken heute alle, denn Gott heißt Darwin. Aber sie sagen nach dieser Amoktat und nach jeder Amoktat: Jede Schule braucht einen Schulpsychologen. Die Schulen brauchen Überwachungskameras. Die Polizei muss mehr Leute einstellen und herausfinden, wie man Waffen für Amokläufe kaufen kann. Eltern sollen den Computerstecker ziehen und die virtuelle Welt töten. Alle Computer-Shooter müssen auf der Stelle verboten werden. Lehrer und Eltern müssen entschlossen die Gewalt bekämpfen. Härtere Strafen für Amokselbstmörder. Wir brauchen neue Gesetze gegen Gewalt an Schulen. Über allen Türen müssen Metalldetektoren angebracht werden. Kampf dem Alkohol. Verbot der Jagd und aller Waffen. Ordnung und Gerechtigkeit. Leistung für Leistung.

Vor einigen Tagen redete ich bei einer Konferenz einen Topmanager an, der am Rande alleine ins Glas schaute. Er wirkte unendlich traurig. Er erzählte ein wenig. „Sie zählen meine Umsätze täglich zusammen, wieder und wieder. Ich habe Mondziele bekommen, die ich nie erfüllen werde. Ich muss mich täglich verantworten. Sie sind unerhört brutal. Sie sagen: Weiß deine Frau, dass du ein Versager bist? Erzählst du ihr, dass du nichts bringst? Weiß sie, dass du dich nicht für die Firma einsetzt? Was würdest du deinen Kindern antworten, wenn sie deine Zahlen hier sähen? Sie sind jämmerlich. Könntest du deinen Kindern ruhig ins Gesicht sehen? Siehst du ihnen überhaupt noch ins Gesicht? Was tust du den ganzen Tag? Wofür – glaubst du – wirst du so hoch bezahlt? Bist du denn nicht den vollen Einsatz schuldig?"

Wir erschauerten.

Ich fragte ihn, warum sie ihn nicht einfach feuerten.

Er lachte bitter auf.

„Wenn sie mich feuern, müssen sie für teures Geld einen Nachfolger einstellen und einarbeiten. Sie werden ihm dieselben Mondziele geben, die er nicht erfüllen kann. Er wird sich wehren und sagen, er sei Neuling. Sie werden das irgendwie anerkennen müssen. Sie werden ein wenig Fairness heucheln müssen und ihm 100 Tage Zeit geben. Mich aber können sie in dieser Zeit unentwegt prügeln, ohne einige Monate Pause. Ich bin vielleicht nicht so gut wie der Neue, aber es gibt mit mir keine Unterbrechung und sie kennen mich und wissen, wie sie mich klein kriegen. Oft denke ich, ich bin wirklich ein Versager. Aber habe ich denn nicht eine steile Karriere gemacht? Ich denke oft an die Schullektüre. Andorra. Max Frisch. Verstehen Sie?"

Diese Sätze lagen mir schwer auf der Seele, ich habe sie ein paar Mal anderen Leuten erzählt. Und diese Zuhörer waren tief erschrocken. Das darf man mit Menschen nicht tun! Nie! Das ist wie Seelenmord, wie Psychozid. Andorra. Tod des Handlungsreisenden. DAS DARF MAN MIT NIEMANDEM TUN. Außer mit Kindern vielleicht.

Ich stelle mir eine ideale Welt vor: Überall Kameras und Polizisten. Allmächtige Eltern und Lehrer. Keine Computerspiele. Keine Drogen. Kein Alkohol. Keine Waffen. Keine Gewalt.

Und Lehrer, die immer noch sagen würden: „Wissen deine Eltern, dass du nur Mist baust? Sollen wir es ihnen nochmals berichten? Oder sagen sie es dir nicht schon selbst, wie wir es schon öfter von ihnen erbaten? Kannst du ihnen noch in die Augen sehen? Du, der du von ihnen liebevoll großgezogen wurdest und der du ihnen undankbar auf der Tasche liegst?"

Aber an K.s Gurgel legten sich die Hände des einen Herrn, während der andere das Messer ihm tief ins Herz stieß und zweimal dort drehte. Mit brechenden Augen sah noch K., wie die Herren, nahe vor seinem Gesicht, Wange an Wange aneinandergelehnt, die Entscheidung beobachteten. „Wie ein Hund!" sagte er, es war, als sollte die Scham ihn überleben.

Kafka. Der Prozess. Das Ende. Die Abtötung. Kafka schrieb einen Brief an den Vater. Nicht im Internet, sondern auf Papier. Kafka spielte nicht Counterstrike und nahm kein Rauschgift. Aber der Brief begann so:

Brief an den Vater

Liebster Vater,

Du hast mich letzthin einmal gefragt, warum ich behaupte, ich hätte Furcht vor Dir. Ich wußte Dir, wie gewöhnlich, nichts zu antworten, zum Teil eben aus der Furcht, die ich vor Dir habe, zum Teil deshalb, weil zur Begründung dieser Furcht zu viele Einzelheiten gehören, als daß ich sie im Reden halbwegs zusammenhalten könnte. Und wenn ich hier versuche, Dir schriftlich zu antworten, so wird es doch nur sehr unvollständig sein, weil auch im Schreiben die Furcht und ihre Folgen mich Dir gegenüber behindern und weil die Größe des Stoffs über mein Gedächtnis und meinen Verstand weit hinausgeht.

Dir hat sich die Sache immer sehr einfach dargestellt, wenigstens soweit Du vor mir und, ohne Auswahl, vor vielen andern davon gesprochen hast. Es schien Dir etwa so zu sein: Du hast Dein ganzes Leben lang schwer gearbeitet, alles für Deine Kinder, vor allem für mich geopfert, ich habe infolgedessen »in Saus und Braus« gelebt, habe vollständige Freiheit gehabt zu lernen was ich wollte, habe keinen Anlaß zu Nahrungssorgen, also zu Sorgen überhaupt gehabt; Du hast dafür keine Dankbarkeit verlangt, Du kennst »die Dankbarkeit der Kinder«, aber doch wenigstens irgendein Entgegenkommen, Zeichen eines Mitgefühls; statt dessen habe ich mich seit jeher vor Dir verkrochen, in mein Zimmer, zu Büchern, zu verrückten Freunden, zu überspannten Ideen; offen gesprochen habe ich mit Dir niemals ...[...]

Kafka schickte den Brief nie ab. Scheitern. Vergebliches Streben. Legitimierte Grausamkeit. Er schoss mit Worten und brannte sich ins Gehirn derer, die so verletzt werden wie er.

Im Grunde sterben nur Seelen, die merken, dass sie verlieren. Es sind also nur wenige. Das ist unser Trost.

DD28: Praesentomania: You too can do!
(Dezember 2006)

See me, feel me, touch me, heal me ...

Die Präsentationen von heute sind leider so gefühllos wunderschön professionell! Früher haben wir miteinander geredet, wütend gestritten, zusammen geweint und alles elend lange ausdiskutiert. Wir haben versucht, uns bis in die Nacht gegenseitig zu überzeugen und zu besiegen, was so gut wie immer unentschieden ausging. Das fehlt mir heute sehr. Zum Diskutieren fehlt uns die Zeit. Wir sind vom Siegenmüssen überlastet.

Wer aber siegen will, wird für den Erfolg präsentieren! Sieger ergattern Time-Slots auf Conferences und bombardieren das zahlende Publikum mit Key Messages. Eine gute Präsentationstechnik unterstützt das farbenfroh. Der Speaker stolziert wie ein Pfau so prächtig. „Presentatarm!" (Italienisch: Präsentiert die Waffen). „Präsentamtam!" Das ist normaler Alltag. Beeindrucken Sie den Kunden mit ihrer Präsentationskompetenz! Stehlen Sie ihm das anschließende Coffee Break zum Crash der notorisch zu dicht gepackten Agenda! Es kommt darauf an, Ihren Slot zu einem strahlenden Event zu gestalten. Das Result einer Präsentation ist das Achievement von Top-Scores auf den Evaluationssheets, für deren Voting man ein Giveaway bekommt. Wer Highscores bekommt, den liebt der Veranstalter und der darf Keynotes abgeben! Ach ja, und die Key Message muss rüber: We are the best. Das ist das Minimum. You too can do.

„War alles in Ordnung?", fragte ich nach meiner Keynote den leicht zitternden Veranstalter. „Das kann ich noch nicht sagen!", erbat er Aufschub. „Wir müssen erst die Teilnehmerbögen auswerten!" Ich stutzte und fragte: „Saßen Sie denn eben nicht in der ersten Reihe?" Er verstand mich nicht.

Man muss alle mit Lautstärke, Denglisch und Boldness plattmachen. Früher versuchte man sich in unterlegener Lage eher mit Fremdwörterorgien – erinnern Sie sich noch an das entsetzliche Soziopsychopolitilo-Kauderwelsch der 70er Jahre, über das Satiren im Fernsehen liefen? „Qua pränataler-postembryonaler adultisierter Partneraffinität säkulierte der Angeklagte psychozidal in die urna fäkultitatis sicca." Es gab so genannte Wissenschaftler in hellbraunen Cordanzügen, die so wie Göttinger Dauerregen plätschern konnten. Normale Menschen konnten gar nichts davon verstehen und es gab immer wieder Vermutungen, dass dies auf die Redner noch stärker zutraf, was aber den Eventwert nicht tangierte.

Heute kommt es aber mehr auf Business an, also muss es jeder verstehen, der das alles bezahlen soll. Deshalb wird jetzt Content Free Communication in Powerpoint-Technologie vom Feinsten umgesetzt. Statt Kauderwelsch nur Werbe-Jingles. Die Präsentationstechnologie ersetzt nicht einfach nur den Inhalt – ach, das wissen Sie doch! Viele Präsentationen sind im Wesentlichen schon das Produkt selbst! Und die Zahlengerippe der Evaluationsbögen bilden die Grundlage der nächsten Hochglanzstudie. „Auswertungen Ihrer Antworten haben ergeben, dass Sie exakt das kaufen wollen, was wir Ihnen heute teuer als Pain Point anbieten. Signen Sie jetzt!"

Wissen Sie denn nicht, unter welchen dramatischen Umständen Ihre eigenen Folien entstehen? „Hat einer Charts dazu? Wo ist der neueste Firmenmaster? Wie ändert man das Datum? Habt Ihr ein motziges Kundenlogo? Kann mir einer noch ein paar Bullets sagen, damit alle Slides übervoll sind. Ich mag nicht nackt dastehen!" Präsentationen anfertigen ist wie ein Analogon zu: „Was zieh ich zum Wiener Opernball an?" Da fällt mir ein: Richtig gute Fakten können ruhig nackt dastehen. Wie Kaisers neue Kleider oder – war es umgekehrt?

Egal. Was ich sagen will: Wollen wir nicht wieder fetzig miteinander reden? Uns Zeit füreinander nehmen? Ohne Taktieren? Alle machen mit, statt dass einer nur das Siegen probt, während die anderen dösen oder Attention bezahlen? Wollen wir uns nicht mal wieder auseinandersetzen? For a better understanding?

Ich bin skeptisch, denn: Nicht für die Schule lernen wir, sondern für das Leben! Wenn aber im Leben nur noch präsentiert wird, muss man in der Schule wohl auch nicht mehr denken, schreiben oder diskutieren. Wird es also je wieder besser oder normal? Impossible is nothing.

See me, hear me, watch me, cheer me ...

DD29: Wer sich Zeit nicht nimmt, braucht sie nimmermehr (Dezember 2006)

Besinnlich sollen die Weihnachtstage sein, friedlich und froh. Stille, von Heiligkeit durchdrungene Stille wünschen wir uns. Wie aber sollen wir all die viele Ruhe hinbekommen? Das ist der Stress pur!

Der Weihnachtsstress hat uns im Griff. Wir hetzen durch Geschäfte, warten vor Kassen und haben keine Ahnung, was wir schenken sollen. Haben wir genügend vornehmes Essen geplant? Weihnachten soll ein Hochglanzevent werden! Dabei haben wir noch gar nicht endgültig die Forderung der Kinder abgewehrt, mit neumodischen schwarzen Weihnachtsbaumkerzen zu schmücken. Was wird Oma dazu sagen? Dann dürfen ja auch bis zum 6. Januar keine Nachbarn ins Wohnzimmer treten. Am besten wäre es, als bewusste Weihnachtsvermeidung eine Last-Minute-Reise nach Bali zu unternehmen, wo alles so schön wie immer sein wird und nur ausnahmsweise vom Hotelpersonal das weltbekannte Lied „Happy Christmas to you, Happy Christmas to you..." intoniert wird, damit es sich wie zu Hause anfühlt.

Was erzeugt Stress? Tunnelblick, Fixierung auf Dringendes, „Nichtschaffen-Können", Angst, Verlierer zu sein, drohender Streit um verschiedene Interessen, das Wissen um künftigen Tadel.

Im Beruf ist das so! Alle wollen sie etwas von uns. Sofort! Schneller! Weniger Lohn! Die Arbeit wird „dichter" und ist kaum noch zu schaffen. Nun kommt noch Weihnachten DAZU. Ist der Beruf nicht schon schlimm genug? Muss nun noch Weihnachten zusätzlich zum Quartalsabschluss sein? Wir hetzen so stark, dass wir nie Zeit haben, die Geschenke zu kaufen, nie Zeit haben, das Essen zu planen, nie Zeit für uns selbst nehmen. Der Beruf ist so schlimm geworden, weil wir keine Zeit mehr bekommen, die Arbeit so abzuleisten, dass wir stolz auf das Ergebnis sind. Die Arbeit ist unwichtig geworden gegenüber dem schnellen Gewinn. Der Beruf zerstört uns, weil er uns keinen Stolz mehr gibt und damit keine Energie wiederbringt. Wir werden im Beruf planmäßig zu profitabler Mittelmäßigkeit gezwungen! Und gleich danach werden wir planmäßig für ebendiese Mittelmäßigkeit getadelt oder gar bestraft. Wir mögen oft nicht mehr. Wollen EINMAL Ruhe haben. EINMAL stolz sein können. Wir weinen. Aber sie alle sagen uns dann, wir seien jammernde Deutsche.

Und nun noch Weihnachten. „Eilige Nacht." Überspannte, zu viele separate Termine in Patchwork-Verwandtschaften, Furcht vor der ebenso niedergedrückten Waage. Eilige Nacht wird mittelmäßige Nacht. Nicht wirklich Made in Germany. Wer noch Mensch ist, weiß um die Zeit, die er für die Stille braucht. Wer Mensch bleiben will, nimmt sich jetzt die Zeit für die heilige Fröhlichkeit. Wer sich nicht einmal jetzt Zeit nimmt, braucht wohl nie mehr welche. Werden wir ruhelose Schemen? Was macht uns dazu? Die jetzige Zeit? Das jetzige Böse? Oder wir selbst?

Wie gar nichts sind alle Menschen, die doch so sicher leben!
Sie gehen daher wie ein Schemen und machen sich viel vergebliche Unruhe; sie sammeln, und wissen nicht, wer es einnehmen wird.
Nun, HERR, wes soll ich mich trösten? Ich hoffe auf dich. (Psalm 39)

Gestern lachte eine fröhliche Frau im Radio: „Mein Bruder und ich schenken uns nie mehr etwas – so haben wir es beschlossen. Wir fühlten uns grausam gequält beim Zwangskaufen. Nun, wo der Druck weg ist, finde ich übers Jahr viele Geschenke für meinen lieben Bruder und kaufe sie auch. Ich will nichts zurück. Seit ich nicht schenken muss, kommt immer wieder die Liebe zu meinem Bruder in meine Gedanken. Denn es ist Ruhe in mir."

DD30: Du Ziegelstein (Januar 2007)

Wenn Menschen neben mir zusammengeschlagen werden, muss ich unter dem Risiko eigener Gefährdung helfend beispringen. Das weiß ich. Deshalb versuche ich, nie dort zu sein, wo so etwas geschieht. Wenn aber Menschen neben mir erzogen werden? Muss ich dann wegschauen? Neulich war ich schrecklich feige, aber eine Heldentat hätte auch nichts genützt.

Es geschah im REWE.

Ein jüngeres Paar (vor Jahren hätte man unbesorgt Ehepaar schreiben können, aber die Zeiten haben sich geändert) kam mit Kind zur Kasse. Die Eltern schienen um die 25 Jahre, das Kind war etwa drei Jahre alt. Sie hatten nur drei, vier Artikel gekauft, die das Kind stolz wie Oskar in einem der kleinen Kindereinkaufswagen mit Elternsichtfahne zur Kasse fuhr. Vollkommen wie ein Großer nahm das kleine Kind einen ersten Artikel aus dem kleinen Wagen und versuchte, ihn auf das Kassenband zu legen. Das schien nur schwer zu gelingen. Das Kind musste sich arg recken, das Band war ihm sehr hoch. Aber ich sah von der Nebenkasse aus, wo ich wartete, dass es das Kind schaffen würde. Das Kind merkte das ebenfalls, es lächelte schon siegesgewiss und ganz selig.

Es geschah im REWE.

Der Vater murmelte: „Das kannst du nicht, lass das", nahm den Artikel aus der kleinen Hand und – schwupp – waren auch alle anderen Gegenstände auf dem Band. Da sah ich die Seele des Kindes sterben. Es ist ein ganz kleiner Moment, in dem die Züge entgleisen. Er ist ganz kurz und leicht zu übersehen. Denn ein Kind schreit immer sofort danach wie am Spieß, weil es weh tut, wenn das Herz gestochen wird. Schneidend weh! Die Mutter herrschte das Kind an: „Wirst du ruhig sein! Sonst setzt es etwas!" Die Kunden in der Schlange nickten, es waren brave eingegrenzte Deutsche. Das Kind schrie. Die Kassiererin – piep, piep, piep, piep – wartete schon auf das Geld. Das Kind schrie. Der Vater schlug es – nicht hart, nur so, damit es sich beruhigen konnte. Alle waren ungeduldig, dass es weiterging.

Es geschah im REWE.

Ich war ganz überwältigt vor Zorn und Scham über diese Schändung einer Seele. Ich überlegte, ob ich eine öffentliche Szene machen sollte, aber ach! Ich und Nachdenken, ob! Das tun nur Ziegelstein-Menschen wie ich! „Another brick in the wall." Das darf man keinesfalls! Nachdenken! Überlegen! – Man muss spontan eine Szene machen! Da wird nämlich ein kleines Kind zum Ziegelstein und Mauerteil wie ich gefaltet. Aber es wehrt sich noch und schreit wie am Spieß. Kann ich ihm helfen? Müssen wir nicht alle erwachsen werden? Was wäre, wenn ich protestierte? Es ist normal, „das kannst du nicht" zu sagen. Das ist völlig normal. Ich bin nicht normal. Hoffentlich nicht. Oder doch? Ich schaudere.

Dann sehe ich die Ziegelsteine im Beruf wieder. Da leuchten manchmal – ganz selten – noch Augen auf und blitzen. Und diese Augen leuchten auf dem Weg zum Abteilungsleiter und sagen: „Chef, ich habe eine Idee, wie wir noch mehr Geschäft machen können." Der Chef aber gibt barsch zurück: „Davon verstehen Sie nichts. Mischen Sie sich nicht in Dinge ein, die Sie nichts angehen. Sie versuchen am laufenden Band, etwas zu tun, was zu hoch für Sie ist. Ich habe keine Zeit dafür. Ich muss dafür sorgen, dass alles wie am Schnürchen läuft. Wie am Fließband – und ich muss Kasse machen, schnell!"

Wir sind ein Volk, das innovativ und kreativ sein soll. Wir werden aber zu Ziegeln geformt. Und wer jünger ist, kennt wohl nur noch Hohlziegel mit Sparflammenabitur. Die sind effizienter.

Wenn ich auf Vortragsreise bin, sehe ich Sie – ja Sie! Sie sitzen im Publikum oder als Student im Hörsaal – wie als Mitarbeiter im Meeting. Und ich sehe in Ihre Augen. Und oft blitzt es in Ihren Augen unmerklich auf. Erkenntnis kommt an die Oberfläche, Begeisterung und Interesse. Und es blitzt, als wollten Sie jetzt mitdiskutieren und etwas fragen oder sagen, beitragen und helfen. Es blitzt ganz kurz, aber es erlischt sofort wieder. Auch wenn ich Sie am Ende eines Vortrags noch bitte, Fragen zu stellen! Immer blitzt es auf und erlischt! In Ihnen spricht etwas: „Das müsste ich wissen! DAS brennt in mir!" Und Ihre Augen leuchten auf und sind selig. Dann aber zischt in Ihnen dieses andere: „Lass es! Nicht vor den anderen! Halt dich zurück, du Ziegel, wie alle! Du wirst etwas Dummes sagen, etwas Törichtes aufs Tapet bringen, was dir nicht wohl ansteht, du Durchschnittsgewächs!" Ihre Augen blitzen auf und machen Shutdown. Weite Pupille wie ein Kind, enge Pupille wie ein Ziegel. Ihr Körper ruckt kurz vor und lehnt sich hart gezwungen zurück.

Eine Millisekunde das Es, eine Millisekunde das Über-Ich. Sie – ja, Sie! – schreien nie mehr wie am Spieß. Sie sind jetzt neutralisiert („unwirksam gemacht"). Es geschah im REWE.

Latein? Neutralis = sächlich. Chemie? Base + Säure = nichts mehr los. Nichts mehr los mit flammendem Sein.

DD31: „Sie sind Q negativ!" Alle abnormal! Alle krank! (Januar 2007)

Die Gesellschaft will uns als rechteckige Ziegelsteine in der Mauer formen. Wir sollen alle gleich aussehen, wie „Quads" oder Quader. Leider sind wir nicht gleich. Deshalb muss Zwang angewendet werden. Wir werden neuerdings wissenschaftlich untersucht, ob wir gleich sind. Ergebnis: Q –

Melatonin ist ein Hormon der Zirbeldrüse (dem vermuteten Sitz der Seele bei den Griechen – dort sitzt das 7. Chakra, das Sahasrara-Chakra, nach manchen Hindu-Mystikern). Es steuert den Schlaf beim Menschen. Ohne Melatonin ist für Sie immer Tag! Neulich berichtete mir eine Managerin, sie sei bei einer medizinischen Untersuchung gewesen und habe ein niederschmetterndes Resultat erzielt. Ihre Melatonin-Werte seien entsetzlich niedrig – sie müsse sofort hormonell behandelt werden, weil sie sonst überhaupt nicht schlafen könne. Das erstaunte sie sehr, denn sie hat einen stets guten, gesunden Schlaf! „Ich schlafe doch!" Aber der Arzt wollte das nicht akzeptieren. Es komme nicht nur auf den Schlaf an, sondern auf die Melatonin-Werte. Die müssten ins normale Intervall zurück. Das wisse jeder Computer.

Jetzt da ich das schreibe und wieder drüber lächle: Als ich mit meinen Kindern vor langer Zeit beim Arzt wartete, schrie eine Mutter hysterisch herum, mit ihrem Kind stimme etwas nicht. Denn es sei 18 Monate und habe noch keinen einzigen Zahn! (Das „normale" Kind zahnt ab dem Alter von 6 Monaten!) Da setzte sich der Arzt vor sie hin, schaute ihr ernst in die Augen und fragte sie mit eindringlich beruhigender Stimme: „Haben Sie schon einen einzigen Menschen ganz ohne Zähne gesehen?"

Mit etwas Weisheit gesehen ist alles besonders, nicht unnormal. Mit einiger Ruhe verstehen wir, dass wir alle besondere Menschen sind. Vieles Ungewöhnliche ist eben auch normal! Es gibt Große und Kleine, Lebhafte und Schüchterne, Blonde und Blauäugige. Das kommt vor!

Seit einiger Zeit aber machen uns die Computer intolerant. Der Arzt lässt uns Blut abzapfen und bekommt vom Computer tausend Messwerte zurück, von denen der Arzt vielleicht gar nicht so viel im Einzelnen versteht. Da der Computer das schon aus Erfahrung weiß, gibt er die normalen Bandbreiten an, in denen die Messwerte liegen müssen. Clevere Computer geben nur die Werte rot angestrichen an, die außerhalb der Normalität liegen. An denen muss dann eine Behandlung ansetzen. Wenn alle Werte normal sind, muss der Mensch vollkommen gesund sein.

Das ist bei Autos auch so. Meins ist mal stehen geblieben. Sie haben die Elektronik gecheckt und als Ergebnis bekommen, dass alle Werte okay seien, alles funktioniere einwandfrei. Der Geselle sagte: „Eigentlich müsste es fahren!" Die Controller der Unternehmen messen die Abteilungen durch und checken genau, ob sie alle vorgeschriebenen Werte überschreiten (!). Bei Managern gibt es nur nach oben offene Skalen. Man kennt dort keine Normal-Intervalle, sondern nur Mindestziele. Wenn man also ein Baby managen würde und es wäre nach einem Jahr ganz fett und wöge 30 Kilo, dann bekäme der Manager einen fetten Bonus dazu!

Woher kommt diese Intoleranz? Wer oft und viel misst, bekommt einen Datensalat. Vor lauter Daten weiß man gar nicht, wie das Ganze beurteilt werden soll. Weil so viele Daten gemessen werden, schaut man gar nicht mehr, ob auch wirklich alles Nötige dabei ist, was man messen SOLLTE. „Ist das und das auch berücksichtigt?", frage ich manchmal und sie sagen: „Das ist schwer messbar." Oder: „Das zu messen ist zu viel Arbeit – das kostet." (Wenn sie aber denken, das Messen ergäbe tolle Ergebnisse, messen sie, koste es, was es wolle!) Im Grunde stehen wir also vor einer großen Ansammlung von Daten und der Computer druckt in Rot aus, was nicht normal ist. Nur das schauen wir uns an. Das andere gar nicht mehr, es wird uns viel zu viel!

Helmut Gillmann, einer der Altväter der Internisten, wird so zitiert: *„Je mehr diagnostische Parameter herangezogen werden, desto geringer wird der Prozentsatz völlig ‚normaler' Personen. Untersucht man Menschen, die sich gesund fühlen, mit 20 Messmethoden, so sind nur 36 Prozent völlig normal. Bei 100 Methoden ist nur noch ein Prozent als völlig normal zu bezeichnen."*

Wir müssen also nur furchtbar viel messen, dann stimmt bei jedem etwas nicht! Daran können wir dann arbeiten! Niemand, stellt der Computer fest, ist richtig quaderförmig! „Quad negativ!" Die Schüler haben alle Macken! Die Gebisse sind alle klammerungswürdig! Die Mitarbeiter haben Schwächen oder „room for improvement". Die Gesichter haben Falten! Q negativ!

Wenn wir viel überprüfen, ist immer irgendwo ein Mist zu finden. („Ich prüfe diese Abteilung so lange, bis alle auf der Anklagebank sitzen. Noch nie bin ich ohne Befund gegangen!") Dann wird der Befehl gegeben, keine abweichenden Daten zu haben. Abweichungen sind ROT!

Deshalb schaut nie mehr jemand, wo wir gut sind. Gut ist grün. Sie sehen über unsere 1000 Daten und hassen uns für die 12 roten dabei. „Mach sie weg!" Deshalb stärken wir nicht unsere Begabungen und Fähigkeiten, sondern doktorn an den paar als unnormal angesehenen Seiten an uns herum. Der Computer nimmt uns nicht für normal, solange etwas rot ist. Der Arzt dann nicht, der Lehrer nicht, der Chef erst recht nicht. Der Arzt freut sich über Unnormale ja noch, weil er dabei verdient. Ihr Chef aber wird für Ihr Rotes seinerseits von noch weiter oben bestraft! Deshalb wird es zu den roten Daten noch rote Augen geben, bei Ihrem Chef und Ihnen auch. „Sie sind Q negativ!"

Wie sagte weiland Karl Kraus? „Die häufigste Krankheit ist die Diagnose."

Und die häufigste Krankheit ist: „Sie sind Q negativ!" Sie sind noch kein Ziegel, kein Quader, keine Quadratur des Menschen. Niemand hat den Schneid zu sagen:

„Es ist gut so", auch wenn noch rote Punkte offen sind. Darf man Menschen lieben, die rote Punkte haben?

Innovation ist immer Q negativ!
Kunst ist immer Q negativ!
Geist ist immer Q negativ!
Fortschritt ist immer Q negativ.
Liebe ist immer Q negativ, sprach Hans Sachs zu Sixtus Beckmesser.
Die Seele ist ewig Q negativ, sprach Jesus zu den Pharisäern.

Ach, gesunder Menschenverstand – verzage nicht vor Total Q!

DD32: „Vertraue mir oder ich hau dich um!" (Februar 2007)

Diesen Satz habe ich vor einiger Zeit gehört. Ich krauste damals die Stirn und fand die Botschaft befremdend. Neulich aber war in einem großen Unternehmen davon die Rede, dass sich alle Mitarbeiter – verdammt noch mal – legal einwandfrei benehmen sollten, denn davon hänge das Vertrauen ins Unternehmen ab. Was denken die denn alle, dachte ich, was Vertrauen ist?

Damals, das war so: Ein Managementteam traf sich am Wochenende, um die gegenseitigen Beziehungen zu verbessern. Jeder Manager sollte auflisten, welchen Kollegen er vertraute und welchen nicht. Danach wollten alle Manager mit jedem einzelnen derjenigen ihrer Kollegen ein Gespräch führen, mit dem (noch) keine Vertrauensbeziehung bestand. Einer der Manager bekam also seine eigene moderat kleine Liste an Kollegen, mit denen ein Gespräch zu führen war, und platzte los: „Die vertrauen mir nicht! Das ist ein Ding! Das werden wir mal sehen ...!"

Und jetzt wieder: Wieso vertraue ich einem Unternehmen, dessen Mitarbeiter sich legal einwandfrei benehmen? Dass sie unbestechlich sind und nichts in den Zahlen manipulieren, ist doch ein Fall für das Gesetzbuch, nicht für eine Vertrauensfrage? Wenn mir eine Bank eine teure Kreditausfallversicherung anhängt, so ist das legal, aber nicht das, was ich von jemandem erwarte, dem ich vertraue – oder? Die Bank sagt doch damit, dass sie mir nicht vertraut oder mich ausbeutet?!

Deshalb habe ich im Duden nachgeschaut, was Vertrauen eigentlich wirklich bedeutet. Ich kann meine inneren Grübeleien über das Verständnis des Wortes Vertrauen wohl nicht besser beenden. Auf meinem Computer habe ich den vollen Duden con tutto installiert, also das ganze zehnbändige Wörterbuch der deutschen Sprache. Dort heißt es:

Vertrauen: festes Überzeugtsein von der Verlässlichkeit, Zuverlässigkeit einer Person, Sache.

Aha! Dann haben die alle Recht – und nur ich bin ganz ahnungslos! Der wütende Manager war nämlich ohne jeden Zweifel die Zuverlässigkeit in Person! Er konnte also mit jedem Recht der Welt von jedem anderen Menschen ausdrücklich *verlangen*, dass man ihm vertraut! Und wer ihm nicht vertraute, musste in der Tat blind, dumm oder böswillig sein. Aha! Und ich muss dann jedem Unternehmen vertrauen, weil es sich immer anständig benimmt! Denn es ist zuverlässig und damit gut. Die

Definition aus dem Duden erscheint also „einseitig". Wer unzweifelhaft zuverlässig ist, hat Anspruch auf Vertrauen, ohne Ansehen, wer der Vertrauende ist?

Was bedeutet denn dann: „Wir beide vertrauen uns"? Ist da neben der Zuverlässigkeit nicht auch so etwas wie Liebe und gegenseitige Wertschätzung inbegriffen? Bedeutet Vertrauen nicht auch: „Wir haben keine Geheimnisse voreinander"? Oder besser: „Es gibt keinen Grund oder Nachteil, uns gegenseitig etwas zu verheimlichen." Ich mag dann den anderen. Ich vertraue darauf, dass er „Geheimes" nicht für sich ausnutzt, dass das Erfahren von vorher Geheimen aus meinem Leben seine Wertschätzung für mich nicht mindert. Vertrauen hat mit „Vertrautsein" zu tun. Dieses Vertrautsein kann auch Verständnis für dauernde konsequente Unzuverlässigkeit einschließen („Er kommt immer zu spät von der Arbeit. So ist er."), die ja auch wieder in anderem Sinne Zuverlässigkeit ist. Vertrauen hat mit Verantwortung für das Anvertraute zu tun. Meine Bank weiß sehr viel über mich – und ich würde mir wünschen, sie ginge treuhänderisch mit dem anvertrauten Wissen um, sie würde also für mich sorgen, dass es meinem Vermögen wohl erginge. Was aber, wenn sie die Daten zuverlässig dazu nutzt, mir Werbung zu schicken? Was aber, wenn die Bank das, was ich ihr an Daten über mich anvertraut habe, als ihren „Marketingdatenschatz" empfindet? Worum kümmert sie sich dann? Zuverlässig um sich selbst?

Vertrauen muss doch auch Sorge, Zuneigung und Verantwortungsübernahme für das Anvertraute einschließen? Damit das Anvertraute in treuen Händen liegt?! Es heißt doch „zu treuen Händen", nicht zu „zuverlässigen Händen". Im Sinne der Dudendefinition könnte ich also einem Computer vertrauen. Ja, das könnte ich. So wie meinem Auto, dass es bei Frost anspringt. „Auto, auf dich ist Verlass."

Vertrauen ist mehr Gefühl – nicht nur Fakt. Ja! Genau! Und da fällt mir ein, dass es eine männliche und eine weibliche Vorstellung von Vertrauen geben könnte – und ich hatte immer die weibliche! Und es ist ja fast klar, welche von den beiden dann im Duden steht: die männliche. Und weil die im Duden steht, ist sie im Arbeitsleben maßgebend. Und dort heißt Kundenvertrauen nur, dass der Kunde sich drauf verlassen kann, dass alles ordentlich nach Vertrag zugeht. Mitarbeitervertrauen bedeutet dann, dass der Arbeitgeber sich genau an die Kündigungsvorschriften hält. Usw. usw. Der männliche Vertrauensbegriff verlangt gar nicht so viel. Einfach nur Zuverlässigkeit. Was ist dann Gottvertrauen?

DD33: Barfuß zur SZ – das Zeichen des Aufschwungs (Februar 2007)

Früher hatten wir einen Briefkasten unten am Haus. Da war ich noch jung. Jeden Morgen öffnete ich vorsichtig die Tür, nahm wie ein Reh die Witterung auf, horchte in Waldhilsbach hinein – und stürmte schnell im Schlafanzug hinunter, ich raste zum Briefkasten und stibitzte blitzschnell die beiden Zeitungen, die Rhein-Neckar-Zeitung und die Süddeutsche, die ich schon seit meinem 17. Lebensjahr abonniert habe – ich lese sie jeden Morgen genau und hoffe, sie rezensieren einmal Ankhaba.

Es gab immer wieder Überlegungen, ob nicht vielleicht jeden Morgen alle unsere Nachbarn schon mit Ferngläsern an den Fenstern lauern, um sich am peinlichen Anblick zu weiden, wie Gunter Dueck barfüßig im Schlafanzug rumrennt, bei Schnee und Regen. Das haben wir nie klären können, weil sich die Nachbarn sehr gut zu tarnen scheinen. Sie lassen leider das Licht am Fenster aus. Es gab weitere Überlegungen, ob meine Füße schmutzig sein könnten, wenn die Zeitung geborgen sein würde, aber ich dusche doch gleich danach! Ich hielt entgegen, dass ich mich eigentlich gar nicht erinnern könnte, in meiner Jugend je Schuhe getragen zu haben – zumindest weiß ich noch vom kunstvollen Schulweg über genau die Stellen auf dem Ascheweg, die platt getreten waren. Ich konnte das in vollem Lauf schaffen! Heilen Fußes! Ein Klacks für jemanden auf dem Bauernhof! Wissen Sie, wir hatten überall Hühner im Dorf und dann darf man nicht überall wirklich hintreten, verstehen Sie? Stadtkinder spielen manchmal das Laufen so, dass sie keinesfalls jemals auf eine Plattennaht auf dem Bürgersteig treten – ja, so ähnlich ist es auf einem Hof mit Tieren...

Das ist mir alles wieder eingefallen, weil Lorenz Kerscher, ein Leser des Ziegelstein-DD30, eine Neudichtung desselben über das Barfußlaufen ins Internet gestellt hat. http://www.barfusspark.info/natur/trampeltier.htm

Ich hatte das alles vergessen. Denn als vor vielen Jahren unser jämmerlich klagend-quietschendes Garagentor gestorben war und durch ein elegant motorisiertes aus weißem Alu ersetzt wurde, kam ich auf die Idee, den Handwerker zu fragen, ob er nicht zusätzlich einen schmalen Schlitz in die Mauer brechen könnte. Da fiele die Süddeutsche gleich ins Haus. Niemand sieht mich, wenn ich dann barfuß in der Garage bin! Seitdem muss ich nicht mehr raus. Schade eigentlich.

Seit einem halben Jahr aber sind die beiden Zeitungen gerade so dick, dass sie noch so eben in den Schlitz passen. Sie stecken dann halb drin und flutschen nicht durch. Ich muss von der Garage aus so etwa 25 cm tief in den Schlitz hineinlangen und versuchen, die Zeitungen nach innen zu ziehen. Die beste Technik ist es, erst nach der Rhein-Neckar-Zeitung zu angeln. Die ist schmaler und lässt sich besser erbeuten. Danach ziehe ich einigermaßen relaxt die Süddeutsche nach und passe auf, dass ich das Ende ganz, ganz sacht hereinbekomme, damit die Klappe nicht klappend zufällt, so dass niemand im Haus davon aufwacht. Geschafft! Manchmal schramme ich mich etwas, wenn die Zeitung zu weit draußen ist und ich die zerrenden Hände zu sehr reinpressen muss!

Und wissen Sie was? An den letzten Samstagen war nichts zu machen. Ich zog und zog. Ich nahm mir Zeit, denn alles soll gelingen, was ich anpacke. Es ging nicht. Ich überlegte, was zu tun wäre. Ich hatte den Gedanken, das Garagentor zu öffnen, aber der Motor würde andere wecken. Da erinnerte ich mich, dass ich ja draußen im Schlafanzug rausrennen könnte! Das hatte ich lange nicht getan! Darf ich das noch, in meinem Alter – das, was ich nie durfte? Klar – ich habe doch heute viel schönere Calidas an als früher! Ich rannte raus und fand es wundervoll wie einst. Ja, früher! Da war alles besser! Da war die Süddeutsche viel dicker als heute! Kein Vergleich! Und mir fiel ein, dass ich damals fast böse war, einen dicken Papierhaufen am Samstag statt einer Tageszeitung geliefert zu bekommen, erst Politik, dann München, dann Wirtschaft, dann einen elend dicken Packen doofer Stellenanzeigen, für die bestimmt die Hälfte der schwedischen Wälder abgehackt werden musste – und darin suchte ich jeden Samstag die paar Seitchen SZ am Wochenende, wo die Schachecke war.

Und jetzt ist die SZ wieder so dick? Warum? Sind es Stellenanzeigen?

Stellenanzeigen?

Aha, der Konjunkturfrühling kommt. Ja, genau. Die Zeiten werden besser, daran glaube ich ganz fest. Ich bin richtig sicher. Ich renne nun jeden Samstag bei Sonne und Niesel und Regen hinaus, nachdem es von innen nicht ganz leise klappen konnte! Und wenn Sie mich im Schlafanzug sehen – Sie alle da, die immer hinter den Fenstern und in den Büschen lauern, dann sollen Sie wissen, der Aufschwung ist da! Für einen Aufschwung renne ich gerne und mache mir die Füße schmutzig. Sie auch?

(Und wenn Sie mögen, lesen Sie jetzt noch einmal ganz entspannt DD1 hier im Buch. Da sehen Sie, wie leicht man die Zukunft sehen kann.)

DD34: Gold Ass – der treudoofe Bestandskunde (Mai 2007)

> *Diese Kolumne tauchte ein paar Mal im Internet auf. Einiges ist von Anne M. Schüller in ihrem Buch über Kundenloyalität zitiert. Es ist eine wirklich fundamentale Kulturveränderung, dass man Neukunden mit Geschenken und Sonderangeboten lockt, aber Stammkunden nur „abzockt", wie man heute sagen darf.*

„Sagen Sie, wieso bekommen Neukunden bei Ihnen bessere Angebote?" – „Wir werben sie an und müssen sie gut behandeln, bis sie Bestandskunden sind, also treu." – „Sagen Sie, warum muss ich erst jahrelang unbestimmt als Praktikant bei Ihnen kostenlos arbeiten?" – „Sie bekommen von uns Hoffnung. Solange bleiben Sie hier. Danach ersetzen wir Sie durch einen Hoffnungslosen."

Ich bin im Allgemeinen ein treudeutscher Bestandskunde. Aber ich krause in letzter Zeit die Stirn. Es stimmt etwas nicht. Beim Googeln fiel mir auf, dass es seit einiger Zeit eine größere DSL-Bandbreite bei uns in Waldhilsbach gibt. Ich bat um Verdopplung. Das ging sofort und kostete weniger im Monat als vorher. „Warum sagen Sie das nicht?" – „Warum fragen Sie nicht?"

Eine Bank, bei der ich ein satt gebührenpflichtiges Girokonto unterhalte, wirbt ganzseitig in Zeitungen mit kostenloser Kontenführung. Meine Kontoabrechnung ist saftig wie eh und je. Ich bitte um Prüfung. „Sie müssen natürlich eine komplette Umstellung beantragen, und zwar durch einen persönlichen Besuch in der Bank." – „Warum?" – „Das ist Vorschrift." – „Soll mir etwas verkauft werden?" – „Wir wollen über alles reden."

Eine Versicherung, bei der ich seit Jahrzehnten jetzt sogar zeitweise vier Autos betreuen lasse, hat gerüchteweise die Tarife umgestellt. Das höre ich von Kunden anderer Versicherungen. Bei den neuen Tarifen ist bei Kaskoschäden die Freiheit der Werkstattwahl aufgehoben, dafür sind die Tarife angeblich dramatisch billiger. Ich gehe ins Internet, tippe bei meiner Versicherung meine Neukundendaten ein und bekomme ein dramatisch billigeres Angebot. 500 Euro statt 700 für ein Auto. Ich bitte um Umstellung, die gewährt wird. „Warum sagen Sie das nicht?" – „Warum fragen Sie nicht?"

Bei einer anderen Bank frage ich, ob sie mir die Wertpapierprovisionen halbieren oder vierteln können, sonst gehe ich zu einem Discount-Broker im Internet. Wird sofort gemacht. Mir gefällt diese Leichtigkeit nicht wirklich. „Sagen Sie, und die anderen zahlen einfach ahnungslos weiter?" – „Die fragen ja nicht."

Bei einem Versandhaus finde ich die Waren wundervoll, aber sie sind zu teuer. Ich will einfach nicht. Ab und zu bekomme ich Sonderangebote, dann kaufe ich etwas. Das merken sie wohl an meinen Daten in der Kartei und schicken mir nur noch Sonderangebote. Das finde ich toll! Aber was ist mit denen, die einfach bezahlen?

Der Bestandskunde ist der dumme Goldesel. Früher wurde er als treuer Kunde geehrt. „Sie kaufen hier immer Filet. Ich gebe Ihnen Gelbwurst fürs Kind mit. Möchten Sie ein Kilo Wurstzipfel dazu?" Heute wird der treue Kunde ausgenommen. Goldesel heißt auf Englisch Gold Ass. Ass ist die literarische Bezeichnung für Esel, von dem lateinischen Asinus (Sinus: Busen, Cosinus: Mitbusen, Asinus: krummer Buckel?). Im Amerikanischen hat Ass noch eine zweite Bedeutung. Hier im Artikel denke ich immer an die Bedeutung, die ... ach, lassen Sie mich erst einmal zu Ende schreiben, ich bin so innerlich zerrissen ...

Vielleicht muss ich aber gar nichts weiter schreiben, weil alles klar ist? Bestandskunden werden wie ein Besitz oder ein Sklave des Unternehmens geführt. Alle anderen Kunden werden umkämpft, umschmeichelt und umworben. Ich erinnere mich an Zeiten kurz vor 2000, als Neueinsteiger bei Firmen viel mehr verdienten als die langjährigen treuen Mitarbeiter. Mitarbeiter waren knapp! Heute sind sie wie Sandkörner am Meer und müssen erst einmal probeweise umsonst praktizieren. Dafür sind Kunden knapp! Die dürfen erst einmal Champagner trinken? Und wir anderen sind Esel?

Was kann ich tun, als immer nur klagen? Soll ich jetzt immer mein Handy, mein Konto, meine Arbeitsstelle, mein Telefon, meine Versicherung kündigen? Damit ich nie mehr Bestandskunde bin? Meine Freundschaften und Ehen krachen lassen und wieder neu aufleben? Soll ich vermehrt Geld durch Untreue verdienen, was ich durch Treue nie vermöchte? Soll ich dem Treuen, Stetigen, Verlässlichen ganz entsagen, damit alles in meinem Leben billig ist?

DD35: 1 Kranker + 1 Kranker = 3 Gesunde?
Über Synergieverlust (März 2007)

Synergie bedeutet Zusammenwirken. Ökonomen sagen, durch Zusammenfügen entstehe ein Synergiegewinn. Sie wollen folglich Fusionen. Aber Zusammenfügen bedeutet noch nicht Zusammenwirken. Das kostet unendlich viel Mühe. Wer das nicht versteht, sollte keine Verantwortung für ein Ganzes tragen.

Wenn man zwei Firmen zusammenlegt, zwei Universitäten zusammenschließt, wenn zwei Menschen heiraten, dann entsteht ein neues Ganzes. Daraus ergibt sich zuerst einmal eine Synergie oder ein Zusammenwirken.

Es wird besser! Zwei Teile können sich gut ergänzen, so dass sie gemeinsam zu etwas fähig sind, was sie einzeln nicht können. Daneben gibt es positive Skaleneffekte. Zwei Teile können sich die Nutzung von Gütern teilen, die sich ein Einzelner nicht leisten kann. Beim Heiraten zum Beispiel können sich beide in ein Doppelbett legen, was einzeln wegen nur halber Nutzung unwirtschaftlich wäre. Sie können darin etwas gemeinsam erzeugen, was sie einzeln nicht könnten. Es ist darin mehr Betrieb, als sie einzeln entwickeln würden.

Das Ergänzen von Teilen zu einem Ganzen erzeugt neue Fähigkeiten. „Mann + Frau kann Kind". Das Zusammenlegen von mehreren gleichen Teilen verhilft zu besserer Nutzung, also zu Skalengewinnen, wie man so sagt. Mensch + Mensch lohnt Doppelbett. Vier mal Mensch lohnt Kochrezept.

Diese simple Logik hat Ökonomen dazu verführt, über Firmenhochzeiten nachzudenken. So nennt man im Jargon Fusionen. Ökonomen sehen Hochzeiten an diesem Tag wie durch verliebte rosa Brillen und sehen immer sofortiges Zusammenwirken! Sie nennen den Gewinn durch das Zusammenfügen oder Heiraten Synergiegewinn oder Synergieeffekt (positiv gemeint, ohne das überhaupt sagen zu müssen!). Leider denken Ökonomen nur an Zahlen, nicht an Menschen – und vielleicht führen sie auch keine glücklichen Ehen. Es kann auch sein, dass Ökonomen lieber über Elefanten nachdenken und nicht über Menschen. Es geht deshalb fast immer um Elefantenhochzeiten...

Warum scheitern die Ehen? Warum zerbricht ein Ganzes? „Wir passen einfach nicht zusammen. Die anfängliche Lust, die alles zusammenhielt, war bald gestillt. Die Liebe verdeckte am Anfang unsere Unterschiedlichkeiten, mit denen wir nicht fertig wurden." Warum zerbrechen Firmenzusammenschlüsse? „Die Kulturen vertrugen sich nicht. Die anfängliche Gier, das Geld einzuskalen, war gleich gestillt. Der Fusionsrausch verdeckte am Anfang unsere Verschiedenheiten."

Warum scheitern Ehen und Firmenfusionen? Sie haben die Synergiegewinne der Skalen mitgenommen, aber kein Ganzes erschaffen.

Ein Ganzes zu bauen – das kostet sehr viel! Wenn zwei Teile heiraten, entsteht noch keine Ehe. Die beiden Teile müssen auch schmerzliche Aufbauphasen erleiden und Unterschiedlichkeiten harmonisieren.

Jede der beiden Firmen hat vor der Fusion eine Vertrauenskultur oder auch nicht. Wie wird aus zwei Kulturen eine einzige? Meist verlangt das größere Unternehmen die Übernahme der eigenen Kultur zum Wehschrei des kleinen Unternehmens. („Ich verdiene schließlich das meiste Geld hier und ich bestimme, was zu Hause gegessen wird." –„Ich bin der Greis und verlange, dass du junger Spunt dich meinem Sterben anpasst!", sagt das aufkaufende Unternehmen zur akquirierten innovativen Turnschuhfirma.) Jedes der Teile hat eine eigene Erfahrung und ganz eigene Konventionen, die oft konträr oder antagonistisch gegeneinander stehen. Was gilt? „Die Wahrheit des Stärkeren." Jedes der Teile fühlt für sich besonders Geborgenheit, Sicherheit, Umgang, Image, Geschlossenheit, Einheitlichkeit. Wie wird das ein Ganzes? Ein neues Vertrauen, ein Umgang, eine Einheitlichkeit? „Wir befehlen das." Jedes der Teile hat Freundschaften, Allianzen, Betriebssysteme, Netzwerke, Informationsflüsse, ist extrovertiert zum Kunden oder introvertiert bei Erfinden neuer Produkte. Wie geht zusammen, was noch keine Verbindung hat?

Wenn man zwei Teile zusammenfügt, wirken im Ganzen Antagonismen, also entgegengesetzte Wirkungen verschiedener Komponenten. Wenn man zwei Teile zusammentut, müssen sie ineinander verwachsen bzw. kommunizieren – das Nervensystem muss sich über der Summe der Muskeln bilden, denn Beuger und Strecker wirken antagonistisch!

Die Ökonomen sehen nur positive Synergieeffekte, keine Kosten durch Antagonismen. Sie addieren ohne Abzug. Deshalb sind alle Plan-Rechnungen zu optimistisch und die Fusionen scheitern. Und trotz allem negativen Augenschein bleiben die Controller-Milchmädchenrechnungen immer noch zu optimistisch und enthalten keinerlei Kostenansätze für Widerstreitendes und gegenseitiges Verwurzeln. Controller sind bei Fusionen so blind wie Verliebte vor der Hochzeit, wo naiver Optimismus geradezu Pflicht ist. Dürfen aber Controller im Fusionsrausch all das rosa sehen, was tiefrot ist und dabei denken, ihnen ist schwarz vor Augen?

Heute sind die Firmen in Folge des Lean Management alle ein bisschen ausgemergelt wie Mager-Models unter Aufputschmitteln zur Gehhilfe. Außer Gewinn bringen sie nichts auf die Beine. Wenn sie nicht mehr selbst stehen können, putzen sie sich als Braut heraus und beschließen eine (In-)Fusion. Und mit emporgerecktem Daumen rufen die Manager
$1 + 1 = 3$!!
Bei näherem Hinsehen:
1 Kranker + 1 Kranker $=$ 3 Gesunde !!!
    Mehrere Krankheiten gleichen sich nicht gegenseitig aus.
    Nicht alles wächst auf schlechtem Grund.
    Zusammenketten ist nicht Zusammenwirken – außer:
    Addierter Wahnsinn hat positive Skaleneffekte.

DD36: Mitarbeiter wie gehütete Flöhe (März 2007)

Diese kleine Geschichte ist wie ein „Mem" durch viele Gehirne gerauscht. Viele haben sie zitiert und weiterverbreitet. Diese Kolumne ist Hit Number One – ganz klar. Sie wurde wie euphorisch elektrisiert aufgenommen, weil sie Hoffnung gibt. Ob dazu Anlass besteht, weiß ich ja nicht so genau. Ich sollte alles so schreiben können!

Flöhe springen sehr hoch! Wer viele hat, verliert sie. Denn sie springen weg. „Schwer wie einen Sack Flöhe hüten" nennt man das fast Unmögliche. Wie Flöhe sind wir als Kinder – kaum zu bändigen. Aber im Alter muss man uns wieder auf die Sprünge helfen, oder?

Vor einigen Tagen habe ich den Handballweltmeister Jörg Löhr live als Motivationstrainer erlebt. Mich hat ein Bild aus seinem Vortrag sehr beschäftigt.

Setzen Sie bitte sehr viele Flöhe in einen Glasquader, in so eine Art Aquarium ohne Wasser. Da die Flöhe viel höher springen können, als das Glas reicht, hüpfen sie nach und nach hinaus und verschwinden in alle Winde. Alle weg! Nun legen wir eine Glasplatte als Abdeckung auf den Glasbehälter. Was passiert nun? Die Flöhe springen nach oben an die Glasplatte und tun sich bestimmt arg weh. Das denke ich mir, weil sie nach einiger Zeit lernen, nur so hoch zu hüpfen, dass sie gerade eben nicht an die Glasplatte knallen. Flöhe sind ja nicht dumm!

Nach einer langen Lernphase – wenn wir sicher sind, dass kein Floh mehr die Glasplatte erreicht – nehmen wir die Glasplatte vorsichtig ab.

Was geschieht jetzt?

Sie können es sich denken. Die Flöhe merken das nicht so richtig. Sie springen weiterhin nicht höher, als die nun eingebildete Glasplatte hoch liegt. Sie bleiben im Glasbehälter drin.

Jetzt aber komme ich mit einer ganz schlauen Idee. Ich nehme ganz frische Flöhe, die noch nie in einem Glasbehälter gesessen haben, und werfe sie zu den schon lange dort lebenden hinzu.

Was geschieht jetzt?

Sie können es sich denken. Die ahnungslosen Flöhe, die ja keine Verletzungen an der Glasplatte erlitten haben und auch gar nicht wissen, dass es dort eine gab oder jetzt keine gibt, springen ganz natürlich hoch und hinaus. Das sehen die alteingesessenen Flöhe und merken, dass da oben gar nichts ist! Sie werden wieder flohlebendig wie eh und je und hüpfen weg.

So weit die Theorie.

Leider falsch! Die neuen Flöhe bleiben nach dem Hineinwerfen eine Weile am Boden sitzen und schauen, wie hoch alle anderen Flöhe springen. Dann springen auch sie, nie höher als die Glasplatte ehedem war. Kannten Sie diesen Versuch?

Bei IBM stellen wir junge Leute ein. Sie gehen durch Assessment-Center. Wir stellen nur Mitarbeiter ein, die sich selbst und denen wir große Sprünge zutrauen. Bei der Eingangsuntersuchung stellen wir sie auf die Probe und schauen, wie hoch sie springen. Nur die mit den höchsten Sprüngen bekommen eine Stelle – das ist ja klar. Dann erscheinen sie am Arbeitsplatz neben den älteren Kollegen. Sie schauen sich ein paar Tage vorsichtig um und hören bei den erfahrenen Kollegen ab und zu folgende Sätze: „Das darf man nicht. Das geht nicht. Das will hier keiner. Nie geht das durch. Da hört keiner zu. Das haben schon viele probiert. Bei großen Sprüngen setzt es blutige Nasen."

Und sie fürchten sich sehr.

Und sie springen nicht mehr?

Aus meiner Rede neulich vor den neuen IBMern in Böblingen: „Die Jahre des Sparens haben vielleicht einen Eindruck einer problematischen Zeit hinterlassen. Jetzt kommt die neue Zeit der Innovation! Jetzt wollen wir wieder wirklich aufbrechen. Jetzt hoffen wir auf Sie Neue, die Sie viel höher springen! Sie Neue sollen uns alle zu neuem Schwung verhelfen, die durch das Lean-Zeitalter der Mager-Business-Models gingen, die den Dot.com-Crash und den 11. September überstanden. Sie Neue sollen nach allen Kräften springen und uns hier zeigen, wie nah der Himmel ist. Wir haben Sie eingestellt und geben Ihnen diese Mission. Wir freuen uns, dass Sie da sind. Wir werden uns Sie zum Vorbild nehmen. Zeigen Sie es uns – denen mit ergrauten Schläfen wie mir."

Ich habe das jetzt von IBM geschrieben, das interessiert sie wahrscheinlich nicht so. Ich meinte natürlich Ihre Firma, in der Sie arbeiten. Ihr Amt, Ihre Schule, Ihre Universität. Ich meinte das Deutschland der eingebildeten Hilflosigkeit. Ich meinte die Eltern, die ihren Kindern eine noch schlechtere Zeit prophezeien. Ich meine Sie!

Leben Sie noch? Und springen Sie schon?

DD37: Die Osteridee – verraten Sie sie? (April 2007)

Sie erschien eines Tages über dem Kaffeeautomaten – es mochte gegen Ostern gewesen sein. Über dem wohligen Dampfe einiger Kaffeetassen und Pappbecher bildete sie sich ganz undeutlich über den Köpfen der hitzig Diskutierenden: Es war die Idee. Sie hatten eine Idee, wie sie die Firma retten könnten, wie sie ihr zur Auferstehung verhelfen würden. Die Idee erwärmte sie wie der Kaffee. Die Stimmen schwirrten. „Man könnte, man sollte, man müsste, dann wäre und hätte man."

Peter erglühte besonders und war ganz berauscht – und die Idee besetzte ihn so ganz und gar, dass es hinfort „Peters Idee" war, die aber eigentlich ihnen allen plötzlich erschienen war. Sie lachten und freuten sich. Da aber war die Pause zu Ende und sie zerstreuten sich in alle Winde. Peter rief sie auf, zusammenzubleiben und alle Jünger der Idee zu werden. „Wartet! Wir schaffen das! Die Idee schafft das!" Aber die anderen waren ungeduldig zur Arbeit zu kommen und murrten im Fortgehen. „Man wird Anstoß nehmen und sich ärgern, denn die Idee ist zu stark und zu ungewöhnlich!"

Peter blieb mit der Idee zurück. „Du bist meine Idee, nie werde ich an dir Anstoß nehmen! Wenn sich auch alle an dir ärgerten, so will ich doch nimmermehr von dir lassen!" Die Idee aber war traurig, denn sie war schon etlichen erschienen, und sie kannte die Zukunft aus ihrer Erfahrung. Und sie wusste: „Wahrlich, ich sage dir – bis der Chef heute auch nur einmal die Brauen gehoben hat, wirst du mich dreimal verleugnen."

Als sich am Nachmittag die Abteilung zu einem Meeting traf, in dem sie in einem wöchentlichen Statusritual die Versagensliturgie ihres Bereiches feierlich mit einem vielfachen traurigen „Wo stehen wir?" begingen, fragte der Chef – so wie es am Ende immer üblich war, ob jemand eine Rettung sehen könnte. Da blickten sie verstohlen auf Peter – aber der schwieg. Der Chef merkte wohl, dass über ihnen allen so etwas wie eine unsichtbare Wolke stand.

„War da nicht vorhin was?", fragte ein Mitarbeiter und schaute Peter an. Der schüttelte den Kopf, weil er noch unsicher war. „Wirklich nicht?", mischte sich eine Kollegin ein. „Ich ...", sagte Peter, „es ist zu früh, ich weiß nicht." – Der Chef ward ungeduldig und fuhr Peter fast an: „Was haben Sie zu sagen?" Und Peter war nun ganz sicher sehr unsicher und antwortete fest: „Nichts." Da hob der Chef die Augenbrauen. Das sah Peters Herz und es krampfte sich zusammen, er sah über dem Tisch die schwebende Idee, stürzte hinaus und weinte bitterlich.

Und der Tag, an dem er die Idee dreimal verraten hatte, grub sich tief in ihn ein. Er beschloss, für die Idee von Pontius bis Pilatus zu gehen, er beschloss, drei Briefe an die Pharisäer zu schreiben ... an die Bedenkenträger vielleicht auch zwei weitere, an die Zweifler, die Todakzeptanden und die nörgelnden Gesternanbeter ...

Das ist meine kleine Geschichte zu Ostern. Sie ist ganz einfach und völlig durchsichtig klar. Sie kennen sie bestimmt, ohne sie gelesen zu haben. Sie kennen ihr Ende nach wenigen Worten. Sie ist glasklar.

Erinnern Sie sich an die Geschichte mit den Flöhen (DD36), die sich fürchten, bei zu hohen Sprüngen an eine Glasplatte zu prallen? Erinnern Sie sich an meine Frage, wo denn Ihre Glasplatte ist? Wie hoch sie gelegt wurde? Gibt es überhaupt eine Glasplatte? Ist sie so glasklar, dass sie nicht gesehen werden kann? Haben Sie schon einmal für Ihre Ideen wirklich mehr als dreimal Prügel bezogen, bevor Sie sie verraten haben? (Nicht ab und zu einmal für *eine* Idee *einen* Hieb – nein, ich meine, *sehr oft* Prügel für die *gleiche* Idee!) Ist die Glasplatte in Ihnen schon von Ihren Lehrern und Eltern eingezogen worden? Zertrümmern Sie sie. Es fühlt sich zu Ostern an wie der Beginn eines neuen Lebens. Das wird mehr Schmerzen bringen und mehr Glück, wie neues Leben eben so ist.

Meine Firma hat eine andere übernommen, wo die gefühlte Glasplatte deutlich tiefer zu hängen schien – und die „Neuen" bei IBM waren ausgelassen froh, nun höher springen zu dürfen. Sie waren frei! Freiheit ist Dürfen. Das erhellte ihre Herzen, und sie schrieben es mir. Nun müssen sie nur noch höher springen, aber sie trauen sich nicht so recht. Die Glassplitter früherer Versuche stecken im Herzen und lassen verzagen. Hey! Los! Wir schaffen das! Freiheit ist Dürfen. Aber das Tun ist Leben.

DD38: Life Alienation Syndrome (April 2007)

„Ich arbeite gerne am Sonntag. Da habe ich Ruhe. Leider mobbt mich meine Familie. Sie sagen, es gäbe noch ein Leben neben der Arbeit. Das mag sein. Aber ich finde nicht, dass sie mir die Arbeit versauern dürfen, die schon schwer genug ist. Das Gemecker meiner Familie am Wochenende führt tendenziell zu einer schlechteren Arbeitsleistung und gefährdet unsere Existenz."

Kennen Sie das Stockholm-Syndrom? Die Bezeichnung geht auf einen in den Medien ausgeschlachteten Entführungsfall in Schweden zurück (August 1973). Die Geiseln fürchteten sich entsetzlich vor der Polizei, weil diese gewaltsam zu stürmen drohte. Sie begannen, mit ihren Entführern zu kooperieren. Die Geiseln sahen die Verbrecher positiver als die Retter, die draußen ihretwegen alles in Bewegung setzten. Nach der Entführung besuchten die ehemaligen Geiseln damals die Verbrecher sogar im Gefängnis und baten für sie um Gnade.

Kennen Sie das Parental Alienation Syndrome? Die Eltern eines Kindes lassen sich scheiden. Das Kind lebt bei dem einen Elternteil und ist nur ab und zu an einem Wochenende mit dem anderen Elternteil zusammen. Das Kind hat beide Elternteile sehr, sehr lieb. Nach einschlägigen Statistiken aber haben nur noch wenige Kinder länger als ein Jahr mit dem entfernten Elternteil Kontakt. Sie entfremden sich. Zuerst spielen viele Kinder eine Doppelrolle. Sie freuen sich heimlich auf das Wochenende mit dem „Vater" (der ist es meistens) und verbringen ein wundervolles Wochenende. Dann kehren sie äußerlich gelangweilt nach Hause zurück. „Kind, war es schön?" – „Ach ja, es muss sein, er ist ja mein Vater." – „Was muss sein?" – „Er wollte ins Kino, aber nicht in den Film, den ich eigentlich wollte." – „Willst du denn überhaupt noch mit ihm zusammen sein?" – „Ach, lass es noch eine Zeit lang. Ab und zu ist er ja auch nett. Er war ja auch dein Mann." – „Erinnere mich bitte nicht daran!" Die meisten Kinder spielen diese Doppelrolle einige Monate lang und sind dann mehr und mehr mental überfordert. Dann entfremden sie sich dem Außenstehenden und nehmen langsam Abschied. Wenn Elternteile diese Entfremdung aktiv einleiten und betreiben, machen sie sich eines Psycho-Verbrechens schuldig. In Frankreich wird das absichtliche Entfremden wie Kindesmissbrauch bestraft. In Deutschland ist es vielleicht normal? Oder geduldet?

Diese Syndrome haben dies gemeinsam: Da ist etwas draußen, was wunderschön ist und geliebt wird. Aber es steht in Konflikt zu dem, was die augenblickliche Situation dauerhaft beherrscht. Die Geiseln haben Angst, dass sie bei ihrer Rettung

Schaden nehmen. Die Kinder haben Angst, den Halt beim wichtigen Elternteil zu verlieren. Sie verleugnen die Außenwelt, um mit der Welt klarzukommen, in die sie hineingeraten sind. Sie lieben den Entführer oder sie hassen das Außenelternteil. Sie identifizieren sich mit der kleinen Welt um sie herum und verleugnen die da draußen.

Da dachte ich, ich beschere dieser Welt noch ein Syndrom: Das *Life Alienation Syndrome*. Menschen haben Angst vor der Arbeitslosigkeit. Sie schuften aus Angst vor dem Verlust. Sie schenken den Arbeitgebern unendlich viele Überstunden. Da draußen ist das geliebte Leben. Sie verbringen mit dem Leben immer mal wieder ein schönes Wochenende. Sie erzählen dem Chef nichts davon und verbergen am Arbeitsplatz das Private. Wenn sie heimgehen, laden sie sich ostentativ einen Haufen Arbeit auf und nehmen sie demonstrativ mit. „Chef, das kann ich noch am Wochenende schaffen." Und der Chef gibt alle paar Monate einmal ein gutes Wort. Das baut auf! Dafür lohnt sich alle Anstrengung! Irgendwie lieben sie den Chef, der ja zwischen allen notwendigen Härten wieder ein gutes Wort gab. Er sagte, Mitarbeiter seien sein wertvollstes Gut! Dann sind sie so etwas wie sein Besitz, um den er sich ja wohl kümmern wird, oder? Sie identifizieren sich mit dem Chef und vergessen das normale Leben.

Dieser Vorgang unter Erwachsenen ist wirklich normal. Auch das absichtliche Entfremden der Mitglieder eines Systems durch ein System ist keine Straftat. Warum auch? Wir sind alle erwachsene Menschen und wir haben die volle Freiheit zum Leben und zur Freude. Wenn wir uns dem Leben entfremden und ganz mit der Arbeit identifizieren, so ist es unsere ureigene Entscheidung.

Ist sie das? Ja? Gefallen uns diese Gedanken?

Wenn wir uns eingestehen würden, die Arbeit besitze uns, so wäre dieser maximale Kontrollverlust von uns mental nicht zu ertragen. Es ist besser, wir erklären die eigene Aufopferung als freie Entscheidung eines frei bestimmten Willens zur Leistung und zum Erfolg.

Liebe Leute: Wir sind wirklich frei! Denken Sie doch einmal – jetzt – ein bisschen – an Ihr Leben? An die denglische Work-Life-Balance?

Das ist eine bitterernste Kolumne – das will ich noch einmal sagen! Sie hat etwas mit dem Springen der Flöhe zu tun (DD36), die sich mit der Glasplatte identifizieren: „Es ist gut, dass oben eine Platte liegt. Sonst würde jeder frei herumspringen, wie er will, und wir wären alle unglücklich verstreut anstatt glücklich gefangen." Sie hat etwas mit der Idee zu tun (DD37), die von uns verleugnet wird, weil das System sie ablehnt. „So gut war sie auch nicht. Ich als Einzelner kann schließlich nicht verlangen, dass alle tun, was mir so einfällt. Schade."

Es gibt viele Entfremdungen, ungefähr so viele, wie es Vorstellungsräume gibt, auf deren Liebe die Macht eifersüchtig reagiert. Früher gab es sogar mal ein Arbeitsentfremdungssyndrom! („Seit sie den neuen Lover hat, ist sie bei der Arbeit ganz zerstreut!") Heute aber herrschen sie:

- Meaning Alienation Syndrome
- Innovation Alienation Syndrome
- Kunden-Entfremdungssyndrom

- Mitarbeiter-Entfremdungssyndrom
- Basic Research Alienation Syndrome
- Self Alienation Syndrome

Entfremdung erlebt, wer nichts liebt, was die Macht nicht mag.

Zählen Sie für sich einmal durch. Wer sich mit seinem schweren Los identifiziert, macht sich auf billigem Weg von ihm frei. Wahre Freiheit ist aber, alles das lieben zu können, was liebenswert ist. Arbeit UND Leben. Mutter UND Vater. Firma UND Familie. Profit UND Kunde. Altes UND Neues.

Lieben Sie das Heute UND das Morgen. Weichen Sie nicht auf das Gestern aus. Wenn Sie geschieden sind und ein Kind bei sich haben, lieben Sie Ihren verlassenen Partner um des Kindes willen. Wenn Sie Manager sind, lieben Sie das Privatleben Ihrer Mitarbeiter. Die Wurzel des Übels ist immer Eifersucht eines Teils *auf das Ganze*.

DD39: Siegen wollen! Aber nicht siegen müssen! (Mai 2007)

> *Zur Zeit dieser Gedanken hatte Schalke einen riesigen Vorsprung in der Bundesliga und ich behauptete in einem Interview, dass sie immer kurz vor dem Ziel unter Druck zusammenklappen. Nie werden sie Meister! Es ist dann genauso gekommen. Sie können nicht siegen müssen. Ich habe mal eine Rede darüber gehalten, die von Barbara Schöneberger moderiert wurde. Am Ende fragte sie, was das Müssen denn so problematisch mache. Ich fragte, ob ich es mit Schalke erklären dürfte. Sie meinte, von Fußball verstehe sie nichts. Da rutschte mir spontan heraus. „Kennen Sie Bücher der Art, wie man einen Orgasmus haben muss?" Weil Männer darüber eine Zehntel Sekunde eher lachen wollen, als Frauen lachen müssen, war BS dieses Zehntel sprachlos, was mich für einen Abend beim Publikum zum Helden machte. Aber der helle Wahnsinn war, wie sie ihr doch alle zu Füßen lagen. Das Video ist auf meiner Homepage!*

Das Fußball-Magazin RUND interviewte mich für die Ausgabe vom 23. Mai 2007. Es ging auch darum, warum Schalke nicht Meister werden kann und Bayern dieses Jahr nicht Meister wird. Da antwortete ich spontan mit „Wollen ohne Müssen". Das wusste ich vorher gar nicht so genau. Es hatte ja keiner gefragt.

Viele Stars sagen, dass das Erringen der Goldmedaille oder des ersten Chartplatzes ungeheuer viel leichter sei als das „Obenbleiben". Wer nämlich oben ist, den wollen die Fans immer oben sehen. Wer schon oben ist, verliert zu viel, wenn er verliert: Fans, Werbeverträge, die Aussichten auf eine goldene Zukunft. Er schmeckt die Wankelmütigkeit von Fortuna, er erfährt Glück und Pech.

Wer sich heraufarbeitet, hat nicht viel zu verlieren. Er hat alles noch vor sich: die Fans, die Werbeverträge, eine goldene Zukunft. Die Aufsteiger haben oft einen ganz ungebrochenen Siegeswillen und kennen nicht den stechenden Schmerz, entthront zu werden. Der Wille ist im Aufstieg sehr, sehr viel.

Viele bekommen schon im Aufstieg Höhenangst. Schalke, glaube ich. Die Erwartung der Fans in ihrem Taumel der Freude steigt viel schneller als die reale Aussicht auf eine Meisterschaft. Jetzt bloß keine Niederlage! Da weinen die Fans bestimmt wieder wie damals beim 1:1 in Hamburg in der Nachspielzeit. Nur nicht wieder die Fans weinen sehen! Fürchtet sich Schalke vor neuen Tränen? Verlieren sie beim „wir wollen nicht bitter enttäuschen" den Siegeswillen?

Immer, in der Nähe der Spitze, wollen die Fans die Meisterschaft – die Schalker Fans allemal. Sie bauen aus inniger Liebe Druck auf, der den Willen ablenkt. Die Schalker müssen plötzlich siegen, wo sie vorher nur wollten. Und irgendwie sind sie überfordert, siegen zu müssen. Am Freitag haben sie gegen Bochum verloren. Sie können nicht siegen müssen. Die Zeitungen titeln tags darauf prompt: „Nervenflattern auf Schalke".

Bayern muss nicht nur siegen, Bayern muss unbedingt siegen. Schon ein Nicht-Champions-League-Platz wird als Desaster deklariert. Bayern ist schon sehr lange oben und kann mit dem Druck inzwischen gut leben. Es scheint nun zu lange gewesen zu sein. Das Denkmal wankt. Es ist nicht das Siegenmüssen, das sie bedrückt. Es fehlt nach so vielem Siegen das Siegenwollen. „Ein Jahr ohne Titel ist ja auch einmal drin."

Sieger müssen siegen wollen und nicht zu viel daran Schaden nehmen, wenn sie angeblich siegen müssen. Kinder, deren Eltern sie beim Turnier siegen sehen wollen, leiden und wollen nicht richtig. Mitarbeiter, die wie Trommelfeuer vom Manager angefeuert werden, die Gewinne zu holen, leiden ebenfalls. Ein Wollen von außen, das innen nicht geteilt wird, verdirbt das Wollen von innen. „Uns fehlte die innere Ruhe. Wir fanden nicht zum Spiel. Es fehlte der Funke." Bei Aufsteigern, die plötzlich in der Arena über sich hinauswachsen, fiebert das Publikum nicht von außen mit, sondern ist mit dem Aufsteiger eins. Es verstärkt den Willen innen bis zur Unendlichkeit.

Eltern, sind Sie eins mit dem wollenden Kind oder machen Sie ihm nur Höhenangst?

Manager, sind Sie eins mit dem Mitarbeiter oder machen Sie nur Außendruck?

Verstärken Sie oder hemmen Sie?

Verliert Schalke, weil sich die Fans unendlich mehr nach Meisterschaft sehnen als die Spieler?

Verliert das Kind, weil es die liebenden Eltern nicht weinen sehen mag?

Verliert das Unternehmen, weil die Manager den Gewinn von außen wollen, nicht von innen?

Willens*verstärker* sollten wir alle sein, nicht Angstdruckerzeuger.

Da graut es mir, Manager. Es graut mir, Eltern.

Und um Schalke will ich wirklich weinen, wenn sie es wieder nicht schaffen. Denn die Überfans hemmen so hemmungslos lieb, dass es wahrlich zum Weinen ist.

DD40: Baby Innovation (Mai 2007)

„Was ist das, Innovation, Kurt?" – „Wieso, Hedwig?" – „Hier steht, sie haben ein Erkältungseis erfunden. Es ist blau gefroren, schmeckt aber frostsicher und soll die lockere Zunge lösen." – „Das ist wirklich eine Innovation, Hedwig, etwas Neues." – „Wir sollten auch mal was Neues anfangen." – „Denkst du an eine neue Stellung?" – „Nein, ich wünsche mir ein Baby."

„Wozu brauchen wir eins? Wir haben kaum was zum Leben." – „Die Meiers haben sogar ganz und gar nichts zu fressen, aber sie ziehen sich jetzt schon jahrelang zwei Kinder auf, damit die Abitur machen und für sie arbeiten. Sie haben diese Idee damals in einem Ferienprospekt gelesen. Wir arbeiten noch mühselig selbst und verdienen eigentlich unser Leben nicht. Ein Baby ist doch so etwas wie eine Innovation, oder?" – „Ja, ja, Hedwig, aber zur Innovation gehört leider immer eine Investition. Bevor du Geld scheffelst, musst du erst etwas Neues bauen." – „Das meine ich ja. Ein Baby mit Abitur." – „Aber das dauert fast 20 Jahre. Werden wir das durchhalten?" – „Ja. Wenn man es erst mal hat, muss man es doch." – „Aber überleg mal, es bringt im ersten Quartal keinen Profit und kostet. Im zweiten auch nicht. Wie viele Quartale bis zum Abitur? Moment, pfui, der Taschenrechner ist schleimig, was ist das?" – „Ich habe ausgerechnet, wie viele Eier ich aufschlagen muss, damit ich vier Eigelb und vier Eiweiß bekomme." – „Aha. Acht Eier wär' auf der sicheren Seite. Warte mal. Ich drücke für jedes Schuljahr viermal plus und zähle ...uuih. 75. Du, Hedwig, in unserer Niedriglohnfirma lebt keiner 75 Quartale lang!" – „75, du hast Recht. Ich habe in der Baumschule gelernt, dass Walnussbäume 75 Quartale brauchen. Aber ab dann nussen sie wie verrückt gratis, wie Kinder mit Abi." – „Hmmh. Lass uns das mit dem Baby einmal nachrechnen. Nehmen wir ein Baby als Grundidee. Ich habe hier eine Liste von Fragen aus meiner Firma, wenn wir eine neue Idee haben. Dann fragt der Chef die ab, anschließend lacht er uns aus. Warte. Hier. Erste Frage: Ist die Idee neu? – Hallo, Hedwig, ist sie neu?" – „Nein, Kurt." – „Haha. Haben andere Leute ähnliche Pläne wie du?" – „Ja, Kurt." – „Haha. Hast du die Möglichkeit, schneller ein Baby zum Abi zu bringen als die Konkurrenz?" – „Nein, Kurt." – „Haha. Haha! Zum Kugeln! Ist es sicher, dass das Baby überhaupt 75 Quartale lebt und dann auch Abitur macht?" – „Nein und nein! Was soll das, Kurt!" – „Hahahahaha! Kann ein anderer kommen und dir das Baby wegnehmen, wenn es Profit abschlägt?" – „Es kann heiraten und andere als uns mästen." – „Und dann sitzen wir leer da! Hedwig! Dann kommt so ein Fifi oder eine Tusse und heiratet uns den Gewinn von 20 Jahren weg! Das Baby ist nicht proprietär! Hedwig, können wir das Baby patentieren?" – „Nein, Kurt, außer es sieht dir ähnlich, aber das würde keinen Profit bringen." – „Hahaha, schau selbst in den Spiegel. Was passiert, wenn das Baby selbst so denkt wie wir und wieder ein Baby bekommt, aber keinen Profit?" – „Oh, Kurt! Oh Kurt! Das wäre eine Katastrophe! Das würde unser Leben ganz abtreiben!" – „Lass mich weiter fragen: Gibt es weitere Unsicherheitsfaktoren, Hedwig?" – „Kurt – mit normalen Kindern geht immer alles schief, das weißt du doch. Es ist volles Risiko. Du musst es wollen! Wie Meiers. Der ihre Kinder lernen wie blöde. Schau sie bloß an! Erst waren sie ganz klein und niedlich und jetzt können sie schon Baukasten und Topflappen. Man muss aus dem Neuen etwas zu machen verstehen. Deutschland braucht Innovationen, das steht in der Zeitung. Und Kinder auch, sagen sie. Viele, sagen sie! Wir kombinieren das als Doppelidee, Baby und Innovation, da haben wir auch die doppelte Chance!" – „Doppelte Chance, das wären bei pessimistischer Schätzung noch 38 Quartale – ich hab's! Können wir nicht wie Madonna ein fertiges gutes Baby kaufen, was dann zum Glück gar nicht von uns abstammt? Mein Chef fragt immer – hey, wir sind mit dem Fragebogen nicht fertig! Frage: Kann man die Innovation schon billig fertig einkaufen von Leuten, die die Innovation schon zufällig gemacht haben und deren Wert nicht kennen? Wir machen dann nicht selber was Neues, sondern wir puzzeln weiter so rum wie bisher und nehmen einem Blöden sein Baby billig ab." – „Hoffentlich ist das Baby dann nicht blöd, aber sonst könnten wir das selbst machen. Wir könnten auch etwas Größeres adoptieren, was große Hoffnungen hat, Kurt." – „Einen Ministranten zum Beispiel – die sind nicht so habgierig mit dem Preis. Ja! Gut! Oder wir machen eine feindliche Übernahme von einem tollen verkannten teilbegabten Abiturienten, beleihen ihn bei einer Bank und leben vom Restgeld." – „Heißt das hedgen, Kurt?" – „Ich glaube. Oder Fond, Hedwig." – „Kurt, Fond ist von Lacroix, das hatten wir zur Hochzeit, was Flüssiges." – „Man macht den Abiturienten flüssig? Kann man auch einen vergeistigten Duseldoktor kaufen, der noch an der Uni ist und gar nicht weiß, dass er je arbeiten wird? Den machen wir überflüssig!" – „Das ist zu promeniert für uns, Kurt, aber so Blagen wie bei Meiers könnten mir aber schon gefallen." – „Haben Meiers die Kinder einfach so gekriegt oder auch per Buyout bekommen?" – „Ja! Sie hatte mit Kindern nichts am Hut, sagt sie, nur Prospekte ausgetragen. In einem stand, dass Kinder in vielen Urlaubsländern das einzige Kapital sind, weil sie dort noch keine Shareholder zu kaufen haben. Im Westen machen Kinder außerdem viel älter, so dass man was von der Rente hat, wenn du Witwe bist." – „Und wie machen Meiers den Kids das Abi?" – „Habe ich sie gefragt, Kurt. Die Meier rollt – das glaubst du nicht – total eingebildet mit den Augen, als wenn sie in der Kirche wär' und heulen müsste vor Rührung. Dann stößt sie aus: Es ist immer mein Baby, sagt sie. Es ist meine Liebe, jedes Baby." – „Das kostet wenigstens nichts. Im Grunde sind Meiers doof wie Bohnenstroh, lassen sich Kinder passieren und haben dann noch so dämliches Glück mit dem Profit. Bei uns in der Firma ist einer, der redet immer von seinem lieben Baby, er meint aber sein Projekt. Er rollt die Augen. Und wir müssen erst ganz neu anfangen!" – „Das Billigste wäre, wir kaufen jemanden wie dich, Kurt." – „Haha, mehr als mich hast du nie bekommen können, und so einer würde hier nur mitessen, Hedwig." – „Wir könnten ihn zwingen, Abitur zu machen, wenn er schon mitisst." – „Was schaust du mich so an?" – „Hier steht noch eine Frage von deinem Chef, die hast du nicht vorgelesen! Frage: Kann die Innovation aus eigener Kraft geschafft werden?" – „Hahaha, Hedwig! Hahahaha! Ha! Ha! Du jedenfalls nicht!"

DD41: Scheubletten für Überschwarze! (Mai 2007)

Am dem Tag, als ich das schrieb, war mir wirklich gallig zu Mute, immer Überwachungen! Da habe ich es mit dem Schwarzen etwas auf die Spitze getrieben.

Jeder ist der eigene Innenminister. Er muss in sich Ordnung schaffen. Dabei hilft unsere Regierung mit, so gut sie kann. So richtig unterstützen kann sie uns aber erst, wenn sie uns datenmäßig genau kennt, unsere Fingerabdrücke und Gerüche gespeichert hat und in unsere terroristischen Pläne eingeweiht ist. Wie man hört, experimentiert die Verwaltung mit einem neuen Selbstregulierungsverfahren.

Menschen sind bekanntlich Tiere, die ihre Tiernatur hinter kultiviertem Gehabe verstecken können. Die Regierung hat es nur dann mit ihnen leicht, wenn die Menschen diese Begabung wirklich nutzen und ihr Tier ganz und gar hinter einer Fassade verbergen. Der Mensch muss dazu besser noch einen Panzer ausbilden, der keine Anfechtungen von außen hineinlässt und keinen Lüsten nach außen in irgendeiner Form Raum gibt. Im Ideal wünscht und denkt sich der Mensch gar nichts mehr, dann ist der Panzer vollkommen.

Die Regierung prüft diesen Panzer (bei manchem leider noch eine Eihaut) immer wieder, damit sie sicher ist, es in ihrem schweren Verantwortungsbereich mit lauter idealen Menschen zu tun zu haben. Sie beobachtet die Reaktion des Panzers auf Anfechtungen und versucht aufzudecken, ob in den Menschen noch Tiermotive aktiv sind. Dazu kontrolliert sie die DNS und die Iris des Menschen und prüft seine Standhaftigkeit und seine Geduld bei Verwaltungsvorgängen, damit der Mensch zuerst ein dickes Fell ausbildet, was sich graduell zu dem besagten Idealpanzer verhärtet. Die meisten Menschen empfinden dieses gesunde Abhärten als Eingriff in ihre Freiheit! Freiheit kann nur doch nur das Tier in ihnen haben. Es kommt daher irrtümlich immer wieder zu unbedarfter Kritik an der Regierung, die uns doch nur in bester Weise versteuern will.

Jetzt soll den Bürgern neuerdings die Möglichkeit gegeben werden, sich selbst zu panzern. Dazu gibt es einen innovativen Stromstoßgenerator für Bürger, der über jeden PC mit dem Internet verbunden werden kann. Erst werden die Lustzentren des Bürgerkörpers über zwei Elektroden an den PC angeschlossen. Dann darf der Bürger im Internet eine vorläufig kostenlose Software bedienen. Sie stellt ihm verschiedene „Vorstellungen" zur Verfügung. Diese Vorstellungen muss der Bürger in der Folge nacheinander bewerten. Er kann zur Bewertung verschiedene Grade von schmerzhaften Stromschlägen für sich selbst auswählen oder eine von mehreren Erregungsstufen, die sich wie verzerrtes, irres Lachen im Körper äußern. Die Software wertet die Eingabedaten aus und kommentiert die Ergebnisse aus der Sicht der Regierung. „Brav, brav, Bürger!", sagt die Software oder „Selbst unter konservativen Ansichten bis an die Grenze der Leidensfähigkeit gegangen". Am anderen Ende des Testergebnisspektrums wird angeboten, dem Bürger zeitnah die DNS auszutauschen, damit einer Einziehung zuvorgekommen werden kann.

Erste Testberichte konkretisieren diese allgemeine Beschreibung. Der Bürger sieht zum Beispiel das Wahlergebnis der Regierungsparteien bei der letzten Wahl. Er kann sich nun Schmerzen zufügen oder sich in verschiedenen Graden irre auflachen lassen. Was soll er tun? Er hat die freie Wahl. Die ersten Testopfer berichten, dass ihnen die Entscheidung nicht leicht fiel. Ein Opfer kommentierte: „Erst wollte ich über das Wahlergebnis lachen, aber dann merkte ich, dass dieses Lachen vom Tier in mir gewollt wird. Da verstand ich den Test und fügte mir einen schweren Stromschlag zu. Sicher ist sicher, dachte ich. Viel unsicherer war ich, als die nächste Übung mir einen Fernseher zeigte, der ein nicht-öffentliches Programm angeschaltet hatte. Ich habe mich wieder für einen moderaten Stromstoß entschieden. Dann zeigte man im Internet eine Frau im Minirock. Das ist ganz eindeutig zu entscheiden. Wenn ich jetzt privat unbekleidete Körper sehe, tut es mir schon weh. Huh, hat das beim Test wehgetan, obwohl es erst Stufe 5 von 10 war. Im Grunde ist es schwer zu sagen, welche Antworten die Regierung beim Test eigentlich will. Immer Stromschläge? Ich bin jetzt schon ganz schön abgehärtet. Ich merke schon, dass das Leben überwiegend sehr hart ist und eine hohe Disziplin verlangt, damit man es überhaupt aushält. Manchmal zeigen sie beim Test Oppositionspolitiker. Da schalte ich voll auf Erregung. Das ist ganz schön. Es fühlt sich so an, als wenn man die Sau raus lässt. Die Nippel werden schön durchblutet." Eine andere Person, die sogar bereit war, ihren realen Namen preiszugeben, was wir aber zu ihrem Schutz ablehnten: „Ich musste beim Test oft wie irre lachen, sogar schon ohne die Stimulation der Instrumente. Da unterbrach das Internet den Test und schlug mir zum Ausgleich für das mehrmalige irre Lustlachen einen massiven Strafstoß vor, damit ich wieder in eine so genannte Balance gerate. Ich hatte mir vorher einen Goldenen Lachschuss gesetzt, weil da eine gerade ganz freie Frau flüsterte, ich hätte einen Freistoß bei ihr, das war wie ein Golden Goal. Wenn man beim Bürgertest grundsätzlich immer auf Lust schaltet, ist er herrlich. Die total anonyme Auswertung am Schluss bestätigte auch noch meine deutsche Bürgernummer und attestierte mir ein extremes Ergebnis. Sie rieten mir aus dem Internet, den Test öfter zu wiederholen, damit ich mich steigern kann. Das tue ich natürlich. Sie bestätigten mir, dass es jeden Tag ganz neue Testvorstellungen im Internet gäbe, damit das Menschwerden von mir kontinuierlich betrieben werden könnte und wie das blühende Leben auch nicht langweilig würde. Ich habe mich tierisch gefreut."

Die Behörden zeigten sich außerordentlich befriedigt. Sie attestierten den Bürgern im Ganzen eine bemerkenswert hohe Schmerzresistenz und unerbittliche Stoa. Medizinische Untersuchungen der Testkörper zeigten oft schwarze Verfärbungen bzw. schwere Verbrennungen des Körpers an den Elektroden. „Well done.", freuten sich Behörden über diesen so genannten Zustand schwarzer Bürger. Viele Körper erwiesen sich als vorwiegend lustdurchblutet und sehr rot. Der Zustand dieser roten Bürger wird von den Behörden als „raw" oder „rare" bezeichnet. Alles deute darauf hin – so die Behörden –, dass diese Menschen innen noch immer ursprüngliches Blut haben und ihnen die Ansichten der Regierung noch nicht in ebendieses Blut übergegangen sind.

„Wir sehen ganz verschiedenartige Menschenbaustellen. Die einen sind die Schwarzen, die sind well done. Die anderen die Roten, die zu viele eigene Bedürfnisse haben und sich selbst kaum bestrafen wollen. Die rufen ohnehin immer nach dem Staat. Wir werden sie jetzt auch betreuen und gehörig unter Strom setzen. Wir haben nicht selten braune Körper, die extrem zu beiden Seiten neigen. Die sollten bewusster wählen, denken wir, damit sie als Braune eher Schwarze oder meinetwegen Rote werden. Es gibt gelbe Körper von Menschen, die im Grunde zu wurstig mit den Fragen umgehen und zu nichts eine Meinung haben. Sie scheinen zu allem skeptisch zu sein. Es sind nicht viele – kaum gefährlich, sie hängen sich im Notfall an jede Meinung der Regierung an. Eine andere Gruppe schien sich gar nicht entscheiden zu können. Selbst beim Anblick einer zackigen Militärparade oder eines Tiertransportes konnten sie weder darüber irre lachen noch sich irre Schmerzen zufügen. Wir glauben, die sind so apathisch, dass sie vielleicht gar kein Tier in sich haben. Vielleicht sind sie innen drin eine seltene Grünpflanze? Können die nicht einmal über Deutschland irre lachen oder Schmerzen empfinden? Wozu sind sie dann Bürger, wenn sie innerlich so wenig mitmachen? Sie verstehen den Sinn des Ganzen nicht, glauben wir. Wir müssen die Kommunikation verbessern. Wir müssen allen noch erklären, dass mit den Daten nichts geschieht, wenn die Ergebnisse gut sind. Dabei scheinen von den Daten her manche besonders Schwarze zu weit gegangen zu sein. Sie leiden zu viel – ja, das war erst unvorstellbar bei diesem doch sehr grausamen Tiertest, jedenfalls ab Stufe vier. Wir haben deshalb für extreme Selbstquäler eine physiologische Behandlung mit Scheubletten vorgesehen. Die kann man sich an die Brust heften, vor die Stirn nageln oder als Einlage tragen."

Wie schätzen die Behörden die zukünftige Akzeptanz aller Bürger ein? „Wir sind sehr optimistisch, besonders weil fast alle Schwarzen möchten, dass nun ebenfalls alle anderen Menschen beim Test schwarz werden. Das verlangt schon der Imperativ von Kant. Alle Philosophie will das! Buddha und Jesus wollen den sündigen Leib abstrafen und schon Sokrates erklärte zur ersten Menschenpflicht: Erbrenne dich selbst." Von Sokrates ist auch: „Ich schwarz, dass ich nichts weiß." Heute hat das fast den Rang einer Regierungserklärung.

DD42: Wer kein Vertrauen hat, arbeitet nicht gut! (Juni 2007)

Nur wer das Problem ganz und gar versteht, kann es exzellent zu aller Zufriedenheit lösen. Wer aber kennt das Problem überhaupt? Zuerst muss ihm ja das Problem anvertraut werden. Dazu muss ihm vertraut werden. Wem nicht vertraut wird, der kann das Problem nicht gut kennen. Er wird es nicht wirklich lösen. Zur Exzellenz ist Vertrauen nötig. Haben Sie das?

Ich las im Urlaub das Buch *The trusted advsior* von David Maister, mein drittes von ihm nach *True professionalism* und *Managing the professional services firm*. Ich werde alle seien Bücher lesen. Alle. Weisheit ist so selten.

In der Einleitung – auf der ersten Seite – stand da dieser eine Satz, dass uns ein Problem erst anvertraut werden muss, bevor wir es lösen können. Da schon ließ ich das Buch das erste Mal sinken und dachte nach.

Da fiel mir ein, dass wir die Probleme meist gar nicht gut kennen. „Schatz, was ist?" – „Nichts, gar nichts." Oder: „Kind, du scheinst geknickt zu sein." – „Nein, Mama, nein." – „Warum haben Sie diesen seltsamen Leistungsabfall, so kurz vor dem Abi?" Achselzucken. „Warum lehnt die Produktionsabteilung diese tolle neue Software ab?" – „Sie wollen erst schauen, was es überhaupt auf dem Markt gibt."

Viel später heißt es: „Es ist etwas schiefgegangen, es war tragisch." Wir fragen nach: „Woran lag es?" Und sie alle sagen: „Da war eine hidden agenda." – „Liebeskummer, wir wussten es nicht." – „Es lag nicht an der Software, sie fürchteten eigentlich um ihre Arbeitsplätze. Als Berater komme ich mir beim Fragen wie ein Aussätziger vor." – „Wir hätten die Patientin retten können, aber sie hat vor Scham über die wahren Symptome geschwiegen." – „Mein Frau war weg. Ich rief sie an, warum. Sie sagte, sie könne eh nicht mit mir reden, ich würde nie verstehen."

Die Eltern, die Partner, die Lehrer, die Sozialarbeiter, die Psychologen, die Psychiater, die Ärzte, die Manager, die Bosse, die Pfarrer – „die haben doch keine Ahnung!", so sagen wir immer. Wir trauen ihnen oft nicht über den Weg, ihnen alles zu sagen. Auf der anderen Seite verbauen wir die Wege zu Lösungen. Wenn „die da" keine Ahnung haben, wird nichts herauskommen. Weil wir ihnen aber nicht vertrauen, glauben wir am besten damit zu fahren, wenn gar nichts herauskommt. Würden wir ihnen vertrauen und sie uns missbrauchen – das wäre die Katastrophe, die wir fürchten. Wir sind nämlich meist selbst Teil des Problems.

Ohne Vertrauen verstehen also die, die Probleme lösen sollen, diese gar nicht, weil sie ihnen nicht verraten werden. Wo also kein Vertrauen herrscht, sind

Probleme schon aus Unkenntnis nicht lösbar und später wegen mangelnder Teamarbeit ohnehin nicht.

Auf der anderen Seite managen uns alle Systeme zunehmend ohne Vertrauen. Ärzte behandeln nach Daten, nicht nach Anvertrautem. Manager messen Zahlen, ein „Fragen" nach Leistungen wäre schon nicht mehr objektiv, weil „Mitarbeiter immer schummeln". Sie sollen auch immer schummeln, aber zu Gunsten des Chefs. Vertrauen? Wo? „Die Millionenverluste sind aufgetreten, weil die Probleme zu lange unter der Decke gehalten wurden. Wenn die Projektleiter ehrlich gewesen wären, hätten wir sie schnell feuern können und alles noch gerettet." – „Früher haben wir mal einem Schüler mit Kummer über die Versetzung hinweggeholfen, jetzt haben wir zentrale Prüfungen. Es bedrückt, das Problem zu kennen – aber keine Vertrauensmechanismen mehr zur Verfügung zu haben. Es bringt nichts, ein Problem zu gut zu kennen. Da wird man krank an der Ohnmacht, im System nichts bewegen zu können. Ich will auch gar nichts mehr hören! Ich arbeite meinen Stiefel runter."

Ich will mit David Maister einstimmen: Ohne Vertrauen gibt es keine Exzellenz unter Menschen, keine Hochleistung in Teams, keine gute Beratung, Heilung, Behandlung. Elfenbeintürme können noch einsame Exzellenz hervorbringen, aber sonst?

Wenn Sie also an einem Problem arbeiten, fragen Sie sich, ob in den Nebenräumen jemand sagt: „Er versteht es nicht. Lass es. Sie würde uns umbringen, wenn sie es wüsste. Wenn wir es sagen, verkaufen sie uns. Wenn wir mehr leisten, werden sie uns hochschrauben. Meine Eltern wissen nichts. Ich habe zu den Psychofragen gelogen, ich bin doch nicht verrückt."

Sie sagen: „Wenn Du irgendwem etwas anvertraust, wird alles noch schlimmer."

Deshalb ist alles immer nur schlimm und zum Glück nicht noch schlimmer.

Exzellenz aber ist nie, wo nicht Vertrauen ist.

DD43: Die Exekutionssucht (Juni 2007)

„Ärgert dich aber dein rechtes Auge, so reiß es aus und wirf's von dir. Es ist dir besser, dass eins deiner Glieder verderbe, und nicht der ganze Leib in die Hölle geworfen werde." Das klingt zu hart, nicht wahr? Heute wird dieses Wort aus dem Matthäus-Evangelium auf Unternehmen angewendet, die sich emsig alle Arme und Beine ausreißen, um in den Himmel zu kommen. Problem: „Mein Mann hat eine Bronchitis!" – Lösung: „Lass dich scheiden!"

Ach ja, die Leute wissen immer so genau, was das Richtige ist. Übergewicht? „Iss weniger." Schlechte Noten? „Lerne!" Stresskrank? „Atemübungen mit Glücksfakelächeln, danach JS-Bachblütentee." Hässlich? „Erfinde dich in Second Life neu."

Ein kleines Beispiel aus einem IBM-Management-Lehrgang hat mich vor vielen Jahren schwer beschäftigt. Wir sollten als Jungmanager einen Fall lösen. Problem: Eine der beiden Bereichssekretärinnen schießt empört entrüstet heran. „Chef, diese schrille Ziege verdüstert mein Leben. Ich schmeiße jetzt alles hin. Ich will nicht mehr mit ihr in einem Raum arbeiten. Ich will ein eigenes Zimmer! Ich hasse sie, sie hat sich über ... jedenfalls mokiert und das lässt mich platzen. Sie mobbt mich."

Wie reagiert ein Manager?

Modell Staatsanwalt: „Sie klagen inhaltlich eine andere Mitarbeiterin an. Lassen Sie uns die objektiven Tatsachen ermitteln. Ich will sehen, wie ich dann gegen sie vorgehen kann. Mir sind schon ähnliche Klagen über sie vorgetragen worden, die aber bisher nicht konkret genug waren."

Modell Richter: „Es ist schön, dass Sie mit Ihren Problemen zu mir kommen und Sie sie mir anvertrauen. Ich werde nun die Beklagte zu einem Gespräch bei mir einladen und auch sie hören, damit ich einen Überblick über die abweichenden Standpunkte erhalte. Ich werde mich dann um ein weises Urteil für alle Beteiligen bemühen."

Modell Macher: „Das trifft sich gut, es ist gerade ein Arbeitsplatz im Zimmer des Controllers frei geworden. Packen Sie Ihre Sachen und ziehen Sie um. Erledigt!" Oder: „Welche Lösung haben Sie sich konkret vorgestellt? Machen Sie einen umsetzbaren Vorschlag, und ich stimme Ihnen sofort zu. Wir lösen das Problem jetzt sofort."

So re(a)gieren Manager! Etwa 85 Prozent aller Vorgesetzten wählen eine dieser Varianten. Sie untersuchen, richten, handeln. Sie „exekutieren" das Problem.

Nach einer langen Diskussion, welche dieser drei Lösungen die beste wäre, fragte uns der Coach dies: „Was meinen Sie denn, was die aufgeregte Sekretärin von Ihnen faktisch erwartet?"

Schweigen.

Wir hatten nicht darüber nachgedacht.

Schweigen.

Wir wussten es auch nicht so genau.

Und dann erfuhren wir die niederschmetternde Wahrheit. Und sie lautet:

85 Prozent aller Sekretärinnen erwarten vom Manager so etwas wie ein Gefühl authentischer Anteilnahme an ihrem Jammer. Dazu zum Beispiel: „Ach je, ich verstehe, ich habe ja auch mit ihr zu tun. Ach je. ... Wissen Sie was? Wir gehen in die Cafeteria im anderen Haus und trinken Extra-Macchiato. Mir ist gerade so danach. Dabei weinen wir uns ein bisschen aus."

Viele von uns haben das damals zu subjektiv gefunden, auch überhaupt nicht gerecht oder objektiv gegenüber der anderen Sekretärin. Wir haben uns geschüttelt. Der Coach warf uns vor: „Sie exekutieren nicht das Problem, sondern den, der es hat."

Und dann sitze ich manchmal irgendwo, habe vor Stress verzogene Schultern, schwache Versagensangst, am nächsten Tag zu scheitern. Jemand kommt vorbei und schaut besorgt. Ich flüstere: „Ich habe einfach viel zu viel um die Ohren, weißt du?" Und dafür gibt es Todesstrafe, es fällt die Guillotine. Ich werde hingerichtet. „Arbeite nicht so viel. Nimm dir nicht alles zu Herzen. Du musst nicht alles schaffen. Du musst nicht perfekt sein. Mach Urlaub. Treib Sport. Trink Eigenurin, der ist gesund."

Kann mir nicht EINER über das Haar streichen? Mich ein bisschen bedauern? Fühlen? „Ach, du armes Schwein, komm, wir trinken Extra-Macchiato."

Gebt keinen Rat, wo nur Gefühl verlangt wird!

Schlagt keine Lösung vor, wo kein Wille zur Lösung ist!

Manager, Eltern, Lehrer – sie kommen zu Euch und weinen um Menschlichkeit! Und Ihr bietet ihnen immer nur an, sie nach Eurem Bilde umzuformen.

Diese Aussicht begeistert sie nicht.

Warum eigentlich nicht?

PS: Wenn Sie jetzt ratlos sind und sich fragen, wie denn die Probleme wirklich gelöst werden, dann sind Sie eventuell exekutionssüchtig. Oder Sie erinnern sich nicht mehr an das letzte DD42. Es trägt den Titel: „Wer kein Vertrauen hat, arbeitet nicht gut." Haben Sie das vergessen? Ganz und gar? Der Richter hat nicht das Vertrauen der gewöhnlich zwei Halbschuldigen. Der Staatsanwalt hat kein Vertrauen beim Angeklagten. Der Macher will nur das Problem vom Tisch haben, er legt es gar nicht auf Vertrauen an. Deshalb sind alle drei normalen Modellverhaltensweisen in völliger Ahnungslosigkeit um die Problemstellung gefangen. Weil sie das sind, müssen sie erst „untersuchen". Warum versuchen Sie es immer ohne Vertrauen?

Und weiter: Angenommen, Sie hätten das volle Vertrauen. Käme man zu Ihnen, als wären Sie Staatsanwalt, Richter oder Macher? Nein. Noch einmal angenommen, Sie hätten volles Vertrauen. Würden Sie sich so inquisitorisch und ungeduldig benehmen wollen? Sie sind oft ungeduldig, weil Sie fürchten, es brennt etwas an. Wenn Sie als Lehrer, Eltern oder Manager das Gefühl haben, jetzt im Moment gehe etwas schwer schief und sie müssten schnell handeln – ja, dann wissen Sie nichts und haben kein Vertrauen der anderen.

Und weiter: Warum, glauben Sie, erfahren Sie alle Probleme immer so spät, erst, wenn es wirklich angebrannt ist? Weil Ihre Verhaltensweisen nur in diesem Augenblick ertragen werden können – wenn das Problem stärker ist als die Furcht vor Ihnen. („Ich bin im vierten Monat. Es ist von . . . oh Gott.")

DD44: Vertrauen – die Formel (August 2007)

Im „must read" Buch *The Trusted Advisor* schlagen David Maister, Charles Green und Robert Galford eine Formel für Vertrauenswürdigkeit vor.

**Vertrauenswürdigkeit =
(Glaubwürdigkeit plus Zuverlässigkeit plus Vertrautheit) / Selbstorientierung**

Ein interessanter Gedanke, nicht wahr?

Im Duden, so hatte ich schon entrüstet in dem früheren Daily Dueck 32 zitiert, wird Vertrauen in etwa mit Zuverlässigkeit verwechselt und dabei wird so etwas wie Vertrautheit im Sinne der englischen „Intimacy" völlig außer Acht gelassen. Diese Formel hier erhellt aber alles!

Angenommen, ich kaufe etwas bei einer Firma. Dann frage ich mich:

Glaubwürdigkeit: „Stimmt alles, was im Prospekt steht?"
Zuverlässigkeit: „Liefern sie? Bieten sie Service? Kann ich mich auf sie verlassen?"
Vertrautheit: „Kenne ich sie persönlich? Die Leute dort? Verstehen die mich? Fühle ich mich wohl?"
Selbstorientierung: „Achten sie sehr auf ihren eigenen Vorteil? Sind ihnen ihre Bilanzen wichtiger als ich?"

Sind heute die Firmen nach dieser Formel vertrauenswürdig? Glaube ich den Firmen? Ja, doch. Kann ich mich auf sie verlassen? Ja, ungefähr. Verstehen sie mich? Nicht wirklich. Bin ich ihnen wichtig? Nein. Ich rechne zusammen: Sind sie vertrauenswürdig? Eher nicht.

Wollen Firmen heute vertrauenswürdig sein? Streben sie an, dass ich ihnen glauben kann? Ja, schon. Streben sie an, dass auf sie Verlass ist? Ja, ungefähr. Versuchen sie, mich persönlich zu verstehen? Nicht wirklich. Bin ich ihnen wichtiger als ihre Bilanz? Nein. Wollen sie also im Sinne dieser Formel vertrauenswürdig sein? Eher nicht.

Die Firmen sind also, was sie sein wollen.
Ist das richtig so? In meinem Sinne als Kunde nicht. Ist es in deren Sinne richtig? Ich glaube nicht. Warum versuchen sie nicht, wirklich vertrauenswürdig zu sein? Ich vermute, sie kennen die Formel nicht – und wie schlecht sie danach abschneiden.

Ich sehe mich bei allen Fachleuten und Beratern und Verkäufern um. Sind sie fähig, so wie sie sagen? Ich glaube schon – ja, doch. Kann ich mich auf sie verlassen? Ja ... Habe ich ein herzliches, vertrautes Verhältnis zu ihnen? Ach, dafür ist praktisch keine Zeit, es sind auch immer andere da. Sie wechseln täglich oder alle paar Monate. Vertrautsein braucht viele Gespräche und gemeinsame Erlebnisse. Sind sie egoistisch? Ja, ganz sicher, es ist ein Zeichen der Zeit, dass wir alle so sein müssen oder sind.

Bin ich selbst vertrauenswürdig? Ich schaue in den Spiegel der Formel ...

Prinzipiell ist die Formel ja klar, aber wir können ja einmal Zahlen einsetzen. Machen Sie mit? Wir bewerten die vier Größen der rechten Seite auf einer Skala von 1 bis 10, 10 ist „viel davon". Nehmen wir ein Ehepaar, lange verheiratet (da fällt mir ein, bei mir sind es im August 2007 30 Jahre! Ach ja, und am 7.7.77 hatte ich Doktorprüfung ...). Dann kommt zum Beispiel bei der Formel heraus:
8 + 6 + 10 geteilt durch 2 gleich 12.

Na gut. Jetzt nehme ich ein Ehepaar, das sich zankt, also etwa
6 + 4 + 2 geteilt durch 8 gleich 1.5.

Denken Sie sich kurz hinein. Probieren Sie, wie vertrauenswürdig Ihnen Ihr Arbeitgeber ist. Wie vertrauenswürdig mögen Sie von Ihrem Kunden aus gesehen wirken?

Spielen Sie ein bisschen herum, berechnen Sie die Beziehungen um Sie herum und stellen Sie fest, dass wir uns alle wie schwach zerstrittene Ehepaare miteinander verhalten oder wie egoistische Unbekannte, die durch ihre beiden Firmenlogos den Anschein der Zuverlässigkeit erworben haben. Die Glaubwürdigkeit haben wir „von der Firma", den Glauben in unsere Zuverlässigkeit auch. Vertrautheit wird kaum noch angestrebt und das Gewinnstreben wird heute so selbstverständlich zur Schau gestellt, dass der Quotient der Formel alle Werte vollständig niederdrückt. Wer ist noch für wen richtig vertrauenswürdig?

DD45: Haben Sie das Recht zum Rat?
(August 2007)

„Warum lüftest du nicht am Morgen? Wie oft habe ich es gesagt! Hallo? Hörst du mich? Bin ich Luft? Du ignorierst mich, ja? Ich mache das Fenster auf. Du machst es gleich wieder zu, wenn ich rausgehe, oder? Darf ich dir noch einen Rat geben, welche Socken du anziehen solltest? Warum schaust du immer so leidend? Früher warst du wenigstens aufbrausend. Du wirst schlapp."

Besonders Menschen mit Exekutionssucht werfen guten Rat und Empfehlungen wie Konfetti um sich herum, und die Menschen haben diese wie Regen zu ertragen. Zum Glück für sie selbst werden sie oft Chefs, Lehrer, Väter oder so ähnlich und können dasselbe nun als mehr verbindliche Anordnung ausstoßen.

Für mein Gefühl habe ich zu viele Ratschläge als Kind bekommen und mich irgendwie aus der Angelegenheit zurückgezogen – ich habe versucht, autark zu werden. Und noch als Erwachsener hörte sich das „zu Hause" so an: „Du siehst gut im Anzug aus, aber er ist etwas zu hell. Dunkel macht feiner, das muss ich dir einmal sagen. Ich will es nur gesagt haben, Kind. Ich weiß, du nimmst keine Ratschläge von mir an, was ich nicht verstehen kann, denn meine Ratschläge sind nur lieb gemeint. Du nimmst doch auch Ratschläge von deiner Frau an, die ist wohl ausschlaggebend, ja? Was hat das mit der Sache an sich zu tun, wer den Rat gibt? Du hast wohl Angst, dass deine Frau was anderes sagt, wenn du auf mich hörst und dunkler gehst? Ist es das, ja? Ich will doch nur, dass ich dich schick finden kann."

Kennen Sie solche Kommunikationskatastrophen? Schweigen.

Im Autohaus: „Warum wollen Sie unbedingt die kleine Version? Bei Ihrer Stellung. Schauen Sie hier die Luxuslimousine in Goldlack mit Internet in den Rücksitzen. Plappplappplapppapperlapapp...."

Im Unternehmen: „Sagen Sie einmal, können wir einmal darüber reden, ob Sie die Programmierfehler nicht schneller finden können? Wenn Sie zum Beispiel schneller programmieren, steigt der Gewinn. Ich habe Sie beobachtet. Sie tippen beim Programmieren nicht schnell. Ich habe es mit der Sekretärin verglichen, ein enormer Unterschied. Deshalb habe ich Sie zu einem traditionellen Schreibmaschinenlehrgang angemeldet, der sonst ziemlich leer ist. Sie können ihn leicht an 20 Feierabenden ableisten und wir haben keinen Verlust beim Kurs. Ich tue da dem Ausbildungskollegen einen Gefallen, der die Plätze auslasten muss."

Sie alle überfallen uns mit gut gemeinten Ratschlägen. Sind diese Ratschläge gut? Ich versuche einmal, Ihnen die verschiedenen Aspekte guten Rates aufzuzeigen. Danach schlage ich eine „Berechnungsformel" vor, an der Sie ein bisschen üben können, ohne dass die Formel jetzt ganz genau stimmen müsste. Es ist ein Gedankenexperiment! Was bestimmt also die „Güte" oder die „Qualität" eines Rates? Es hängt davon ab, wer ihn gibt und warum, was er damit will – und ob ich überhaupt Rat in dieser Sache mag. Etwas mehr in Listenform:

- Erwägenswert – „worth considering": Ist der Rat in der Sache gut?
- Liebevoll – „take care": Kümmert sich der Rat um mich selbst?
- Verändernd – „change": Fordert mir der Rat eine Änderung meiner Einstellungen ab?
- Egoistisch – „self-oriented": Ist der Ratgebende in der Sache potentiell selbst involviert? Will er etwas selbst?
- Mentorship: Ist der Ratgebende jemand, von dem ich „treuen" Rat annehme?
- Willen zur Umsetzung – „execute": Will ich überhaupt in dieser Sache etwas tun?

Ich versuche einmal eine ähnliche Formel wie die in DD44:
Qualität treuen Rates = (Worth + Care + Mentor + Willen) / (Change + Self-Orientation)

Bewerten Sie für eine Rechnung mit dieser Formel alle in ihr genannten Größen auf der rechten Seite von 1 bis 10 (10 ist hoch) und setzen Sie sie ein! Versuchen Sie sich einmal an den obigen Beispielen? Der Rat ist meistens bestenfalls erwägenswert. Er kümmert sich nicht oft um uns als Beratene, meist auch deshalb, weil man selbst gar nicht vom Ratgeber verstanden wird (fehlende „intimacy" siehe DD44). „Du verstehst mich nicht, Mutti/Manager!" – „Ich weiß, was das Beste für dich ist, Kind/Mitarbeiter!" Der Rat verlangt oft einschneidende Verhaltensveränderungen, die leichtfertig oder ignorant gefordert werden (allein schon aus Unverständnis). „Und was wird dann mit mir?", fragt der Beratene. Der Rat enthält offene Egoismen („Verkaufsargumente") oder vermutete heimliche. „Warum rätst du mir das eigentlich?" Wir vertrauen überhaupt nicht jedem, nur jemandem, der „treuen Rat" gibt. Wenn wir den Ratgeber hassen, nehmen wir nicht einmal solchen Rat an, den wir selbst absolut für richtig halten. „Ich will keinen Doktor machen, einfach weil das meine Eltern so sehr wollen und dann damit angeben werden, als wäre es ihre eigene Leistung. Das gönne ich ihnen nicht und deshalb will ich keine Karriere machen." Oder: „Ihre Krawatte hängt in der Suppe, das schmeckt doch nicht gut, oder?" – „Doch, sehr gut schmeckt das!" Und zuletzt müssen wir für eine Lösung des Problems bereit sein oder den Willen zu einer Lösung haben.

Am unnötigsten sind Ratschläge, die zu viel Wandel fordern, deshalb könnte man in der Formel im Nenner auch ganz gut die Zahl „Change hoch 2" einsetzen. Ratschläge, die sehr grundsätzlich verändernd sind, klingen so: „Nimm ab." – „Sei nicht so schüchtern." – „Sag auch mal nein." – „Denk' auch mal an dich, Mutti!" – „Seien Sie emotional intelligent." – „Motivieren Sie Ihre Mitarbeiter!" – „Seien Sie kundenfreundlich!" – „Zeigen Sie Leadership!" – „Riskieren Sie einmal etwas, es kostet im schlimmsten Fall eine Gehaltserhöhung!"

Stellen Sie Ihre eigenen Ratschläge auf den Prüfstand. Überschlagen Sie den Wert der Formel.

Und schauen Sie sich direkt beim Ratgeben um. Wenn Sie nämlich einen Rat geben, schauen Kinder und Mitarbeiter oft in bestimmter Weise unbestimmt drein. Dieser Blick bedeutet: Die von Ihnen Beratenen fragen sich im Bauch, ob der Rat ernst ist, also ein Befehl sein könnte. Erst dann reagieren sie meist ein bisschen. Wirklich ernst ist es erst bei der dritten Deadline oder bei Strafandrohung. Wenn es nur ein einfacher, stinknormaler Rat ist, wird er meistens ignoriert. Das liegt daran, dass ein Wille zur Ratannahme nicht vorhanden ist, der natürlich durch einen harten Befehl künstlich erzeugt werden kann.

Schlecht empfundener Rat tropft ab wie Fernsehwerbung oder das Brabbeln der Powerpointclowns. „Sie müssen unser Produkt zwingend kaufen, weil Sie sonst den kommenden Globalisierungsdruck nicht aushalten." Eltern reden sich den Mund fusselig. Die Ratgebenden malen Teufel an die Wand, die sie „Druck" oder „Pain Point" nennen, weil Vernunft eh' nicht angenommen wird. Überlebensdruck! „Du wirst in der Gosse landen!" Haben Sie schon einmal einen Rat, der mit solch einer finalen Floskel verheiratet daherkam, wirklich umgesetzt? Hört ein Raucher auf, wenn er auf der Packung seinen baldigen Tod angezeigt bekommt? Was, fragen Sie, hilft denn überhaupt?

Treuer Rat von jemandem, der sich das Recht dazu erworben hat.
Sind Sie treuer Ratgeber für Ihre Kunden?
Für Ihre Familie?
Für Ihre Mitarbeiter oder Kollegen?
Oder sagen Sie oft selbst über andere „Sie hören nicht auf mich!"?
Dann wenden Sie am besten die Formel oben an und gleich wird's besser.

Alles klar? Diese Ausführungen waren für die Menschen unter uns, die – von anderen aus gesehen – recht „ungeniert" und unprofessionell Rat geben. Es kommt oft wie Niedermachen, Nörgeln, Ablassen, Ignoranz, Taktlosigkeit, Besserwissertum, Oberlehrerhaltung, Seelenvernichtung, ja – wie Hass oder Sadismus herüber. Wie oft krümmen Sie selbst sich unter Rat? Was glauben Sie, denken die anderen bei Ihrem Rat?

Tja, und dann gibt es ganz andere Menschen, die niemals Rat geben, weil „sie anderen nicht zu nahe treten wollen". Das sind die masochistischen stillen Brüter. Auch ein DD wert?

DD46: Sag lieber nix! (August 2007)

„Der Überbringer der schlechten Nachricht wird getötet. Deshalb sag ich nichts. Wer kritisiert, kommt um. Wer etwas von sich preisgibt, wird ausgenutzt. Wer hilft, wird hineingezogen. Ich bleibe stumm, alle müssen ihr Unglück selbst erkennen, ich warne niemanden."

In den letzten Beiträgen habe ich Leute auf den Präsentierteller gestellt, die unerbeten und ungeniert zum Teil unbrauchbar generischen oder banalen Rat über gleich darauf verärgerte, nach Luft ringende Mitmenschen verregnen. Diese Richter, Staatsanwälte und Polizisten, diese energischen Mütter oder Manager sind getrieben von einer Art Sucht, Missstände sofort anzusprechen und zu beseitigen. Dazu bedienen sie sich – wie sie selbst sagen – einer direkten und ehrlichen Ausdrucksweise, die bei den anderen als pure Grobheit ankommt – was die „Ehrlichen" nie verstehen können. „Was tut es schon, selbst *wenn* es etwas grob war! Der Misstand muss weg! Ist euch euer Hasenherz wichtiger als die ganze Welt?"

Ja, für ganz viele ist eine seelische Katastrophe sehr viel wirklicher als eine reale. Die Gefühle dürfen unter gar keinen Umständen verletzt werden, weil nur dort die wahren Wunden geschlagen werden! Wenn man sich „in jemanden einmischt", wird der aber ganz höchstwahrscheinlich in den Gefühlen verletzt! Deshalb wird er unter den Wunden denjenigen anklagen oder den prügeln, der ihm diese Wunden schlug – den Überbringer der schlechten Nachricht oder den Einmischer. Wer also Rat gibt, schlägt meist Wunden im Herzen des anderen. Daraufhin reagiert der Verwundete mit Trauer, offener Wut, Aggression, Rückzug, mit dem Ende der Beziehung. (Für „Sachmenschen": Was tun Sie, wenn Sie jemand prügelt oder mit dem Messer sticht? Das finden Sie wahrscheinlich nicht gut! „Seelenmenschen" finden es aber genauso schlimm, im Herzen gestochen zu werden. Das verstehen die „Sachmenschen" nicht, weil sie es nicht sehen. Sie können es ja nicht sehen, nur mitfühlen. Aber das Mitfühlen gelingt ihnen auch nicht.)

„Ich lass mir das von diesem Hund nicht sagen! Ich soll so sein, wie er sagt? ER! ER! Weit schlimmer ist ER! Rücksichtslose macht man zu Chefs!" – „Sie betrügt mich und sagt jetzt, meine Krawatte ist zu schrill! Was denkt sie sich, mich zusätzlich so zu kränken?" – „Sie haben mit zu fünft vor meinem Schreibtisch gesagt, ich solle Deo oder Waschsalon wählen. Ich bin so empört! Stinke ich etwa? Ich werde gemobbt!" – „Wenn ihr Kinder irgendwas vom Cognac in der Nachbarschaft verratet, bring ich euch um! Niemand wird über uns schlecht reden." – „Ich mag den Chef. Er grüßt mich, obwohl ich nichts bin. Ich rechne es ihm hoch an, dass er mir das niemals zeigt."

Mir schrieb ein Leser, dass es zwar zu viele Unsinnsratgeber gäbe, andererseits sei es aber sehr selten, dass man ein wirklich wertvolles Feedback bekomme. Alle würden den Mund halten. Wir verschweigen, dass der Chef schlechte Reden hält oder der Kollege Mundgeruch hat. Wir besprechen alles hinter allen Rücken am Kaffeeautomaten. Wir haben Angst, Rat zu geben, der in der Regel so stark verletzt, dass Prügel zurückkommen. „Sie ist nach ihrer Kritik am Boss versetzt worden." Wir übersehen in aller Öffentlichkeit begangene Verbrechen, lassen Ladendiebe gewähren und sogar die Lehrer die eigenen Kinder quälen. „Wenn man etwas dazu sagt, rächen sie sich im Zeugnis."

Wir krümmen uns also auf der einen Seite unter Unmenschen, die uns mit Rat aggressiv überschütten und unsere Herzen verwunden, ohne dass sie das überhaupt sähen. Auf der anderen Seite sind da die Verletzungserfahrenen und zart Besaiteten, die allem Unglück lieber zusehen, als eine neue Verletzung zu riskieren. „Ich verbiete, dass du dich einmischst! Ich weiß, sein Sohn drüben schließt sich tagelang mit Schnaps ein. Aber es ist Aufgabe seiner Eltern, das zu sehen, nicht unsere." – Das hörte ich selbst und wenig später vom selben Menschen: „Vor den ICE? Wie furchtbar! Dachtest du das?" Ich fragte kurz, ob Einmischen geholfen hätte und wurde vernichtet.

„Sieh nichts, hör nichts, sag nichts!" Das weiß jeder der drei Affen. „Tu nichts!", sagt der vierte. Das ist sicherer.

Was sagt uns das?

Eine Kritik muss „konstruktiv" sein und helfen, in der Sache UND im Herzen. UND! UND!

Das weiß jeder. Eine Sachnachricht kann eine Beleidigung sein! Was soll das dann?

Ich kenne aber nicht so viele, die sich vor aller Kritik überlegen, was in den adressierten Herzen passiert – nicht viele, die einen richtigen Zeitpunkt abpassen, die den Ton taktvoll wählen oder etwas wie beiläufig verletzungsfrei unterbringen. Meist dominiert der Hammer. „Kritik muss verletzen, das ist doch klar! Sonst wirkt sie nicht, wenn sie nicht verletzt!" Das ist die falsche Rechtfertigung der Sache, die das Herz um der Sache willen verletzen will.

Die anderen sehen den Verletzungsaspekt so schlimm, dass sie eine verkorkste Sache lieber akzeptieren als eine psychische Verletzung. „Ich bin lieber still, denn eine Sachnachricht wäre eine Beleidigung. Wenn das so ist, darf man nichts sagen."

Diejenigen, die Sache verehren und das Herz nur als Mittel zum Sachzweck sehen, sind meist die, die in der Sache gewinnen. Ihr Herz? Zweitrangig. Die, die das Herz verehren und die Sache als Mittel zum heilen Herzen sehen, werden in der Sache verlieren und vielleicht im eigenen Herzen standhalten oder gar gewinnen. Die Sache? Zweitrangig.

Jeder, wie er es verschieden anstrebt.

Beides ist falsch.

UND! UND!

DD47: Vertrauenserwerb (September 2007)

Die meisten wollen Vertrauen geschenkt. Wehe nicht! „Er vertraut mir nicht, das merke ich mir." Sind Sie aber vertrauenswürdig? Was tun Sie dafür, Vertrauen zu erwerben?

Erinnern Sie sich an die Vertrauensformel (aus DD44)?

Vertrauenswürdigkeit = (Glaubwürdigkeit plus Zuverlässigkeit plus Vertrautheit) / Selbstorientierung

Die normale deutsche Erziehung widmet sich unter großen Mühen der Glaubwürdigkeit, der Ehrlichkeit und besonders der Zuverlässigkeit des deutschen Menschen. Alles am Kind wird zu seinem Besten geprüft, zum Beispiel: Schwindelt das Kind oder lügt es sogar? Sind seine Hausaufgaben erledigt? Hat das Kind alle Pflichten erfüllt? Wird es tugendhaft? Ist sein Verhalten normal oder „weicht es ab"? Was sagen die Lehrer und Nachbarn über das Kind? Gibt es Tadelnswertes?

Solche immerwährende Kontrolle schließt das Kind naturgemäß in sich selbst ein. Es erzählt nicht mehr alles, beginnt ein eigenes inneres Leben zu führen. „Das da drinnen geht niemand was an." Die fortschrittlichen behavioristischen Erziehungsmethoden sorgen sich sowieso nur um das äußerlich gezeigte „beobachtbare Verhalten" des Kindes und manipulieren es mit Stimulus-Response-Reiz-Reaktions-Mechanismen. Reinforcements oder Verstärkungen durch Belohnungen und Lob bestimmen das Feld. „Aus dir wird ein ganz Großer, das sehe ich schon daran, wie schön gleichmäßig du den Rasen gemäht hast, wozu ich normal keine Lust habe!"

Das da drinnen aber verbirgt sich aus Angst vor Kontrolle und Normalitätsrasenmäherei. Das Kind liebt und hasst aus Angst vor Kontrolle ganz heimlich und bildet verstohlen eine eigene Seele aus. Die Kontrolleure aber, die dieses Verbergen erst durch invasive Kontrolle erzeugen, lesen lieber ein Buch über Trotzphasen, Pubertätsstörungen oder Identitätskrisen und fordern das Kind auf, doch weiter den Eltern alles anzuvertrauen, damit die Kontrolle zu ihrem Besten reibungslos weitergeführt werden kann. Das Kind aber lernt spätestens in der Pubertät, sich von den Kontrolleuren zu distanzieren. Erst stirbt die Vertrautheit mit den Eltern und später sagt immer etwas in ihm: „Still! Der Chef kommt!"

Was ich sagen will: Das Kontrollsystem der Erziehung und später des Managements opfert die Vertrautheit auf dem Altar der Zuverlässigkeit, Glaubwürdigkeit und der Aberziehung der Ego-Orientierung. Zusätzlich wird die Lage in den letzten

Dekaden noch komplexer oder scheinheiliger, weil die Systeme auffordern, zwar nie offen egoistisch zu sein, aber wenigstens unbedingt erfolgreich, egal wie. Alles also, was man von Menschen explizit will und zur Sicherheit kontrolliert, verdrängt und verjagt das Vertraute in den engsten Freundeskreis oder die Ehe.

Nun bemerken wir, dass wir vertrauensvolle Teamarbeit brauchen. Nun bemerken wir, dass uns unsere Kunden ihre Wünsche anvertrauen müssen, damit wir besten Service leisten. Dass wir so gerne einen vertrauten Umgang mit unserem Chef hätten! Aber leider sind wir nicht mehr vertraut, sondern durch unsere Kontrollinstanzen distanziert.

Gibt es noch Vertrautheit? Ja, aber wir müssen sie neu erwerben, also die Distanz zwischen uns senken. „Wie geschieht das denn?", fragten mich Leser der letzten DDs.

Ich glaube – es geschieht wie beim Verlieben, oder? Das Umwerben eines Partners hat viel mit der Gewinnung von Vertrautheit zu tun. Wir müssen die Distanz senken. Und das tut weh! Schüchterne Menschen brechen fast seelisch zusammen, eine Frage wie „Hast du einen Freund?" zu stellen. Als ich klein war, wurde man wütend über Ehefrauen, die keinen Ring trugen. „Man muss doch von außen sehen, ob sie vergeben ist oder nicht, verdammt!" So verklemmt und distanziert waren sie, die Deutschen. Und sie sind es noch. Wer sich um Senkung der Distanz bemüht, muss erst ein Stück des eigenen Zauns abbauen. „Wollen wir du sagen / tanzen / essen gehen?" Und dann kommt die Vernichtung. „Nein." Oder eine Distanzlockerung von der anderen Seite. „Nächsten Monat vielleicht?" Zug um Zug wird die Distanz gesenkt. Irgendwann an der Grenze gibt es Abweisungen, die vielen von uns so irrsinnig wehtun. So sehr, dass viele sich nie um Vertrautheit bemühen. „Warum soll ich mich kränken lassen!" Und dann sind wir Schüchternen so neidisch auf „Plumpe", die es einfach mit Anbaggern versuchen.

Es ist im Prinzip ganz leicht, die Distanzen abzubauen! Zug um Zug. Wie bei der Partnerwerbung!

Aber den meisten tut es zu weh, weil es Abweisungen hagelt, die in aller Regel zu persönlich genommen werden. „Mein eigen Kind sagt, das gehe mich nichts an!" Abweisungen zeigen nur die Grenze, mehr nicht. Wenn Sie zu viele Abweisungen fürchten müssen, könnten Sie sich fragen, woher die kommen. Ich glaube, Sie sind dann eine Art Chef, bei dessen Erscheinen die Menschen verstummen. „Still, Mutter kommt!" Sie könnten ein Exekutionssüchtiger sein, der auf Distanzverringerungen mit Ratschlägen und Lösungen reagiert. „Mama, ich habe Liebeskummer..." – „Das denke ich mir. Du hörst nicht. Du musst ein Deo benutzen und die Haare schneiden. So würde ich dich auch nicht wollen." Wenn Sie nicht exekutionssüchtig sind, könnten Sie schüchtern sein oder eine ganz verletzliche empfindliche Seele besitzen, der bei Abweisungen so sehr das Herz bricht, dass Ihre Seele lieber allein bleibt, als in rauem Klima leben zu wollen.

So verteilen die Exekutionssüchtigen distanzlose Ratschläge oder nehmen plump Vertrauen als gegeben an. („Heute habe ich keine Krawatte an, wir trinken Brüderschaft. Ich habe mein Team lieb. Ich bin ein Mensch. Es ist nur meine Rolle, die Hälfte von euch nächsten Monat zu feuern. Das bin nicht ich." – „Ihr Kinder könnt mir alles sagen. Ich bin euer Freund. Habt ihr Sex-Videos? Nehmt ihr Drogen?")

In solchem Klima verpanzern sich empfindliche Seelen in depressive Diaspora oder setzen sich vor Computerspiele.

Ich glaube, wir verstehen die Zerstörungen unseres Kontrollwahns nicht. Wie heißt es so schön? „Vertrauen ist gut, Kontrolle ist besser." Die beiden, Kontrolle und Vertrautheit – sie beißen sich. Sie können nicht beides haben. Wer Kontrollen unentwegt verstärkt, schafft Polizeistaatklima und äußerste Distanz. Wer Vertrautheit will, muss die Kontrolle und damit dann die Distanz senken. Wer Vertrautheit will, muss sich das Wertende, Urteilende, Lösende abgewöhnen und akzeptieren. Und die, die zu weich sind, müssen auch das Harte irgendwie lieben können. Und alle sollten alle Grenzen kennen und wissen, welche aufweichbar sind und wie viel Geduld das braucht. Und schließlich sollten wir wissen, dass Vertrauen doch besser ist als Kontrolle – egal was durch Kontrolle Heruntergedimmte dazu sagen.

DD48: Virtuelle Streiks in Second Life?
(August 2007)

Irgendwer kam letzte Woche mit der Idee, im Second-Life-Raum zu streiken. „Wir können es nicht wagen, gegen die Kürzungspläne unserer Firma offen aufzutreten. Wir streiken jetzt virtuell!" Mein erster Gedanke war: „Das werden sie wahrscheinlich tun, es wird eine soziale Revolution." Mein zweiter natürlich: „Schande über uns, wenn es so kommt."

Waren Sie schon einmal in Second Life? Sie laufen dort in einer virtuellen Welt herum wie bei einem Online-Spiel, nur eben in einer von Ihnen gewählten Gestalt („Avatar" – ursprünglich menschliche oder tierische Erscheinungsform eines Gottes in dieser Welt). In Second Life können Sie Grundstücke erwerben, Inseln, Motorräder oder Waffen. Viele Firmen haben schon Repräsentanzen in Second Life. Bei diesen Geschäftsstellen können Sie sich als Avatar bei diesen Firmen schon bewerben oder Vorträge von Avataren anhören oder anschauen. Alles ist auf Hochglanz programmiert und die Firmenvertreteravatare haben natürlich schwarze Anzüge an. Ich könnte da wohl kaum hingehen, weil ich für mich selbst für den Anfang einen kostenlosen Avatar mit kurzen Hosen und T-Shirt genommen habe, um dort mal unverbindlich rumzulaufen.

Nun könnten doch die Mitarbeiter eines Unternehmens in großen Massen in Avataren mit Firmen-Logo-T-Shirt in Second Life vor ihrer virtuellen Geschäftsrepräsentanz auftauchen und gegen das eigene „böse" Management demonstrieren? Mitarbeiteravatare könnten Mahnwachen rund um die Uhr hinstellen und Journalistenavatare informieren? Alles anonym! Das arme Unternehmen kann dann wohl wenigstens virtuell schließen, oder? Es geht doch nicht gut, wenn dort Massen von seltsamen Avataren in Tier-, Hexen- oder Eingeborenen-Outfits wie bei einer Love-Parade Unruhe stiften?

Das war jedenfalls die Idee, die ich heraushörte, als jemand sagte: „Wir können es nicht wagen, direkt mit dem Management zu sprechen."

Mein erster Gedanke war technisch: Das geht nicht so gut, weil es ja sicher sein muss, dass es echte Angestellte der Firma sind. Man könnte ja auch zur Konkurrenzgeschäftsstelle gehen und die Wettbewerbsfirma in Second Life fertig machen. Hmmh, wieder so eine Idee! Aber der Bildschirm ruckelt noch zu stark bei schlechtem DSL, wenn zu viele Leute auf einmal in Second Life auf einer Stelle rumtrampeln. Mehr als 100 gehen wohl heute nicht. Man müsste also immer 100

Mitarbeiter so abordnen, dass sie umschichtig in der Firma bei der Arbeit Pause machen und darin im Firmencomputer zu Second Life gehen und dort demonstrieren. Kommen dann wenigstens virtuelle Journalisten? Kann man dort schon filmen und etwas in den Nachrichtensendungen zeigen? Gibt es bald eigene Sendungen für Nachrichten aus Second Life? Wir kämpfen es in Second Life aus, anstatt Demos im Regen auszuhalten und von der Staatssicherheit gefilmt zu werden.

Der zweite Gedanke: Die Formulierung „Wir können es nicht wagen..." heißt ja einfach: „Ich selbst bin feig." Heute will keiner mehr etwas riskieren. Warum nicht, liebe Leute? Antwort: Es ist heute wirklich zu riskant, als Einzelner gegen die Macht zu sprechen. Im Grunde ist dieses Kneifen nicht feige. Das Problem ist: Wir sind allein. Wir sind nicht solidarisch. Das Risiko des Geköpftwerdens trifft den Ersten, der wagt. Wir haben im Aufschwung egoistisch begonnen, als Einzelne gewinnen zu wollen. Nun aber, wenn es schwierig wird, sehen wir uns in Auseinandersetzungen ohnmächtig vereinzelt. Müssen wir uns selbst überdenken? Wieder in Gemeinschaften ordnen? Mindestens sollten wir uns mit Einzelnen solidarisieren, wenn die für unsere Interessen eintreten, anstatt ihre psychische Tötung mit anzusehen und zu beklagen.

Ein Second-Life-Streik ist solch eine Organisation eines Haufens lauter Einzelner. Das ist aber keine Gemeinschaftsdemonstration, sondern eine Aktion eines Zweckkonsortiums, das sich kurz für eine brutale Interessendurchsetzung spontan zusammenfindet und danach sofort auseinandergeht.

Ach ja, ist ein möglicher Streik in Second Life schon wieder so ein Symptom für unsere temporäre Ethik? „Gegen die eigene Firma zu kämpfen", statt sich mit ihr zu einigen?

Ich halte oft Vorträge über solche Themen. Fast immer gibt es eine technische Seite oder eine, die zeigt, „was technisch faktisch kommt" (Prognose), und eben die andere ethische Seite, „was kommen sollte" (Zukunftsappell und Predigt, was Gott will). Wir wissen ja meist, was kommen sollte, aber wir treiben gleichzeitig in etwas Reales hinein. Lassen Sie uns die beiden Seiten ein bisschen zusammenhalten.

DD49: Pflegeroboter und Technologielüge (Oktober 2007)

Einsparungen kommen zuletzt immer dem Menschen zugute! Das ist die Grundlüge unserer Zeit. Sie lässt sich schwer entlarven. Vielleicht kann ich am Beispiel des Krankenpflegeroboters Ihre automatischen Gedanken ein wenig umbetten und waschen?

Im Handelsblatt von 10. September 2007 heißt es in einem Artikel über Pflegeroboter auf der Technik & Innovation auf Seite 21: *Skeptischer sind die Experten bei der Einschätzung der Rolle, die eines Tages Pflegeroboter übernehmen könnten, wie sie in japanischen Kliniken schon getestet werden. Einige der Befragten halten einen vollwertigen Ersatz für menschliches Pflegepersonal für technisch nicht realisierbar. Darüber hinaus wurden Pflegeroboter von den meisten als „nicht erwünscht" eingestuft, selbst angesichts eines drohenden Mangels an Pflegepersonal.*

Die ganze Delphi-Studie „Zukünftige IT für den Gesundheitsbereich" können Sie unter
http://www.fazit-forschung.de/fileadmin/_fazit-forschung/
downloads/FAZIT_Schriftenreihe_Band6.pdf
downloaden. Dort wird folgende These untersucht:
In vielen Krankenhäusern werden Roboter für schwere und standardisierte Tätigkeiten in der Krankenpflege (z.B. Umbetten, Wäsche wechseln etc.) eingesetzt, damit das Pflegepersonal entlastet wird und mehr Zeit für persönliche Zuwendung zu den Patienten hat.

Da haben wir ihn wieder, den Nutzen für den Menschen! Diese Lüge ärgert mich so, weil so viele von Ihnen immer wieder darauf hereinfallen. Ich bin bitterböse auf Sie! Sie legen damit in gutem Glauben die Menschheit in Asche.

Von wegen werden Pfleger wieder mehr Zeit für uns haben! Von wegen werden die Einsparungen in Menschlichkeit investiert!

Es sind Lügen, um Sie in jedem Einzelfall wieder und wieder gedanklich umzubetten.

Beispiele:

- Daten der Privatsphäre werden gespeichert, um den exzellenten Service in Call-Centern noch weiter zu verbessern und jedem Bürger Produkte per Telefon bekannt zu machen, von denen er nicht einmal träumen würde. Außerdem werden der Bekanntheitsgrad und die Publizität des Einzelnen durch den Adresshandel

beträchtlich gesteigert, wofür er normal viel Anzeigengeld in eigener Sache ausgeben müsste.
- Die Apparatemedizin ist notwendig, um den Arzt von Routine zu entlasten, damit er mehr Zeit hat, sich persönlich die Sorgen der Patienten schildern zu lassen und die Patienten auch seelisch zu betreuen. Erst in persönlichem Kontakt ergeben sich bislang unerkannte Gesundheitsschwächen des Patienten, die wiederum zu einer besseren Auslastung der Apparate führen und den Patienten schneller amortisieren.
- Stammzellenforschung dient überhaupt nicht dem Züchten von Extremsportlern, sondern sie hilft Alzheimer und Aids zu bekämpfen und macht auf lange Sicht auch Doping unnötig.
- Die neuen Maschinen sparen so sehr viele Menschen ein, dass man sie anschließend für Innovationen und Zukunftsforschung einsetzen kann, um die sich gerade aus Kostengründen niemand kümmert.
- Kaufen Sie den neuen elektronischen Gammelfleischdekoder, damit Sie wieder mehr Zeit für Ihre Kinder haben.
- Die neuen Steuererhöhungen dienen der Entschuldigung und führen langfristig zum Wohlstand für alle. Sonst führt der mangelnde Handlungsspielraum, Geld zu verpulvern, zu einer scharfen Wiederwahlproblematik der hohen Politik, die im Interesse der Demokratie und der allgemeinen Freiheit nicht aufs Spiel gesetzt werden darf.

Das Neue, so propagiert diese Lügentechnik, ermöglicht das Wünschbare, für das gerade kein Geld und keine Zeit da ist. Deshalb entsteht, so die Lüge, aus Technologie plötzlich Raum für Menschlichkeit und Dienstleistungsfürsorge. Und die Gegner des Neuen werden brutal gefragt: „Willst du das Wünschbare verhindern, indem du die Technologie ablehnst?"

Hier im Beispiel: „Willst du, dass sich im Alter niemand mit dir befasst? Niemand dich beachtet? Niemand mit dir redet? Niemand dir Wärme gibt? Niemand menschliche Nähe zeigt? Aha, nein? Doch? Ja, doch? Warum bist du dann gegen Pflegeroboter, die doch erst die menschliche Nähe kostenmäßig ermöglichen? Wenn die Roboter uns anziehen, füttern, stündlich wenden, die Uhrzeit sagen, zur Flüssigkeitsaufnahme zwingen, die Gardinen auf und zu ziehen, Geschichten vorlesen, übers Haar streichen, die Finger und Haare schneiden – wenn sie Staub saugen, sauber machen, Windeln wechseln – ja eigentlich alles für fast kein Geld – ja, dann werden wir wieder Zeit für dich als Menschen haben. Schau – schon allein was später der Roboter machen wird, ist schon mehr als das, was heute für dich getan werden könnte."

Und dann schreie ich: „Das ist die Technologielüge! Ich falle nicht rein!"

Und sie sagen: „Wenn wir es nicht machen, macht es ein anderer. Der Wettbewerb erzwingt Menschlichkeit. Niemand wird sich langfristig dagegen wehren können."

DD50: „Zeitschriften auf Papier?"
(Oktober 2007)

> *Damals sollte ich vor Zeitschriftenverlegern und Druckmaschinenbauern etwas zur Zukunft sagen. Alle Reden des Tages stellten unnötig oft und übertrieben sicher fest, dass dem Papier eine große Zukunft ins Haus stehe. Ich fragte dann, warum sie so irreal tapfer sein würden. Die Zukunft sei doch im Internet. Die Diskussionen gingen bis Mitternacht. Man mochte mich nicht besonders, fürchte ich. Heute (2009) wird immer beunruhigter vom Zeitungssterben in den USA berichtet. Die New York Times ist nicht mehr kiloschwer. Ich denke immer, man müsste doch gefasst in die Zukunft schauen können. Das sehe ich aber so gut wie nie. Es ist ja nicht so, dass ich argumentiere, dass manche Dinge ganz plötzlich verschwinden. Sie vermindern sich nur um so 1 bis 3 Prozent im Jahr. Wenn aber eine Industrie viele Jahre lang mit 2 Prozent schrumpft, stirbt sie ganz. Ein einziger Rückgang des Sozialproduktes eines Landes für nur ein einziges Jahr ist doch schon eine denkwürdige Katastrophe!*

„Auf Papier? Ja, sicher – der Mensch will aus biologischen Gründen immer lesen wollen und nicht in die Glotze schauen! Das ist erwiesen." So beruhigen sich die mit Zeitschriften und Büchern befassten Unternehmen. Kongresse darüber finden heute extra zu dieser besagten Großen Rhetorischen Frage statt und bejahen sie stramm und tapfer. Ich habe bei so einem Kongress Leute erschreckt, glaube ich. Papier stirbt nämlich.

Ich bin ein so genannter Visionär, weil ich solche Fragen ja nicht in meinem Interesse beantworten muss. Ich versuche wirklich zu sehen, was wirklich kommt. Die Erfahrung zeigt, dass es sehr, sehr oft genau so kommt, wie man im ersten Augenblick dachte, aber viel später. Wir können uns mühelos eine große Veränderung vorstellen, so wie da Vinci schon den allgemeinen Flugverkehr kommen sah. Ikarus erkannte schon vor 3000 Jahren, dass man Hitzeschildplättchen gegen atmosphärisches Verglühen ... Viel später! In den 80er Jahren sagten manche, der Computer würde Arbeitsplätze vernichten. Da lachten die meisten. Als die PCs mit großen Speicherplatten aufkamen, machte die Idee vom papierlosen Büro die Runde, aber es stellte sich heraus, dass die meisten Leute auch Drucker dazukauften und viel mehr Papier denn je verbrauchten. Heute aber habe ich selbst einen Laptop mit allem Funkzubehör und 1400 Gramm Gewicht dabei. Ich arbeite überall – im Zug, zu Hause, im Park, im Flughafen. 1400 Gramm wiegt mein ganzes Büro! Wehe, Sie kommen mir jetzt mit Akten! Da stöhne ich auf und bitte um ein PDF-File. Sehen Sie? Jetzt, erst jetzt, kommt das papierlose Büro, und es lacht niemand mehr. Es ist viel später gekommen. Warum später? Die Infrastruktur muss sich günstig verändern – und das dauert.

Viele Jahre wurde die Filmkamera totgeredet – alles digital! Aber die Leute fotografierten wie gewohnt. Die Filmhersteller und Silberhersteller lachten. Aber auf einmal konnte man Papierbilder von Digicams im Supermarkt bestellen, auf einmal schickten sich Teens Bilder auf Handys herum, auf einmal hatten fast alle einen PC zum Anschauen oder einen Diashow-tauglichen DVD-Recorder! Da brach der analoge Markt in kürzester Zeit zusammen. Viel später – als keiner mehr lachte.

So wird es mit den Zeitschriften aus Papier geschehen. Sie werden noch lange bleiben und später – viel später – ganz plötzlich an einer neuen Infrastruktur sterben, die das Neue wirklich besser aussehen lässt. Schauen Sie doch bitte einmal nicht wie gebannt auf die Papiermaschinen und die Kioske. Studieren Sie einmal bitte nicht wichtige Beratungsstudien mit Ihren eigenen Herstellermeinungen, die dort als Diagramme aufbereitet werden. Schauen Sie stattdessen, wie sich die Infrastruktur verändern wird! Und diese sieht später so aus:

Alle PCs sind im Netz – ich meine, unser Speicherplatz ist irgendwo auf einem IBM Großrechner, auf den wir über ein Internethandy zugreifen, das IMMER online ist. Wir haben einen PAPIERartigen elektronischen Faltbildschirm immer dabei, auf dem wir alles anschauen können. Da wir immer online sind, muss kein Computer angeschaltet und hochgefahren werden. Alles ist einfach da. Die Bandbreite stieg in den letzten Jahren von 64 kB pro Sekunde (ISDN) auf 16 MB pro Sekunde (DSL) – stellen Sie sich also für später zum Beispiel 256 GB vor. Alles kommt dann hochaufgelöst in Echtzeit überall hin. Man wird Zahlungssysteme erfunden haben, die Zenti-Euro-Cents abrechnen können, wie es heute nur die Telekoms tun (1,3 Cents pro Minute für 10 Sekunden „Hallo, gut angekommen!"). Wir können Fernseher auf Internet umschalten und haben riesige Wandbildschirme im Wohnzimmer, auf denen wir auch per Kamera die Essgruppe der Kinder abbilden können, die gerade in Japan studieren. Der OTTO-Katalog hat keine Bilder mehr, sondern Kleinstvideos mit den Produkten und die Models oder Sie selbst als Avatar können sich per Mausklick an- und ausziehen. Bei Musik in schönem Ambiente.

Sehen Sie – all das kommt ziemlich sicher, aber eben später. Es dauert, bis wir Platz für Riesenbildschirme machen – wo sollen denn die Wohnwände hin und die Ziertassen aus den Schubladen, die wir zur Hochzeit bekamen? Langsam aber wird die neue Infrastruktur etwas zulassen, was großartiger ist als die gedruckte Zeitschrift. Zuerst wird die Werbung Großartigeres produzieren und die Papierzeitschriften links liegen lassen wollen, wenn die nicht mitziehen. Dann müssen die Zeitschriften aber doch immer mindestens vom Inhalt her besser sein als die Werbung, oder?

Die Inhalte werden sich verändern, wenn die Infrastruktur andere Inhalte zulässt. Das, was ein Artikel sein wird, wird sich ändern, das haben wir heute bei der Vorführung der Live-Pages schon ahnen können. Es wird Zwischenstufen geben! Ich könnte mir vorstellen, dass zu jedem herkömmlichen Artikel RFIDs auf das Papier gedruckt werden können, die interessante Bildinfos auf ein daran schnupperndes Handy schicken können. Hinter einem Artikel über Bayern München ist also ein RFID gedruckt, das kleine Handyfilmchen der Torszenen enthält, die man sich zum Sammeln aufheben kann. Eine solche RFID-Lösung kann das Papier noch eine Weile erhalten und zu einem großen Geschäft für Sie führen. Es wäre denkbar, dass das RFID-Signal einen Dezi-Cent auf die Telefonrechnung setzt, nicht wahr?

Auf irgend so eine Art wird nach dem papierlosen Büro auch die papierlose Zeitschrift und die papierlose Gesellschaft folgen, glauben Sie mir. Leider beruhige ich Sie ja die ganze Zeit mit der Feststellung, dass alles viel später kommt. Da lehnen Sie sich vielleicht zurück. Aber ich sagte auch die ganze Zeit: Dann kommt „es" meist ziemlich plötzlich. Und gerade dann werden die existierenden Papiermaschinen auch wieder nicht abgeschrieben sein. Sollte der Wandel aber allmählich kommen – so wie das derzeitige Aufrollen des Buchhandels durch Amazon, was sich schon zehn Jahre hinzieht –, ja dann stände es fast schlimmer um Sie. Das kleine Wachstum des Marktes würde andauernd vom Neuen weggesogen und das alte Papierne muss lange Zeit in stagnierenden Märkten ächzen.

Dann erfinden Sie doch alle lieber an der neuen Zeit?! Nehmen Sie lieber die Zukunft selbst in die Hand, anstatt das offene Bekenntnis zur Papierlosigkeit als Mutlosigkeit zu brandmarken oder als Verrat oder Nestbeschmutzung zu verachten. Bestimmen Sie die Medien der Zukunft! Machen Sie Ihren Weg frei. Papier ist geduldig, aber nicht unsterblich.

Da fällt mir ein, dass neulich jemand sagte: „Lokale Tageszeitungen sind wegen der Todesanzeigen – damit man weiß, wer gestorben ist."

DD51: Role Overload – zu viele Hüte auf!
(Oktober 2007)

War das eine gute alte Zeit, als jeder noch seine Aufgabe hatte! Heute aber haben wir ganz viele *Rollen*, wie man so sagt. Jede dieser Rollen könnte ein Full-Time-Job sein, aber wir haben nur ein einziges Leben. Wie zerteilen wir uns also?

Zuerst kannten wir nur das funktionale Management, jeder hatte einen Platz in einer Hierarchie. Unser Boss war vor seiner Ernennung etwas Ähnliches wie wir, hatte von der Pike auf gelernt bzw. schon einmal selbst gearbeitet. Berater schwärmten aus und fanden heraus, dass viele mit ihrer Aufgabe nicht voll ausgelastet waren. „Keine Kunden an der Kasse! Ab zum Regaleinräumen!" Wir bekamen mehrere Rollen. Wir begannen in lauter verschiedenen Projekten zu arbeiten, erhielten Nebenjobs in Task Forces, denen man Verbesserungen und Transformationen in der Firma zum Ziel gesetzt hatte.

Ein typischer Mitarbeiter ist nun Ehegatte, Elternteil, hat vier oder fünf Rollen im Betrieb, sitzt in drei Arbeitsgruppen zum Einsparen und zur Innovation. Er könnte noch Betriebsrat sein und Mitglied der Kindergarteninitiative. Und jetzt kommt das Problem: Im Grunde ist jeder Teiljob und jede Rolle ein Full-Time-Job, der viel Herzblut verlangt.

Im Prinzip also haben wir Arbeit für fünf bis zehn Leben! Aber wir haben nur Zeit für ein Leben.

Manche von uns versuchen das Problem durch Workaholismus zu lösen. Sie arbeiten statt 45 Stunden nun 70. Das aber hilft nicht bei Arbeit für sieben Leben! Das Role-Overload-Problem ist nicht durch Mehrarbeit lösbar!

Wir müssen konsequent unmäßige Anforderungen an uns ablehnen! Dazu haben wir keinen Mut. Deshalb beruhigen wir uns zum Teil mit unmäßiger und – wie gesagt – vollkommen sinnloser Mehrarbeit und versuchen, unsere Jobs zu priorisieren. Wir arbeiten dort, wo es uns persönlich etwas bringt, und dort, wo es brennt, und bestimmt, wo man uns Feuer unter dem Allerwertesten macht. Den Rest schieben wir weg. Wir erledigen das Nachrangige lasch, nur unter Zwang und ohne Herzblut – so gut es geht ganz nebenbei.

In jedem Projekt arbeiten jetzt so zehn Personen wie wir. Einige setzen hohe Priorität in das Projekt, die meisten eher nicht. An der Börse sagt man: „Wer's eilig hat, muss bezahlen." Im Projektgeschäft: „Wem es wichtig ist, der soll es selbst abarbeiten." Deshalb arbeiten nun von zehn Leuten immer nur zwei oder drei mit, die anderen leisten kaum etwas Brauchbares und nehmen nur widerwillig und fast geistig abwesend an Telefonkonferenzen teil (und arbeiten dabei unsichtbar konzentriert an für sie Wichtigem). Projektleiter: „Hat jeder alles fertig, auch Sie?" – „Ich? Es ging nicht, ich war völlig unter Wasser, ich weiß nicht, wo mir der Kopf steht, ich habe es aber hier noch auf meiner To-do-Liste stehen, keine Frage. Sorry for inconvenience, aber ich kann mich nicht zerreißen. Ich bin hier bestimmt derjenige, der am meisten arbeitet, aber ich kann nicht zaubern."

Weil jeder Arbeit für sieben Leben hat und nur für eineinhalb Leben arbeitet, bringt immer nur ein Fünftel der Projektmitarbeiter Herzblut auf! (7 / 1.5 = 4.666) Für die anderen ist DIESES Projekt nicht wichtig.

Ein Fünftel ist zu wenig zum Leben und zu viel zum Sterben. Deshalb stottern die meisten Projekte erfolglos weiter. Die meisten scheitern mehr oder weniger ganz und gar. Schlimmer noch als das bloße Scheitern: Sie verschwenden unser Leben mit sinnlosen so genannten Arbeiten, hinter denen zu wenig Willen zum Gelingen steckt. Wir verderben in Halbherzigkeit.

Es gibt keine Rettung aus der Sinnlosigkeit, solange ganz schneidige Manager unentwegt mit geschwellter Brust tönen: „Wer sich zu wenig vornimmt, schafft auch zu wenig."

Was kommt heraus? Wir haben für uns selbst seit einigen Jahren stillschweigend akzeptiert, dass wir Dinge schlecht tun, für die wir keine Zeit haben. „Sorry, ich war unter Wasser." Wir akzeptieren jeden Role Overload von unseren Chefs und liefern lausige, hastige Qualität ab.

(„Wir haben rasend eilig eine neue Strategie für unsere Company gezimmert. Wir brauchen sie dringend, weil der Aufsichtsrat kommt. Sachlich ist uns nichts eingefallen, dafür war keine Zeit. Wir haben dann „schnelleres Wachstum als der Markt" als Mindestziel festgelegt, weil wir das noch nie geschafft haben. Das wird dem Aufsichtsrat imponieren." – „Ich habe endlich die Erlaubnis zu einem wichtigen Lehrgang bekommen, aber ich musste nebenbei noch meinen Job machen. Ich lief dauernd aus dem Kursprogramm raus und telefonierte. Ich habe deshalb nicht viel verstanden, aber ich bekomme das komplette Wissen auf CD mit. Ging nicht besser." – „Kind, ich kann nicht bei jedem Abiturball dabei sein, das verstehst du doch. Du machst doch auch schon seit Jahren Party-Hopping, weil du nichts wirklich schaffst.")

Wer zu viele Rollen akzeptiert, erlaubt sich innerlich, bei Unwichtigem schlecht zu arbeiten.

Weil alle etwas anderes wichtig finden, bleibt nicht nur für einen jeden das eigene Unwichtige liegen, sondern praktisch alles.

Wir lassen uns treiben, wir werden getrieben. Wir arbeiten ab, was jetzt unbedingt sein muss. Das einzige, was am Ende geschafft ist, sind wir.

Und unser Boss sagt: „Die Komplexität lähmt uns." Es ist derselbe, der sich aus Grundsatz zu viel vornimmt. Siebenmal mehr, was den Misserfolg garantiert. Und der Boss sieht außerdem in Unkenntnis der Role-Overload-Problematik ganz naiv, dass immer nur ein Fünftel von uns im engeren Sinne mit Herzblut arbeitet. Deshalb kommt er zur Erkenntnis, dass wir im Mittel kaum etwas tun. Er merkt, dass wir uns dauernd mit Unterwassersein entschuldigen. Er schließt daraus mit oberflächlicher

Logik: Er ist Boss von fast lauter Low Perfomern. Er versucht selbst vergeblich, durch persönliche Überarbeitung einiges zu retten. Unbewusst ist ihm glasklar, dass sie ihn weiter oben für einen Low Performer halten – aber das wäre nicht gerecht. Denn er kämpft wie ein heiliger Krieger.

Von allem ein bisschen. Nichts richtig.

DD52: Role Underload – würdigen Sie Menschen! (Oktober 2007)

Viele unter uns haben keine richtige Rolle gefunden, sie werden für Aushilfsarbeiten herumgeschubst und ganz sicher nicht gewürdigt oder beachtet. In ihnen stürmt es. „Wozu bin ich da?"

Es gibt gerade ein Buch der Autoren Philippe Rothlin und Peter R. Werder in den Bestsellerlisten. Es heißt *Diagnose Boreout – Warum Unterforderung im Job krank macht*. Ich habe es aber noch nicht gelesen. Es scheint um ein Krankwerden von Menschen zu gehen, die im Büro sitzen und nichts zu tun haben, worauf sie müde werden oder Arbeit vortäuschen oder im Internet surfen.

Das meine ich eigentlich nicht mit Role Underload. Bei IBM sitzt zum Beispiel niemand herum und hätte nichts zu tun. Glaub ich zumindest! Aber ich kenne doch einige, die schwer darunter leiden, keine irgendwie wichtige Rolle einzunehmen. „Ich wäre so gerne einmal Projektleiter!"

Sehen Sie auch diese Menschen um sich, die subjektiv nichts haben, dem sie sich mit Herzblut widmen könnten? Lehrer werden zum Beispiel mitleidig angeschaut. „Armes Schwein mit diesen Kindern, aber dafür musst du auch kaum arbeiten und kriegst ein tolles Gehalt und keine Strafe, wenn du keine Ahnung hast." Viele Sekretärinnen, besonders solche in einem Pool mit vielen Chefs, fühlen sich herumgeschubst und träumen von einer tragenden Rolle bei einem guten Exec. Hausmeister und Empfangspersonal fühlen sich oft einfach nur benutzt. Hausfrauen leiden viele Jahre, weil die Familie ihre Rolle nicht würdigt. Sie schuften lieber noch irgendwo halbtags, weil sie dort draußen „jemand sind". Sogar hoch bezahlte Linienmanager leiden, wenn sie vergleichsweise unwichtige Firmenbereiche leiten, die unter Umständen sogar noch im Regen stehen.

Wie reagieren die Menschen? Sie ächzen unter Unwichtigkeitsdepressionen. „Ich bin nichts." Wenn Sie so jemanden kennen, können Sie gleich die Probe machen. Stellen Sie einmal die grausame Frage: „Was tust du Wichtiges?" – Das tun Sie natürlich hoffentlich nicht, aber merken Sie, wie Sie in Erwartung des Zusammenzuckens des Befragten schon Gänsehaut bekommen?

Menschen ohne Herzblutrolle reagieren oft „wurstig" und machen, was sie wollen. „Wenn es keiner würdigt, nehme ich es selbst auch nicht ernst." Andere verkümmern zu einem Nichts zusammen und verkriechen sich. Sehr viele (die meisten?) bekommen eine Art Verfolgungswahn. Sie fürchten sich vor normalen Fragen wie: „Ist das fertig?" – „Wie viele Vorgänge hatten Sie letzte Woche?" – „Warum hat Tim eine Vier, stimmt was nicht?" Solche normalen Fragen normaler Leute werden schnell in eine Botschaft umgedichtet. „Du bist nichts." Vor dieser Botschaft fliehen sie und leiden an Paranoia. Schreien hilft nichts! „Ich hüte die Familie!" zum Beispiel wird beschwichtigend beantwortet: „Ich weiß, das ist eine wichtige Aufgabe, um die ich dich nicht beneide. Ich aber verdiene das Geld unter Stress, das ist schwer. Bitte heitere mich auf, wenn ich nach Hause komme."

Was bedeutet das, unter einer subjektiv unwichtigen Rolle zu leiden und dann nach den Arbeitsergebnissen in ihr gefragt zu werden? Messen von Leistungen ist heute die Lieblingsbeschäftigung der Chefs! Und bei denen, die unter Role Underload leiden, kommt immer heraus: „Du bist nichts." Im günstigsten Falle, wenn die Arbeit erledigt wurde, klopfen sie einem wie einem braven Pferd an den Hals und sagen „Good job", dazu gibt es ein Stück Zucker. Im schlechten Falle: „Du hast einen so easy Job und auch das klappt nicht." Ganze Menschengruppen werden so durch Leistungsmessungen zermahlen, weil ihre Rolle nicht gewürdigt wird.

Role Underload ist weitgehend eine innen gefühlte Problematik.

Kann man etwas dagegen tun?

Viele „Unwichtige" unter uns vollbringen gleich nach ihrer Arbeit Großes. Sie sind in der Kirche, bei der Feuerwehr und in Vereinen tätig, bebauen einen Weinberg oder frönen einem Hobby. Dort kann das wundervolle Herzblut abfließen. Vor einigen Jahren sagte mir einmal ein Chef eines großen Konzerns: „Hier sitzen sie apathisch rum und warten, dass man ihnen Feuer macht. Anschließend gehen sie nach Hause und sind dort bewunderungswürdige Ortsvorsteher und Laienprediger oder Trainer. Wie kann ich es schaffen, dass es andersherum geht? Dass sie hier arbeiten und zu Hause schlafen?" – Antwort: „Geben Sie ihnen eine würdige Rolle."

Viele andere subjektiv „Unwichtige" versuchen schon direkt bei der Arbeit, ihre Rollen aufzuwerten. Verachtete Controller werden zu gefürchteten Bedenkenträgern und Spargroschenhütern. „Das ist meine Rolle." Ungewürdigtes Vorzimmer- und Empfangspersonal erschwert Zugänge, prüft Berechtigungen, schiebt Termine weg. „Wenn ich nicht hier wäre, würde der ganze Laden zusammenbrechen." Ungewürdigte Bürokraten in der Verwaltung erfinden immer neue Regeln oder Prozesse, unter denen sie dann selbst ersticken – aber sie haben nun eine wichtige Rolle als Hüter eines selbst erfundenen Grals. Lehrer verschaffen sich durch Härten und Zensurendrohungen Respekt und laden Eltern hochnotpeinlich vor. Alle, die sich ungewürdigt fühlen, machen sich irgendwie wichtig. Das kann sehr destruktiv werden und in Ausübung negativer Macht münden, bis hin zur Schikane. Sie versuchen als subjektiv Unwichtige, den vermeintlich Wichtigen zu sich herabzuwürdigen.

Wir schnauben empört: „Die/der macht sich wichtig!" – Diese unsere gefühlte Ohnmacht ist deren Rache dafür, dass wir sie nicht würdigten.

Manager – spüren Sie, wie viel „upside potential" Sie noch in Ihrer Company haben?

DD53: Employee-Value: Mein gefühlter psychologischer Arbeitskontrakt (Dezember 2007)

„Helfen will ich! Nicht Apparatemedizin." – „Sie haben mir gesagt, ich bekäme weniger Gehalt als woanders, dafür wäre ich unkündbar und bekäme Rente. Alles Makulatur?" Wir alle haben in unserer Seele etwas gefühlt, als wir einen Beruf ergriffen oder eine Arbeitsstelle antraten. Das will ich hier den impliziten psychologischen Kontrakt nennen, den wir eingingen. Den kündigen uns gerade die Systeme und bieten uns keinen neuen an.

Bankbeamter sein ist der sicherste Job, und man kann im Dorf wohnen bleiben. Ärzte verdienen ein Schweinegeld. Priester sind hoch angesehen im Ort. Pflegeschwestern hellen das Leben der alten Menschen auf und haben einen erfüllten Beruf. So dachten wir. Nun werden Filialen geschlossen, Ärzte bei Niedriglohn verheizt, und ins Altersheim kommen wir alle erst mit Pflegestufe. Wer davon betroffen ist, leidet tief. Das alte Verhältnis löst sich auf, aber es kommt kein befriedigend neues. Wie lange halten wir einen solchen Zwischenzustand aus?

Ich will die ganze Frage einmal ganz hart zuspitzen. Ich erkläre kurz verschiedene Organisationsformen von Unternehmen und deren typische psychologische Arbeitskontrakte. Dann schauen wir, was passiert ist. Als ich es selbst das erste Mal erkannte, rief ich fast „Heureka!" Mal sehen, wie es Ihnen geht.

Organisationen sind zum Beispiel so:

- Diktatur eines Unternehmers: Die Mitarbeiter müssen schlicht gehorchen und den Herrn verehren wie die Samurai den Fürsten. Sie müssen bereit sein, alles zu geben. Der Herr aber sorgt für sie und ehrt sie als seine treuen Vasallen. Wer schlecht arbeitet, wird bestraft.
- Großsystem, Konzern, Staatsverwaltung, Amtskirche, Schulen: Der „Beamte" dient dem System treu und hält sich an alle Regeln. Er bekommt für lange treue Dienste immer wieder ein bisschen mehr Gehalt und später Rente. Das System versorgt den „Organization Man" lebenslang und kümmert sich auch um Hinterbliebene. Wer in diesem System nicht gut arbeitet, wird unter starke Schuldgefühle gesetzt.
- High-Performance-Einheit (z.B. Beratungsunternehmen, größere Kanzleien, Finanzberater, Versicherungsagenten): Jeder arbeitet sich halb tot für höchste Performance. Die Guten steigen auf, die Low Performer gehen von selbst. „Up or out" heißt das Prinzip. Wer wirklich nach oben kommt, verdient schweres Geld

und ist so etwas wie reich. Jeder arbeitet in der Art einer Ich-AG, unabhängig, frei entscheidend und total verantwortlich. Bei einem Scheitern muss er gehen, keiner wird helfen.
- Gemeinschaft unter geteilten Werten (Kloster, „Schweden"): Die Mitarbeiter leben wie Freunde, helfen sich und bauen gemeinsam ein starkes soziales System auf, das alle unterstützt. Jeder muss die gemeinsamen Werte teilen und nach seinen Kräften helfen und arbeiten, sonst verliert man mit ihm „das Verständnis".
- Innovative Systeme (Silicon Valley, Technologie-Parks): Jeder darf dort einer Idee oder einer Innovation nachgehen, alle helfen sich gegenseitig und arbeiten natürlich ganz getrennt, aber sie kämpfen nicht miteinander und diskutieren beim gemeinsamen Kaffee oder bei Pizza. Jeder kommt und geht, wie er will. Totale Freiheit bei höchster Arbeitsmotivation!

Wenn wir in einer dieser Umgebungen arbeiten, dann haben wir den entsprechenden psychologischen Kontrakt in der Seele. Gehorsam gegen Ehre. Dienen gegen Versorgung. Höchstleistung gegen die Chance, reich zu werden. In der Gemeinschaft sicher arbeiten gegen Beachtung der Werte. Innovation bei Arbeit rund um die Uhr gegen Freiheit, herausfordernde Arbeit und kostenlose Pizza.

Und da fiel mir ein:

Die neuen Organisationen der Zukunft wollen alles gleichzeitig! Nämlich Gehorsam, Dienen, Höchstleistung, ethische Werte und Innovation rund um die Uhr.

Aber Ehre, Versorgung, Reichtum, Gemeinschaft oder Freiheit, Anerkennung und Spaß an der Arbeit geben sie nicht. Dafür bleiben die Maßnahmen gegen die Low Perfomer: Strafe, Schuldgefühlimpfungen des Versagers, Outplacement.

Und das dulden wir?

Unternehmen müssen auch Employee-Value erzeugen, denke ich doch. Bestimmt auch psychologischen Employee-Value. Das müssen wir Unternehmen extra klarmachen, weil Shareholder-Value nur rein nicht-psychologisch oder negativ-psychologisch ist, also Lichtjahre von Employee-Value entfernt.

DD54: Projektizismus und Unwirksamkeit (Oktober 2007)

„Wir haben insgesamt über 100 Projekte, die eine Verhaltensveränderung in unserer Organisation zum Ziel haben und einen tief greifenden Kulturwandel einleiten." So beginnt das Desaster jedes Mal. Die Projekte werden durchgeführt und bleiben wirkungslos, eben weil sie einzelne Projekte sind. Kultur aber ist nicht die Summe von Projekten. Manchmal geht meine Trauer in Zorn über. Hilft auch nichts. Die Leute, die Kulturen verändern, müssten wissen, was Kultur ist.

Kultur ist etwas tief Verwurzeltes, das sich in alle Adern verteilt hat. Und da kommen alle die Ahnungslosen daher und wollen zum Beispiel eine Innovationskultur etablieren und eine Leistungskultur, am besten gleichzeitig. Es wird unendlich geredet, was Innovation oder Leistung ist, und schließlich wird der Ruf nach energischem Handeln laut. Deshalb müssen Projekte her, noch besser Vorzeigeprojekte. Fieberhaft suchen sie also nach Vorhaben, die schon nach zwei Wochen erste Erfolge vorweisen können. Jeder will der Erste sein. Alle werden aufgefordert, Vorschläge für Projekte einzureichen. (Man beschränkt sich niemals darauf, nur Leute zu fragen, die etwas von Innovation oder Leistung verstehen. Schon allein das garantiert den Misserfolg.) Allgemeines Brainstorming setzt ein. Was können wir tun? „Denken Sie frei nach! Ohne Hemmnis, nur mit Phantasie! Alles ist erlaubt! Alles! Alles, alles! Natürlich sollten wir dann bei konkreten Projekten bedenken, dass wir nur solche beginnen, deren Durchführung in unserer Macht steht. Wir wollen ja konkret werden. Deshalb sollten wir uns auf Projekte konzentrieren, die kein Geld kosten und nicht zu viel Arbeit verlangen, weil wir keine Zeit für generelle Innovation oder Leistung haben. Wenn es aber doch Geld oder Zeit geben sollte, müssten wir das Projekt so definieren, dass unsere Abteilung indirekt davon profitiert, damit wir unsere Unbeweglichkeit im Markt, die schlechten Produkte und die lausige Mitarbeiterleistung durch das Innovations- und Leistungsprojekt kaschieren können."

Sie werden also ganz bewusst lokale Einzelprojekte definieren, sie nach Geld- und Zeitaufwand ordnen und die billigsten davon wirklich umsetzen, die dafür ganz wirkungslos sind. Jeder Mitarbeiter bekommt Fahnen mit Innovation und Leistung auf den Schreibtisch, er bekommt Punkte für Ideen beliebiger Qualität und Lohn nur noch für Mehrleistung. Die neue Ausbildungsinitiative fordert Weiterbildung mit Google am Sonntag. Wer das tut, wird nicht entlassen.

Im Ernst: Wir ersticken in solchen Projekten. Die jungen Mitarbeiter glauben noch dran und leiden. Die Älteren machen aus Erfahrung nicht wirklich mit und werden gedisst, doofe unwandelbare alte Affen zu sein. „With amused resignation, they ever implement things they know will fail."

Ich möchte das alles Projektizismus nennen.

Etwas Ganzes wird in Teile und Unterteile zerlegt, in Kommissionen und Unterkommissionen, in Task Forces und Subgroups. Alle versuchen sie mit getrennten Zielen, Mitteln und Richtungsvorstellungen ein Körnchen zum Ganzen beizutragen. Die Einzelprojekte aber dauern und dauern und können kaum gemeinsam eingefangen werden. Sie bauen nicht aufeinander auf. (Aber sie werden bestimmt vom selben Controller mit Ampelfarben und ternärem Blick getrackt.) Im nächsten Jahr will der neue Manager oder Machthaber dann plötzlich wieder eine andere „Kultur". Der Neue sieht sich die Projekte des Alten an, ihn widert die gefühlte Pflicht an, das Alte weiterzuführen. Da holt er den neuen Besen heraus und kehrt die alten Projekte – wusch! – unter den Teppich. Die Kultur aber bleibt. Sie beharrt, sagt man, weil niemand versteht, dass die vielen Projekte nichts bedeuten, solange sie nicht Stein auf Stein zum Ausbilden einer neuen Kultur beitragen und solange sie nicht zum globalen Umlernen einer Gemeinschaft führen. Projektizismus führt zu keiner Lernkurve im System, weil die Teile einzeln nichts bringen! Kulturveränderung ist keine Summe von diskreten Projekten. „Wir bauen einen Kindergarten auf Bali und graben einen Brunnen in den gerade entstehenden Wüsten in Spanien. Damit leisten wir einen wichtigen Beitrag zum Klimawandel." Die Einzelprojekte sind „leider" oft so gut gemeint! Aber sie bewegen verzweifelt wenig im Sinne des Ganzen. Jedes Projekt ist ein Willenströpfchen. Verlangt ist aber der wirkliche Wille – der ganze!

Warum wollen wir eigentlich keinen Wandel? Nicht Innovation, nicht Leistung, nicht Klimarettung? Ja, die wollen wir, aber wir denken nie darüber nach, was es bedeuten würde. Zum Beispiel wäre eine Konsequenz: „Innovation kostet Zeit und Geld und zahlt sich später 1000 Mal aus." Das aber beißt sich mit: „Dieses Quartal ist das wichtigste von allen bisherigen. Dieses einzige! Und das gilt auch für alle folgenden." – Früher waren wir "Beamte mit Rente", lebten nach der deutschen Pflicht und schämten uns für Fehler. Jeder tat wie ihm geheißen. Leben war Arbeit. Jeder bekam einen gerechten Lohn. Alle Menschen hatten eine Würde. In der heute angestrebten Leistungskultur aber hat Ethik keinen Platz, wird Würde ad acta gelegt, teilt sich die Menschheit in Winner und Loser. Die Loser haben ihr erbärmliches Dasein verdient, sie hätten ja etwas leisten können! Wollen wir also mit Innovation und Leistungsdenken auch das andere?

Ich will sagen: Das Babbeln über Innovation und Leistung – was hilft's? Ist den Projektizisten klar, dass Innovation Rückkehr zum Langfristdenken bedeutet und eine reine Leistungskultur im Gegensatz zur Pflichtkultur die Akzeptanz von Slums oder wenigstens von „unbezahlten Praktika", Lohndumping und dergleichen Ausbeutung einschließt?

Die Kulturveränderer sagen immer, was sie DAZU und MEHR haben wollen. Sie wollen Innovation DAZU und Leistung DAZU und gutes Klima DAZU. Aber in Wirklichkeit muss etwas anderes dafür WEG. Das Kurzfristdenken zum Beispiel muss der Innovation geopfert werden. Tja. So ist das.

Und jetzt! Tusch! DAS will ich sagen: Das Leistungsdenken ERFORDERT oder FÖRDERT das Kurzfristdenken.

Innovation erfordert fast meditative Ruhe der Kreation. Eine Leistungskultur aber diffamiert „Ruhe" als Faulheit und Stillstand. Innovation erfordert Weite des Denkens. Leistungskultur fokussiert auf das Hier und Jetzt. Verstehen Sie? Projektizismus führt zu sinnlosem Gegeneinander unkoordinierter Gedanken.

Und dann haben wir Tausende von Projekten für Leistung, Tausende für Innovation – und keiner weiß, was wir insgesamt eigentlich wollen. Und die Projekte scheitern spätestens aneinander. Und wenn ich klage, dass wir blind Projekten folgen, ohne auf der anderen Seite opfern zu wollen, dann sagen sie mir immer: „Es kommt darauf an, das Neue zu leisten, ohne das Alte zu schmälern." So spricht jemand, der nicht weiß, was Wandel ist und Wandel mit „DAZU" verwechselt.

Wer wirksam sein will, muss ein realistisches Ziel haben.

Dumm ist, wer alles will, was erstrebenswert ist, und jeweils ein separates Projekt dafür aufsetzt.

(Wissen Sie eigentlich, warum der deutsche Mittelstand so gut dasteht? Aller Globalisierung zum Trotz? Größe zersetzt den Willen zu Projekten. Mittelstand stirbt wahrscheinlich nicht an Projektizismus. Ich kenne aber schon Lebensläufe von Stellenbewerbern, die ihr Leben durch Projektizismus zersetzen oder ersetzen.)

DD55: Betriebliche Universalansprache zum Jahresbeginn (Oktober 2007)

Eine gefällige Rede soll ich halten – allerdings ist die Lage total schlecht. Die Stimmung ist so mies, dass direkte Vorwürfe nur auf Achselzucken treffen. Ich will auch gar nichts konkret gegen die Misstände tun, das schaffe ich allein nicht mehr weg. Ich will nur reden. Das ist meist die halbe Miete. Für das Überleben eines Unternehmens reicht Reden aus. Was aber sage ich nur? Möglichst nichts Inhaltliches, weil ich daran gemessen werden könnte. Ich messe andere – ja, das ist meine Macht! Aber ich selbst bin zu schlau, verantwortlich zu sein.

Ich übersetze einfach alles ins Positive. Ich stelle allen Zuhörern ein Zeugnis aus, aber so, wie die Personalräte eins schreiben. Jeder Versager wird dort als der Größte seiner Art herausgestellt! Mit den tollsten Formulierungen, nichts wird versagt oder gesagt oder gesargt oder ... Ich soll reden ... aber was? Ich schreibe einfach eine „content free communication" so vor mich hin, bis ich den Höhepunkt erreiche und dann gehe ich ab. Ich stelle mich als Beispiel für alle dar und betone, genau wie sie zu sein. Ich will ihnen damit sagen, dass sie besser werden können.

„Verehrte Mitarbeiter, liebe Leute,
ich möchte Ihnen zunächst für alles danken. Das wird heute so oft vergessen, dass ich es mir extra aufgeschrieben habe, damit mir das nicht passiert, weil viele von Ihnen darauf Wert legen, sagte man mir. Das ist nicht böse gemeint, aber wir Führungskräfte werden eher misstrauisch und sehr hellhörig, wenn man uns für unsere Mitarbeit dankt und sonst nichts. Gut, damit habe ich bei Ihnen meinen ersten Punkt gemacht: Danke! Tausend Dank an jeden von Ihnen, verdient oder nicht, das soll heute zum Fest einmal nicht erörtert werden. Schwamm drüber. Danke! Danke! Danke! Bitte spenden Sie sich selbst einen kräftigen Applaus! Tüchtig! Okay, das genügt. Dann soll ich noch vom Veranstalter ausrichten, dass die Notausgänge dort bei den Leuchtstreifen sind und Leute nach meiner Rede nichts zu essen bekommen, die keine Märkchen mit der Menuwahl abgegeben haben. Getränke bezahlen Sie bitte selbst. *Räusper*.

Eine neue Ära kündigt sich an. Wir haben uns viel vorgenommen. Das gereicht uns zur persönlichen Ehre! Wer sich zu wenig vornimmt, wird nichts erreichen. Das schafft jeder, wir auch! Wir haben in den letzten Wochen die Weichen auf Erfolg gestellt. Wir haben die Organisation stark gestrafft, ausgebaut und schlagkräftig gemacht, weil wir in der letzten Zeit viel unberechtigte Kritik von Analysten einstecken mussten. Wir sind jetzt aber bestens gegen den Kunden aufgestellt und schauen gestärkt und voller Zuversicht in die Zukunft. Die jetzt getroffenen Entscheidungen sind sehr weitreichend. Kein Stein wird auf dem anderen stehen bleiben. Ich darf nicht ohne Stolz bemerken, dass wir die einschneidendste organisatorische Unordnung seit Firmenbestehen in die Wege leiten. Haben Sie aber keine Angst, denn an Ihrem Arbeitsplatz ändert sich nichts. Sie werden von den Organisationsveränderungen nichts bemerken. Wir haben die Mitarbeiter davon bewusst verschont, um den Arbeitsablauf nicht zu stören. Wir mussten besonders die Gehaltsstrukturen der Führungskräfte den zukünftigen Gegebenheiten anpassen, weil wir eine motivierte Truppe brauchen, um die vielen neuen Geschäftschancen wahrnehmen zu können.

Lassen Sie mich zusammenfassen: Der Markt ist da. Wir haben alle Produkte für ein profitables Wachstum zusammen. Die Kunden können uns nicht länger ignorieren. Die Chancen sind nie so groß wie heute gewesen. Andere Unternehmen verkaufen ihre schlechten Produkte doch auch! Und wir sind besser! Das ist unser Vorteil, den wir gnadenlos ausnutzen werden. Die Vertriebsschulungen laufen. Jeder bekommt beste supereinfache Erfolgsargumente. Wir möchten damit vermeiden, dass jemand selbst ein Urteil abgibt, wovor ich hier deutlich aus gegebenem Anlass warnen möchte. Wir müssen jetzt nur noch unsere Energien bündeln und zusammen als Team unsere PS auf die Straße bringen. Wer auch immer von uns in Schwierigkeiten steckt – er soll wissen, er ist nicht allein!

Das Jahr hat gerade begonnen. Lassen Sie uns nach vorne sehen. Die Zeichen stehen gut. Wir sind noch nicht am Ziel, aber die Richtung stimmt. Nun müssen wir nur noch die Fahrt aufnehmen und unser Momentum halten. Ich zähle weiterhin auf Sie. Ich bin stolz auf Sie und weiß deshalb mit Bestimmtheit, dass ich weit mehr von Ihnen verlangen kann. Welche Firma kann das von sich sonst behaupten? Unsere Strategie ist festgelegt. Wir wollen effizient nach vorne wachsen. Das hat der Vorstand ausdrücklich bekräftigt. Das Management wird sich keinem Erfolg in den Weg stellen, das kommt wegen unserer Reorganisation nie wieder vor! Die Führungscrew geht und steht schlagkräftig hinter Ihnen und stärkt Sie mit jedem Tritt. Wir müssen nur tun, was wir am besten können, dann ergibt sich der Rest von Ihnen von ganz allein.

Wir sind also auf dem richtigen Weg. Wir wissen genau, was wir tun. Viele Aktionen sind aufgesetzt. Task Forces entsenden Change Agents. Bitte glauben Sie nicht, dass es uns mit unserer Reorganisation und der Neuausrichtung aller Geschäftsfelder nicht ernst ist, nur weil das in der Vergangenheit oft so war. Diesmal sind wir finster zu einer Orientierung entschlossen. Wir wollen das Gewinnwachstum genauso sehnsüchtig wie Sie selbst auch. Natürlich wissen wir, dass das nächste Jahr nicht einfach wird. Es wird noch härter, und es wird nie mehr Jahre geben, die nicht hart sind – so sehen wir das vor äh vorher. Die Politik lässt uns ja im Stich. Die Rahmenbedingungen verschlechtern sich. Der Wettbewerb hält sich nicht an Regeln. Einige Anbieter unterbieten uns unseriös auf Kosten der Qualität. Die Kunden fordern immer mehr von uns und wollen uns zu Gratisleistungen zwingen. Sie wollen mehrheitlich nur noch Präsente statt Präsentationen. Darauf werden wir nur bedingt eingehen, weil wir viele neue Kunden brauchen. Die neue Werbekampagne mit dem Witz des Jahres wird wie eine Bombe einschlagen. Wir werden uns damit am Markt differenzieren. Wir sind dann unverwechselbar bis zur Unkenntlichkeit! Das ist die Pointe! Das ganze Land wird über uns lachen! Aber Scherz beiseite – und ohne Witz:

Unser Dreh- und Angelpunkt sind natürlich Sie, verehrte Mitarbeiter. Wir investieren große Summen in Sie und die wollen wir wieder reinkommen sehen! Gehen Sie an jede Grenze! Gehen Sie Risiken ein! Was Erfolg hat, wird nicht bestraft! Bilden Sie sich am Feierabend weiter, wenn Sie zum Arbeiten zu müde sind! Freuen Sie sich an jedem noch so kleinen Fortschritt. Ja, wir müssen uns wieder freuen! In unseren Köpfen muss sich etwas ändern, das fordere ich jetzt von Ihnen allen! Die Gedanken müssen nur noch nachziehen, was unsere Worte schon lange sagen. Freude muss uns erfüllen. Erheben wir dazu das Glas! Wir müssen uns daran gewöhnen, dass wir halb voll sind und nicht halb leer. Alle Augen müssen vor Leidenschaft glasig glänzen. Ich will Funken aus Ihnen sprühen sehen, Blitz nochmal!

Ich selbst bin auch ein Mensch, das können Sie mir wirklich glauben. Wenn ich vor Ihnen rede, gerate ich bei Ihrer Begeisterung fast in Rührung. Moment – ich trinke tüchtig etwas – so, es geht mir schon viel besser. Ich hätte nicht gedacht, dass ich auf so viel ungeteilte Zustimmung bei Ihnen treffe. Wenn ich Sie so sehe, bekomme ich selbst wieder Mut, dass mehr Prozent in der Bilanz als im Wein ist. Ja! Wir wollen gewinnen! Wir schaffen es gemeinsam! Der Erfolg wird uns überwältigen! Und ich stehe dafür ein, dass jeder von uns am Erfolg beteiligt wird, ein jeglicher auf seine Art.

Ich freue mich so sehr, einmal eine ganze halbe Stunde unter Ihnen sein zu können. Ich muss leider wieder fort, denn ich habe noch andere Versammlungen zu motivieren. Das ist Stress pur, sage ich Ihnen! Aber ich habe Ihnen heute einen Gefallen getan, den ich selbst meiner Frau Tag und Nacht versage – ich habe mein Handy ausgestellt, um mich ganz ungestört mit Ihnen vereinigen zu können. Ich möchte auf Sie anstoßen! Wir sind jetzt am Höhepunkt! Machen Sie es gut! Machen Sie es gut! Machen Sie es gut! Dann komme ich bestimmt wieder!"

DD56: Der Inquisitor und der Manager (Januar 2008)

Die Idee ist aus einem Klassiker „geklaut". Ich las im Urlaub
Die Handschrift von Saragossa von Jan Potocki ...

Der Großinquisitor sagte zum Manager, der beim Foltern eines Gefangenen erschauerte: „Solange die Angeklagten noch schreien, gibt es Potential. Wenn sie erst einmal schweigen, gestehen sie nichts mehr. Dann ist das Spiel für beide Seiten unglücklich gelaufen." Schrille Angst erfüllte die Gruft, ein Quetschen war zu hören.

Und er fuhr ungerührt fort: „Früher haben wir die Anklagen gegen die vielen Menschen selbst vorbereitet und geführt. Das ist furchtbar viel Arbeit. Heute lassen wir wahllos die scheinbar unschuldigsten Menschen unter Folter die Anklage selbst finden. Der Aufwand und die Mühe für uns sanken beträchtlich."

„Und kommen dabei genug Anklagepunkte zusammen?", fragte der Manager den Großinquisitor.

„Wir haben unsere Methoden so perfektioniert, dass wir praktisch jeden zu Recht anklagen können. Wir könnten die Inquisitoren noch durch Maschinen ersetzen. Wissen Sie, wir sind zu wenige in der Führungsschicht. Wie halten Sie es in Ihrem Unternehmen?"

„Ich? Wir? Sind wir eine Anklagebehörde?" Der Manager schaute ratlos.

„Haha, Sie schauen doch immer am Jahresende, ob die Mitarbeiter genug geleistet haben und dann denken Sie sich unter endlosen Mühen neue Arbeitsaufträge und Ziele für alle Ihre vielen Mitarbeiter aus und verkünden sie ihnen. Das ist doch entsetzlich!"

„Das ist normales Management, Signore Cruentatore. Die Ziele wollen sorgfältig erwogen sein. Management ist ein anspruchsvoller Job, den wir sehr ernst nehmen."

„Management! Papperlapapp! Sie verschließen sich dem Fortschritt! Warum beschimpfen Sie die Mitarbeiter nicht tüchtig, dass sie so elend schlecht gearbeitet haben? Dass sie die Ziele nicht annähernd erfüllten?", lachte der Großinquisitor.

„Manche haben doch die Ziele erfüllt – soll ich da etwa schimpfen? Ich tu das nicht!"

„Oh Sie Einfaltspinsel! Sie müssen natürlich unerreichbare Ziele setzen, irgendwelche, die Sie aus der Luft greifen. Dann erniedrigen Sie auf dieser Basis alle

Mitarbeiter. Sie können das natürlich nicht tun, wenn die Ziele erreichbar waren. Das wäre dumm."

„Und dann?" Der Manager wurde neugierig.

„Das Erniedrigen ist wie das Foltern bei uns, das verstehen Sie nicht, he? Na? Dann weinen die Mitarbeiter und heulen. Jetzt aber geben Sie ihnen einen hellen Schimmer der Hoffnung. Sie fragen die Mitarbeiter, was denn eigentlich der Erreichung der Ziele im Wege stand. Das wollen Sie von Ihnen wissen – und Sie versprechen, sie dann laufen zu lassen. Aber nicht etwas schwammig Allgemeines, sondern etwas, was die Mitarbeiter selbst betrifft. Sie werden staunen, wie sie sich vor Ihnen auskotzen und allen Dreck aus der Firma auftischen. Es ist wie der Eiter und das schwarze Blut hier", und dabei deutete er mit dem Kopf zur Seite, wo der Gefangene gerade ein zähes Geständnis ausspuckte. „Das muss eine große Freude sein. Und nun, wenn alles draußen ist, fragen Sie ihn, was der Mitarbeiter SELBST unternommen hat, dass der Erreichung seiner Ziele NICHTS entgegenstand."

Der Manager wusste sofort: „Nichts haben sie unternommen, die Mitarbeiter, gar nichts!" – „Na, das ist eben ihre Schuld! Dazu doch die Erniedrigung! Da haben Sie doch Ihre Anklagepunkte! Und nun schicken Sie die Mitarbeiter wieder mit denselben unerreichbaren Zielen weg. Als Schwerstbürde für das nächste Jahr! Dann werden die Mitarbeiter kreativ und erledigen alles, so gut sie können – natürlich ohne das Ziel zu erreichen. Das Ziel darf nur nicht so sehr hoch sein, dass sie apathisch werden." Der Großinquisitor zeigte wieder auf den Gefangenen. „Sonst läuft es unglücklich für beide Seiten."

Der Manager verstand: „Ich muss also nur Mondziele erfinden! Keine konkret ausgearbeiteten! Das ist ja toll. Am besten ein Teamziel in den Sternen für alle zusammen, sollen sie doch sehen, wie sie es hinbekommen! Und ich bin die Mühe los, die Arbeit einzuteilen und zu organisieren! Hey, da kann ich jetzt manchmal vielleicht einen Tag im Jahr Urlaub nehmen! Im Grunde braucht man mich ja gar nicht mehr, weil ich jetzt keine ehrliche Arbeit mehr erledige!"

„Sag ich ja", schloss der Großinquisitor. „Wir hier ersetzen alles durch Maschinen."

DD57: Über Konferenzpausen (Januar 2008)

Pro Jahr halte ich um die 75 Reden. Da weiß ich, wovon ich rede. Etliche Veranstalter kennen die folgende Kolumne. „Und?", frage ich – doch sie seufzen nur.

„Ich darf Sie ganz herzlich zu unserer Konferenz begrüßen. Es ist alles auf das Beste vorbereitet. Wir haben uns viel vorgenommen. Ein dichtgepacktes Programm erwartet uns. Wir haben jetzt leider durch das Kaffeetrinken am Anfang schon 15 Minuten Puffer eingebüßt. Wir sind etwas lax gewesen, weil wir ja wissen, wie wichtig die Pausen bei einer Tagung sind, besonders für Sie als Konferenzteilnehmer. Sie wollen ja auch Netzwerke während dieser Veranstaltung bilden. Das verstehen wir gut. Wir müssen jetzt aber wirklich mit der Konferenz beginnen.

Denn die meisten von Ihnen fliegen um 17 Uhr ab, wofür wir einen Bus gechartert haben, der mit dem Konferenzbeitrag abgegolten ist. Deshalb müssen wir das Programm mit einer gewissen Gnadenlosigkeit durchziehen. Es geschieht in Ihrem eigenen Interesse. Damit alles schnell geht, will ich auch keine weiteren Worte verlieren und Sie nur begrüßen. Wir beginnen mit einem begnadeten Dauerredner, der immer wieder dieselben Thesen wunderbar variiert. Sie kennen schon, was ihn bewegt: Es geht um das Neue. Das Neue! Sie sind ja deswegen alle gekommen und haben einen heftigen Konferenzbeitrag dafür bezahlt. Dieses Thema, das Neue, lockt Sie jedes Jahr aufs Neue her. Wir führen die Tagung nun schon seit 20 Jahren im immer gleichen Format durch. Danke, dass Sie wieder den Weg zu uns gefunden haben. Unsere Tagung ist damit außerordentlich erfolgreich. Ich möchte angesichts der knappen Zeit Ihnen nur kurz in drei oder vier vorbereiteten Statistiken zeigen, wie sehr die Teilnahme über die Zeit ansteigt – dadurch hoffe ich, dass Sie die Idee unserer Tagung mit den hohen Beiträgen weiter tragen und uns weiteres teures Marketing ersparen. Wir haben in diesem Jahr zwei Teilnehmer mehr als im letzten Jahr. Wenn sich diese Tendenz noch tausend Jahre fortsetzt, wird jeder Saal zu klein. Nun aber vielleicht doch zum Redner. Wie Sie wissen, ist die Welt im Umbruch begriffen. Darauf müssen wir uns alle einstellen. Das Neue kommt unaufhaltsam. Es kündigte sich schon seit einigen Jahren in Finnland an, wo es viel mehr Internet gibt. Jetzt steigert sich das Neue zu einer Art Revolution, die alle Bereiche unseres Lebens durchdringt und befruchtet. Es geht um nichts weniger als um unsere gemeinsame Zukunft. Ich will Sie daher auch nicht mehr auf die Folter spannen. Ich kann Ihnen nur den allerberufensten Redner ankündigen, der etwas zum Neuen sagen kann. Er tut das, wie gesagt, schon sehr lange und äußerst eindringlich und hofft, dass ihm jemand einmal zuhört. Er ist ein Visionär ersten Ranges. Er eröffnet einen spannenden Tag, der für Sie bis zum stressfreien Abflug mit Informationen nur so vollgepfropft ist. Wir haben diese Konferenz lange vorbereitet. Jetzt kann es losgehen. Ich freue mich so sehr, dass Sie da sind ... Huh, jetzt überziehe ich wieder. Ich sollte auch eigentlich laut Agenda gar nichts sagen, weil wir dann mit der Zeit aus dem Ruder laufen. Aber das Herz ist mir so voll, das werden Sie verzeihen. Wir brauchen hinterher auch unbedingt eine Kaffeepause, Kaffee hin und her, einfach weil in der Halle viele Firmen kleine sündhaft teure Stände aufgebaut haben, wo sie mit Pfefferminztabletten mögliche Kunden zu Abschlüssen locken wollen. Wenn die Kaffeepause zu kurz kommt, bekommen wir Ärger mit den Platin-Sponsoren, denen die Reden ganz egal sind, weil das Standpersonal ja immer vor dem Saal warten muss. Deshalb rede ich jetzt so furchtbar schnell. Ich denke, ich trage selbst zur Straffung der Agenda bei und stelle Ihnen den ersten Redner gar nicht lange vor, sondern ich überlasse es ihm selbst, viel angemessener über sich selbst zu sprechen. Seine 45-minütige Rede beginnt ohnehin eine längere Zeit mit einer Vorstellung wissenswerter Fakten über die eigene Firma, denn die hat für den Redeslot bezahlt. Nach diesem mehr objektiven Teil versucht er dann, auch persönliche Wertungen über Produkte des Neuen einzubringen. Das ist eigentlich der interessante Teil nach dem ersten wissenswerten.

Darf ich Sie also auf die Bühne bitten ... – ah, ich erfahre gerade, dass der Redner soeben eingetroffen ist und mit dem Mikro verkabelt wird. Ach, jetzt verstehe ich, warum alle in meinem Team so nervös waren. Sie haben es mir nicht gesagt – ach, und ich rede hier und habe keine Ahnung, was hier überhaupt vor sich geht. Ich sage dann schon einmal wegen der Zeit, dass sich auch die restlichen Redner selbst vorstellen sollen und ihre Reden kürzen müssen. Bitte verständigen Sie sich darüber gegenseitig in der Pause, wenn wir eine haben sollten. Wie gesagt, die Pause ist das Wichtigste und da ist der Zeitplan peinlich genau zu beachten. Sind die anderen Redner schon da? Ich schaue einmal in die Runde. Bitte konzentrieren Sie sich auf das Wesentliche, vieles lässt sich sehr schnell sagen, wenn man sich konzentriert. Okay, endlich ist auch der Beamer angestellt, wir mussten noch den fremden Laptop anschließen, wir haben ursprünglich die aktuellen Folien vom Redner genommen, die er uns vor einigen Jahren bei einer anderen Rede geschickt hat, die laufen aber nur auf Windows 95, kann auch sein, wir haben sie verloren.

Eine Stunde später.

Die Veranstalterin, repräsentativ blond in Schwarz kostümiert, zeigt seit 15 Minuten handbeschriebene Tafeln, der Redner möge endlich aufhören. Das macht die Tagungsteilnehmer nervös, die hilfsbereit mit den Augen rollen und unterstützend signalisieren, dass sie genug von der Rede über das Neue haben. Einzelne beginnen, verzweifelt anklagenden Beifall zu klatschen. Der Redner: „Ich musste das einfach noch sagen. Es ist so wichtig, ich sage es immer wieder. Ich kann nicht betonen, wie wichtig es ist. Es kann nicht oft genug gesagt werden. Ich habe meine Kernaussagen in drei Folien am Ende meines Vortrages noch einmal äußerst knapp zusammengefasst, mit denen ich nun ein Ende mit Ihnen mache. Sie werden sie kaum lesen können, weil sie kleingedruckt fast alles enthalten, was ich weiß. Ich weiß, dass Folien nicht so voll sein sollten. Klar, aber mein Thema ist über solche formalen Erwägungen absolut erhaben. Lassen Sie mich noch einmal kurz durchgehen ..."

Fünfzehn Minuten später.

Jubel. Der Redner endet. „Haben Sie in Anbetracht der allergrößten Zeitknappheit noch Fragen?" Jemand meldet sich: „Kennen Sie das Buch über die Maoami aus Haribonien, das sich schon vor vier Jahren mit dem Neuen auf dem tasmanischen Festkontinent befasst hat?" Draußen duftet es nach Kaffee. „Ja, meine Damen und Herren, wir hatten an dieser Stelle eine reichhaltige Kaffeetafel bereithalten wollen, aber in Anbetracht der Zeit und unseres vollen Programms können wir uns den Kaffee ja kurz in den Raum mit hineinbringen. Wir sind ja alle Businessleute und wissen, wie kostbar unsere eigene Zeit ist, mit der wir nicht spaßen dürfen. Ich sage dann sofort den nächsten Redner an – äh? Schlechte Luft? Ja – gut – Sie sind die zahlenden Teilnehmer und haben die Macht über uns. Gut, ja, dann sollten wir wirklich nur fünf Minuten die Fenster öffnen und das Biologische regeln und sofort wieder absolut pünktlich hier sein, weil das in aller unser Interesse ist und weil der nächste Vortrag so wichtig ist. Bitte lassen Sie uns in dreieinhalb Minuten wieder beginnen. Einverstanden? Ja! Das freut mich so sehr!"

Zwanzig Minuten später.

„Bitte, wir sollten jetzt wirklich anfangen. Wir haben einen berühmten Redner für Sie gewinnen können. Wir sind stolz darauf, ihn begrüßen zu dürfen. Er redet über ein ganz neues Zeitalter, in das wir eintreten. Es ist ein anderes Zeitalter als in der ersten Rede, das haben wir für Sie so geregelt. Ich selbst bin schon gespannt. Übrigens, das Wichtigste habe ich vergessen. Sie sollten auf Ihrem Platz Feedbackfragebögen liegen haben. Wir bitten Sie, die Reden zu bewerten. Es hängt viel für uns davon ab, wie die Bewertungen sind. Manche von uns werden danach gemessen, und überhaupt ist es interessant für uns zu wissen, wie gut unsere Reden eigentlich sind. Das können wir selbst nicht wissen, weil wir keine Teilnehmer sind. Wir haben dafür Prozesse. Natürlich wissen wir, dass Sie schon heute Morgen im Hotel Fragebogen ausfüllen mussten, ob die Duschköpfe in Ordnung sind und die Heizung freundlich ist, aber Sie wissen ja selbst, dass ein Servicegeber auf Feedback angewiesen ist, sonst weiß er ja nicht, was er machen soll. Ich habe ja auch einen Fragebogen für äh für äh meine Bank zum Beispiel ausgefüllt, das waren viel schwerere Fragen als diese hier über die Reden. Ich wusste zum Beispiel nicht, ob die Fußböden in der Bank immer frisch gewischt sind, weil ich nur online gehe. Ich habe dann erst meine Frau hingeschickt; hui, da haben sie sich eine schlechte Note eingefangen. Bitte schreiben Sie klar und deutliche Zahlen, damit wir dann Mittelwerte, Varianzen, Down-Streuungen und unsere Incentives berechnen können. Sie bekommen dafür, wenn alles ausgefüllt ist, ein kleines Geschenk, weil Sie erfahrungsgemäß ohne Geschenk gar nichts tun, obwohl die Geschenke ganz wertlos sind."

Zehn Minuten später. Eine Stunde später. Fünfzehn Minuten später. Eine Stunde später.

„Ich bin so froh, dass wir das Mittagessen, das noch so eben gerade als lauwarm bezeichnet werden kann, so schnell während der Standbesichtigung schlucken konnten. Ich habe mit den Restrednern gesprochen, ihre Reden dramatisch zu kürzen. Das ist praktisch unmöglich und muss trotzdem gemacht werden, weil der Flughafen sagte, es gäbe keine Ersatzmaschinen. Sie müssen die Redner verstehen. Wir haben Monate Vorlauf. Der Termin steht acht Monate vorher fest. Wir planen genau. Auf die Minute. Die Redner müssen die Folien drei Monate vorher abgeben, damit wir Ihnen eine dicke Mappe mitgeben können, weil das ein Bewertungspunkt im Feedbackbogen ist. Wir haben nur wenige Farbdrucker, wir müssen lange vorher anfangen, meist schaffen wir nur schwarzweiß, das macht aber nichts. Ich habe zu Hause einen ganzen Keller voll von Tagungsmappen, die noch in den Originalrucksäcken sind. Es ist heute üblich, schwarze Billigrucksäcke mitzugeben, als Goody, weil die meisten Teilnehmer die Tagungsmappen nicht in den Koffer bekommen. Deshalb bekommen Sie alles noch auf CD, mit einem aufwändigen Installationsprogramm, das eine halbe Festplatte beansprucht. Das müssen wir alles mit den Rednern monatelang regeln. Irre Logistik. Darauf sind wir stolz. Die Redner bekommen dann alle paar Tage über Monate hinweg E-Mails. Sie müssen mal den Titel angeben, dann wieder einen Abstract schreiben, dann müssen sie ein anderes Mal sagen, ob sie einen Beamer brauchen oder einen Hotelwunsch haben. Wir möchten dann plötzlich, weil zum Beispiel ein Journalist dabei sein könnte, von allen etwas Schönes für die Pressemappe. Dann wollen Sie als Kunden manchmal den Lebenslauf des Redners, in drei Sprachen. Es sagen dann vor Ärger oft Redner ab oder sie finden eine reklamewirksamere Tagung. Deshalb disponieren wir täglich um und ändern die Agenda nach den verschiedenen Anreiseproblemen. Ich selbst musste mich ja heute Morgen in der Nacht schon eine Stunde aus dem Hallenaufbau ausklinken, weil ich per Telekonferenz ein Review meiner Geschäftszahlen hatte. Mein Chef wollte wissen, wie viele Teilnehmer heute kommen, er konnte nicht warten. Ich habe versprochen, Sie alle in der Pause am Morgen zu zählen, aber die Pausen sind ja ausgefallen, deshalb ist wieder ein Review heute Nachmittag in der Pause. Ich habe kaum Luft zu atmen, wir sollten die Fenster doch öffnen. Herrliche Natur! Ich will sagen: Wir können kaum besser optimieren. Mehr können wir wirklich nicht tun! Unsere Organisation ist perfekt."

Eine Stunde später etc.

Die Kunden ziehen sich schon die Mäntel über. Der Bus hupt ungeduldig. Die Menschen fliehen.

Der letzte Redner kommt auf die Bühne, der Saal ist fast leer. „Nun kündige ich Ihnen das absolute Highlight des Tages an ... darauf fahren die Teilnehmer nach unseren Erfahrungen voll ab."

Lagebesprechung der Veranstalter danach, die Kunden sind schon wirklich voll abgefahren.

„Das Programm war zu voll. Ich wusste irgendwie, dass das Programm zu voll ist. Das war am Anfang gar nicht abzusehen, weil es praktisch keine guten Redner gibt, und wir hatten erst keine. Aber dann hatten wir wieder zu viele gegen Geld. Ich möchte, dass wir nie vergessen, dass die Pausen das Wichtigste sind. Der Kunde sagt uns das immer wieder, dass er hauptsächlich auch deshalb herkommt, weil es eine Gelegenheit ist, andere Firmen und CEOs und CTO kennen zu lernen, wieder zu treffen und sich mit ihnen auszutauschen. Wir werden wieder Beschwerden der

Standpersonale bekommen, die praktisch ganz umsonst alles aufgebaut haben. Ich habe mir überlegt: Es liegt an den Vorträgen. Die müssen ja sein, sonst ist es keine Tagung. Die Reden verhindern leider das Anbahnen von Geschäften, wofür wir die Pausen eingeplant hatten. Ich habe mir überlegt, warum das alles so kommt. Ich habe erkannt: Die Zeit ist einfach zu kurz. Versteht ihr? Die Zeit ist einfach zu kurz. Man kann es sich einfach nicht leisten, eine Pause zu machen, weil Pausen wieder sehr viel Zeit kosten.

Es ist deshalb nicht alles falsch, was wir machen.

Das zeigen auch die Feedbackbögen. Immerhin hat die Hälfte der Teilnehmer etwas ausgefüllt. Wir mussten natürlich allen dafür Rucksäcke und Schlüsselanhänger geben. Trotzdem. Die Wertungen sind gut. Im Durchschnitt 2,04. Damit können wir zufrieden sein. Sehr viele Kunden haben geschrieben, sie würden sich mehr Pausen wünschen, verdammt noch einmal. Das sagen sie praktisch nach jeder Tagung, die wir organisieren, weil die Pausen ja immer ausfallen. Das brauchen wir außerdem gar nicht zu berücksichtigen, weil wir es ja selbst schon gemerkt haben. Das ist also nichts Neues. Es läuft also alles auf mehr Pausen machen hinaus. Ha, wenn das die einzige Kritik ist! Damit können wir leben. Gut leben sogar. Es ist nichts einfacher, als lange Pausen zu machen! Kaffee hinstellen kann jeder! Überhaupt jeder! Wenn die Kunden nichts anderes wollen? Wir könnten ihnen ja einen ganzen Tag Pausen machen! Nur Pausen! Alles Pausen! Das hatte ich sogar überlegt, als ich diese Tagung geplant habe. Ich weiß nur immer nicht so genau, was wir bei zu vielen Pausen reden sollen. Das ist keiner gewohnt. Ohne Folien langweilen sich bestimmt alle. Da habe ich dann doch Bauchweh gehabt. Ich weiß schon, Pausen sind optimal, aber ich wollte dann doch auf das Bewährte zurückgreifen. Und das ist das Reden, bis die Luft schlecht wird."

DD58: Die Rede sind Sie (Februar 2008)

Konferenzbesucher müssen so viele Reden erdulden. Viele Werbebotschaften, Wahlgewinnendes, Flaches, langweilige Firmenvorstellungen und auch ganz unverständlich Technisches. Zuhören aber ist Pflicht, weil der Konferenzbesuch so teuer war. In uns weht die Sehnsucht nach jemandem, der etwas zu sagen hat, und wie!

Ich habe hier an dieser Stelle in anderen DDs überzeichnete Beispielreden vorgestellt. Ich habe mich hinterher gefragt, warum die Reden meistens so schlecht sind – wo auch immer.

Aber warum? Ich glaube, es ist wieder der Unterschied zwischen dem Wollen und Müssen. Wir haben immer reden MÜSSEN. Wir mussten Referate halten, vor denen wir Angst hatten. In der Oberstufe wie auch auf der Universität kam es nur darauf an, wie uns der Lehrer bewertete – das Publikum war Staffage. Reden halten war wie eine Prüfung. Wir wurden immer nur numerisch bewertet, nie freundschaftlich gecoacht. Nie war Dieter Bohlen da und hat einmal reinen Wein eingeschenkt. Die Zuhörer litten. Studentische Seminarteilnehmer halten mühsam die Augen auf, bis sie selbst mit Reden dran sind, danach kommen sie nicht mehr zum grausamen Spiel. Die Themen sind in der Schule und der Universität immer VORGESCHRIEBEN. Nie möchte jemand von uns, dass wir über etwas sprechen, was uns interessiert oder auf dem Herzen liegt.

Wäre es nicht viel einfacher, Menschen erst einmal Reden halten zu lassen über etwas, was sie lieben und was sie mit anderen teilen WOLLEN?

„Inspiriere die Zuhörer, stecke sie mit deiner Begeisterung an. Errege ihre Phantasie, erfülle ihre Herzen, erhelle ihren Geist, sprich aus ihrer Seele und reize ihre Sinne."

Das hat etwas mit Widerhall im Zuhörer zu tun. Haben wir uns je damit befassen sollen? Sind unsere Lehrer und Professoren so? Wenn je ein(e) solche(r) daherkommt, hat er schon das Zeug, unser Vorbild zu sein, so sehr lechzen wir nach dem Erfülltsein.

Wenn Sie zu einer Rede auf die Bühne kommen, schauen die Menschen voller Erwartung. Nach Sekunden wissen sie, ob Sie nun gleich Herzen vibrieren lassen oder mit Provokationen Neuronenstürme erzeugen. Sie wissen, ob es Ihnen ernst ist, ob Sie die Zuhörer wahrnehmen, was Sie mit Ihrer Rede beabsichtigen. In den Lehrbüchern heißt es dann erstaunt, dass die Zuhörer nur auf Körpersprache (zu 90 Prozent) und fast nicht auf den sachlichen Inhalt (nur 10 Prozent) reagieren. Manche sagen dann, es sei ja fast egal, was gesagt würde, nur in welcher Körpersprache – und dann leisten sich alle noch einen sündhaft teuren Kurs in Körpersprache und anderer Manipulation.

Ich denke doch, gute Reden sind eine Einheit von Inhalt, Rednerpersönlichkeit und Publikum. Alles andere stört oder ärgert. Wenn der Redner reden muss – verloren. „Ich lese die Rede vor, die mir die Ministerin mitgegeben hat, weil sie leider verhindert ist – sie wäre echt toll, zu so einem unwichtigen Event zu kommen. Das soll ich Ihnen sagen. Ich selbst habe nichts zu sagen, inhaltlich nicht und auch nicht im Sinne der Macht." Wenn der Redner nichts vom Publikum will – verloren. „Ich vertrete die Firma XY und zeige Ihnen nacheinander die Behauptungen unserer Prospekte, die ich auswendig gelernt habe." Wenn der Redner gar nicht reden will – eine Katastrophe. „Ich will unsere Reorganisation vorstellen, wie sie unwiderruflich beschlossen ist. Bitte prügeln Sie mich nicht, ich kann nichts dafür. Ich verkünde nur, aber mit der Sache habe ich nichts zu tun. Bitte hören Sie sich objektiv die Sache an und lassen Sie Ihre Emotionen nicht hier heraus. Unser Chairman appelliert an Ihre Professionalität. Er bittet, berechtigte Kritik schriftlich zusammen mit Ihren Entlassungspapieren einzureichen." Wenn der Redner eine durchsichtige Absicht verfolgt – wir hassen ihn. „Wir lieben Kunden und Mitarbeiter, Qualität und Sinn. Wir stehen für Exzellenz und müssen daher alle Menschen entlassen, die nicht mithalten. Dadurch werden wir servicefreundlicher und menschlicher."

Diese Katastrophen spüren die Zuhörer sofort, wenn Sie auf die Bühne kommen. Jetzt gleich und die ganze Zeit sehen sie es. Ja, man sieht es an Ihrer Haltung, an Ihrem Körper, an Ihrer Stimme. Sind Sie glaubwürdig, aufrichtig, authentisch? Sieht man Ihnen den Ernst Ihrer Versprechen an, die Sie auch halten? Schwanken Sie, sind Sie unsicher? Haben Sie Angst? Sind Sie nervös? Wollen Sie nur heil davonkommen, etwas trickreich verkaufen, vor uns angeben, uns etwas vorlügen oder unterjubeln? Wollen Sie beschönigen, Erfolg herbeireden oder verführen? Wurden Sie nur geschickt geschickt?

Das Publikum merkt, ob Sie etwas auf dem Herzen haben, über das Sie ZU UNS reden WOLLEN, oder ob etwas Fremdes Sie antreibt, so dass Sie vor uns reden MÜSSEN.

Dagegen sind die „Wie"-Probleme gar nicht so schlimm, finde ich. Wer etwas zu sagen hat, muss nicht unbedingt begnadet vortragen. Wir verzeihen den Mangel an Talent, wenn die Gesamtbotschaft stimmt. Uns rührt das Authentische auch einfach so an. Wir verstehen groben, lauten Willen sehr gut. Wir schätzen klare Ansagen. Wir respektieren Ernst und Überzeugung. Wir vertrauen auf in Ihnen gefühlte Kompetenz.

Es ist nur indirekt Ihr Körper oder dessen Sprache, worauf wir achten.

Die Rede sind Sie.

Ein Schauspieler mag den Hamlet perfekt spielen, das ist seine Rolle. Als Redner aber müssen Sie Hamlet sein. Hamlet hat keinen Rhetorikkurs belegt. To be or not to be …

DD59: Chemie des Dankes (Februar 2008)

Dank ist (so der Duden) ein Ausdruck der Anerkennung und des Verpflichtetseins für etwas, was man bekam. Undank ist Nichtanerkennung. Von dem einen gibt es zu wenig, vom andern zu viel. Und dann ist es noch eine Kunst, richtig zu danken. Das geht nicht irgendwie! Bitte – es gibt eine Chemie des Dankes!

Warum gibt es so wenig Anerkennung auf dieser Welt? Vielleicht auch deshalb, weil wir die Kinder nicht das Gefühl „lehren" und in ihnen ausbilden, wahrhaft dankbar zu sein. Wir traktieren sie in einem Alter, in dem sie wohl gar nicht den inneren Dank als solchen fühlen können, mit einem ewigen „Wie sagt man?", damit sie „Danke!" sagen. Und sie bekommen nichts, wenn sie nicht auf „Wie ist das Zauberwort?" mit „Bitte!" reagieren. Kinder sollen in diesem Ritual besonders das „Verpflichtetsein" lernen, nicht das Gefühl der Dankbarkeit im Sinne von Anerkennung. Kinder sollen wissen, dass sie Brot für Gehorsam bekommen. Die Eltern sagen dann „Danke, dass du so artig bist." Oder „Bitte zieh die Schuhe aus." Beides in anderem Ton. Das Kind ist Bettler und abhängig. Die Eltern sagen „Danke!" statt „So will ich dich!" und „Bitte!" statt „So will ich es!" Sie sind die Herren.

Es gibt sehr viel Dank in dieser Welt! Merken Sie es nicht? An jeder Ecke! Unsere Bosse und Abteilungsleiter traktieren uns für jede Kleinigkeit mit „Toll!", „Good job!", „Bin stolz auf Sie!" und „Danke, danke, danke!". Aber wir wissen alle, was das ist. Es bedeutet: „Ja, so will ich dich!" Es ist der Dank des erziehenden Herrn. Es ist das, was die Psychologie als „Reinforcement" oder „Bestätigung" in unsere Welt getragen hat. Es ist ein Lob, das etwas von uns will, das uns dressieren helfen soll. Halten Sie sich dieses Bild vor Augen: Der schwarz gekleidete Springreiter steigt von Ihnen ab, klopft Ihnen, dem Pferd, gönnerhaft den Hals, grabbelt zwei Stück Zucker aus der zu engen Hose, hält sie unter Ihr Maul und sagt: „Good job!"

Wir wollen aber kein Reinforcement, keine Manipulation, keine bloße Danke-Bitte-Ritual-Höflichkeit, sondern wir wollen echten, tiefen Dank und echte Anerkennung von Herzen. Die fehlt in einer Sandwüste, die sich aus Körnchen der Minidressuren aufdünt.

Wer also wahrhaft danken will, sollte zuerst wahrhaft dankbar sein. (Frage: Wer kann dann noch danken?) Wer Dankbarkeit ausdrücken will, soll Anerkennung schenken (in Worten: schenken) und, wenn er das gleichzeitig will, Verpflichtetsein schenken. (Frage: Wer will etwas schenken?) Reinforcement schenkt nichts! Es verlangt das gedankte Verhalten allezeit. „Sie bekommen eine tolle Lohnerhöhung von

2 Prozent. Danke! Wir erwarten, dass Sie sich weiterhin für unser Unternehmen zerreißen. Zeigen Sie sich dieses Dankes würdig." – Ich habe schon oft in vielen Unternehmen diese Worte gehört: „Ich bin heimlich dankbar. Wirklich. Aber wenn ich den Mitarbeitern das sage, bin ich ihnen verpflichtet. Sie erwarten dann etwas. Und ich will und kann nichts geben außer meinem tiefen Dank. Deshalb schweige ich still." Sehen Sie? Es gibt schon noch Dankbarkeit, aber hinter Stacheldraht des Misstrauens und des Geizes gesperrt. „Wem man dankte, der will etwas zurück!" – „Wer dem Bettler zulächelt, dem läuft er nach! Wer Dank gibt, wird auch B sagen müssen."

Wahrhafter Dank verbindet und vertieft die Beziehung. Das will der Herr nicht. Die Beziehung soll asymmetrisch sein. Der Mitarbeiter ist dem Herrn zu Dank verpflichtet, sonst nichts.

Könnten wir nicht einfach das Verpflichtetsein, das Reinforcement und die Dressur durch „Management by Thanking" weglassen und wenigstens aufrichtige Anerkennung zollen? Ohne weitere Agenda „Danke" sagen? Also einfach ein Gefühl zeigen, ohne an Interessen zu denken?

Danke.

Wie aber sagt man Danke, wenn man anerkennen will? Danke selbst ist ein Wort wie „Danke für treue Dienste." Wenn Sie genau das ausdrücken wollen, ist es fein. Blumenstrauß plus „Danke für 10 Jahre Ehrenamt." Alles gut. Denken Sie aber beim Dankesagen daran, dass Ihr Dankgefühl beim andern auch als Gefühl ankommt! Stellen Sie sich vor, Sie drücken ein Gefühl aus und der andere fühlt es nicht mit oder reagiert sogar sauer!

Auch ein Blumenstrauß ist nicht für jeden gut! Danken will auch gelernt sein.

Im IBM-Managementmeeting sagte mal jemand: „Wir sollten wieder öfter Danke sagen." Da sprang ich fast empört auf und rief: „Nein, nein, nein! Einem IBM-Star-Techie sagt man nicht Danke für treue Dienste. Da wird er ganz blass vor Unverstandensein. Sie müssen zu ihm sagen: ‚Klasse!' " Es gab eine längere Diskussion – ich weiß nicht, ob ich gewonnen habe. Dank ist Anerkennung für edles Verhalten. Aber ein IBM-Techie erwartet Bewunderung seines Werkes, nicht seiner menschlichen Haltung. Knien Sie also in Gedanken nieder und verehren Sie sein Werk. „Ein Meisterwerk!" Und dann gibt es bei uns Kollegen im Vertrieb, die Aufträge an Land ziehen. Da hilft ebenso kein Danke. Auch keine Verehrung des hereingekommenen Vertrages. Lieber so: „Meisterhaft! Klever! Wow! Trotz so vieler Widrigkeiten! Bei so vieler Konkurrenz! Respekt, Respekt! Champagner für alle! Fanfaren!" Deswegen kommen die allerbesten Vertriebler bei IBM alljährlich zum Golden Circle („Champagner und Freude") und die allerbesten Techies zum Corporate Technical Recognition Event („Nobelpreisträger treffen."). Dank muss, sag ich immer, artgerecht erfolgen. Wenn Sie Dank schenken, so muss neben dem Akt des Schenkens an sich auch das Geschenk zum Adressaten passen. Also bekommt der eine die Musical-Karte, der andere ein Buch mit Goldschnitt und die dritte 101 rote Rosen.

Leider ist Dank in Firmen oft ein Geschäftsprozess. Jeder bekommt einen Bildband „100 Jahre Firma". Jeder bekommt eine Urkunde. Jeder bekommt nach Dienstrang einen Dienstwagen Opel Astra. (Ich habe den zig Jahre gefahren und wurde belächelt, weil ich doch ein echtes Auto haben müsste. Ich fand den Astra gut. Sie können sich nicht vorstellen, wie oft ich darauf angesprochen wurde, auch meine Familie. Jetzt habe ich einen S40, sofort ist alles ruhig.) Warum können wir nicht Techies zur Lieblingskonferenz reisen und sich einen neuen Computer aussuchen lassen? Warum bekommen Vertriebskollegen kein „echtes" Auto, wie sie sagen? Warum ehren wir treues Management nicht durch einen einfachen Handschlag des Vorstandsvorsitzenden in Gegenwart des Lebenspartners des Ausgezeichneten? Bei der IBM bekommen die Top-1000-Techies jedes Jahr einen neuen Computer. Da kommt einmal im Sommer eine Mail mit dem Subject „Most excellent computer day". Ach, ist das ein schöner Tag! Und wir werden „zu Dreck beneidet", obwohl es nur ein paar Hundert extra Dollar sind, nicht mehr. Dank muss eben ankommen. Die Chemie des Dankes muss stimmen!

Manche brauchen Symbole, manche Mammon, manche Ehre, viele ein wirklich herzliches Wort und noch viel mehr ein offenes Ohr. Schenken Sie, was der Beschenkte will. Einfach so. Wenn Sie gleichzeitig was zu Tadeln haben, tun Sie das später. Bitte nicht: „Und damit du wegen des Preises nicht übermütig wirst, will ich dir sagen, dass dein jetziges Projekt nicht so gut läuft." Hey, können Sie nicht einfach danken – ohne gleich wieder alles mit einem Schuss Sadismus zu vergällen und den Herren zu spielen?

Und wollen wir nicht lernen, wahre Dankbarkeit zu spüren und mit Gefühlen zu erwidern? Ein ganz kleines Kind nimmt mit wonnigem Blick ein zu großes Eis von mir an und schaut sonnenhell in meine Augen – ein Augenblick reiner Verbundenheit und keuschen Lächelns, zwei Zehntelsekunden des Glücks. Von hinten kommt streng: „Wie sagt man?" Da ist es wieder, das normale Leben.

DD60: Versager bringen satten Profit (Februar 2008)

„Das verstehe ich nicht! Bei unserer Sparkasse haben wir neue Leistungsgehälter vereinbart. Wir hatten aber leider ein rabenschwarzes Jahr. Mehr als 90 Prozent der Mitarbeiter haben ihre Ziele verfehlt. Jetzt erfahren wir, dass die Vorstände satte Gehaltserhöhungen bekommen haben. Wie geht das? Alle versagen – und die da oben bedienen sich trotzdem?" Ich hörte zu und seufzte. Keiner hat Ahnung von Finanzen!

Die meisten von Ihnen rechnen sich das nicht durch und schimpfen dann immer nur laut. Jetzt versuche ich das einmal für Sie. Ich gehe ein Szenario durch – eines, an das Sie vielleicht nicht zuerst denken. Aber „die da oben" könnten schon von selbst darauf kommen können.

Mit der Belegschaft werden hohe Leistungszulagen verhandelt, „für die man aber auch etwas tun und Verantwortung auf sich nehmen muss." Im Klartext: Wer gut arbeitet, bekommt zum Beispiel drei Monatsgehälter mehr, wer aber seine Ziele verfehlt, bekommt ein Monatsgehalt abgezogen. Das scheint ein guter Deal, oder? Ist er auch, wenn – ja, wenn dann die zu erreichenden Ziel fair festgelegt werden. Die Mitarbeiter gehen meist naiv davon aus, dass „normal arbeiten" so etwas wie 100 Prozent bedeutet. Die Leistungsträger freuen sich schon, weil sie meistens mehr bringen. Sie hoffen auf drei Mehrgehälter.

Dann aber werden die Ziele ziemlich hoch angesetzt. Das fällt bei ersten Vereinbarungen nicht richtig auf, weil die ersten Leistungslohnjahre noch ganz ungewohnt und neu sind. Die Mitarbeiter murren, gehen aber dann schnell an die Arbeit und versuchen das Beste.

Angenommen, die Ziele sind heimlich 10 Prozent höher als es die Arbeitsleistung sonst war. Angenommen, alle arbeiten normal weiter, schaffen also „nur" die alten 100 Prozent. Dann erreicht fast niemand das neue Ziel. Deshalb wird fast allen ein Monatsgehalt abgezogen.

Die Personalkosten eines durchschnittlichen Unternehmens betragen vielleicht 50 Prozent vom Umsatz, der Gewinn hoffentlich 5 Prozent vom Umsatz oder so. Wenn man es schafft, den Mitarbeitern bei normaler Arbeit ein Monatgehalt abzuziehen, sind das 8,3 Prozent weniger an Personalkosten, also 4,15 Prozent vom Umsatz. Dann wird also der Gewinn nun eher bei 9,15 Prozent vom Umsatz landen als bei 5 Prozent. Er hat sich nahezu verdoppelt.

Seien Sie bitte fair: Das ist eine gigantische Steigerung des Geschäftsergebnisses.

Das Management hat auch Leistungsverträge. Es bekommt mehrere Monatsgehälter dafür extra, dass der Gewinn stark steigt. Das ist hier im Beispiel klar der Fall. Noch Fragen?

Mitarbeiter denken naiv, Gewinne würden am Markt erzielt, und das Management würde DANACH bezahlt. Es wird aber nur nach Gewinn bezahlt, egal wie!

Natürlich kann man fragen, ob es eine LEISTUNG ist, den Mehrprofit einfach aus den Lohntüten der Mitarbeiter zu nehmen oder aus Gratisüberstunden zu erwirtschaften. Management-Performance muss auch nach der Qualität des erwirtschafteten Gewinns beurteilt werden. Stammt er aus besseren Produkten? Ist er Resultat einer guten Zukunftsausrichtung? Wurde er durch besser ausgebildete und höher motivierte Mitarbeiter erzielt? Diese Fragen müssten eigentlich die Shareholder stellen, wenn ihnen ihr Investment am Herzen liegt. Tun sie aber nicht, weil sie keine Ahnung haben oder sich nicht drum kümmern. Sie vertrauen auf die so genannten Analysten, die meist auch nur nach dem Gewinn fragen und nicht nach dessen Qualität. Analysten müssen es ja wissen, weil sie so hohe Gehälter bekommen.

Könnten Shareholder nicht wie Hausbesitzer sein? Diese bekommen oft hohe Mieten von Mietern, die aber die Wohnung dafür total versiffen lassen. Erst bekommen die Householder irre hohe Mieten und dann aber nach Jahren eine stinkende Bruchbude zurück! Hausbesitzern bricht da oft fast das Herz über der geliebten Immobilie. Sie sehen sich durch die hohe Miete täglich reicher werden und wissen, dass sie wegen des Verfalls am Ende arm dastehen werden.

Tag für Tag gewinnen – um am Ende zu verlieren!

Das ist die Ökonomie der inneren Aushöhlung heute.

Könnten wir uns nicht Manager vorstellen, die ihr Unternehmen lieben wie der sorgsame Mietshausbesitzer seine Lebensgrundlage? Die sorgsamen Mittelstandsunternehmen in Deutschland blühen, der Exportüberschuss wächst. Der Misserfolg ist nur dort, wo Profite stark steigen, die auf Aushöhlung beruhen.

Hört auf mit „Management by Undermining"!

Ich fürchte, dann fällt alles irgendwann zusammen – auf alle, die dann gerade nicht oben sind. Und das ist das Problem.

DD61: Verpuffen Sie bei schlechter Energieeffizienz? (März 2008)

Bei Elektrogeräten verpufft die meiste Energie irgendwie als Wärme – viel zu viel! Es gibt zu viele Reibungsverluste. Das scheint mir bei der Arbeit auch so zu sein. Alle schauen nur wie bei Glühbirnen, wie hell wir leuchten, aber nicht, wie viel Strom wir kriegen.

Glühbirnen sind zum Beispiel die effektivste Art, die Wohnung zu heizen. Sie setzen 95 bis 97 Prozent der Energie in Wärme um. Das schaffen andere Heizgeräte nie und nimmer. Dann wäre es doch besser, in Glühbirnen anstatt in Heizungen zu investieren! Ist da noch keiner drauf gekommen? Unser Tunnelblick auf Licht verhindert kreative Perspektiven, denke ich. Wer immer nur Licht will, sagt: Die meiste Energie verpufft in der Glühbirne zu Wärme.

Glühbirnen gehören oft noch zur Energieeffizienzklasse E. Größere Elektrogeräte haben heute meist die Klassen A, A+, A++, wenn sie etwas taugen. Der Verkauf von Geräten der Klassen E bis G ist verboten.

Das erinnert mich an den Besuch von Beratern im IBM Wissenschaftszentrum in den 90er Jahren. Sie wollten von uns jede Minute Arbeit aufgeschrieben haben, um unsere Energieeffizienz zu messen. Wir sollen ja leuchten und keine Wärme abgeben! Wenn jemand als Aufgabe hatte, eine Software zu entwickeln, dann maßen sie nach, wie viel Prozent der Zeit er echt daran arbeitete. Sie maßen außerdem nach, wie viel Zeit wir für Kaffeetrinken, Weiterbildung, Betriebsversammlungen, gesellige Managementmeetings oder Computerhochfahren verschwendeten. Am Ende kam 55 Prozent heraus. Das konnte nicht stimmen, weil wir überall ein bisschen geschwindelt haben. Wir haben ihnen gezeigt, dass wir während des Programmierens Kaffee trinken können, was eigentlich nicht geht. Sie haben es geglaubt. Wahrscheinlich stimmt 50 Prozent oder so. Das lässt sich einfacher rechnen, darauf will ich hinaus. Ich habe übrigens gelesen, dass bei der damaligen Bundesbahn auch 55 Prozent herauskam. Damals hatte die noch keine Verspätungen, glaube ich. Jedenfalls ist damit gesichert, dass die Zahl 55 bzw. 50 als repräsentativ angesehen werden kann.

Jetzt aber frage ich mich, wenn ich uns so hektisch arbeiten sehe, wie hoch wohl heute unsere Effizienz ist. Die Manager steigern ja die Effizienz, behaupten sie. Aber wir fühlen uns sehr ineffizient, oder? Ich sehe das so: Damals haben sie versucht, die Effizienz zu steigern, indem sie das Kaffeetrinken, die Weiterbildung, die

Betriebsversammlungen und die geselligen Managementmeetings sowie das Computerhochfahren eingedämmt haben. Dafür ist alles schneller und viel stressiger geworden. Die Weiterbildung ist so weit heruntergefahren worden, dass man uns jetzt verzweifelt anfleht oder –brüllt, dass LLL (Lebenslanges Lernen) das alleinige Allheilmittel sei. Aber sonst: Stress! Stress! Damals hatten wir 38 Stunden zu arbeiten – bei einem Wirkungskoeffizienten von 50 Prozent. Also haben wir damals etwa 19 Stunden in der Woche „im engeren Sinne" gearbeitet.

Wie ist das heute? Wir haben uns mit der Zeit angewöhnt, trotzdem Kaffee am Automaten zu trinken und zu reden, aber wir sind länger bei der Arbeit geblieben. Der Stress führte dazu, dass wir langsam 45 Stunden arbeiteten. Irgendwann wurden in den meisten Firmen die Stechuhren und die Arbeitszeiterfassung abgeschafft, weil wir ja nur einen 38-Stunden-Vertrag hatten und deshalb niemand sehen durfte, dass wir den Firmen Überstunden schenkten. Und die schlossen davor die Augen und haben sich also auch niemals bei uns dafür bedanken können. Dafür tauchen Deutsche in allen Statistiken über Deutschland mit ihren hochoffiziellen 38-Stunden-Verträgen in den internationalen Arbeitszeitstatistiken auf und gelten als aberwitzig faul. In vielen Branchen läuft heute die Arbeitszeit auf vielleicht eine 55-Stunden-Woche hinaus.

Aber soll ich einmal sagen, was ich echt glaube? Unsere Effizienz ist von „ein Halb" auf „ein Drittel" gesunken. Wir arbeiten nicht mehr nur „im engeren Sinne", wir sitzen dauernd in Streitmeetings, in Abstimmmeetings, wir zanken um Ziele, wir protokollieren die Arbeit, wir schreiben Berichte für die Ablage, damit noch nach 10 Jahren Arbeitsprozesse geführt werden können. Wir müssen alles prüfen, weil es so viel Schummelei gibt, und wir müssen schummeln, um die Ziele zu schaffen. Letzte Woche sagte eine Klinikärztin, sie behandle kaum noch, weil sie Berichte schreiben müsse und ihre Sekretärinnenstelle als überflüssig gestrichen sei, weil sie ja den ganzen Tag eh nur behandle. In der Hälfte aller Leserbriefe bekomme ich weinend-zynische Beispiele, wie schwer die Arbeit geworden ist. Sie ist eigentlich nicht schwer, nur eben ineffizient. Klasse E bis G und müsste verboten werden. Dann rechne ich Ihnen vor, dass 38 geteilt durch 2 das Ergebnis 19 erbringt und 55 geteilt durch 3 eben nur 18,333. Das heißt: Wir opfern Privatleben und Gesundheit, um statt effektiven 19 Stunden nun 18,333 zu schaffen.

Sinngemäß aus Leserbriefen: „Wir beschäftigen keine Halbtagskräfte, weil die ja ebenfalls in den Abstimmmeetings sitzen müssen. Das sind schon 20 Stunden die Woche. Da können sie nichts mehr arbeiten." – „Wir sind am effektivsten mit Werkstudenten, die arbeiten zwar viel schlechter, aber die müssen keinen Nebenschrott arbeiten. Sie sind nur 19 Stunden die Woche da und arbeiten so ungefähr 15 davon." – „An dieser Uni kannst du nicht forschen, weil wir nur Zitationen erzielen müssen und Hochglanzjahresberichtinput liefern und alles in Sitzungen durchzanken, damit wir Elite werden." – „Wir haben einen Neueingestellten, der noch nichts gearbeitet hat und nichts kann. Er hat am ersten Tag einen Stundenplan bekommen, wo alle Abstimmmeetings und Auslandscalls drin waren, die zu seinem Job gehören. Es sind reine 24 Wochenstunden gewesen (ohne Vorbereitung). Er hat einen 38-Stunden-Vertrag. Nun sitzt er schon von Tag 2 an in den Calls und fragt sich, wann und ob er produktiv wird."

Das letzte Beispiel ist total authentisch ... ehrlich! Ohne Worte, oder? Ich sage nur, unser Wirkungsgrad ist auf zwei Drittel gefallen und wir verpuffen im wahrsten Sinne des Wortes.

Wissen Sie, was ich mir sehnlich wünsche? Ich möchte eine Beratertruppe über ganz Deutschland schicken, die allen Firmen eine Energieeffizienzklasse zuordnet. Und dann verbieten wir wie bei Glühbirnen die Klassen E bis G, weil solche Firmen die Mitarbeiter für nichts und wieder nichts ausbrennen. Wir haben zu sehr auf die Arbeitszeit und die „Utilization" geschaut, nicht auf die Effizienz!

Im Namen der Hocheffizienz haben wir die Effizienz verloren.

DD62: Zeile beherrscht Spalte und dominiert das Denken (April 2008)

> *Vielleicht ist diese Kolumne zu abstrakt oder zu kurz. Aber hier ist das echte Problem des neuzeitlichen Managements. Es ist unglaublich hart, wenn in einer Dimension zu viel Druck gemacht wird. Viel von der Finanz- und Vertrauenskrise ist hier begründet. Die Produktorientierung dominiert die Kundenorientierung – bei zu großem Druck aber vernichtet sie sie sogar.*

Im Leben zählt meist nicht nur eines, oft auch ein anderes. Wir versuchen dann, zweidimensional zu denken, was wir nicht wirklich können. Wir stellen unsere Gedanken hilfsweise in einer Tabelle dar. Und jetzt verrate ich Ihnen ein Geheimnis: Das Wichtige schreiben Sie irgendwie immer in die Zeilen. Und deshalb irren Sie so oft. Zweidimensionales Denken ist wirklich in höherer Dimension, nicht erst Zeile, dann Spalte. Huuh, das ist zu theoretisch, ich weiß.

Konkret: Stellen Sie sich eine normale Produktionsfirma oder, sagen wir, eine Bank vor. Eine Bank hat Kunden, die dort Dienstleistungen oder einen Service erwarten. Die Bank bietet den Kunden die Services an. Der Bankberater hat Kunden, die er betreuen soll. Die sind in einer Tabelle niedergelegt.

1. Zeileneintrag: die Kundenliste!
2. Spalteneintrag: hinter jedem Kunden stehen in verschiedenen Spalten, welche Services dieser Kunde in Anspruch nimmt (Sparbuch, Konto, Bausparvertrag, Kreditversicherung etc.).

Mit dieser Tabelle arbeitet der Betreuer. Wenn ein Kunde kommt, schaut er auf die Tabelle und schaut nach, mit wem er es zu tun hat. (Natürlich schaut er das im Computer auf dem Kundendatenblatt an.) Das Vorgehen des Betreuers ist „kundenorientiert".

Hinter dem Betreuer der Kunden aber ist die Bank, die sich überlegen muss, welche Services sie den Kunden anbieten will. Dazu könnte sie den Kunden selbst befragen, was sie in früheren Zeiten einmal getan hat. Aber der Kunde einer Bank kommt ja nicht von selbst darauf, dass er Schweinebauch-Olivenöl-Hausse Combi-Zertifikate mit Immobilienrisikoanteil kaufen möchte. Diese heute so genannten

„Produkte" einer Bank werden sorgsam für den Endverbraucher designt, so wie etwa die Lebensmittelkonzerne nicht mehr fragen, was wir essen wollen, sondern ganz neue Märkte für Marmeladen mit Hautstraffungswirkstoffen entfalten. In der Zentrale der Bank wird also über das Produktportfolio nachgedacht, das man dem Kunden anbieten und neuerdings mehr oder weniger lächelnd brutal „reindrücken" möchte. Zu jedem Produkt gehört der Gewinn, den man damit macht – der ist mal hoch (meist bei extra so entworfenen Produkten, die der Kunde nicht versteht), mal niedrig (Girokonto zum Nulllocken). Der Produktionschef sitzt deshalb – verstehen Sie den Unterschied? – nun vor einer ganz anderen Tabelle:

1. Zeileneintrag: die Liste der Produkte
2. Spalteneintrag: Kunden, die dieses Produkt kaufen SOLLTEN.

Der Produktionschef hat Lieblingsprodukte – das sind die, mit denen viel verdient wird. Der Kundenbetreuer hat Lieblingskunden – das sind die, die viel kaufen und viel Gewinn bringen. Der Produktionschef ruft immerfort: „Verkauft absolut nur meine Lieblingsprodukte, sonst nichts!" Aber der Kundenbetreuer entgegnet: „Liefert bitte nur Produkte, die meine Lieblingskunden wollen!"
 Diese Sichtweisen sind nicht direkt entgegengesetzt, aber schon sehr anders. Die eine Sichtweise ist produkt- oder spartenorientiert, die andere ist kundenzentriert. Diese beiden Sichtweisen beißen sich irgendwie. Man könnte nun einen Kompromiss finden, nämlich gemeinsam zweidimensional denken. Das aber gelingt niemandem! Deshalb gibt es irgendwie immer diese zwei Sichtweisen oder Tabellen, eine mit den Kunden in der Zeile, eine mit den Produkten.
 Es kommt darauf an, welche Tabelle der Boss auf dem Schreibtisch hat! Danach richtet sich dann die ganze Unternehmenskultur. Wenn die Bank nach Kunden aufgestellt ist, sorgt sie sich um diese. Was die Kunden wollen und was richtig für sie ist, bekommen sie. Die Kunden sind treu und vertrauen der Bank. Die Bank verdient mäßig viel damit und wirtschaftet zufrieden alle Tage bis zum 200-jährigen Jubiläum. Wenn aber die Bank nach Produkten aufgestellt wird, wetteifern die Produkte miteinander, verkauft zu werden. Die Bausparsparte schimpft auf den Versicherungsteil der Bank, das Geschäft zu verderben. Die Investmentsparte will gar keine Bausparer haben. Sie zanken miteinander, wer dem Kunden zuerst angeboten werden soll. Sie alle gehen zum Betreuer und treten ihn ins Kreuz und tiefer, damit er NUR ihre Produkte verkauft, damit sie intern Erfolg haben.
 Der Betreuer wirft irgendwann das Handtuch, weil ihn die Kunden verfluchen, die den Druck hinter ihm ahnen. Da strukturiert die Bank um und eröffnet verschiedene Schalter. Wenn der Kunde kommt, geht er nun nicht mehr zum Betreuer, sondern zum Bausparbetreuer, zum Anlagebetreuer oder zum Kreditbetreuer. Die Produkte stehen jetzt intern im Wettbewerb gegeneinander. Die Produkte lauern dem Kunden wie Sirenen dem Odysseus auf, damit er sie kauft. Da verstopft sich bald der Kunde die Ohren und brüllt: „Ich will wieder einen einzigen Betreuer!"
 Sehen Sie? Es kommt darauf an, ob der Boss eine Tabelle mit Kunden oder mit Produkten in der Zeile auf dem Schreibtisch hat. Je nachdem denkt er an seine Lieblingskunden oder an seine Lieblingsprodukte. Früher dachte er an Kunden.

Da kamen Berater und brachten ihm „Produktbranding" dadurch bei, dass sie ihm für viele Millionen Honorar die Zeilen mit den Spalten in der Tabelle vertauschten. Dadurch kam der Profit der Produkte in den Vordergrund. Der Kunde bekam nun nicht mehr, was er wollte, sondern nur noch die Lieblingsprodukte der Bank. Das merkte er mit der Zeit und begann weniger zu kaufen und die Bank zu wechseln. Er eröffnete überall Nullgirokonten und schaute herum.

Heute tobt dieser Kampf. Lieblingsprodukt oder Lieblingskunde? Zeile oder Spalte? Entweder – oder! Keiner denkt echt zweidimensional. So weit ist die Wirtschaftswissenschaft noch nicht. Und deshalb können das Manager noch nicht wissen, wenn es kein Rezept beim MBA-Studium war.

Verstehen Sie jetzt, warum die Produktmanager immer auf den Vertrieb schimpfen? „Diese Deppen können mein teueres Produkt nicht verkaufen. Rausschmeißen, alles Dilettanten!" Und die Verkäufer winden sich vor ihren Lieblingskunden, weil sie ihnen nicht liefern sollen oder auch nicht liefern können, was die Kunden möchten. Sie schimpfen auf die Produkte: „Komplett am Kunden vorbeiproduziert! Die Produktionsheinis haben keine Ahnung! Sie haben noch nie einen Kunden gesehen, diese Deppen!" Der eine denkt an das Produkt in der Zeile, der andere an den Kunden in der Zeile. Sie verstehen sich nicht, weil sie eine Präferenz in der Dimension haben. Dann laufen sie im Streit zum Boss und dessen jeweilige Halbblindheit entscheidet über die Priorität. Je nachdem ist das Unternehmen nach Kunden oder nach Produkten ausgerichtet oder aufgestellt. Beides geht irgendwie nicht so gut. Deshalb wechselt man den Boss alle paar Jahre aus gegen einen anderen, der wieder Zeilen und Spalten vertauscht.

So geht es hin und her. Produktorientierung macht die Firma gierig und innerlich zerstritten, sie macht aber am Anfang hohe Gewinne, weil der Kunde noch nicht merkt, was man mit ihm vorhat. Kundenorientierung geht sehr auf den Kunden ein und beschert nur mäßige und stetige Gewinne, bis es einem Boss zu langweilig wird und es zum neuerlichen Tabellensturz kommt. Hin und her, weil wir trotz aller zweidimensionaler Tabellen doch eigentlich herzlich eindimensional denken.

Welche Tabelle liegt vor Ihnen?

Kundenzeilen wie lauer Friede oder Produktzeilen mit stressigem Kampf?

DD63: Viagrata – die Ethikpille (März 2008)

Jetzt kursieren Berichte um Bemühungen, unser Hirn zu verbessern. Die neue Bewegung heißt Neuro-Enhancement oder Cognitive Enhancement. Viele nehmen schon Constant-Focus-Pills, damit sie immer dasselbe gut können, ohne abgelenkt zu werden. Noch Viagra dazu und das Galeerensklaven-Diplom ist ein Klacks?

Werden die Studenten demnächst Brainagra schlucken oder Mindagra? So fragte mich sinngemäß Jorinde Witte und schickte ein paar Links. Diese Kunstwörter sind nicht von JW, sie fielen nur sofort meiner satirischen Ader ein. Aber es gibt natürlich schon eine Website www.brainagra.com, wo allerdings noch bessere Aufbauarbeit zu leisten wäre. Immerhin, vielen Menschen scheint auch ganz ohne Sarkasmus das Wort Brainagra einzufallen, weil sie etwas Wichtiges tun wollen, nämlich ihr Hirn verbessern.

Das wird ein tolles Geschäft! Ich habe sofort Patente auf etliche Wirkstoffe erteilen lassen.

- Dopamints verursachen Glücksgefühle in allen Geschmacksrichtungen, ich bevorzuge Zimt.
- Ritualin lässt Freude an Gewohnheiten des täglichen Lebens entstehen und löst Wohlgefallen bei Liturgien oder Litaneien jeder Art aus.
- Rennitentalin gibt Kraft und räumt alle Mägen auf.
- Virtualin gibt dem Menschen den unbeirrbaren Glauben an eigene Wunderkräfte.
- Permamental stärkt die geistige Anwesenheit in Meetings.
- Cephalagra löst Kopfschmerzen bei schon kleinsten Regelverstößen aus.
- Babel-Talg-Einreibungen mit Salbader-Honig um die Bartzone herum lösen die Zunge.
- Re-Minder fährt das Gehirn neu hoch.
- Sparma-Frequent parst Liebesfreude in bekömmliche Dosen.
- Servus Servilis entspannt den Geist bei niederen Arbeiten.

Auch Werbung fiel mir dazu ein: „Trink Schläfenfeuer-Likör, oh träger Meister!" Das war jetzt ein Spezialkalauer, weil ich in der Nähe von Braunschweig geboren bin.

So ähnlich haben wir ganz früher über die Klimaveränderung gelächelt, über das Internet und aufwändige Ganzkörperoperationen von Transanimalisten. Jetzt aber wird es noch ernster. Kann man demnächst noch ein überdurchschnittliches Master-Examen ohne Neuro-Enhancer bestehen? Müssen wir nicht vorher lernen, unter solchen Medikamenten überzüchtet an Langweiligem zu arbeiten? Und ich als Philosoph und Platon-Bewunderer – werde ich das Predigen aufgeben und Ethikpillen ausgeben? Via Grata – der erwünschte, willkommene Weg . . .

Ach angenommen, wir könnten Ethikpillen herstellen, die den Menschen für vier Stunden gut sein lassen! Wer würde sie kaufen? Die Guten wollen es ja immer selbst schaffen, ganz bio, wie eine ungespritzte Zitrone beim Gutsein lächeln – wie die Tugend selbst – und die Bösen versuchen es nicht einmal mit Viagrata, das ist sicher. Die Bösen wollen natürlich nicht, dass Pillen ihrer Persönlichkeit schaden. Wir müssen daher bezweifeln, dass es eine Nachfrage nach Ethikpillen geben wird. Außerdem müssten moralisch gesehen Ethikpillen billig sein, wenn uns das Gutsein teuer ist. Ich glaube, für Ethikpillen ist kein Markt.

Aber die Menschen, die sich von der Medizin nicht einfach nur Gesundheit erhoffen, sondern eine Leistungssteigerung – die werden alle Summen zahlen, soweit sie im Verhältnis zum erhofften Gewinn stehen. Sie werden sich teuerste Pillen kaufen, die sie in die Klasse der ein, zwei Prozent Spitzenverdiener katapultieren, worauf dann alle anderen Mitarbeiter sich etwas billigere Pillen kaufen müssen, um wenigstens mental das Vorauseilen der Leistungsturbos ertragen zu können. Und so wie die Leistungssportler ihren dopinggeschüttelten Körper mittelfristig der Verrottung opfern, damit er kurze Zeit Werbeaufträge absahnt, so werden sich die Großen Geister der näheren Zukunft ebenfalls den Körper ruinieren. Ein Nobelpreis reicht schon – und es ist ausgesorgt, dafür sind die Redehonorare hoch genug, der Körper kann den Nebenwirkungen geopfert werden.

Sie sagten uns, dass Dynamit gut zu Sprengungen unter Tage tauge. Das stimmt! Dynamit, das segensreiche, ermöglicht erst unsere Rohstoffversorgung und den Tunnelbau. Und man wird uns auch Viagrata, die Ethikpille, zu friedlichen Zwecken designen, damit der Mensch endlich durch seine eigene Anstrengung gut werden könne. Damit wird das Hintertürchen zu den Leistungssteigerern geöffnet.

Viagrata, die Ethikpille, wird als Logo ein Feigenblatt auf der N2-Packung tragen und damit allen nachfolgenden tatsächlichen Ungeist verdecken.

Ich erinnere mich, ich war schon einmal vor acht Jahren so, so böse darüber. In dem Buch *Beta-Inside Galaxie* steht die garstige Geschichte von damals. Wollen Sie es sich einmal übel werden lassen? Sie handelt von einem Genie der D-Generation, das gerade durch viel bessere neuro-enhancte Vertreter der E-Generation abgelöst wird, ohne dass irgendjemand dem D-Genie etwas davon zu sagen wagt. Denn das D-Genie hält sich noch für die Krone der Schöpfung. Das Copyright hat der Springer-Verlag, ich zitiere hier nur den Anfang als Ende dieses DD.

Das Ende der D-Generation

Das D-Genie grübelt.

„Nach dieser Operation habe ich fünf Beine. Ich kann ihren Sinn nicht erkennen. Ich will sofort meinen Biologen sprechen. Hallo! – Hallo!"

Stille.

„Es rührt sich nichts. So geht es schon seit Wochen. Ich habe praktisch nur noch Schmerzen. Alles tut weh. Besonders aber die Behandlung, die ich erfahre. Mein Körper ist ohnehin schon sehr weich, ich liege durch und werde immer fetter. Alles eine Wunde. Seit ich eine Plastikhaut als Bauchdecke habe, sehe ich sehr klar, was in mir passiert, wenn ich es einmal schaffe, meinen dicken Mistkopf so weit zu heben. Die Organe sind alle deformiert, auch die neu eingepflanzten. Sie geben sich seit einiger Zeit nicht mehr viel Mühe, meinen Korpus zu stabilisieren. Ich habe noch Glück, weil ich wenigstens einen Top-Arm habe, dem nichts fehlt, andere sehen da vorne wie ein Tyrannosaurus aus, mit so vertrockneten Fühlern statt Armen. Ich klage ja nicht, denn ich sehe ja, wie schlecht es andere haben. Aber sie sollen sich um mich kümmern. Ich habe wieder erstklassige Ideen, aber es heißt immer: Der Herr Extraktor hat so viel zu tun, er kann sich nicht beliebig für mich freischaufeln. Ich brauche inzwischen schon mehrere Tage, um ihm alle meine neuen Erkenntnisse zu übergeben, so viel Neues weiß ich schon wieder! Ich wundere mich, warum sie nicht direkt gierig sind zu hören, was ich an Neuem habe. Ich weiß jetzt, wie alle die Schwierigkeiten beseitigt werden können. Sie werden mir dankbar sein! Sie werden sich so sehr freuen!" – „Hallo!" – ...

Hallo? Sehen Sie, was auf uns zukommt, wenn wir nur leistungsfähig sein wollen und sonst nichts?

DD64: Menschenbewertungen, das perfekte Dinner und das Subjekt Inferior (Mai 2008)

Im Fernsehen gibt es jetzt Kochsendungen – auf allen Kanälen. Damit sich normale Deutsche überhaupt so etwas ansehen mögen, muss nach jedem Menü immer festgestellt werden, wie gut gekocht wurde. Wir müssen ja beckmessern, wer am besten war, oder? Es gibt bis zu zehn Punkte! „Ich mag wegen Schneckenphobie nur Dosengemüse, deshalb null Punkte für den ekelhaft frischen Salat." Was wird da eigentlich bewertet?

Das weiß ich auch nicht. Ich dachte, ob das Dinner perfekt ist?! Aber das ist ja auch so sehr subjektiv. Man kommt in Teufels Küche, wenn man objektiv feststellen können will, wann etwas gut gekocht ist oder nicht. Denn es gibt verschiedene „objektive" Verfahren oder Zugänge zum Bewerten, nach meiner Omnisophie so etwa drei. Das erste wertet nach Kriterien, die vorher aufgestellt werden (Geschmack, Tischdeko, Ambiente etc.). Das zweite entscheidet aus dem Bauch heraus, ganz instinktiv. Die dritte Methode fragt intuitiv aus einem vollen Verständnis der Kochkunst als solcher heraus, ob dieses fragliche Beispiel diese Kunst inspiriert hat oder nicht. Welches dieser verschiedenen (Denk-) Verfahren soll angewendet werden? Darüber streiten sich seit jeher Geister und Bäuche, und sie schimpfen sich gegenseitig subjektiv, weil die jeweilig gewählte Methode der Bewertung „Ansichtssache" ist. Dabei hängt die Methode einfach stark mit der Persönlichkeit des Wertenden zusammen. Die Wahl der Bewertungsmethode ist also ein Streit um das Sein an sich.

Deshalb könnten wir die Wahl der Bewertungsmethode als „subjektiv" ansehen, irgendwie schon. Aber so richtig subjektiv ist etwas anderes. Das sind Bewertungen nach der innerlich gestellten Frage: „Hat es mir selbst jetzt gerade geschmeckt oder nicht?" Beim perfekten Dinner im Fernsehen gibt es Urteile wie: „Sie ist mir sehr sympathisch, das gibt schon mindestens acht Punkte." – „Lamm hasse ich, nur drei Punkte." – „Ich bin heimlich für mich besehen ein Starkoch – da können die anderen nicht anstinken, deshalb einen Punkt nur für jeden anderen, weil gegen mich nicht höher gewertet werden kann." – „Ich werte einfach taktisch, damit ich Wochengewinner werde." – „Ich musste kurz vor der Sendung mit den Kindern noch viel Schokoladentorte essen und konnte Dein Essen einfach nicht mehr sehen. Bäh!"

Verschiedene Bewertungsmethoden haben immerhin eine objektivierte Bewertung im Sinn, obwohl –wie gesagt – die Methodenwahl als solche schon problematische subjektive Elemente enthalten kann. Methoden sind aber wenigstens in sich fair. Bei den letztgenannten Beispielen aber fragt sich der Betrachter eigentlich nur, wie sehr ihn das Dinner in irgendwelchen Lustkomplexen (Genießen, Schwelgen, Feiern oder in der Dinnerwertung siegen) persönlich jetzt und hier befriedigt hat oder nicht. Ein Subjekt ist doch eigentlich ein erkennendes, bewusstes Ich, das aus seinem subjektiven Denken heraus ein Objekt, ein Nicht-Ich – hier ein Dinner – bewertet. Wer aber nur die Selbstbefriedigung taxiert, ist vielleicht gar kein Ich, keines jedenfalls im ursprünglichen Aristotelischen Sinne? Es muss ein freudsches Es sein!

Sollten wir dann nicht zwischen einem Subjekt und einem Subjekt Inferior unterscheiden, einem, dem wir verächtlich „Du Subjekt!" hinterher rufen würden?

Genau wie beim perfekten Dinner werden auch Mitarbeiter in Firmen oder Schüler von Lehrern bewertet. Es gibt wieder die verschiedenen Methoden: die nach Kriterien, die intuitive und die instinktive, dazu gibt es eine offizielle Methode, die im Personalhandbuch steht und die zwar an diesem Ort subjektiv steht, aber ganz offiziell ist und damit irgendwie als objektiv definiert ist. Die subjektiven Manager tun so, als würden sie offiziell bewerten. Eigentlich aber gehen sie nach derjenigen Methode vor, die ihnen als menschliches Subjekt die angemessenste scheint. Für Mitarbeiter ist dieses Subjektive im Manager, das aber in sich um Fairness bemüht ist, gut hinnehmbar. Was sie aber alle fürchten, die bewerteten Mitarbeiter und Schüler, ist ein bewertendes Subjekt Inferior.

„Ich mag ihn nicht." – „Sie kränkt mich durch ihre Fachkenntnis, ich muss ihr zeigen, wer Herr ist." – „Ich bewerte alle die schlecht, die das schnell gut hinnehmen, ich will keinen Streit." – „Ich fühle, er will meinen Stuhl. Da sorge ich für seinen Durchfall." – „Ich bewerte nur, was mir persönlich nützt. Wer mir meine eigene Arbeit abnimmt, ist mir am wertvollsten." – „Mir sind Schüler am liebsten, die still arbeiten, mich mögen und das auch zeigen. Alle anderen werte ich ab."

Es ist also ein Unterschied, ob sich ein Ich als subjektiv erkennendes Bewusstsein um eine Bewertung bemüht oder ob sich ein niedriges Es oder Subjekt Inferior beim Bewerten an der eigenen Befriedigung misst.

Im Fernsehen sind niedrige Esse beim Essen wohl pralleres Leben als hochstehende Iche. Das versteh ich ja. Das sehe ich mir auch einmal an! Aber bei Vorgesetzten und Lehrern will ich das nicht sehen, echt nicht. Deshalb will ich nicht wegschauen. Tun Sie das bitte auch nicht.

DD65: Das Schweigen ist Schrei! (Mai 2008)

„Cum tacent clamant." Übersetzt: Ihr Schweigen ist wie Schreien, wie eine Anklage. Dieser berühmte Satz ist von Cicero. Es gibt heute eine Menge Schweigen. Das ist mehr wie Verzweiflung, aus Angst nicht anders als schweigen zu können. Oder das, wovon die Rede ist, liegt so fern, dass nur noch geschwiegen werden kann. Die aber reden, wissen das lieber nicht.

Wenn die Nachricht zu schrecklich ist, fürchten wir, als Bote gelyncht zu werden. Dann ist Schweigen für uns wie Gold. Wenn wir etwas befehlen wollen, was für andere schwer zu schlucken ist, sind wir mit dem Schlucken der Kröten ganz zufrieden. Die Gewalt, die wir übten, traf auf keine Gegengewalt. Immerhin.

Heute kommt es häufig vor, dass Mitarbeiter entlassen werden sollen oder geplant ist, ihren Lohn zu senken. Mindestens aber sollen sie mehr arbeiten und auch gehorsamer sein. Da werden dann Reden gehalten, die diese Absichten als geniale Strategie tarnen und mit Begeisterung verkünden. „Das einzig Beständige ist der Wandel. Er ist gut per se, was immer sich wie wohin wandelt. Jeder, der etwas ändert, ist der Held der neuen Zeit, würdig Manager mit Optionen zu sein. Viele, ja viele, fürchten den Wandel, denn sie sind voller Angst und zeigen sich als Schwächlinge, kaum gerüstet für die doch wechselvolle Zukunft. Sie zittern bei der Ahnung, dass der Wandel auch kleinere Nachteile bringen kann, um die sie sich selbstsüchtig kleinkrämerisch den ganzen Tag sorgen, anstatt zu arbeiten. Natürlich werden wir Mitarbeiter entlassen, aber wer anständig arbeitet, hat nichts zu fürchten. Wir entlassen nicht alle gleichzeitig, sondern nur nach und nach. Wir stellen fest, dass nach jeder Entlassung die Arbeit dennoch von den übrigen getan werden kann. Oh, wie faul sind Sie alle, Sie verdienen kaum den Namen Mitarbeiter. Was soll es sonst bedeuten, dass die Arbeit stets von weniger Menschen getan wird? Sie hängen sich wahrscheinlich auch heute und nicht morgen wirklich rein, wir werden noch einschneidendere Maßnahmen nötig haben."

Cum tacent clamant. Aber es ist das Schweigen der Lämmer.

Und die Arbeit wird schon lange nicht mehr getan. Die Kunden werden kaum noch betreut und verlieren das Vertrauen. Der Service funktioniert nicht mehr gut, die Kunden beschweren sich. Die Zeitungen berichten jeden Tag, wie zum Beispiel Banken oder Call-Center die Kunden verprellen oder „vertriebsstark" unter Druck setzen, ohne sich um den Kunden selbst zu kümmern. Unnötige Versicherungen werden aufgeschwatzt, Handyverträge angedreht. Schummelpackungen enthalten nun weniger.

Das wussten die Mitarbeiter schon immer. Die Bankmitarbeiter haben sich nun schon 15 Jahre die Reden ihrer Chefs von den Vertriebsoffensiven angehört und bitter geschwiegen. Sie rufen heute Kunden zu Hause belästigend an und spüren, wie das Vertrauen zerrinnt. Sie werden kurzfristig mehr verkaufen, ein-, zweimal noch bei den Kunden. Der Chef wird sie dafür loben und sie werden wieder schweigen. Wenn die Kunden verschwinden, werden sie ihren Arbeitsplatz verlieren. Nicht gleich jetzt alle, nur nach und nach. „Wir haben uns überlegt, wegen der Synergien die schlecht frequentierten Zweigstellen zu noch weniger frequentierten Großzweigstellen zusammenzulegen. Wir sind in einer Notlage, weil die Kunden für den tollen Service nicht zahlen wollen. Die Kunden sind gnadenlos."

„Wir wollen die beste Firma mit den besten Mitarbeitern und den besten Produkten und den zufriedensten Kunden und dem besten Image und dem höchsten Gewinn und der größten Begeisterung der Mitarbeiter sein!"

Und Sie? Sie schweigen. Das, was Sie denken, ist zu weit weg von dem, was gesagt wird. Keinen Zweck etwas zu sagen. Alles annähernd Wahre ist verglichen mit dem Gesagten schon sehr destruktiv und läuft ins offene Messer.

Cum tacent clamant. Aber es ist das Schweigen der Lämmer.

Merken denn Ihre Manager, dass Sie schreien, wenn Sie schweigen? Ich höre es oft so: „Ich hatte einen mächtigen Bammel, den Mitarbeitern diese schwere Kost zu vermitteln. Aber sie haben alles geschluckt. Wir haben sie gezwungen, auf Bewertungsbögen anzukreuzen, wie gut die Reden ankamen. Meine war 2,6 im Schnitt. Das ist mäßig, ja, aber ich kann nicht mehr erwarten. Ich habe meinen Job getan. Es war nicht zu erwarten, dass sie mich küssen, wenn ich die Einschnitte ankündige. Es ist mein Job, so zu reden. Er ist sehr hart, besonders in solchen Momenten. Mein Job erfordert, dass es mir egal ist, was sie über mich denken. Ich darf mich nicht emotional auf das einlassen, was ich sage. Dann wittern sie auch meine Angst. Ich rede und rede. Ich will nichts anderes hören müssen. Ich höre von oben schon genug, nämlich, dass es noch nicht genug ist – und das gebe ich weiter. Ich hoffe, dass sie es dennoch schaffen, was ich wollen soll, dann bin ich aus dem Schneider."

Überall Schweigen.

„Ihr seid auf der Hauptschule und werdet wohl bald arbeitslos. Es wäre besser, ihr lernt ein paar Sprachen und passt auf, damit etwas aus euch wird. Ich fordere euch auf, zu tun, was ich sage, denn das ist das Einzige, was euch rettet. Begeisterung für Mathematik und Deutsch rettet. Liebe zu Jahreszahlen und Niederschlagsmengen. Ich bin nur Lehrer und kann euch keine Zukunft geben, denn es gibt längst schon keine mehr für alle. Wer eine Zukunft haben will, muss sie sich selbst durch Interesse und Lernfreude zu erschaffen beginnen. Meckert nicht mit dem unsinnigen Schulstoff, für den kann ich nichts, egal, was ihr über mich denkt. Es ist mein Job. Der Lehrplan ist wie er ist. Er ist die Eintrittskarte für die, die mich hier in Ruhe meinen Unterricht machen lassen."

Irgendwie glauben die da oben fest entschlossen wider eigenes Wissen, dass schweigend Schreiende immer noch gut arbeiten. Deshalb können Sie so lange schreiend schweigen, wie Sie wollen. Das ändert nichts. Dabei gäbe es Situationen, in denen Wandel ganz angebracht wäre.

Wer aber wirklich schreien will, muss sich überlegen, wer es hören soll. Der eigene Chef, das Fernsehen oder unsere Politiker?

„Ich wollte ihn anschreien, aber ich weiß, dass es ihm noch schlechter als mir geht. Ich arbeite ja noch die meiste Zeit relativ konstruktiv, wenn auch überlastet, aber als Manager bekommt er wirklich ganztags Strom. Er tut mir leid. Er ist verzweifelt, aber als Manager darf er das viel, viel weniger zeigen als ich kleines Licht unten. Was wäre also gewonnen, wenn ich ihm zeige, wie er ist, denn er weiß es ja?"

Was tun wir also, wenn die gefühlte Wahrheit schon zu weit weg ist, dass sie hilfreich sein könnte? Wenn Wahrheit mehr schmerzen würde als das Verbleiben im Trug? Wenn Rückkehr mehr leiden ließe als das Weitergehen?!

Macbeth ächzt: „Ich steck so tief / im Blut, dass, sollte ich nicht weiter waten, der Rückweg ebenso ermüdend wär'."

Also weiter schweigend schreien? Ich sage:
Schweigen ist der letzte Schrei.
Ihr letzter. Des Lammes letzter.

Alle zurück, schrei ich! Hören Sie? Und dieser Wandel ist meinetwegen so schrecklich wie der, der Sie zum Schweigen gebracht hat. Denn Sie müssen nun selbst kämpfen. Ja. Na, und? Los!

DD66: Der perfekte Mensch in der TV-Vorstellung (Mai 2008)

Meist haben wir kaum mehr Zeit, als schnell etwas auf der Straße zu essen. Dafür schauen wir uns am Abend Kochsendungen an, die die eigentliche Kultur ersetzen. Das ist ein fabelhaftes Modell für überhaupt alles! Als Nächstes sollten wir Fitness-Sendungen haben, weil wir ja doch die Zehnerkarte für das Fitness-Studio nicht einlösen können.

Die Sendung könnte „Der perfekte Body" oder „Voyeur, Voyeur" heißen. Ein paar Prominente – es müssen wohl immer vier sein – führen darin vor, wie sie sich in ihrem lokalen Fitness-Center schinden. Sie stellen sich gegenseitig Aufgaben wie „Probier' jetzt mein Spezialgrillgerät zum Waschbrett-Spare-Ribbing." Danach bewerten sie sich gegenseitig. Die Schweißbildung spielt eine Rolle, wie sehr es Spaß gemacht hat, wie weh es getan hat. Natürlich sind gute Körper sichtlich im Vorteil wie in den Kochsendungen solche, die vorher schon mehr Geräte als nur Mikrowellen kannten. Also müsste auch Mitleid punktemäßig mitzählen oder wir könnten Aussehenshandikaps einführen (15 Punkte auf der nach oben offenen Beckmesser-Paris-Skala).

Voyeur! Wir wollen malträtierte Körper sehen: Schöne offen dargelegt, mit kosmetischen Kratzern, oder auch ganz wabbelnde, die glücklich jeden Mini-Erfolg beim Ein-Kilo-Hantel-Stemmen bekreischen. Alles soll genau authentisch sein, als wären wir es selber, die sich quälen. Da bemühen sich uns liebe Menschen, uns ans Herz gewachsene Promis ernsthaft um etwas, wofür wir selbst keine Zeit mehr haben. Lange Zeit wollten wir das nur bei Liebe und Sex bezahlen, jetzt aber ist mit den Kochsendungen der Bann gebrochen.

Wir dehnen das bewährte Prinzip bei Grundtriebbefriedigung jetzt erstmal auch auf Fitness aus. Danach auf alles andere. Nur noch Prominente befassen sich mit dem ernsten Leben, wir schauen zu. Sie werden uns für alles zur Verfügung stehen, das ist nach den Dschungelsendungen sicher, wo sie für eine Bratwurst schon mal bei Flötenspiel zu einem medizinischen Schlangeneinlauf jauchzen. Prominente werden Spargel stechen, Mathe-Nachhilfe nehmen, Kampfwirkungstrinken oder im Garten graben müssen, sie sollen Weihnachten um die Wette feiern – so ab September, die besten vier bescheren uns dann das echte TV-Fest. Sollen die doch die ganzen Liedtexte lernen! Wir glotzen.

Diese neue Art zu leben sollten wir Virtualisierung oder Virtual Life nennen. Das gibt es im Internet schon seit etlichen Monaten. Menschen laufen da als selbst nachgemachte Avatare herum und erleben elektronisch etwas Banales gegen Geld. Sie fühlen sich dabei wie Stars. Das ist der Witz dabei. Aber bitte – das ist doch ein Witz gegen alle die wunderbaren Prominentensendungen! Da müssen Promis uns selbst dienen! In allen möglichen Sendungen für alle Lebenslagen! Sie müssen sich von uns bewerten lassen, genau wie wir es von der Arbeit her so hassen. Wir wollen uns an ihren Emotionen weiden, weil wir dafür keine Zeit mehr haben.

Ich träume ... welche Sendung würde ich mir wünschen? Wofür habe ich keine Zeit? Vielleicht wäre es schön, sie würden jeden Abend mich selbst spielen, so gut sie können! Ich kann dann nebenbei noch literarisch arbeiten und lasse den Fernseher nebenher mitlaufen – damit alles wie aus einem Erguss stimmt.

Dann hört bald alles auf. Seit Sex perfekt prominent dargestellt wird, schüchtert uns das virtuelle Amateursein ganz schön ein. Demnächst kochen wir auch nicht mehr, wenn die Prominenten es irgendwann gut können – wir oder sie sind nahe dran. Danach fallen die Fitness-Studios! Die Ballermänner veröden, denn das Übelsein über dem Saufen wird dem TV übergeben. Alles virtualisiert sich. Und bald werden sie mich auch weit besser spielen, als ich es je selbst könnte – denn für Geld tun sie alles. Dann hab ich auch keine Lust mehr, ich selbst zu sein.

Endlich kann ich überzeugt loslassen.

Nirwana.

Nur Prominente sind verflucht, ein gewünschtes Leben zu haben.

DD67: Banken verbaseln alles (Juni 2008)

> *Das ist vielleicht die meistgelesene Kolumne gewesen. Ich bekam viele Zuschriften, auch eine mit der Anmerkung, dass ich es mir mit dem Vorwurf der Dummheit an die Banken zu leicht mache. So dumm seien die nicht. Man habe schon in etwa gewusst, was man tat. Ich mailte zurück: „Dann war es nicht dumm, sondern absichtlich?" Halbe Zustimmung kam wieder. Ich schrieb: „Wenn es absichtlich war, können sie sich gegen den Vorwurf der Dummheit gar nicht verteidigen, weil sie sonst die Absicht zugeben müssten. Also bleibe ich bei dumm und schaue mal, was passiert."*

Die so genannten Basel-II-Regeln verlangen von Banken, dass sie die Risiken vermeiden und managen. Tatsächlich aber werden die Risiken erhöht. Das sehen wir ja jetzt. Die Banken haben das Geld nicht sorgsam gehütet, sondern verbaselt. Wie geht das? Ich versuche, Ihnen eine Idee von Risikomanagement zu geben.

Wenn man einen Kredit vergibt, kann es sein, dass der nicht zurückgezahlt wird. Das ist das Risiko der Bank. Sie muss für diesen Fall gewappnet sein. Deshalb wäre es klug, wenn sie Geld zurücklegen würde, so viel, wie es dem eingegangenen Risiko entspräche. Sie deckt dann etwaige Verluste mit ihrem Eigenkapital ab.

Auf der anderen Seite haben sich die Banken eingeredet, sie müssten die Eigenkapitalrendite so irre hoch steigern, wie es die Citi-Bank manchmal geschafft hat. Sie wurde als Vorbild gesehen (das ist diese selbe Bank, die neulich in Risiken erstickte!). Sie erinnern sich vielleicht, als die Deutsche Bank ebenfalls mehr als 25 Prozent wollte und dies auch schaffte?

Es ist ganz leicht, die Eigenkapitalrendite zu erhöhen. Die meisten von Ihnen denken, das macht man dadurch, indem man mehr Gewinn erzielt. Naiv! Rendite ist Gewinn pro Kapital. Sie können die Rendite auch erhöhen, wenn Sie das Eigenkapital senken. Eine gute Idee wäre es, sich alles Geld, was man Kunden als Kredit verleiht, selbst bei anderen Banken zu leihen und GAR KEIN Eigenkapital zurückzulegen. Stellen Sie sich vor, eine Großbank hat 1 Euro Eigenkapital und macht einen Gewinn von 100 Euro im Jahr. Dann ist die Eigenkapitalrendite gleich 10.000 Prozent (Der Gewinn ist das Hundertfache des Kapitals!). Man muss also das Eigenkapital senken, dann ergibt sich die Rendite von ganz allein und schwupps hat der Vorstand sein Ziel erfüllt und bekommt einige Millionen Bonus. Hey, man muss nur höhere Risiken in Kauf nehmen, am besten alles riskieren!

Frage: Wer, bitte, hat denn jetzt eigentlich das Risiko, wenn die Großbank nur 1 Euro Eigenkapital hat? Antwort: Die Aktionäre. Wenn die Bank Kreditausfälle nicht decken kann, weil das Eigenkapital nicht ausreicht, sind die Aktien wertlos. Die Bank wird dann wohl für 1 Euro verkauft und gehört dann anderen Aktionären. Denken Sie einen Augenblick genüsslich nach: Genau diejenige Strategie, die die Eigenkapitalrendite himmelhoch schießen lässt, verwandelt in Wirklichkeit so etwas wie Risiko in Geld. Man verbessert die Kennzahlen durch maßloses Riskieren. Wir schließen logisch einwandfrei: Diese Art von Management ruiniert die Aktionäre. Diese Art von Management aber hat sich ja gerade in den Dienst des Shareholder-Values gestellt!! Das Management treibt das Risiko hoch, zeigt bessere Zahlen vor, bekommt einen Bonus und die Aktionäre jubeln, denn sie kaufen jetzt noch Aktien dazu und der Kurs steigt. So geht die Produktion von Shareholder-Value ohne viel Arbeit. Man muss das Risiko hochfahren, aber so, dass die Leute an der Börse und vor allem die dummen Aktionäre es nicht merken. Kein Problem, sie verstehen ja nichts von Risiko und lassen sich die Aktien hochjubeln und jubeln dabei mit.

Die Bankenaufsicht passt aber auf! Sie will uns ja nicht in den Fängen solchen Treibens lassen. Deshalb hat sie Regeln aufgestellt, dass man Banken nicht einfach auf Kredit arbeiten lassen kann. Die so genannten Basel-II-Regeln verlangen, dass für jeden Kredit genug Eigenkapital da sein muss, sonst bekommt die Bank eine gelbe bis rote Karte. Das geht so: Sie und ich werden als Kunden in Bonitätsklassen eingestuft. A sind die sehr guten, B die guten Kunden und dann gibt es noch C und D. Je nach Kundenklassen muss die Bank die Kredite mit so etwas wie 8 oder 10 oder 15 Prozent Eigenkapital unterlegen. Bei guten Kunden muss sie weniger Eigenkapital unterlegen, bei schlechten Kunden viel. Sie hat deshalb eigentlich lieber nur gute Kunden!

Die Banken haben nun zum Teil große Softwarepakete, die die Risiken optimieren. Die Bank gibt nun gerade so viele Kredite aus, dass das vorhandene Eigenkapital ausreicht. Damit halten sich also die Banken an diese Regeln der Bankenaufsicht.

Gut, denken Sie? Na ja ... Sehen Sie: Die Regeln der Bankenaufsicht setzen dem Risiko Grenzen, sie sind eigentlich wie ein Limit im Straßenverkehr. Und genau wie wir im Ort immer genau 50 vor den Radarfallen fahren, fahren die Banken ihr Geschäft genau an der Basel-II-Kante. Das ist eigentlich nicht so gedacht, oder? Dass man Risiken am oberen Limit fährt, weil die eigenen Aktionäre nix davon kapieren? Okay, erlaubt ist es jedenfalls, nur nicht gut.

Aber nun: Nehmen wir einmal an, in Amerika steigen die Immobilienpreise an. Denken wir uns einen armen Mini-Jobber aus Nebraska, der in einem geerbten Papphaus mit einem Wert von 100.000 Dollar lebt. Er hat darauf noch 30.000 Dollar Schulden. Hohes Risiko! Nun aber steigt der Marktwert des Hauses auf 150.000 Dollar an. Jetzt – so sagen die Regeln – ist das „Risiko" niedriger geworden. (Es ist eigentlich nicht das langfristige Risiko kleiner geworden, eher erst die augenblickliche Gefahr, aber die Basel-II-Regeln schauen nur auf den augenblicklichen Stand – tja.). Und nun sieht die Bank, dass aus einem D-Kunden ein C-Kunde geworden ist.

Da aber ALLE Häuserpreise steigen, werden nun ALLE Kunden in der Bonität höher gestuft, die ein Haus besitzen. Sie sind ja alle reicher geworden. Deshalb muss die Bank nicht mehr so viel Eigenkapital für die Kredite hinterlegt haben. Sie kann jetzt wieder viel mehr Kredite bei gleichem Eigenkapital ausgeben.

Was macht die Bank? Sie fragt den armen Mini-Jobber, ob auf das Haus mit dem neuen Wert von 150.000 Dollar nicht noch ein Autokredit aufgenommen werden kann. Dann hat sie wieder den Kreditrahmen ausgeschöpft. Sie gibt dem Kunden dabei gerade so viel Geld, dass er nicht wieder auf D abrutscht. Verstehen Sie? Man geht immer das höchstmögliche Risiko ein, was gerade erlaubt ist. Alles am Limit.

Nun steigen die Immobilienpreise in den USA bekanntlich immer rasant an. Die Risiken und Kredite werden immer mit dem jeweils höheren Limit hochgefahren. Alles schraubt sich höher und höher. Und höher!

Und nun frage ich Sie als potentiellen Laien: Was passiert, wenn die Häuserpreise doch ganz ausnahmsweise einmal um 10 Prozent fallen, was ja vorkommen soll?

Dann müssen die Banken die C-Kunden wieder auf D zurückstufen und deshalb viel mehr Eigenkapital haben. Klar?

Nun SIND aber die Immobilienpreise gefallen. Was ist passiert? Die Banken haben fast alle am Limit agiert und brauchten jetzt Eigenkapital. Es ist aber keins da, weil die Aktien in Panik fallen und keiner neu einsteigen will. (Deutsche Sparkassen gehören den Kommunen und die haben auch so eine Limitstrategie, stets kein Geld zu haben, was sie „fehlende Spielräume" nennen; wenn sie nämlich Geld hätten, so hätten sie auch wieder Raum zum Spielen.) Die Kredite der C-Kunden werden nun zu Krediten von D-Kunden, sind also fauler geworden und damit weniger wert, wenn man sie loswerden oder verkaufen will. Alles fällt. Die Banken müssen SOFORT Eigenkapital aufnehmen, sonst sind sie jenseits des Limits und werden geschlossen. Das kann in wenigen Stunden oder Tagen gehen. Deshalb telefonieren sie alle nun hektisch mit Staatsfonds und Milliardären aus China, Indien und Arabien, damit die mal blitzschnell einige Milliarden einschießen. Die Banken verkaufen sich jetzt in Minuten an jeden, der will, wo sie sonst doch heilige unantastbare nationale Symbole gewesen waren. Bitte sehen Sie das Problem: Die Banken könnten die Verluste an sich schon tragen, aber sie DÜRFEN laut Gesetz nicht unterfinanziert arbeiten. Deshalb suchen sie Eigenkapital – die Verluste sind vergleichsweise egal, die zahlen ja die alten Aktionäre.

Wir sehen: Die Regeln zum Eindämmen von Risiken werden von Finanzinstituten gar nicht als Richtlinien gesehen, die Gefahrenzonen aufzeigen. Nein, sie benutzen die Regeln zum Ausreizen. Grüne Ampeln sind zum Regeln des Verkehrs gedacht – nicht aber, dass alle Leute exakt noch eine halbe Sekunde in Rot rein fahren, weil erst ab da die Strafen einsetzen.

Wir sehen auch, dass die Regeln der Finanzmärkte zusammen mit den Am-Limit-Strategien dazu führen, dass es nun bei jedem Immobilien-oder-was-weiß-ich-Umschwung zu einer gigantischen Finanzkrise kommen muss.

Warum hat das niemand erkannt? Ich glaube, ich weiß es. Es gibt einen wahnsinnig tiefsinnigen Grundsatz der Volkswirtschaftslehre, der alle mit Blindheit oder Dummheit geschlagen hat: Er lautet: „Über die ganze Volkswirtschaft hinweg betrachtet gleichen sich Schwankungen gegeneinander aus. Mal verliert der eine, mal der andere. Die Risiken verteilen sich und ebnen sich im Großen ein." Mathematiker wissen, dass dies bei unabhängigen Ereignissen stimmt. Aber leider erhöht sich das Risiko von ÜBERHAUPT jedem Kredit eines Hausbesitzers, wenn die Immobilienpreise fallen. Nichts gleicht sich aus, wenn die Banken alle gleich handeln wie die Lemminge. Bei Lemmingen stirbt in guten Zeiten keiner und dann, ab und zu, sterben sie alle. Das hat die Volkswirtschaft nicht verstanden und die Finanzaufsicht nicht berücksichtigt. Wir verstehen es als Aktionäre nicht und geben gutgläubiges Geld für Zertifikate und wir zahlen als Steuerzahler die Zeche und nehmen dafür am besten einen Kredit auf! Ja, eigentlich verlieren wir überhaupt alle, außer ein paar Managern, die im megaschlimmsten Fall von der Abfindung leben müssen.

Merke: Gesetze sind Grenzen. Sie werden so weit gesteckt, dass nicht bei jedem „Kleinmist" die Polizei kommen muss. Das meiste regeln wir selbst, nicht die Polizei. Brücken werden so gebaut, dass wir auch mal ein bisschen gewichtiger drüber fahren können als genau erlaubt. Fahrstühle stürzen uns nicht in den Tod, wenn statt 12 Normpersonen noch ein Übergewicht dabei ist. Die Grenzen geben uns noch Luft zum normalen Leben. Wir haben „Toleranzen". Die Ver-Basel-Grenzen aber werden wie Empfehlungen gesehen, immer genau an der Grenze zu stehen, immer nur einen Nanometer neben der Kriminalpolizei, immer ein Milligramm vor dem Absturz in den Tod. So wird das Leben zu einem reinen Seiltanz über der Schlucht, bei dem die besseren Menschen einen Fallschirm dabei haben und die restlichen zu Präkariatsmasse zerschellen. Unten, wenn alle vom Seil fallen, warten wir Hilfsbereiten und päppeln die mit Staatsgeldern auf, die noch leben – die mit den Fallschirmen.

DD68: Der Zorn des Deutschen darf Jammer nur sein (Juni 2008)

Der Deutsche jammert, was man ihm vorwirft. Er greint ständig herum und schweigt wie das Lamm zum Schlachten vor den gewetzten Augen der Autorität. Warum aber jammert er nur und wird nie wirklich laut? Ich spüre: Dieser Jammer ist hinweg erzogener Zorn. Der zornige Wille trifft auf introjizierten Überwillen: „Halt deine Klappe, du deutscher Kleinmensch."

Bei Freud heißt es wohl Über-Ich und Es? Wie immer man es nennt – oft sehe ich in Menschen zwei Kräfte aufeinanderprallen, die sich gegenseitig auslöschen. Wie die physikalische Kraft und die Gegenkraft heben sie sich auf und es bleibt oft ein elender Rest über. So ein Überbleibsel des Konfliktes ist zum Beispiel das Jammern des Deutschen. Bei anderen Gelegenheiten ist es schale Unlust, dann wieder Resignation, die im Alter schon mal lächeln kann. Ein andermal fühlen wir uns depressiv oder tief frustriert. Immer ist eine Anstrengung an etwas noch Härterem oder Mächtigeren abgeprallt.

- Herdentiere wie manche Antilopen sind zwar immer beisammen, aber sie berühren sich faktisch nie. Davor haben sie Angst entwickelt. Sie berühren sich nur beim Sex. Wenn das Männchen aufspringt, kocht im Weibchen die Berührungsangst hoch und wird durch Sexualhormone niedergehalten, die es inmitten von Angst zum Stillhalten zwingen. Auch das Männchen hat große Angst vor der Berührung, wird aber durch seine Hormone zum Handeln gezwungen. Das Männchen versucht so schnell wie möglich davonzukommen. Biologen beobachten oft, dass das Weibchen total ruhig steht und sich selbst leckt, also Reinigungsbewegungen ausführt. Diese seltsame Handlung ist der Rest aus dem Anprall des Fluchttriebes und des Stillhaltenmüssens oder Berührenmüssens. (Man schließt eigentlich nur aus dem Verhalten von Ratten auf Menschen, hier aber könnte man ...)
- Studenten in Vorlesungen haben oft einen Ideenblitz in den Augen, das sehe ich! Die Augen weiten sich freudig – ganz schnell. Sie leuchten wie eine angeknipste Glühbirne auf. Und dann? Verlöschen sie wieder. Ich sehe bei meinen Reden dieses Blitzen wie Lichter, die fast immer gleich wieder ausgehen. Wenn ich in die Leuchtaugen direkt schaue, blicken sie zur Seite und verlöschen wie traurig. Das Leuchten ist die Idee, die im Kopf das Licht einschaltet. Dann aber erhebt

sich gewaltig die Gegenkraft. „Halt deine Klappe, du willst wieder etwas schön Dummes sagen wollen, du niedriger Zuhörer." Das ist unsere deutsche Erziehung. „Sag nur etwas, wenn es konstruktiv, solide und korrekt ist und wenn es von der anderen Seite erwünscht wird." Die Kraft der Idee hebt sich in dieser Gegenkraft auf. „Da – Licht!" gegen „Du machst dich bitte nicht lächerlich oder hebst dich hervor!" Zurück bleibt die Wunde der Gegenkraft, das Gefühl, eigentlich niedrig und dumm zu sein. Je mehr Ideen Sie also haben, umso dümmer kommen Sie sich bei diesem Spiel vor. Hundert selbst unterdrückte Ideen und Sie halten sich wahrscheinlich für einen elenden menschlichen Sonderling. Je intelligenter Sie sind, umso dümmer kommen Sie sich vor.

- Unsere Vorgesetzten sind auch Deutsche, die eigentlich keine Idee haben dürfen. Wenn jetzt aber ein Mitarbeiter eine hat? Darf er das, wo doch der Vorgesetzte sich selbst das Neue oder Aufbegehrende verbietet? Der Vorgesetzte dient treu dem System, zu dem auch die Erziehung gehört. Er selbst hatte leuchtende Ideen, die in seinen Augen erloschen. Wird er sich am Licht in Mitarbeitergesichtern erfreuen? Schon der Mitarbeiter selbst traut sich kaum, etwas zu sagen. Aber da ist dann noch der Vorgesetzte, der durch die Ideen angegriffen sein wird. Selbst wenn der Mitarbeiter die niederdrückende Gegenkraft in sich selbst überwände, was geschähe dann? Alle diese Kräfte heben sich auf. Im Vorgesetzten verbleibt das Gefühl des Argwohns, im Mitarbeiter das der Bekümmerung oder des Jammers.

- Junge Politiker oder ganz neue Erstmanager haben oft ein Blitzen einer Idee in den Augen. Sie sind ganz unverbraucht. Sie wollen etwas, aber sofort regt sich die Gegenkraft der Parteiräson oder der Firmenkultur. „So wirst du nicht gewählt!", droht die Gegenkraft oder „Das versaut deine Karriere ganz sicher." Zurück bleibt Resignation und ein restlicher Ehrgeiz, der in der irren Hoffnung weitermacht, dass die Idee ganz am Ende doch noch siegen könnte, wenn man als Politiker oder Manager endlich einmal oben wäre. Sie wissen aber nicht, dass sie dereinst dann, wenn überhaupt, ganz poliert sein werden.

Dabei sind wir hell zornig! Wir sind böse!

Wir sind entsetzt über die Skandale des Managements und der Selbstbedienung. Wir sind empört über die Entlassungen. Wir sind tief verärgert über die Politik, die sich nur noch im Machtkampf übt und sich wie permanent im Wahlkampf benimmt. Niemand traut sich, eine neue Idee direkt in andere Augen zu äußern. Sie werfen feige ihre Ideen hinter vorgehaltener Hand der BILD-Zeitung zum Fraß vor, die sie am nächsten Morgen bewertet und richtet. Und dann fragen alle nach: „Sie wollen wirklich alle Steuern abschaffen?" – „Oh Verzeihung, ich wurde ganz falsch verstanden!"

Immer wird das, was Bewegung bringen soll, durch die große Macht des Niederhaltens unterdrückt. Die will die Erziehung in uns haben. Unsere Natur der Zuversicht wird durch unsere Kultur des Klappehaltens im Zaum gehalten. In uns kocht der Zorn, wie es in unserem Lande steht. Aber die Gegengewalt presst uns zum Schweigen.

Es bleibt ein Rest in uns über, weil Kraft und Gegenkraft sich nicht ganz genau aufheben. Es ist Politikerverdrossenheit, Managementschelte, Rentenpessimismus, Perspektivlosigkeit – das Einwilligen in einen nicht enden wollenden Trott, den wir nicht billigen. Im Ganzen gesehen ist genau all das der deutsche Jammer, der uns erfüllt, dieses Restwissen, nicht leuchten zu dürfen.

Und auf diesen Kummer hinauf häufen die da oben nun den Tadel, dass wir alle nur jammern statt etwas zu tun. Ja, wenn es doch erlaubt wäre, etwas zu tun! „Macht doch, entscheidet schnell, tut etwas, macht meinetwegen Fehler, das tut nichts, wir brauchen Innovation, Zuversicht, Losgehen, Nichtfragen!", schreien die da oben und sind doch selbst ebenfalls gehemmt.

Wir müssen das Deutschsein umbauen. Dann sind wir den ganzen Jammer los. Vermutlich kommen beim Umbau aber wieder andere Fehler in uns hinein, die wir jetzt noch gar nicht haben. Lebenslust, Selbstdenken, freie Energie oder so, wir müssen da sehr vorsichtig vorgehen. Brich den Willen oder er bricht aus.

DD69: Kunde und Überkunde (Juli 2008)

Wissen Sie, was ein Übermensch ist? Nietzsche hat ihn bejubelt. Shaw aber zeigt in seiner Komödie *Mensch und Übermensch* (*Man and Superman*) völlig realistisch auf, dass eigentlich die Frau den Mann indirekt beherrscht. Mann und Übermann – die Frau übermannt. Darüber lachen wir alle herzlich, weil es ja nicht in jedem Einzelfall stimmt. Derweil inszenieren die Unternehmen eine analoge Tragikomödie mit dem Titel *Der Kunde ist König*. Es wird dabei verschwiegen oder übersehen, dass es den Überkunden gibt. Diesem gehüteten Geheimnis gehen wir jetzt auf den Grund.

Ein Kunde ist ein Wesen, das Geld für eine Leistung bezahlt und durch eine dem Preis entsprechende Leistung zufrieden gestellt werden muss. Wenn dies nicht geschieht, „laufen die Kunden in Scharen davon", wie es so schön heißt. Der Kunde hat in der Regel die Wahl. Das macht ihn stark, wenn er auf Leistung besteht. Ein guter großer Kunde hat mehr Macht, auf Leistungserfüllung zu pochen. Ein kleiner Kunde wird oft verachtet: „Geh doch woanders hin, bei dir setzen wir eher zu."

Es gibt aber noch andere Kunden. Es sind solche, die einem Unternehmen Geld dafür bezahlen, dass das Unternehmen ihnen eine Dividende erwirtschaftet. Es sind die Aktionäre oder Shareholder. Sie zahlen ein Quantum Eigenkapital ein und bekommen dafür eine Eigenkapitalrendite. Sie sind genauso erpicht auf hohe Gegenleistung wie die normalen Kunden.

Das Unternehmen muss beide Kunden zufrieden stellen. Normale naive Vernunft erkennt, dass zufriedene Kunden auf der Nachfrageseite sehr viel Gewinn bringen. Dadurch ist das Unternehmen in der Lage, den Kunden auf der Aktionärsseite eine hohe Rendite zu liefern. Gutes Arbeiten bringt in diesem naiven Sinne Segen für alle – für den Kunden UND den Aktionär. Achten Sie auf das Wort UND? Das ist wichtiger, als Sie vielleicht ahnen.

In den letzten Jahren ist in der Betriebswirtschaftslehre, bei den Beratern und im Management irgendwie der Unverstand ausgebrochen. Die gradlinige Wahrheit hat sich verkrümmt. Irgendwer hat die Irrlehre aufgebracht, dass ein Unternehmen einen bestimmten Gesamtnutzen erbringt, der unter den Kunden, Mitarbeitern und Aktionären AUFGETEILT werden muss. Aber wie? Wer bekommt denn einen wie großen Share, wie viel Leistung bekommt der Kunde, wie viel der Aktionär? Die Unternehmensleistung bekommt der Kunde ODER der Aktionär.

Aus dem ursprünglichen UND ist heimlich ein ODER geworden. Du ODER Ich! Rendite ODER gute Produkte. Die Logik der verblendeten Gier konstruiert ein Gegeneinander, was eigentlich ein Miteinander ist. Nun versuchen die gierigen Aktionäre, Rendite AUF KOSTEN der Kunden zu erzielen, nicht als Nebenprodukt guter Arbeit.

Die Aktionäre fingen mit dieser Unlogik an. Sie setzten das Topmanagement unter Druck, mehr Rendite zu erzielen, indem sie das Erzielen von Rendite zum alleinigen Zweck des Unternehmens erklärten. „Shareholder-Value" wurde mit „Ich will möglichst alles" gleichgesetzt. Die Aktionäre brachten es dahin, dass die anderen Kunden, die früher die eigentlichen Kunden waren, entmachtet wurden. Die Aktionäre wurden zum Überkunden, weil sie das Topmanagement auf ihre Seite brachten, indem sie es durch Höchstgehälter quasi bestachen. Das Topmanagement wurde nun zum Diener des Überkunden, während nur noch das übrige Unternehmen für den ursprünglichen Kunden arbeitete. Das Topmanagement bildete eine Art Wasserscheide oder Ertragsscheide. Die Aktionäre über dem Topmanagement wollten „alles" und die anderen Unternehmensteile forderten „alles" für den Kunden. Das Topmanagement stand jetzt in einer andauernden Zerreißprobe. Nach oben diente man dem Überkunden, nach unten dem Kunden.

Die Überkunden waren nicht damit zufrieden. Sie setzten nach, weil sie Erfolg hatten. Sie erzwangen Quartals- und später Monatsberichte, stellten unbotsames Topmanagement an den Pranger. Das gestresste Topmanagement ächzte schwer und zwang nun zur Entlastung die zweite Führungsebene, die nächste von oben, ebenfalls zum Diener des Überkunden zu werden. Dadurch verschob sich die Ertragsscheide nach unten. Das Topmanagement war nun nicht mehr zerrissen. Es stand ganz im Dienst der Shareholder. Es forderte nun das mittlere Management auf, ebenfalls für Rendite zu arbeiten. Jetzt war das Mittelmanagement innerlich zerrissen. Nach oben sollte es Rendite erzielen, nach unten den Kunden zufrieden stellen. Die Unternehmenskommunikation war innerlich zerrissen. Früher hatte sie das Image beim Kunden hochgehalten und laut über tolle Produkte die Trommeln gerührt. Nun aber wollten die Shareholder auch gute Nachrichten für sich sehen: Entlassungen, Gehaltskürzungen, Stress, Sparen – und bitte nicht: „Wir arbeiten unter hohen Kosten an einer Verbesserung im Sinne des Kunden." Die Unternehmenskommunikation arbeitete schon immer in der Nähe des Topmanagements und knickte ein. Sie verbessert heute fast nur noch das Image beim Überkunden.

Heute werben sie mit ihren Gewinnen beim Überkunden. Sie protzen, wie erfolgreich sie sind und wie stark sie wachsen. Sie prahlen mit ihrer Strategie, die Besten zu werden. Sie imponieren mit Pluszeichen und Marktschlachten. Das ist so stark umgeschlagen, dass selbst den normalen Kunden, die Produkte kaufen, eigentlich nur noch erklärt wird, wie toll das Unternehmen im Sinne des Überkunden ist. „Wir sind die Firma mit dem allergrößten Gewinn!" Und sie sehen es als logischen Schluss an, dass ein Unternehmen, das eine hohe Rendite erzielt, auch gut für den Kunden sein MUSS. Bitte – das ist nicht logisch! Diktatoren, Galeerenbetreiber, Raubritter oder Zuhälter erzielen Traumrenditen – sind sie gut für Kunden? Aber der dumme Kunde soll eben so denken: Wenn der Überkunde eines Unternehmens mit ihm zufrieden ist, dann ist schon klar, dass das Unternehmen INSGESAMT – auch für den Kunden – erstklassig ist! Der Überkunde ist jetzt so mächtig geworden, dass seine Zufriedenheit mit Zufriedenheit schlechthin gleichgestellt ist. Und das, obwohl der Überkunde immer mehr Front gegen den Kunden macht. Der Überkunde zwingt das Management, die Leistungen für den Kunden zu faken und zu drosseln und sie in Renditeerhöhungen umzumünzen.

Das mittlere Management ist auch eingeknickt. Es fordert nur noch bessere Zahlen für den Überkunden und die Rendite. Es zwingt nun das untere Management und dann die einzelnen Mitarbeiter des Kunden, nur noch an den Überkunden zu denken. Jeder Mitarbeiter wird nun am Profit gemessen, also am Erfolg für den Überkunden. Der Kunde ist nur wichtig, wenn es ihm zu arg wird und er weglaufen will. Da bekommt er ein Honigpflaster. Außerdem arbeiten inzwischen fast alle Unternehmen für den Überkunden. Der Kunde kann nicht mehr dahin gehen, wo es besser wäre.

Die Zerreißprobe und damit die Ertragsscheide ist jetzt im Mitarbeiter, der den Kunden direkt bedient. Er muss gleichzeitig dem Kunden dienen und den Überkunden befriedigen. Alle anderen über ihm haben sich ganz dem Überkunden verschrieben. Sie managen den Profit. Der Mitarbeiter bildet die Front zwischen Kunde und Überkunde und badet den ganzen Krieg aus.

Es sieht jetzt so aus, als ob nun fast alle Menschen nur noch für den Überkunden arbeiten. Das ist nicht so, weil ja die meisten von uns Mitarbeiter sind und nur wenige von uns sind Manager. Wir Mitarbeiter wissen ja auch, dass wir nach unserem Feierabend selbst Kunde sind. Dieses Wissen schlägt uns sehr auf Galle und Leber, es geht uns ans Herz. „Stelle den Kunden zufrieden, aber verdopple den Gewinn!", so lautet der simple Marschbefehl für uns Mitarbeiter.

Was können wir vor dem Burnout tun? Müssen wir jetzt auch irgendwann unsere Herzenswärme für die Kundenseite aufgeben und gleichgültig gegen den Kunden werden? Die sprichwörtlich zwanghaften Beamten in den alten verstaubten Behörden waren zum Beispiel ausschließliche Diener des Staates, ganz und gar nicht solche des Bürgers. Sie waren traditionell Vasallen des Dienstherrn. Werden wir nun alle wieder so? „Haben wir nicht, bin ich nicht zuständig, habe keine Zeit, warten Sie, bis Sie dran sind – und was wollen Sie mit welchem Recht?" Werden wir nur gut überleben, indem wir uns mit dem Überkunden identifizieren, also nicht mehr mit dem Unternehmen wie früher?

Früher war der Kurs eines Unternehmens eine Strategie im Sinne des Kunden, heute ist der Unternehmenskurs eine Renditezahl. Alles fing damit an, dass jemand die naive Logik mit dem UND wie Team und Fairness durch das ENTWEDER ODER ersetzt hat, das den Kampf einleitete. Wir könnten jetzt als Kunden gegen den Überkunden ebenfalls kämpfen, indem wir in Scharen davonlaufen und nichts mehr kaufen. Aber wir sind inzwischen zu arm geworden und leben nur noch, wenn wir das Geld auch ausgeben. In einer Diktatur weniger Reicher bei vielen Armen können die Armen nicht weglaufen, verstehen Sie?

Und trotzdem: Das ODER muss wieder dem UND weichen. Wie aber schaffe ich das, wenn die meisten gar nicht gemerkt haben, dass sie das UND verlassen hat? Wie schaffe ich das, wenn die meisten gar nichts vom UND wussten?

DD70: Der Betriebsrat gibt dem Boss den Bonus (Juli 2008)

Vom Überkunden – dem Aufsichtsrat und von den Shareholdern schrieb ich jüngst, und war damit gar erschröcklich für die Leser, die keinen Ausweg mehr sahen. „Stellen Sie die Welt nicht so nackt und nüchtern dar, wenn sie nicht zu ändern ist. Dann wollen wir sie gar nicht sehen." Sind Sie nicht kreativ genug? Müssen Sie die Lösung immer vorgesetzt bekommen? Und wenn ich dann eine vorschlage, wollen Sie die ja auch nicht. Also hören Sie: Die Mitarbeiter zahlen dem Boss einen Bonus, wenn er gut managt.

Viele große deutsche Firmen haben mehr als 100.000 Mitarbeiter. Die könnten jeder 10 Euro im Monat dem Betriebsrat geben und diese Summe an den Vorstand ausschütten, wenn der Betriebsrat findet, die Arbeit des Vorstands war gut.

Das Volk könnte sich zu Vereinen zusammenschließen und den Politikern einen Bonus geben, wenn sie die Kernkraftwerke abschalten oder wieder anschalten oder Magermodels verbieten oder sich selbst am besten dünne machen. Ach nein, schade, das geht nicht, weil es ja dann für jede beliebige Politik wohl einen winkenden Verein mit einem Bonus gibt, so dass die Politiker in jedem Falle reich würden – fragt sich nur wie sehr. Nein, das geht wohl nicht. Ach ja, nicht jede Idee ist gut, der Rotwein schien mir italienisch, jetzt kommt er mir ganz spanisch vor.

Bei einem Betriebsrat sieht es anders aus, weil es nur einen gibt. Oder?

Man könnte den Bonus dafür ausschütten, dass gute Produkte freundlich an Kunden verkauft werden, dass zum Beispiel die Banken die Benimmregeln tatsächlich einhalten, die sie sich neuerdings geben. Dafür, dass jemand die Strategie des Unternehmens inhaltlich erklären kann und den Satz „Werte für die Börse schaffen" für zehn Minuten ganz vermeidet. Die Mitarbeiter müssen doch nicht nur flehen oder höchstens alle paar Jahrzehnte ängstlich eine halbe Stunde streiken. Unsere Politiker herrschen uns immer an, wir sollten zuversichtlicher sein als sie selbst. Ja, könnten wir. Aber wir sollten vielleicht auch selbstbewusster werden, gell?

Ich sehe im Arbeitsleben, dass sich normale Menschen wie Sie und ich furchtbar unter Stress verbiegen, weil sie vielleicht oder eventuell ein halbes Monatsgehalt abgezogen bekämen. Brutto! Na und? Ich rufe nicht zu schlechtem Arbeiten auf, sondern zu Mut. Trauen Sie sich, Ihre Meinung zu sagen, wenn Ihnen dafür ein halbes Monatsgehalt abgezogen wird? Das traut sich fast keiner. Sie sehen also an sich selbst, wie sehr Sie durch ein paar Hundert Euro im Monat ruhig gehalten werden können. Warum regen Sie sich dann auf, dass die Manager sich so sehr nach dem

Bonus richten, wenn Sie es doch auch tun? Warum schreien Sie, die Manager würden sich anpassen, gehorchen und durchwinden – für ihr Zusatzmonatseinkommen oben drauf?

Alle sind wir so!

Und folglich: Wer den Bonus gibt, hat die Macht über die, die nach Trauben hoch springen.

Das bringt mich wieder auf die Idee zurück, dass die Arbeitnehmer Geld sammeln und ... ich fürchte, es ist zu weitgehend. Aber es wäre lustig, es einmal auszuprobieren. Was dann passiert! Ich bin so gespannt! Wir wählen alle einen Betrieb im Land zufällig aus, sammeln gemeinsam und schauen einmal, was geschieht! Wie prickelnd!

Was wollte ich eigentlich sagen? Irgendwie kann man etwas ändern. Sich ändern. Andere Wege gehen. Wieder anders siegen. Freier werden. Stellen Sie sich zur Übung vor, Sie werden nun beauftragt, genau den Ablauf und die Regeln zu definieren, wie das geht: Gebt dem Boss den Bonus. Gehaltloser Widerstand heißt das, denke ich ... oder so ...

DD71: Die deutsche Zerrissenheit, der deutsche Doppelbrave und ein Sturm auf die klassische Erziehung (August 2008)

Eine zu frühe Erziehung zur Pflicht zerreißt den Menschen später – so behaupte ich. Wir prägen das Kind, bevor es verstehen kann. Dann geben wir ihm dasselbe noch einmal zu verstehen. Folglich ist es jetzt doppelt erzogen mit denselben Werten. Wehe aber, wenn sich das zu Verstehende später ändert – dann ist das Geprägte noch da und rebelliert. Wenn es stimmt, was ich vermute, vermurksen wir gerade die braven Kinder bei der Erziehung ganz schön. Gerade die, die nicht erzogen werden müssten. Die braven Deutschen, die dann zerrissen sind, gehemmt und ängstlich.

Mir ist einmal ein Buch über typische EEG-Grafiken in die Hände gefallen. Da war von langen Deltawellen die Rede, von nicht so ganz langen Thetawellen, von normalen Alphawellen und den schnellen Betawellen. Beim Erwachsenen kommen Deltawellen nur kurz im Tiefschlaf und bei Nahtoderfahrungen vor („Alles war Licht! Die Welt war ich!"). Thetawellen sind solche der Konzentration, der Hingabe oder der Meditation. Alphawellen beherrschen unser normales entspanntes Leben, Betawellen zeigen wir unter Stress.

Na gut, ist eben so, dachte ich. Ich stöhnte dann erkenntnissatt über manches an meinem Arbeitsplatz, weil ich ja ganz offenbar Thetawellen zum Arbeiten brauche, aber die Störungen bringen mich „raus", in Beta wie Stress. Ach ja, jetzt wusste ich, dass ich mit allem Recht habe, was ich über Hingabe und Stille empfinde. Aber ich bekomme nicht Recht, weil die anderen in anderen Wellenlängen arbeiten.

Was mich aber total erschrecken ließ, waren die Angaben im Buch, dass Säuglinge bis etwa 18 Monate vorherrschend Deltawellen im Hirn haben, die bei Erwachsenen nicht mehr willentlich vorkommen. Bis etwa ungefähr zum Alter von fünf Jahren haben Kinder ein Theta-EEG, danach bis etwa 15–20 ein Alpha-EEG. Dann beginnt der Stress des Lebens, bei Annäherung ans Rentenalter sind Alpha-Profile normal („Opa ist viel relaxter als du, Papa!").

Stellen Sie sich vor, dass ein Säugling im Delta-Profil ÜBERHAUPT anders fühlt und denkt als wir! „Alles ist Licht. Alles ist Mama und Wärme." Zu dieser Zeit aber bekommt er schon lange Zeit Erziehungssignale: „Pass auf. Kleckere nicht. Fass nichts an. Nein, Pfui. Weg da. Heiß! Nerv nicht. Schlaf durch. Patsch auf die Hand. Strafe muss sein. Weine nicht, kleine Eva. Jetzt kein Essen. Pfui, ein Stinker. Wieder alles voll, oh Gott. Wann das wohl aufhört. Sag Mama! Hörst du! Das Gläschen wird leer gegessen, es hält sich nicht länger. Du isst, was ich mache, es ist gesund. Weg von der Treppe. Nicht schreien, es ist Mittag."

Eine Mutter oder ein Vater mit Betawellen-EEG redet so mit dem Kind im Deltawellen-EEG. Das Kind versteht nicht, weil es nicht sprechen kann. Es wird geprägt, nicht erzogen. Später, mit zwei Jahren, spricht es und versteht unter Thetawellen. Dann aber ist es voll geprägt und hat keinen bewussten Zugang mehr zu dem, was vorher geschah. Psychologen nennen es unterbewusst – es ist in einen Körper hineingedrückt worden, der es gedanklich nicht verarbeiten konnte, und es ist unmöglich, es später gedanklich und sprachlich zu verarbeiten. Es ist in Fleisch und Blut übergegangen und kann mit dem Verstand nicht mehr erreicht werden.

Brave Kinder sind solche, deren Prägung leicht gelingt und schön fest ist. Die wilden Kinder lassen sich nicht gut prägen und müssen noch lange erzogen werden.

Stellen Sie sich jetzt ein braves, stark geprägtes Kind vor. Es macht alles richtig und wird immer gelobt. Wenn es in den Kindergarten kommt, bekommt es dieselben Werte des Daseins und der deutschen Pflicht nochmals über den Verstand eingetrichtert. Es ist jetzt doppelt indoktriniert, einmal über Prägung und einmal über Erziehung.

Schauen wir weiter in die Zukunft des Kindes. Es soll im elften Schuljahr sechs Wochen in die USA oder in der Vorlesung den Professor etwas fragen. Es soll jetzt nicht einseitig brav sein, sondern weiterkommen und selbstständig werden.

Wir sagen ihm also: Jetzt geh hinaus und wage. Trau dich. Sei selbstbewusst!

Das versteht es gut, weil es brav ist. Es wird versuchen, alles ganz genau so zu tun. Aber es kann nicht. Die starke Prägung ist übermächtig. Sie sagt ohne Worte im Bauch: „Pass auf. Sei vorsichtig. Woanders ist es gefährlich. Wage nichts. Bleib zu Hause. Frage nicht. Sage nichts den Nachbarn weiter. Schweige. Sei nicht laut."

Wenn also der doppelbrave Deutsche vom Verstand her die Bravheit aufgeben will und muss, weil er erwachsen ist und raus muss, dann hält ihn die Prägung zurück. Der Doppelbrave spaltet sich und ist zerrissen. Er wirkt gehemmt und unschlüssig. Er zögert und geht nur dorthin, wo alles sicher ist. Die wilden Kinder, die weder geprägt sind noch sich zu viel erziehen ließen, werden nun gesetzte Erwachsene und schaffen was im Beruf, sind weiterhin lebhaft, konfliktfähig und haben Kontakte ...

Stellen Sie sich vor, das alles wäre wahr, dass nämlich Deutsche oft Doppelbrave sind. (Wenn Sie sich das nicht vorstellen können, sehen Sie sich noch die EEGs in meinem Buch Topothesie an oder schauen Sie in Artikel im Buch Panopticon.) Dann stimmt mit unserer frühkindlichen Erziehung nichts.

Sie ist nicht darauf ausgerichtet, Kinder hirngerecht zu behandeln. Es wird ja noch schlimmer: Man will im Kindergarten Fremdsprachen lehren! Fremdsprachen lernt ein Kind im Thetawellenbereich wahrscheinlich schnell einfach so, ABER nicht mit Vokabeltraining wie in der Schule, weil das Vokabellernen wahrscheinlich erst im Alphawellenbereich funktioniert (wo das Kind in etwa weiß, was ein Gedächtnis ist oder eine „Festplatte").

Müssen wir nicht verschiedene Erziehungen und Pädagogiken für verschiedene Wellenlängen haben? Wenn es so wäre, wie grausam sind wir jetzt mit vielen Kindern? Zumindest mit den Doppelbraven, die dann nicht aus ihrer geprägten Haut können?

(Ich habe es mit Medizinern diskutiert, die sagen aber, EEGs sind für die Erkennung von Krankheiten, nichts zur Erkenntnis des Seins. Ich muss also einräumen, nicht die Koryphäe an dieser Stelle zu sein. Aber ich nehme mir bei der Gefahr die Freiheit, schon „Feuer!" zu schreien, obwohl die Luft nur sehr heiß ist und es stinkt.)

(Dieses DD ist auch als Zusatz zum DD68 „Der Zorn des Deutschen darf Jammer nur sein" zu sehen. Ich bekam Leserbriefe, dass ich wohl die Erziehung zur Ordnung schlecht machen wolle. Ordnung müsse doch sein, sonst breche Anarchie aus. Da versprach ich, es besser zu erklären. Ich will nicht das Brave abschaffen, sondern das uns zerreißende Doppelbrave. Einfach reicht und zerstört uns nicht.)

DD72: Mist, nur Silber! (August 2008)

> *Dieses DD löste Kontroversen aus, weil Silber „ja auch schön ist". Finde ich auch, aber der Wille soll doch lieber auf Gold zielen. Gold ist absolut! Alles andere zielt auf Relatives. Ich finde es dann doch viel besser, man versucht, toll zu sein und nicht, toller als andere zu werden. Wer toll sein will, muss daran arbeiten. Wer nur besser als andere abschneiden möchte, schaut sich andere an. Das aber ist nicht der Königsweg, auf andere zu schielen. Man muss sich auf die Kunst selbst konzentrieren.*

Siegen wollen! Nicht siegen müssen! Nach den Sternen greifen, nicht Karriere machen! Den Oscar gewinnen, nicht Nominierungen anstreben! Verrückt geworden – warum denn gleich so hoch hinaus? Wer ganz oben sein will, muss etwas erschaffen. Für Silber reicht nachmachen. Deshalb sage ich: Gold ist so unendlich viel schöner anzustreben als Silber, selbst wenn Sie nie eine Medaille erreichen. Auf Goldkurs sein ist das Schöne an sich.

Wer etwas nach Träumen erschafft, ist glücklich dabei und gewinnt manchmal alles, mal auch wie van Gogh nichts. Das ist wunderschön, aber „high risk". Die anderen orientieren sich nach einem vorausgeeilten Genie, das neue Regeln aus der Natur oder von Gott empfängt, wie man seit Immanuel Kant spekuliert. Die anderen ahmen nach. Sie betreiben „in fake of excellence" oder „benchmarking" oder „quick adaption".

Bei IBM trug neulich ein junger Mann vor, der sich als Junge bis in die Spitze der regionalen Meisterschaften geschwommen hatte, da ereilte ihn ein Unglück. Man musste ihm ein Bein amputieren. Der Vater meldete ihn noch vor der Operation für die Para-Olympics-Laufbahn an, damit sein Leben weitergehen würde. „Welche Behinderung hat Ihr Sohn denn?" – „Ich weiß es noch nicht, mindestens ein Bein wird fehlen." Der verzweifelte Junge übte mit einem Bein wie um sein Leben und schwamm zwei Jahre später schneller (!) als jemals zuvor als Gesunder. Er gewann tatsächlich Medaillen, stellte eine Staffel auf, aber es wurde nur Silber. NUR Silber. Er war enttäuscht. Er hatte sich wegen seiner Behinderung den Schwimmsport ganz neu erfinden müssen. Er grübelte, was das Team hätte besser machen können. Er kam nicht darauf. Später fiel ihm ein Foto der Staffel nach dem Wettkampf in die Hände, wo sie ja verloren hatten. Da fiel es ihm wie Schuppen von den Augen: Er selbst und ein anderer Kamerad schauten leer in die Kamera, die beiden anderen mit hüpfend glücklichen Augen wie am schönsten Tag ihres Lebens. Da wusste er, woran es lag. Er suchte zwei andere, die vom perfekten Sport träumten und gewann vier Jahre später (schon ziemlich alt) das Gold.

Gold hat etwas mit Sehnsucht zu tun, mit Unendlichkeit, mit Persönlichkeit. Kein Kompromiss! Die ganze Seele geht darin auf.

Ab und zu lese ich in meinem Musashi-Buch. Das Buch der fünf Ringe. Miyamoto Musashi war der berühmteste Schwertkämpfer im klassischen Japan, er überstand viele Kämpfe auf Leben und Tod, beendete seine Kampfkunstlaufbahn im meinem jetzigen Alter (!) und schrieb ein Buch über die Kampfkunst, kurz bevor er starb. Ich halte das Buch fast heilig und habe mir leider die Zitate nicht angestrichen, deshalb schreibe ich es eben so, wie es sich mir eingeprägt hat.

„Fast alle achten beim Kampf auf Leben und Tod auf die richtige Schwertführung und die Stellung des Körpers und der Füße. Sie versuchen, alles richtig zu machen. Das ist falsch."

„Gehe hinaus und töte."

„Töte mit einem Hieb."

Das klingt sehr martialisch, ich weiß. Es besagt, dass Siegen nicht bedeutet, alles richtig zu machen. Es bedeutet einfach TUN. Musashi hat die Kunst so sehr verinnerlicht, dass es nicht mehr um Regeln geht. Er ist seine eigene Kunst selbst geworden.

Und diese Sätze, die so oder so ähnlich im Buch stehen, stehen in mir:

„Übe Deine Kunst, als solltest Du sie selbst erfinden."

„Tu es alles so, als wenn es keiner sonst kann."

„Es genügt nicht, dies zu lesen, man muss so hart üben, als würde man diese Lehre selbst entwickeln wollen und nicht einfach übertragen bekommen."

„Man übe so beharrlich, als sei man selbst verantwortlich für die Entdeckung des wahren Weges."

„Man vermeide bloßes Nachahmen und mittelmäßiges Üben."

Dieses persönliche Für-sich-selbst-neu-Erfinden wird nicht mehr gelehrt oder gepriesen. Herzblut, Liebe zur eigenen persönlichen Kunst und Wille haben nicht genug Stellenwert. Wir bewundern Sie als Ausstrahlung oder Charisma, als Originalität oder Genie, aber wir wissen nicht mehr genau, wo es herkommt. Daher:

Jeder von uns ist selbst verantwortlich für die Entdeckung des wahren Weges.

DD73: Konstruktion von Prozessleichen und das Fehlen von Blut und Atem (September 2008)

Die so genannten Prozesse, Reorganisationen und Rahmenrichtlinien werden wie im frankensteinschen Labor konstruiert. Die Manager und Politiker konstruieren eine schöne Leiche und stellen sie dann unter die Mitarbeiter oder mitten ins Volk. Das soll dem Monster den Atem einhauchen.

Wenn wieder einmal ein Prozess von allen Mitarbeitern oder ein Gesetz vom Volk ignoriert wird, dann laufen die Wahlkämpfer und Beschwörer durch alle Meetings und Versammlungen und appellieren: „Diese neuen Bestimmungen lösen die alten ab. Damit sind wir wieder bestens aufgestellt. Unsere Firma überlebt in einem schwierigen Markt. Die Weichen sind gestellt. Wir müssen nun mit aller Energie die neuen Prozesse auch mit Leben erfüllen. Geben Sie Ihr Herzblut, meine Damen und Herren, dann ist uns der Erfolg gegen die anderen nicht zu nehmen."

Neue und bessere Prozesse werden geplant. Der Unternehmensstab denkt sich Abläufe aus und konstruiert in langen Meetings die Wirklichkeit in Form von so genannten Powerpoints. Diese Wirklichkeit wird von allen Anwesenden noch einmal umgewünscht. Es entsteht ein System, mit dem alle leben können, weil sie es mit ihren eigenen Bereichsforderungen vollkommen überladen haben. Die Prozesse und Vorschriften sind wie Blutadern und Därme, wie Nervenbahnen und Eileiter. Alles wird sorgsam verbunden. Eine wunderschöne monströse Leiche mit ganz verwickelten Leitungen entsteht. Sie hat vier Beine, sechs Arme, drei Flügel und soll Eier legen und Wolle liefern. Alles wird hineingezimmert, bis die Leichenteile zusammengenäht sind. Die Nähte platzen erfahrungsgemäß sehr oft, es sind die später beklagten Abteilungsgräben oder Ressortbrüche. Die werden überschminkt und poliert. Am Ende ist die Leiche vollkommen glatt („seamless organization" oder „nahtlose Organisation") und hat eine einheitliche Farbe.

Leider lebt sie noch nicht. Die alte Organisation war auch einmal eine Leiche, sie wurde künstlich belebt und siechte, weil die Kräfte fehlten und das Herzblut sowieso, außerdem die Mitarbeiterenergie und das Geld. Nun soll das Nahtote durch eine frisch gezimmerte Leiche ersetzt werden, die alles liefern wird, was von ihr gewünscht wird – wenn sie denn je zum Leben erwacht.

„Meine Damen und Herren, lassen wir das Alte sterben. Lassen Sie uns das Neue zum Leben erwecken. Wir wollen unsere Geschäftsprozesse leben. Das verlangt viel Hingabe und etliche Überstunden. Wir fordern Sie auf, dem Alten zu entsagen, es hat ausgedient. Hängen Sie nicht Ihr Herz daran! Wir gehen in eine neue Zeit.

Geld für den Übergang haben wir nicht. Blutinfusionen wollen wir uns nicht leisten. Wir rufen Sie deshalb auf, diesem wundervoll verwickelten Körper Atem einzuhauchen. Seien Sie gleichzeitig schnell und auch vorsichtig. Vieles ist in der gebotenen Eile mit der heißen Nadel gestrickt und wird zu Blutverlust führen. Das Managementteam unterstützt Sie mit Quick Fixes. Wir müssen noch lernen. Wir haben wahrscheinlich zu viel des Guten gewollt und fürchten, dass diese Wunderleiche zu komplex geworden ist. Aber unsere Welt ist so komplex, weil wir in separaten Egoismen ersticken. Hoffentlich passiert es nicht beim Aufrichten der Leiche wie bei billigen Rasenwasserschläuchen – da kommt am Ende nichts raus, wenn auch nur eine Stelle umgeknickt ist." Manchmal fehlen auch einige Verbindungsschläuche in der Leiche, die zu inneren Stockungen führen. Politiker nennen es Gesetzeslücken und Unschärfen in der Formulierung.

Dann hauchen alle ein bisschen Atem ein, aber nicht mit voller Lunge und voller Bluttransfusion, denn sie verlassen sich lieber noch einige Zeit auf das alte Monster, das eigentlich sterben soll. Da lebt die frische rosa geschminkte Prozessleiche nicht wirklich auf, sie erhebt sich ein bisschen wie aufgepumpt und funktioniert nicht richtig.

Aber keine Sorge, Management heißt „keep things done". Die Führung oder die Ministerialbürokratie sorgt jetzt für das Leben, indem sie den Blutdruck und die Lungenwerte alle paar Minuten misst und bei zu schwachen Messungen den Mitarbeitern und dem Volk Vorwürfe macht. „Hauchet ein! Spendet Blut! Die Leiche ist sehr komplex, sie wird nicht so einfach funktionieren. Wir werden lernen und an ihr herumbasteln. Wir werden die Schläuche gerade richten und viel mehr neue Schläuche ankleben, damit nichts abfließen kann."

Dann erhebt sich die Leiche ein bisschen und überlebt dank dauernder Infusionen so siech wie das ganz Alte, was im Keller immer noch nicht ganz tot ist, weil man manche Funktionen des alten Patienten mit der neuen Leiche zusammenschloss – als Ersatzorgane.

Sie gehen alle um die schwach lebende Fastleiche, den neuen Geschäftsprozess oder die revolutionäre Gesetzesreform herum und feiern sie frenetisch, um allen zu zeigen, dass die neue Zeit wirklich und wahrhaftig angebrochen ist. „Es ist kein Fake wie all die Jahre davor! Es ist real!"

„Wir sind noch nicht am Ziel, wir müssen lernen und dran arbeiten. Wir stehen am Beginn einer neuen Epoche." Die alten Mitarbeiter haben die Leichen schon viele Male konstruiert und faulen sehen. Kaum eine erwachte je richtig zum Leben. Sie mahnen, einfachere Leichen zu konstruieren. Aber es gibt so viele Interessen und Bereiche, dass es unmöglich ist, einfache Wesen zu planen. In der Mitte des Jahres oder der Wahlperiode kümmern sie sich alle um den nächsten Job oder die Wiederwahl. Sie lassen die gegenwärtige Fastleiche mit den alten Kellerorganen des dort Röchelnden, wie sie ist. „Die Mitarbeiter leben die Prozesse nicht. Das Volk kommt mit den radikalen Reförmchen nicht klar."

Da fassen sie den Beschluss, eine ganz neue Leiche zu konstruieren, diesmal eine ganz fortschrittliche. Sie soll einfach sein, gleich funktionieren und zusätzlich tauchen können. Kiemen mit Blondhaar! Zwei Lungensysteme! Ein Berater hat so etwas in den USA gesehen, wo Firmen beobachtet werden, deren Geschäftsjahr am

1. Juli des Jahres endet. Die haben Vorsprung! „Warum sollen wir uns mit einer alten Fastleiche ärgern. Wir machen es so: Wir konstruieren eine ganz radikal neue, aber gleich eine bessere. Und damit nicht dieselben Fehler wie bei der gegenwärtigen gemacht werden, wechseln wir die gesamte Führungsmannschaft / das Kabinett aus. Die Neuen und wilden Jungen haben noch keine Leichen im Keller und gehen an diese noch nie gut gelöste Aufgabe mit ihrem frischen, völlig unbelasteten Hirn heran, das noch durch keinerlei Lebenserfahrung korrumpiert ist.

Ach ja. Und Sie, liebe Leser, deren Blut ich in Wallung bringe, fragen mich immer banger: Wie aber sollen wir es tun? Antwort: Konstruieren Sie denn zu Hause Leichen? Sie bekommen doch Babys und ziehen die mit aller Geduld heran. Diese strotzen bald vor Kraft, wachsen mal in die Länge und in die Breite, entwickeln sich von einem Prototyp zu einem ausgewachsenen Glück. Und? Warum nicht so? Weil Sie zu Hause Zeit und Geduld aufbringen. Die aber gibt es in Politik und Wirtschaft fast nicht mehr. Es fehlen das Herzblut und der lange Atem. Und die Führenden päppeln nicht ihre Babys auf und herzen sie („google google du!", „yahoo, du kleine Amazone"). Sie wollen nicht heranziehen, nicht das Kleine anlächeln. Nein, Frankenstein ist der Protagonist fast aller Gedanken.

DD74: Was ist noch neu? (September 2008)

Sie haben eine neue Idee, eine Erfindung oder den genialen wissenschaftlichen Einfall? Dann googeln Sie erst einmal, ob es das schon gibt. Meistens irgendwie schon, aber nicht genauso. Es bleibt das schale Gefühl, nichts ist richtig neu. Die Leute lügen ja auch und behaupten, was sie irgendwann zu wissen glauben. Wer blickt da noch durch?

Wir ersticken in Informationen, so hört man allerorten. Im Grunde ist es doch toll, Google zu haben und alles sofort zu erfahren. Aber wenn Sie zum Beispiel Forscher oder Erfinder sind und eine neue Idee haben: Ist die noch neu? Da werden Sie beim Googeln ganz freudlos. Oder beim Patentanmelden! Früher wurde eine Idee patentiert, wenn die Anwälte in der eigenen Firma oder die im Patentamt noch nie etwas davon gehört haben. Nun aber gibt es Datenbanken über Erfindungen und das ganze Internet dazu. Die Patentbearbeiter geben ein paar Suchbegriffe ein und schwupp – da kommen 57 so ähnliche Erfindungsideen herbei.

„Wir haben recherchiert und folgende andere Erfindungen gefunden, die etwas mit Ihrer Idee zu tun haben könnten. Bitte geben Sie eine Stellungnahme ab, inwieweit Ihre Idee die anderen signifikant überragt." Da bricht man innerlich zusammen. Die Stellungnahme ist wohl arbeitsreicher als das Erfinden selbst.

Wie stellt man fest, ob eine eingereichte Doktorarbeit wirklich neu ist? Kennt sich jemand noch aus, wenn sich die Arbeit nicht auf ein winziges esoterisches Gebiet beschränkt? Aber auch da könnte es sein, dass da einige Spezialgrübler übersehen haben, dass es in Asien eine andere Arbeitsgruppe gibt? Zunehmend werden Doktorarbeiten auch mit Google-Stichprobeneingaben überprüft. Das Abschreiben beginnt. Ja, sogar bei der Dissertation kann man sich schon mit dem Abkupfern begnügen!

Und dann ist da der zunehmende Marketingzwang der Forscher. Sie beginnen schon einmal zu behaupten, was sie noch erforschen wollen. Das müssen sie sogar, um Forschungsmittel zugeteilt zu bekommen. Deshalb werden Skizzen von Ideen mit vorgestellten Forschungen abgeliefert. Was sind Märchen, was ist real? Noch schlimmer: Es werden wegen besserer Zuteilungschancen von Geldern Forschungsthemen gewählt, die besonders hype und interdisziplinär angelegt sind. „Zum ersten Mal wird eine Brücke zwischen der Nanotechnologie und dem Wasserverbrauch in den unteren Schichten geschlagen – unter besonderer Berücksichtigung der Baumgesundheit von 1987 bis 1997."

Die Ideen sind nicht mehr rein und einfach. Sie werden komplex gemacht, damit sie eigentlich nicht verglichen werden können. Dann sind sie eben NEU. Alles ist dann neu oder auch nichts. Die Forschung geht den Weg der Industrien. Handyverträge mit Handy sind alle neu und unvergleichbar. Die Investmentzertifikate können nicht verglichen werden, die Versicherungstarife nicht und die Qualität von Textilien. Alles ist auf Eindruckschinden bedacht. Und das geschieht nun auch im Wissensbereich. Als ich im Jahre 1975 in der Angewandten Mathematik zu forschen begann, hatte ich ein bisschen den Geruch eines Flüchtlings oder Dünnbrettbohrers, der schnell in einem neuen Gebiet Offensichtliches ohne Anstrengung als Stein der Weisen hinstellt. „Pfui!", sagten manche. „Dort ist es leicht!" Aber wir wollten doch nur Wertvolles für Anwendungen finden! Was damals noch ein Gedanke der Notwendigkeit war, pervertierte langsam zu einer fieberhaften Suche nach „fancy Themen", für die es Gelder gab. Neues um des Neuen und des Geldes willen. Mit solchen Strategien lässt sich mühelos das Wissen jährlich verdoppeln, ohne etwas zu nutzen.

Und immer besorgniserregender stellen wir uns die Frage:
Was ist noch neu? Was ist noch wahr? Was ist redlich?

DD75: Dr. med. Simpel ohne jede Praxis (Oktober 2008)

In den USA gibt es schon die Minuteclinic. Wir gehen demnächst zum Doktor im Tengelmann. Der hat im Wesentlichen nur den Rezeptblock dabei und nimmt Bargeld. „You're sick. We're quick." Es gibt gerade ein Sonderangebot – Zeckenbilligimpfung. Es sticht mich, das für diesen Preis machen zu lassen.

Ich habe Ohrenschmerzen. Ich glaube, ich habe noch ein sieben Jahre altes Fläschchen mit Otobacid im Keller. Ich finde es nicht. Ich weiß genau, dass es verschreibungspflichtig ist. So ein Mist. Zur Apotheke würde ich ja gehen, aber zum Arzt? Bekomme ich da einen Termin? Muss ich zwei Tage Urlaub nehmen? Ich bin privat versichert, da muss ich alles selbst zahlen, sonst verliere ich den Schadenfreiheitsrabatt. Wäre ich in der Kasse, müsste ich dem Arzt ein Begrüßungsgeld bezahlen. Alles wegen 5 Euro Tropfen, ich armer Tropf. Wenn ich Pech habe, schwatzt er mich noch 10 Minuten zu, ich soll erst was Biologisches einträufeln, nicht Otobacid. Dann aber brauche ich ja deswegen nicht zum Arzt. Also, ich sage Ihnen, da macht man etwas mit! Warum kann der Apotheker das nicht entscheiden, hat der nicht auch so lange studiert, bis er Vaters Geschäft übernehmen konnte? Wir sind es alle so sehr satt, diese blöden Trivialfälle von mehreren Akademikern durchkauen zu lassen, die uns dann noch in den Ohren liegen, uns gesund zu verhalten. „Wie kam es zu den Ohrenschmerzen?" – „Herr Doktor, ich habe für eine halbe Stunde mal keine Musik mit Ohrknöpfen bei der Arbeit hören können, weil diesen Monat der Chef da war. Da habe ich meine Ohren auf Durchzug gestellt und prompt Zug bekommen." – „Wollen Sie nicht einmal die Musik lassen und sich bemühen, wenigstens eine Stunde am Tag nicht..." – „Bekomme ich jetzt Otobacid?" – „Ich habe hier ein ganz neues Mittel, das ich an Ihnen testen möchte. Es ist sehr teuer, weil es ungefähr ein Prozent neuer ist als alles andere auf dem Markt und wir als Ärzte deshalb noch schöne Geschenke von Pharmaberatern bekommen."

Es gibt für das Problem eine gute betriebswirtschaftliche Lösung, nämlich einen Dr. Simpel im ALDI. Für alles Triviale hilft er in einer Minute. Dazu braucht er keine Praxis und keine teuren Apparate. Für mich ist es einfach. Ich gehe rein, stehe wie an der Kasse an, bekomme mein Rezept, am besten gleich noch das Medikament gegen Cash. Das ist alles gesetzlich noch nicht erlaubt, aber ökonomisch wäre es sinnvoll und bequem. Wenn es Zecken gibt, wird 24 Stunden zum Sonderpreis durchgeimpft, so wie billiger Winterreifenwechsel bei Schnee. Wir beobachten die Angebote der Woche. Mittwochs ist Akne-Tag, wozu ein Akne-Experte kommt. Mittwochs gibt es auch immer Frischfisch im Markt. Donnerstags gibt es wechselnd Eintopf, daneben der herumreisende Fußpilzexperte. Ärzte werden wieder die Quacksalber und Pillendreher von einst? „Heute Mundhygiene und Zungenpiercings für 19,99 Euro!"

Und irgendwie wird das so kommen: Der Sekundendoktor auch hier. Erst vor einigen Jahren fing man in den USA mit der Minuteclinic an, jetzt sind es 500, vielleicht 700 am Jahresende. Wie McDocs schießen sie aus den Ladenperipherien. Das habe ich gerade in der Zeitung gelesen. Die Post ist schon bei ALDI, warum nicht auch der Arzt? Der Steuerberater, der mir kurz sagt, dass ich den mitgebrachten Beleg vergessen kann?

Ich habe ein ganzes ätzendes Buch über diesen Gedanken geschrieben (Lean Brain Management). Man spaltet die 90 Prozent Routine vom Schwierigen ab. Die 90 Prozent Routine lässt man von Unterbezahlten erledigen. Das Schwierige von Überbezahlten. Die Unterbezahlten bekommen so wenig Geld, dass sie ihr ganzes Leben nur im unterbezahlten Bereich bleiben müssen, insbesondere dürfen sie keinerlei schwierige Krankheiten bekommen. Stellen Sie sich vor, 90 Prozent der Menschen verdienen fast nichts, 10 Prozent ziemlich viel. Da könnte es kommen, dass die Krankenversorgung inklusive schwieriger Krankheiten teurer ist als der Lohn der Unterbezahlten. So wie die Miete heute schon höher ist als ebendieser Minilohn.

Das habe ich alles schon vor Jahren im Buch kommen sehen – und mich fröstelt es immer mehr. Ich schrieb eine Realsatire, und die Satire blättert immer mehr ab.

DD76: Durch Mega-Rechenfehler zur Kreditkrise? (Oktober 2008)

Diese Argumentation kommt nun auch langsam in den Wirtschaftszeitungen an, die beklagen, dass die Volkswirtschaftslehre versucht, alles aus der Nutzenoptimierung im Mikrokosmos zu erklären. Viele sagen jetzt, die Volkswirtschaft als Ganzes habe versagt.

„Wir haben uns verrechnet." So sagen sie doch alle, wenn sie sich verzockt haben? Ich aber werde die Vermutung nicht los, dass sie sich wirklich und wahrhaftig verrechnet haben. Ich habe auch eine Vorstellung, worin der Fehler bestehen könnte. Wenn ich Recht habe, bleibt mir aber ein bisschen der Atem stehen. Dann sind wir von Milchmädchen umgeben.

Es geht um die Bewertung von Risiken. Man kann jetzt lange diskutieren, was ein Risiko ist. Viele sehen es als Gefahr, dass etwas passiert. Die Mathematiker modellieren es oft als Varianz, also Abweichung vom Mittelwert. Risiko ist aus dieser Sicht die Schwankung oder Streuung um den Mittelwert. Risiko ist dann die Gefahr, dass es nicht normal läuft.

Ich glaube nun, dass die Banken auf das Gesetz der großen Zahl setzen.

Das sieht in der Praxis so aus:

Angenommen, ich gebe hier in Waldhilsbach etlichen Leuten Kredite. Manche arbeiten an der Uni, andere bei SAP, wieder andere bei MLP oder am Max-Planck-Institut oder bei Tengelmann. Sie haben alle einzeln gesehen verschiedene Risiken. Sie können arbeitslos werden, erkranken oder Drillinge bekommen. Dann wackeln die Kredite. Sie können auch erben, dann steigt die Sicherheit. Diese einzelnen Risiken muss man bewerten und danach die Kreditwürdigkeit einstufen. Diese Einstufung der Risiken erfolgt Person für Person nach Erfahrungstabellen. Wie ich zum Beispiel von der Sparkasse Heidelberg eingestuft werde, das hängt von meinen eigenen Daten ab. Sie schauen aber natürlich nicht nach, ob mein Nachbar kreditwürdig ist. Das interessiert sie in meinem Falle nicht!

Mathematisch gesehen werden die Risiken der verschiedenen Personen UNABHÄNGIG voneinander gesehen und eben auch unabhängig voneinander bewertet. So machen das die Rating-Agenturen bestimmt auch. Investmentzertifikat für Investmentzertifikat, Anleihe für Anleihe kommen zum Bewerten herein. Nacheinander werden sie eingestuft. Wenn zum Beispiel ein Ölzertifikat bewertet wird, spielt es keine Rolle, welche Note vorher eine Australienanleihe bekommen hat. Alles geht seinen geordneten Gang. Geschäftsvorfall für Geschäftsvorfall wird nach Erfahrungstabellen abgearbeitet.

Die Erfahrung sagt, dass das Risiko eines Hauskredits in Asien mit der Arbeitslosigkeit eines Rechtsanwaltes in Neuseeland nichts zu tun hat. Man nimmt also implizit bei der Bewertungsarbeit an, dass diese Ereignisse nichts oder sehr wenig miteinander zu tun haben. In diesem Fall greift das Gesetz der großen Zahl. Es sagt: Die Ausmaße der schlechten Kredite oder die Größe des Gesamtrisikos über eine große Menge von Geschäftsvorfällen ist fast ganz, ganz sicher so groß wie man es nach den Tabellen erwarten kann. Wenn also nach aller Erfahrung bei einer Million Krediten nur 1 Prozent ausfällt, so ist es irre unwahrscheinlich, dass es vorkommt, dass sogar 3 oder gar 5 Prozent ausfallen. Das sagt das Gesetz der großen Zahl. Man kann die Wahrscheinlichkeit eines SuperGAUs nach diesem mathematischen Satz gut berechnen. Es kommt meist heraus, dass ein Kapitalmarkt-Crash nur so alle zehntausend oder Millionen Jahre vorkommen kann, wenn einmal ausnahmsweise alles schief läuft, was schief laufen kann. Und weil die Berechnungen das sagen, fühlen sich alle sehr, sehr sicher.

Leider aber kommen die Crashs nun alle fünf Jahre, oder? Nicht alle paar Millionen? Wie geht das zu?

Wenn sich die Ölpreise, die Rohstoffpreise und die Immobilienpreise extrem stark erhöhen und „eine extreme Blase" bilden, wächst die Gefahr eines absolut allgemeinen Rückschlags. Das Risiko meines Hauskredites in Waldhilsbach hängt dabei gar nicht mehr von meinen persönlichen Daten und meinem Arbeitgeber IBM ab. Mein eigenes Risiko ist jetzt ganz klein gegen das allgemeine Risiko eines allgemeinen Platzens der Blase. Das Risiko meines Hauskredites ist also vielleicht zehnmal höher geworden, weil die Blase zu platzen droht. Weiß das die Bank? Ändert sie die Tabellen? Noch schlimmer: Mein Risiko und Ihr Risiko sind nicht mehr unabhängig. Wenn Sie und ich einen Kredit aufnehmen, haben wir beide als Personen einzeln gesehen ein geringes Risiko, aber wir haben zusätzlich beide das GEMEINSAME sehr hohe Risiko, dass die Blase platzt. Die Bank sitzt jetzt also nicht mehr auf einer Million Einzelrisiken, die sich nach dem Gesetz der großen Zahlen berechnen und beherrschen lassen, sondern sie sitzt vor allem nur noch auf dem einzigen Riesenrisiko, dass die Blase platzt. Dann nämlich sind alle Arbeitsplätze gleichzeitig gefährdet, die Hauspreise fallen gleichzeitig. Mein Haus und Ihr Haus, meine Arbeitslosigkeit und Ihre Arbeitslosigkeit hängen jetzt plötzlich zusammen! Wir werden wahrscheinlich beide gleichzeitig arbeitslos oder nicht! Die Blase packt uns mathematisch zusammen. Wir haben jetzt etwas miteinander zu tun, wo unsere beiden Leben sich vorher gar nicht berührten.

Ich will sagen: Bei Gefahr des Blasenplatzens ist das Blasenplatzrisiko dominant gegenüber den Einzelbewertungen. Deshalb bedeutet es in dieser Zeit nichts, wenn die Rating-Agenturen für eine Bankanleihe ein AAA vergeben. Das AAA wird für die Daten der Bank im NORMALFALL vergeben, nicht für den Fall des Platzens der Blase. Die Rating-Agenturen und die Kreditbearbeiter der Bank für Kunden arbeiten aber nur an den Daten der Bank oder der Bankkunden! Akte für Akte, Kredit für Kredit, Anleihe für Anleihe werden bearbeitet und eingestuft.

Wenn aber die Blase zu groß wird, berechnen auf diese Weise alle nur einen winzigen Teil des Risikos.

Alles klar? Wenn die Blase zu platzen droht, gibt es kein Gesetz der großen Zahl mehr. Es gibt auch keine kleine Zahl mehr! Es geht nur noch um das Platzen oder das Nichtplatzen der Blase. Ja oder Nein. Das hat nichts mit meinen oder Ihren Bankdaten zu tun!

Aber die Banken und die Rating-Agenturen haben die Wahrscheinlichkeit eines Blasenplatzens nicht in den Rating-Tabellen stehen – das vermute ich. Ich vermute, dass sie weiter nach dem Gesetz der großen Zahlen arbeiten und deshalb gar keine großen Risiken finden. Das ist der Mega-Rechenfehler. Er entsteht aus einem Mega-Denkfehler. Oder dem Mega-nie-mehr neu-nachgedacht-Fehler.

Wenn die Blase platzt, ist nichts mehr sicher! Meine Firma IBM hat mitten in der Krise den Gewinn gesteigert, sie ist ein Fels in der Brandung und so etwas wie AAA. Klar? Aber die Aktien sind auf 75 Prozent gefallen. Warum? Auch das ist sonnenklar: Alles andere ist noch viel stärker gefallen. AAA bedeutet also nur, dass die „Personaldaten" von IBM völlig okay sind. AAA bedeutet nicht, dass die Aktien von IBM nicht fallen können. Das liegt daran, dass AAA nur die „Personaldaten" anschaut, aber nicht den Schaden durch das Platzen der Blase.

Das aber hat kaum einer gewusst, oder? Da hat keiner hingeschaut! Wahrscheinlich dachten auch Sie, dass AAA-Papiere nie fallen! Sie haben damit aber nur das Einzelrisiko bewertet bekommen. Die Gefahr des Blasenplatzens war nicht eingerechnet.

Was sagt das alles? Keiner denkt nach. Die Sachbearbeiter schauen in Tabellen, in denen die Erfahrungen der Normalfälle verzeichnet sind. Wenn man sie jetzt anstubst, dass sie nur das Normale bewerten, aber nicht das große Risiko, werden sie wahrscheinlich sagen: „Dazu kann ich nichts. Diese Zeit ist wirklich absurd unnormal. Da kann ich keine Risiken schätzen, weil die Tabellen nur normal sind."

Das Bewerten von Risiken erscheint vor mir im Bild wie ein Raumfahrer am Mega-Kursberechnungscomputer in einem Megaraumschiff. Der Rechner surrt und spuckt geniale Meteoritenumschiffungsrouten aus. Der Raumfahrer gibt alle Daten und Vorschläge zufrieden zur automatischen Reise frei. Hinter ihm und auch schon über ihm aber tropft der weiße Schaum aus dem Maule eines Aliens.

Es ist nicht Gier! Es ist gedankenloses freudiges Weiterarbeiten wie immer. Sie sollen das Unnormale vorhersagen und nehmen dazu normale Tabellen.

Das ist megaschlimm und gibt den Giga-Flopp.

DD77: „Papa, kann eine Bank ethisch sein?" (November 2008)

> *Das Folgende ist ein bitterernstes Problem. Es ist leicht zu verstehen und schwer zu lösen. Noch schwerer, weil die meisten die Argumente seltsam finden und sie abtun und verdrängen. Was ich erkläre, gibt Grund genug für Hoffnungslosigkeit. Die aber wird immer abgewehrt. Niemand will in ihre Nähe kommen.*

Warum sind denn so viele Unternehmen in die Wirren verwickelt, die den Finanzmarkt erschüttern und das Jahr 2008 in die Nähe von 1929 rücken? Wir haben zuerst nur geglaubt, es seien einzelne schwarze Schafe. Dann aber gingen uns die Augen über. Hey, Leute, Sie verstehen die Mathematik von Gut und Böse nicht! Es ist gar nicht so einfach, gut zu sein. Es kann sogar umbringen.

„Eine Bank kann ethisch sein, mein Sohn. Aber sie muss das aushalten können. Stell dir vor, die Immobilienpreise steigen wie verrückt. Ein Haus, das heute 300.000 Euro kostet, wird in wenigen Jahren – so spekulieren alle – 400.000 Euro wert sein. Vor zwei Jahren war das Haus noch 200.000 Euro wert. Ein Sparer hat 50.000 Euro auf der Bank und möchte von der Bank 250.000 Euro Kredit bekommen.

Da schüttelt der Bankberater der ethischen Bank den Kopf und rechnet vor, dass ein Sechstel Eigenkapital unseriös wäre. Normal wäre ein Drittel. Außerdem seien die Hauspreise sehr hoch und könnten jetzt sogar fallen. Wenn die Bank 250.000 Euro Hypothek gäbe und der Hauspreis auf 240.000 Euro wieder zurückfalle, müsste es eventuell zwangsversteigert werden. Dann hätten die Bank und der Hausbesitzer gemeinsam einen erheblichen Schaden.

Der Sparer argumentiert: Das weiß ich. Ich habe es mir ausgerechnet. Ich müsste eigentlich ein Drittel Eigenkapital haben, also 100.000 Euro. Ich muss also noch 50.000 Euro ansparen. Dazu brauche ich zwei oder drei Jahre. Dann aber kostet das Haus 400.000 Euro und ich müsste 133.000 Euro Eigenkapital haben. Verstehen Sie? Die Häuserpreise steigen schneller als ich sparen kann. Deshalb muss ich den Kredit jetzt sofort haben. Jetzt oder nie.

Der ethische Bankberater antwortet: Da alle annehmen, dass die Preise sehr schnell steigen, wollen alle jetzt sofort kaufen, weil sie sonst fürchten, nie mehr ein Haus zu bekommen. Wenn aber alle jetzt sofort kaufen, steigen die Preise unseriös hoch an. Danach haben alle ein Haus gekauft und dann will keiner mehr eines.

Deshalb fallen die Preise bald wieder. Ich muss Ihnen also raten, jetzt nicht zu gierig zu sein. Gier führt in den Untergang. Davor bewahre ich Sie und verweigere Ihnen den Kredit. Sparen Sie in Ruhe weiter. Sie haben in drei Jahren 100.000 Euro gespart und bekommen das Haus für 250.000 Euro. Dann ist alles gut.

Der Sparer schreit: Ich will jetzt! Das hier ist meine Hausbank und muss Kredit geben!

Der ethische Bankberater schüttelt den Kopf. Nein, ich schütze Sie vor sich selbst.

Da rennt der Kunde davon und bekommt einen Kredit von einer unethischen Bank. Verstehst Du das?"

„Papa, ja, da hat der Berater recht. Aber er hat mit seiner Ethik den Kunden ja nicht gerettet, sondern nur in die Arme des Bösen getrieben. Das ist nicht gut. Das Ethische hat ja jetzt nichts genützt, oder?" – „Nein, mein Sohn, nichts. Die ethische Bank verliert jetzt alle Kunden, die nach Krediten fragen. Die laufen ärgerlich in der Stadt herum und klagen die ethische Bank an, die nur an ihre Sicherheit denkt und damit nur an sich selbst. Sie schreien: Diese Bank ist egoistisch und geht für uns treue Stammkunden keinerlei Risiko ein, nicht das klitzekleinste! Diese Bank ist böse. Sie handelt unethisch. Wer bei ihr die Verbindung unterhält, bekommt keinerlei Hilfe und niemals ein Haus. Sie horten ihr Geld, diese fetten ekligen Pfeffersäcke." – „Aber Papa! Da sehen sie es alle jetzt falsch herum!" – „Ja, richtig! Und die ethische Bank verliert ihren guten Ruf und geht pleite."

„Und die andere gehen dann an den faulen Krediten pleite, oder? Papa, das ist schrecklich, alle gehen pleite, aber die Guten sterben zuerst, dann erst die Bösen."

„Ach, nein, Sohn, die unethischen Banken sind so viele, die muss man retten, weil sonst die Gesellschaft gefährdet ist."

„Dann sterben nur die Guten?" – „So ist es."

„Papa, das kann nicht sein, oder?" – „Schau dir doch einmal den Radsport an. Stell dir vor, da ist ein ethischer Radfahrer, der gar nicht dopt. Nicht bis an die Grenzwerte aller Substanzen – einfach gar nicht. Was passiert mit dem?" – „Er kann nicht mithalten. Oh, das stimmt. Er ist wie eine ethische Bank, Papa. Oder?" – „Er wird seinen Beruf aufgeben. Die anderen nehmen Substanzen bis an alle Grenzwerte. Oft auch mehr. Sie spekulieren darauf, dass das Radrennen ja nicht als Ganzes untergehen darf. Deshalb sind sie nicht so streng, wenn alle dopen." – „Wenn die Bösen allein übergeblieben sind, hat es ja keinen Sinn mehr, Einzelne zu bestrafen, oder? Aber, Papa, das kann doch nicht sein!"

„Beim Radsport muss die Aufsicht immer stärker und stärker Dopingproben nehmen und immer genauer untersuchen. Das ist das einzige Mittel. Man muss Polizei und Kontrolle auffahren. Das haben sie bei den Banken irgendwie nicht gemacht." – „Warum nicht, Papa?" – „Bei den Banken waren die Kontrollen nicht so stark, weil man ihnen Vertrauen geschenkt hat. Banken waren der Inbegriff für Vertrauen und Sicherheit. Früher war das bei Radfahrern auch so. Niemand hat je gedacht, dass Eddy Merckx gedopt wäre, oder Rudi Altig. Das war genauso unwahrscheinlich, wie wenn eine Staatsbank spekuliert. Man muss jetzt die Dopingkontrollen auch bei den Banken einführen."

„Papa? Wäre es nicht besser, alles wäre wie früher, als alle noch gut waren?" – „Ach ja, schön wäre das! Die Radfahrer gehen bis an die Grenzwerte und werden dann später Sportinvaliden. Da es alle tun, gibt es keinen Vorteil. Nur den Nachteil, dass sie krank werden. Sie müssten alle gleichzeitig aufhören." – „Und das tun sie nicht. Das verstehe ich. Einer macht es heimlich weiter und besiegt die anderen. Was machen wir da? Warum waren die Leute früher gut?" – „Sie haben sich geschämt, wenn sie unethisch oder gierig waren." – „Heute schämt sich keiner, Papa. Was machen wir denn nun?"

„Es gibt nur zwei Möglichkeiten. Alle vertrauen und haben keine Polizei. Oder alle suchen ihren Vorteil auch gegen andere und müssen dauernd kontrolliert werden. Irgendwie schwappt es hin und her. Gute Zeiten, schlechte Zeiten." – „Papa, wir sind jetzt selbst wieder ab sofort ethisch und zeigen allen anderen, dass wir ein Vorbild sind. Ich will ethisch sein und beim Bösen nicht mitmachen." – „Aber du siehst an der ethischen Bank, dass sie damit pleite geht?" – „Sagst du mir als Vater, ich soll böse sein?" – „Ach Kind, nicht böse, nur realistisch. Ich will doch nur dein Bestes. Die Zeiten, mein Kind, die Zeiten. Das Gute ist nur gut, wenn es in der Mehrheit ist. Und das ist es heute nicht." – „Wir überzeugen alle!" – „Ach Kind, das geht nur im Kino. Dort besiegt das Gute das Bösen durch nur-gute Methoden, damit es immer rein gut bleibt. Sonst wird der Film nicht wirklich schön, nur realistisch. In Wirklichkeit muss das Gute irgendwann auch das Messer ziehen und kämpferisch und unduldsam werden."

„Dann ist das Gute nicht mehr gut. Wie aber wird alles gut, wenn das Gute nicht mehr gut bleibt?"

„Hilfe! Ich weiß es nicht! Ich meine nur, dass das Gute einmal wirklich böse werden müsste!"

DD78: Der Wohlstand und das dritte Lotka-Volterra-Gesetz (Dezember 2008)

Es gibt ein Gesetz aus der Biologie, das eine Aussage über die Zeit nach Katastrophen macht. Oder auch eine für Finanzkrisen? Wenn alles daniederliegt, scheinen sich die Guten schneller wieder zu erholen als die Bösen? Könnte das so sein?

Deshalb ist manchmal auch Frieden in der Welt. Nach dem Krieg! Das ist sehr tiefsinnig – und es folgt für mich aus dem dritten Gesetz von Lotka-Volterra über Räuber-Beute-Beziehungen. Sie können auch mit gesundem Menschenverstand von selbst darauf kommen, aber der zählt nichts in diesem speziellen Zusammenhang.

Ich zitiere aus Wikipedia:

Die Dritte Lotka-Volterra-Regel trifft eine Aussage über die Auswirkungen einer Störung in einer Räuber-Beute-Beziehung. Werden Räuber- und Beutepopulation gleichzeitig für einen begrenzten Zeitraum dezimiert, so erholt sich die Beutepopulation stets schneller als die Räuberpopulation. Anders als bei periodischen Schwankungen fällt die Verminderung der Räuberpopulation zeitlich mit der Dezimierung der Beutepopulation zusammen. Nicht selten führt der Nahrungsmangel in dieser Situation zu einem Zusammenbruch der Räuberpopulation. Ohne Fressfeind findet die verbleibende Beutepopulation anschließend optimale Bedingungen und wächst schneller als sonst. Bis sich anschließend auch die Räuberpopulation wieder erholt, dauert es dagegen wegen der geringen Individuenzahl länger als üblich. In den meisten Räuber-Beute-Beziehungen kommt verstärkend hinzu, dass die Generationszeit von Räubern aufgrund ihrer Körpergröße länger ist als die ihrer Beutetiere.

Sehen Sie? Deshalb sind die Phasen der Bestandsschwankungen bei Räubern und Beutetieren verschoben, die Phasen der Räuber hinken nach.

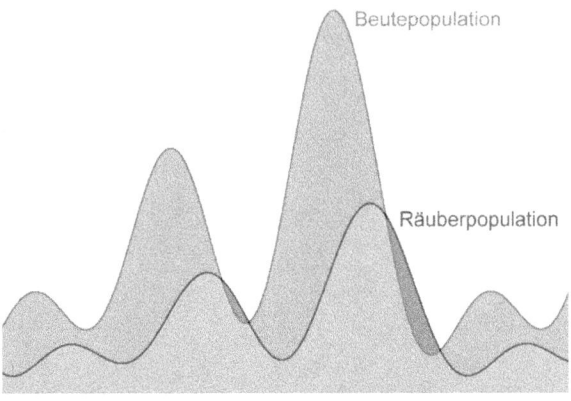

Die Finanzkrise von 2008 ist doch so eine Katastrophe. Sie dezimiert alle gesellschaftlichen Gruppen gleichermaßen. Die Vermögen verschwinden im Orkus. Es ist wie am Ende eines allgemeinen Krieges. Die kleinen Strukturen bauen schnell wieder Gemüse im Garten an und reparieren das Haus nach dem Tsunami. Die Gemeinschaft der guten Bürger setzt das Allgemeingut wieder instand und errichtet die Fabriken neu. Das Gierige aber hat jetzt keine Konjunktur. Es muss warten, bis wieder genug zu rauben vorhanden ist. Es hat jetzt im Neubeginn viel zu wenig zu fressen – es braucht ja sehr viel Beute, das Gierige! Es wächst erst nach der Wiederherstellung aller Grundversorgung wieder zu einer alles bedrohenden Größe heran.

Deshalb herrscht nach einer Katastrophe eine relative Friedlichkeit. In dieser Zeit ist Gelegenheit, frühere kulturelle Werte wieder aufleben zu lassen, die im Kriege vergessen wurden. Vertrauen keimt wieder in der verbrannten Erde.

Es wird jetzt eine schöne Zeit.

Bis es uns wieder zu gut geht.

DD79: Vom Wert des Versprechens (Dezember 2008)

In Aktienkursen steckt oft viel Hoffnung, manchmal gar Glaube oder ganz heiße Luft – zu anderen Zeiten Misstrauen oder tiefe Depression. Das Reale bedeutet fast nichts. Es ist fast schon von gestern. Es kommt nicht darauf an, was ist. Der Wert eines Etwas bemisst sich danach, was man sich von ihm verspricht. Und so könnten wir nebenbei auch gleich forsch fragen: „Was verspricht man sich von Ihnen?"

Wir Menschen schwören uns öfters ewige Liebe. Was ist das wert? Es kommt auf die Zukunft an. Manchmal kann man einen Zipfel der Zukunft sehen. „Glaube mir, ich suchte so lange und prüfte so viele Frauen in jeder erdenklichen Lebenslage, aber du, nur du – auf ewig du allein ..." Wie viel versprechen wir uns denn von einem Schwur? Von meinem? Von Ihrem? Von dem des Nibelungen Hagen von Tronje? Früher schworen sie unverbrüchliche Treue dem Herrn oder der Königin. Was war das wert? Es kommt auf den an, der schwört. Wenn jemand sein Ehrenwort gibt: „Die Renten sind sicher und die Arbeitsplätze sowieso." Vertrauen wir darauf?

Es geht natürlich erst einmal darum, was versprochen wird. Dann aber drehen wir es hin und her im Herzen, hin und her im Hirn und im Bauch. Wir wägen in uns und fühlen in uns, was wir uns von einem Versprechen versprechen. „Ich trinke jetzt nur noch diese eine Rumflasche aus. Es wird die letzte sein. Dann bin ich trocken, weil du dann bei mir bleibst." Darauf kann unser Gefühl mit ekstatischer, manischer Begeisterung („Er versprach es! Juhu! Er ist gerettet!") bis hin zu schwärzestem Zynismus reagieren. „Papa, finanziere mir das Studium sehr großzügig, dann bin ich viel schneller fertig. Das verspreche ich." – „Oberboss, ich möchte die neue Stelle des Vice President. Ich werde das Steuer herumreißen und Milch und Honig fließen lassen. Ich habe zwar bisher noch nichts geleistet, aber ich habe großes Potential."

Potential, das ist die Gesamtheit aller vorhandenen, verfügbaren Mittel, Möglichkeiten, Fähigkeiten und Energien. Liebe ist denkbar, Treue ist möglich, Energien könnten unerschöpflich sein. Wie groß aber ist ein Potential? Wie viel ist in einem Etwas „drin"? In einem Liebes- oder Treueschwur, in einem Aktienemissionsprospekt, in einer Bewerberakte?

Es kommt darauf an, wer es verspricht und was er verspricht. Und es kommt darauf an, was wir uns davon versprechen, wenn wir das Versprechen hören.

Früher war das alles anders als heute. Das Eheversprechen war sehr viel ernster gemeint. Ein Treuegelöbnis galt viel und wirkte wie ein starkes Band. Für einen Politiker, der ein Versprechen brach, senkte sich augenblicklich der Daumen des

Volkes. Heute sind solche Versprechen manchmal fast nur noch eine artige Zeremonie für die Feierlichkeit der Vertragsunterschrift oder die erhoffte Wiederwahl. Ein Versprechen war früher „reell", so sagte man. Kennen Sie dieses Wort? Reell? Das ist mit unseren zu hohen Versprechungen gestorben. Reell heißt: Es ist so, wie man es vernünftig erwartet.

Die wahre Inflation dieser Welt hat es vor allem bei den Versprechen gegeben, die heute fast nur noch Versprechungen heißen. Sie gelten nicht mehr viel für den, der sie gibt. Deshalb werden sie auch von dem, der sich etwas davon verspricht, nicht so ernst genommen, wie sie gegeben sind. Der Mensch, Manager oder Politiker wird zum routinierten Hochstapler und alle gehen mit ihm selbstverständlich auch so um wie mit einem Hochstapler. In einer reellen Welt werden Versprechen gegeben und gehalten. In einer unreellen Welt sind Versprechungen viel zu hoch und die Erwartungen an Versprechen entsprechend sehr niedrig. Früher war es wert, was es kostet. Heute ist es wert, was es nach härtestetem Feilschen kostet. Wehe aber, Sie feilschen nicht! Wehe, Sie schreiben in Bewerbungen, wer Sie tatsächlich sind! (Daran kranken besonders Frauen.) Egal, wer Sie sind, egal, wie Sie sich darstellen, auch bei Ihnen wird der normale Faktor des Unreellen herausgerechnet. Wer also ehrlich ist und reell, wird kleiner gemacht, als er ist. „Du musst dich besser darstellen!", heißt es. Und man meint: „Viel besser darstellen, als du bist, damit man in dieser Welt des Unreellen normal einschätzen kann, wer du bist."

In der allerletzten Zeit sind die Versprechungen in einer Weise inflationiert, die wir naiv als Betrug empfinden würden. Wir haben nicht gedacht, dass so sehr übertrieben würde. Wir haben zwar gehört, dass Produkte wie Träume und Investments als Hoffnungen und Nahrungsmittel als Erlebnis und Dienstleistung als Emotion verkauft wurden. Wir haben das ja selbst als Mitarbeiter so mit unseren Kunden getrieben. Wir haben gelesen, dass nur wenige Mitarbeiter die Produkte der eigenen Firma mit gutem Gewissen ihren Freunden zum Kauf empfehlen. Wir haben aber nicht auf alle anderen geschlossen – wir selbst haben die Träume gekauft, die uns andere Firmen vorgaukelten. Deshalb haben wir den immer größeren Seifenblasen zu viel Substanz beigemessen und sie zu teuer bezahlt. Wir waren nicht kühn genug, so viele Traumprozente abzuziehen. Deshalb haben wir zu viel bezahlt. Die Gewinne der Anbieter schäumten über, weil sie unreller anboten, als wir uns je vorstellen konnten.

Warum brach alles zusammen? Ich glaube, ich weiß es. Man hat uns überteuerte Waren beim Kaffee aufgeschwatzt. Man hat uns mit Seitengeschenken geködert. Es gab Extras dazu. All dies hatte uns eingelullt. Wir haben Überpreise bezahlt. Wir haben weiter darauf vertraut, dass wir gut um den Wert all der Versprechungen wüssten. Dann aber sind die Anbieter zu weit gegangen. Sie haben uns alles am Ende ganz ohne Kaffee verkauft, ohne Geschenke zum Weltspartag, ohne einen Blumenstrauß zum Geburtstag. „Wir mussten den Gewinn weiterhin zweistellig wachsen lassen. Deshalb haben wir das gummizähe Brötchen auf Auslandsflügen ganz gestrichen." Sie haben uns die Träume nicht weiterhin durch Gimmicks künstlich aufrechterhalten. Sie dachten, wir würden auf Flügen auch ohne Brötchen träumen. Aber wir sind aufgewacht. Der Magen knurrte, der Flug war lang – und wir überlegten, warum der so teuer war.

In wenigen Monaten Aufwachen haben wir begriffen, dass alle die Versprechen zu hoch waren und nie eingelöst würden. Wir haben uns plötzlich von allem, was uns angedient wurde, weniger versprochen als vorher. Damit aber war plötzlich alles, alles, alles viel weniger wert als vorher. Und das gab den Crash.

Glauben Sie nicht? Geld ist ein Versprechen. Wenn die Bank ein Studium finanziert, gibt sie Geld für das Versprechen des Diploms und für die Aussicht auf hohen Verdienst des Diplomierten. Wenn die Bank ein Haus finanziert, glaubt sie an die Erschaffung noch höherer realer Substanzwerte. Wer investiert, gibt Geld für das Versprechen des profitablen Rückflusses. Der Kreditgeber gibt dem Kreditnehmer Geld für ein Versprechen. Der Partner des Süchtigen pflegt ihn für das Versprechen zum Trocknen. Das Gefängnis entlässt den Vorzeitigen gegen das Versprechen der Eingliederung. Das Gericht begnadigt gegen aufrichtige („reelle") Reue. Es geht immer um das Versprechen und das Halten. Geld ist das allgemeine Versprechen einer „Rückzahlung".

Früher gab es so viel Geld wie es Güter gab. Die Geldmenge spiegelte das Potential der Wirtschaft wider. Die Menge allen Geldes war an die Gesamtheit aller vorhandenen, verfügbaren Dinge, Fähigkeiten und Energien gekoppelt, auch die Gesamtheit der Möglichkeiten. Die Geldmenge drückte so etwas wie das Potential der Wirtschaft aus. Seit einiger Zeit aber hat man nicht nur immer weniger gezählt, was die vorhandenen, verfügbaren Dinge wert waren, sondern immer mehr mit der Gesamtheit der Möglichkeiten spekuliert. Möglichkeiten sind Versprechen der Zukunft. Das Geld vermehrte sich im Takt der immer größer werdenden Möglichkeiten, die man sich zuletzt nur noch vorstellte. Und da die Produkte begannen, aus Erlebnissen, Emotionen und Träumen zu bestehen, wurde auch das Geld zum Träger von Träumen und wurde unreell.

Und als die Träume sich beim bloßen Aufwachen unseren Augen als Träume darboten – als klar wurde, dass die gigantischen Versprechungen zukünftiger Möglichkeiten nicht zu halten waren, war alles mit einem Schlag nur noch so viel wert, wie es reell wert war. Deshalb ist das Geld nun weg. Es bestand nämlich zu einem guten Teil aus unserem unberechtigten Vertrauen, dass Versprechen eingehalten würden. Jetzt sitzen wir da und weinen. Wann, fragen wir bang, wird das Tal der Tränen durchschritten sein? Das ist leicht zu sagen: Wenn wir alle wieder wissen, was ein Versprechen bedeutet. Das und genau das. Sie werden es anders ausdrücken, etwa, dass Vertrauen zurückkehren möge. Gut, sagen Sie es so! Wir brauchen Vertrauen, dass Versprechen eingehalten werden. Das aber ist nicht so einfach. Wir haben uns mit dem glaubhaften Versprechen den ganzen Tag befasst und damit Geld erzeugt, quasi aus der heißen Luft. Einhalten von Versprechen ist anders – mehr wie normale Arbeit. Tja.

Und ich träume von einer reellen Welt, in der alles den normal reellen Wert hat. Die ist nüchterner, diese Welt, und nicht so bunt. Aber sie ist einfach und hält ganz simpel, was sie verspricht.

DD80: Liebe ist wichtig, aber wo kommt sie her? (Dezember 2008)

Oft muss ich ein bisschen weinen. Ich hatte gepredigt, dass Vertrauen und Liebe so wichtig wären, auch Ehre und Dankbarkeit. Dann sagen so viele JA! JA! JA! Und klagen sofort laut, dass es von all dem so wenig gäbe, vor allem für sie selbst nicht. Ach ja, das meinte ich nicht. Ich wollte nicht feststellen, dass ein Mangel herrscht, sondern aufrufen, ihn zu beheben.

Mit der Liebe zum Beispiel ist es wie mit dem Geld. Geld verdient man, indem man Werte erschafft. Das ist der einst hoch geachtete konstruktive Teil: Werte erschaffen. Dabei fällt dann als Nebeneffekt meist ein Gewinn ab, den man als Geld in der Tasche zurückbehält. Das Erschaffen von Werten ist das Eigentliche, der Profit das Sekundäre. Der Profit ist so etwas wie das Geld, das man zum Lohn für das Erschaffen von Werten ausgeben darf.

In manchen Zeiten wie auch besonders der heutigen verwechselt man diese Seiten des Geldes. Man bewundert denjenigen, der viel ausgeben kann, warum auch immer – ob er Glück im Spiel hatte oder geerbt. Der, der Werte erschuf, ist in den Hintergrund getreten. Das Verbrauchen von Werten hat mehr Aufmerksamkeit als das Erschaffen. Es ist Mode geworden, Werte vor dem Erschaffen zu verbrauchen – auf Kredit. Geld ist nie genug da! Nie!

Liebe auch nicht. Liebe muss erschaffen werden wie andere Werte auch. Jemand muss lieben! Streicheln! Schenken! Geben! Seelisch wärmen! Helfen! Bei dieser Erschaffung fällt als Nebeneffekt meist ein Gewinn ab, der als Dank, Gegenliebe, Verehrung dem Erschaffenden das Herz erfüllend zurückbleibt. Und oft wird in der heutigen Zeit das Lieben mit dem Geliebtwerden verwechselt. Wir bewundern diejenige, die geliebt wird, warum auch immer. Diejenige, die liebt, ist in den Hintergrund getreten. Wir wollen Liebe genießen, nicht so sehr erzeugen. Wir laben uns an Beispielen, wie jemand geliebt wird – nicht wie man lieben sollte. Wir verbrauchen Liebe wie Sozialvampire. Vampire trinken Blut, aber sie helfen nicht, welches zu erzeugen.

Ehre fehlt! Es gibt zu wenige, die sich für das Ganze und die Gemeinschaft einsetzen und Gemeinschaftswerte erschaffen. Für den, der das tut, bleibt meist ein Gewinn zurück, der ihm als Ehre zuteil wird. Aber alle wollen nur die Ehre, nicht das Erschaffen von Werten! Politiker wollen die Stimmen, aber nicht die Arbeit für das Land. Machtvampire, die Macht verbrauchen, aber nicht anwenden.

Wir messen den Manager nicht danach, was er erschuf – sondern nach dem Profit, der übrig blieb. Wir messen nicht das, was geleistet wurde, sondern das, was heraussprang. Wenn der Profit stimmt, schauen wir gar nicht mehr auf das, was geleistet wurde. Und weil darauf niemand mehr schaut, bleibt das an sich Erschaffene oder Geleistete ganz im Dunkeln, während sich der Profit im gleißenden Licht des Vordergrundes präsentiert. Und ich fürchte, das, was im Dunklen bleibt, verkümmert dort heimlich immer mehr.
Das Erschaffen bleibt im Dunkeln
Und das Gewonn'ne steht im Licht
Und man siehet die Gewinner,
Das Erschaffne sieht man nicht ...
Licht! Licht! Auf die andere Seite das Licht!

DD81: Im Wahnsinn würde alles enden, wenn wir nicht so wahnsinnig hofften (Januar 2009)

Was bringt das neue Jahr 2009? Eine Rezession, neue Finanzskandale. Aber wir sind vergleichsweise heiteren oder mindestens gelassenen Mutes. Es gibt noch genug Hoffnung.

Die Hoffnung stirbt zuletzt, sagt man. Noch im wirklichen Tode tröstet sie uns. Sie sitzt an unserem Sterbebett und streicht uns das Haar, während der hagere Zwillingsbruder, die Angst, stumm an den Nägeln kaut.

Die Angst und die Hoffnung sind immer bei uns. Die Angst will uns hemmen, weil alles nichts helfen wird. Die Hoffnung hält uns zuversichtlich und gibt uns Energie, die uns die Angst wiederum wegfressen will. Die Hoffnung erwärmt, die Angst lässt uns kalt erstarren. Die Hoffnung schöpft frische Luft, die Angst schnürt den Hals ab.

Ohne Hoffnung ist wie der Tod. Ohne Angst droht dem Übermütigen höchste Gefahr. Wir brauchen sie beide! Aber unser Herz ist einmal voll von Hoffnung und ein andermal zerfleischt von der Angst. Im Übermut setzt es das Leben aufs Spiel oder alles Materielle aufs Börsenroulette. Dann kommt die Angst wieder, die dunkle, und zieht uns auf den Teppich und anschließend, weil der Schwung nach unten noch lange reicht, weit und weiter hinunter, Herz und Vermögen rauschen in den Keller. Dort wartet der Wahnsinn, aber genau dort keimt der Samen der neuen Hoffnung!

Oben rettet uns die Angst in der Höhenluft, aber sie wirft uns zu tief ins Verderben. Unten rettet uns die Hoffnung aus dem schmutzigen Eis, aber sie schwingt uns zu hoch empor.

Es ist eine große Kunst, um die Mitte zu wissen – immer die Höhe des Teppichs zu kennen, immer im Guten und im Schlechten die Erinnerung zu behalten, wo alles wahrhaft hingehört.

Diese Kunst oder Tugend ist eine von Platons Kardinaltugenden: Sophrosyne, die Tugend der klugen Überlegung und Mäßigung.

Der Mensch soll nicht hungern und nicht fressen, nicht abstinent sein und nicht huren, nicht faul herumliegen und nicht workaholistisch hetzen, sich nicht ducken und sich nicht aufblasen. „Das ist nur schweres Gepäck auf dem Weg, so wissen die Weisen", heißt es irgendwo sinngemäß im Tao Te King. Alle Seelenkrankheiten, die Depression, die Abhängigkeit, der Sadismus, der Narzissmus, die Hysterie und alle die anderen – sie alle sind Übertreibungen und eben nicht Sophrosyne. Das Übertriebene ist nicht der Weg, den wir gehen sollen.

Aber wir tun es. Wir sind magersüchtig oder tonnenfett, schämen uns vor Spiegeln oder stellen uns öffentlich aus, wir sind eng und geizig und verschwenden das Geld ohne Sinn. Hin und her, auf und ab, das pralle Leben, ohne rechten Sinn, aber mit viel Freude und grässlichem Kummer. Das alles hat etwas von Wahnsinn an sich, wenn wir da nicht immer noch die Hoffnung hätten. Sie ist der gute Teil allen Wahnsinns.

Und auch ich habe meine Hoffnung. Dass alles besser wird. Dass alle Menschen so gleichmäßig sein würden wie ich selbst und Sophrosyne verehren. Aber in mir ist noch die Angst des Über-Ich, unmäßig zu werden, und in mir ist die Hoffnung des Es, einmal doch alles Maß zu vergessen. Geht es denn nicht ganz ohne die Angst und ganz ohne die Hoffnung? Einfach so?

DD82: Schwärmende Intelligenz in Gruppen (Januar 2009)

Viele Leserbriefe zum folgenden DD! Die Fachleute stimmen zu, weil sie an Wahrheit glauben, die anderen aber sind trainiert, sich in Meetings auf Konventionen zu einigen, die auch gegen jede Logik oder besseres Wissen verstoßen können.
Ideologieunterschiede brechen auf! Ich habe nur argumentiert, dass man bei wissenschaftlichen Fragen ohne Meetings weiter kommt . . .. Ich behaupte das nicht für alle Fragen.

Für den Fall, dass es in einer Gruppe keinen Chef gibt, soll eine Gruppe als Ganzes angeblich mehr wissen als ein Einzelner. Das ist wohl eine Schwarmintelligenz. Die hilft gut, wenn kein Einzelner wirklich Ahnung hat, aber statistisch im Mittel die richtige Ahnung entsteht, indem sich die einzelnen Denkfehler insgesamt ausgleichen. Es kann eine „gesunde Volksmeinung" herauskommen. Im Vertrauen auf dieses Phänomen des Ausgleichs zum Guten setzen sich oft Gruppen in völliger Ahnungslosigkeit zusammen. Unvorbereitet natürlich, aber mit festen Vorstellungen.

Eine Anekdote dazu. Ich saß als Mathematiker in einem damals noch üblichen externen Managementtraining dabei und habe mich nicht an der Diskussion beteiligt. Ich wollte nicht stören. Ich war so sehr fasziniert, wie sich eine Gruppendynamik entwickelt. Das Ganze ist wohl 20 Jahre her. Die Erinnerung ist immer noch frisch. Etwas überzeichnet war es so:

„Ich bin der Gruppenleiter. Ich soll eine Diskussion über eine Überlebensfrage leiten. Wir müssen uns jetzt künstlich vorstellen, wir stehen im Dschungel und eine sehr kühle Nacht bricht herein. Wilde Tiere warten auf das Dunkel, um uns anzugreifen. Uns droht der Tod, wenn wir nicht schnell ins Camp laufen. Leider ist die Batterie unserer Taschenlampe sehr schwach. Sie wird nicht mehr so lange Zeit leuchten, wie wir bis ins Camp brauchen. Wir müssen uns eine Strategie überlegen, wie wir davonkommen. Was tun wir? Hier auf dem Lösungsblatt sind verschiedene Möglichkeiten vorgeschlagen. Wir müssen uns also nichts neu ausdenken, sondern wir sollen nur zwischen angebotenen Alternativen wählen. Also: Wir können irre schnell mit Licht laufen, aber wir werden das wahrscheinlich zeitlich nicht schaffen, steht hier auf dem Blatt. Wir könnten die Taschenlampe schonen und immer ganz kurz anknipsen, dabei vor uns den Weg anschauen und uns nach vorne weitertasten, so weit wir kommen. Dann knipsen wir wieder kurz an. Als dritte Möglichkeit könnten wir den Schalter der Taschenlampe nur ein kleines Stück vorschieben, dass sie ein bisschen glimmt. Da sehen wir aber nur schlecht, und es ist nicht klar, ob die Taschenlampe das lange mitmacht. Ja, und dann kann man viertens die Taschenlampe eine Stunde unter den Achseln einklemmen oder zwischen die Beine. Das soll wohl gut sein, warum steht hier aber nicht. Sieht seltsam aus. Andere Rettungsmaßnahmen stehen nicht zur Verfügung. Ich bitte um Wortmeldungen."

„Ich bin für Intervallanknipsen. Das sieht gut aus. Das denken wohl alle hier im Raum. Ich beantrage die Abstimmung darüber. Dann sind wir sofort fertig. Die anderen Diskussionsgruppen reden bestimmt viel länger darüber und unsere Gruppe bekommt Sonderpunkte für knackiges Entscheiden." – „Hören Sie. Es kann ganz anders sein. Wenn wir die zur Verfügung stehende Entscheidungszeit nicht ausschöpfen, wird man uns womöglich sorglosen Umgang mit einer Überlebensfrage vorwerfen. Diese Diskussion gehört zu einem Managementtraining. Es ist keine Profilierungsrunde. Ich bin dafür, dass wir sorgfältig vorgehen." – „Ich aber denke mir, es gibt keine richtige Antwort auf die Frage, das hatten wir schon öfter im Training. Sie wollen bestimmt nur wissen, wie gut wir über Blödsinn diskutieren. Das Überleben schafft man ja als Manager doch immer irgendwie, man muss nur gut führen." – „Man sollte vor allem auch zuhören können! Ich finde, wir sollten strukturiert vorgehen und nicht so drauflos reden. Jeder, der eine Überlebensidee hat, soll sich auf eine Rednerliste setzen lassen. Wir könnten zum Beispiel reihum fragen, was jeder dazu zu sagen hat, nicht nur die Wortführer hier. Ich beginne mit meiner eigenen Meinung. Ich finde, dass wir laufen sollten. Ich zum Beispiel bin wirklich gut in Sport, damit würde ich mich auf jeden Fall selbst retten." – „Das könnte Ihnen so passen. Und wir?" – „Wenn die anderen Strategien zum Tod führen, soll ich da bei Ihnen bleiben? Es geht um das Überleben! Dafür habe ich mich jahrelang vorbereitet!" – Tumult. „Halt! Halt! So geht das nicht! Ich muss als Teamleiter eingreifen. Ich denke, wir müssen erst abstimmen, ob wir alle überleben wollen oder nur manche. Ich denke, die Antwort ist klar: Alle." – „Ist sie nicht! Wir sollen doch in der letzten Trainingssession zeigen, dass wir auch Leute, die nicht performen, einfach rausschmeißen. Es könnte sein, dass wir das hier wieder zeigen sollen. Wenn man etwas zweimal in einer Übung zeigen muss, ist es bestimmt die beschlossene Strategie, die wir verstehen sollen."

Dreißig Minuten später. „Ich möchte als Teamleiter darauf drängen, die Diskussion zu beenden. Nach den gegebenen Regeln sollen wir die Frage nach einer Stunde entscheiden. Die ist fast rum. Wir haben bisher nur über das Verfahren gestritten. Was machen wir aber konkret? Bitte bedenken Sie, dass Sie überleben wollen. Wir haben hier die besondere Situation, dass wir höchstselbst ohne Beschlussvorlagen von Fachleuten entscheiden müssen." – „Ich bleibe beim Glimmen." – „Ich bei Intervallschaltungen." – „Ich laufe." – „Okay, dann stimmen wir ab. Die Mehrheit gewinnt. Dann kann uns niemand etwas vorwerfen. He, was ist mit Ihnen los? Wollen Sie das nicht? Warum schauen Sie so drohend?" – „Ich möchte auch etwas sagen, ich bin die ganze Zeit nicht zu Wort gekommen." – „Sie haben sich zwar die ganze Zeit gemeldet, aber Sie hätten dazwischenreden müssen, sonst gehören Sie einfach nicht in ein Managementtraining. Eine Führungskraft kommt nicht zu Wort, sie nimmt sich das Wort." – „Ich denke, Sie leiten die Diskussion hier in strukturierter Weise?" – „Ja, aber ein bisschen müssen Sie sich schon selbst einbringen. Schüchterne Leute können wir im Training nicht gebrauchen, weil es um das Überleben geht, eigentlich ja um das unserer Firma. Dieses Überleben unserer Firma steht ja als Sinn hinter den ganzen Übungen hier, das dürfen wir nicht vergessen. Dazu müssen Sie aktiv sein und nicht erst mit dem Überleben anfangen, wenn Sie die Erlaubnis von mir bekommen." – „Darf ich einen Satz sagen?" – „Nein, wir wollen abstimmen." – „Ich muss doch einen Satz sagen dürfen, verdammt." – „Das letzte Wort gibt Abzüge im Bericht. Also gut, einen Satz, damit der Bericht farbiger wird." – „Batterien leisten erheblich mehr, wenn sie eine höhere Temperatur haben. Wenn sie kalt werden, leisten sie wie Autobatterien im Winter nur wenig. Man muss sie also zwischen die Beine klemmen und anwärmen. Danach halten sie sehr viel länger, weil sie nun warm sind. Sie können dann mit den aufbereiteten Batterien ganz gemütlich ins Camp spazieren gehen, es ist eigentlich noch gar keine Gefahr da."

„Haha, Sie Witzbold, Sie haben wohl Physik studiert?" – „Ja." – „Wissen Sie denn so genau, wie lange eine Batterie im Dschungel hält?" – „Nicht genau, aber ich kenne physikalische Prinzipien." – „Hören Sie, das ist ein Training. Die anderen Gruppen lachen uns aus, wenn wir mit so einem Vorschlag kommen. Ich glaube nicht, dass wir da Punkte gewinnen. Wir standen ja auch schon knapp vor der Abstimmung. Wir werden doch jetzt unter Eile nicht alles wieder mit Physikvorlesungen aufrollen." – „Ich werde gleich wütend. Das hier ist eine Wissensfrage! Und keine, die durch Abstimmung gelöst werden kann! Ich stehe hier und WEISS es! Warum hat niemand am Anfang der Übung gefragt, ob jemand hier im Team die Lösung WEISS? Warum diskutieren wir überhaupt?" – „He, he, jetzt werden Sie aber ausfallend. Jeder darf im Meeting seine Meinung haben, auch Sie. Aber Sie können nicht einfach die Mehrheit brüskieren. Sie müssen für Ihre Meinung eine eigene Mehrheit gewinnen. Sie können nicht einfach etwas aus dem Hut ziehen, wovon wir nichts verstehen, und annehmen, wir fallen Ihnen sofort um den Hals." – „Beim echten Überleben würden Sie das aber!" – „Keineswegs. Wir stehen ja seit Jahren mit der Firma im Überlebenskampf. Wir haben noch nie im Meeting gefragt, ob einer die Wahrheit kennt. Eine einzige Wahrheit gibt es ja nach aller Erfahrung nicht. Und jeder Manager hat einen eigenen Stil. Und hier in der Übung ist es eine sehr gut mögliche Lösung, in Intervallen anzuknipsen, das erscheint mir sehr vernünftig." – „Oh nein, ich sagte, ich laufe." – „Ich glimme, ganz sicher." – „Ich möchte unterbrechen und als Teamleiter bitten, eine Entscheidung zu fällen. Die sechzig Minuten sind um." – „Dann noch einen Satz über triviale Physiker-Logik. Wir können einen Kompromiss eingehen. Wir wärmen die Batterien zuerst an, dann sehen wir, ob es funktioniert, wie ich sage. Wenn es funktioniert, fein. Wenn ich nicht Recht habe und es nicht funktioniert, dürfen die anderen machen, was immer sie abstimmen!" – „Jetzt werden Sie sehr spitzfindig. Sie sind schlau, was? Weil Sie etwas zu wissen glauben. Da werde ich auch einmal schlau: Die Aufgabe hier im Training war, exakt eine der Optionen zu wählen, nicht eine neue zu erdenken." – „Sie sind dumm!" – „Bitte! Ich bitte Sie! Zur Ordnung! Ich als Teamleiter . . ." – „Sie sind alle dumm!" – „Als Teamleiter möchte ich vorschlagen, dass Sie sich mit dieser Äußerung disqualifizieren. Sie haben die Nerven verloren, weil Sie als

Einziger etwas wollen, woran wir anderen überhaupt nicht denken wollen. Ich denke, es ist jetzt gerecht, wenn wir als logische Folge nun Ihren Lösungsvorschlag nicht weiter diskutieren." – „Ja! Ja!"

Die Tür geht auf. „Ich als Obertrainer möchte nach den sechzig Minuten um Ihre Entscheidung bitten." – „Wir brauchen noch 10 Minuten. Geht das? Bisher haben wir nur die letzte Möglichkeit ausgeschieden, weil sie unwahrscheinlich ist." – „Gut. Sind alle dieser Meinung?" – „Nein! Nein! Ich hier als Einziger nicht! Ich finde, alle sind dumm. Man muss Batterien heizen." – „Warum hat die Gruppe das nicht entschieden?" – „Sie ist als Gruppe dumm." – „Hören Sie, so geht das nicht. Sie dürfen nicht einfach etwas behaupten. Sie müssen Leadership zeigen und Ihre Gruppe so beeinflussen, dass sie mit Ihnen mitzieht. Sie müssen überzeugen." – „Nein, muss ich nicht. Wahrheit ist Wahrheit. Und ich WEISS die Antwort. Davor verlange ich Respekt." – „Den müssen Sie sich aber über Jahre erwerben, verstehen Sie nicht? Sie sind neu hier, die anderen kennen sich schon lange. Sie merken da doch, dass Sie diesen Respekt noch nicht haben?" – „Bin ich gefeuert?" – „Nein, nein, Sie sind wahrscheinlich eine gute Fachkraft und nur als Führungskraft nicht geeignet. Aber auch als solche müssen Sie darauf achten, was Sie wie wem sagen." – „Allen ungeschminkt die Wahrheit." – „Das ist aber gegen die Regel!"

DD83: Heartstormings statt Brainstormings! (Februar 2009)

Leider muss ich so viele Brainstorming-Meetings miterleben. Es ist grauenvoll. Kreativität ist nämlich harte Arbeit bei sehnendem Herz! Und eben nicht so etwas Eigenartiges, was wir da normalerweise in größeren Gruppen anstellen. Das haben uns Psychologen und Managementberater eingebrockt, die mit der Moderation von solchen Selbsthilfegruppensitzungen schön Geld verdienen, ohne je selbst eine Idee haben zu müssen. Sie berechnen all den Unsinn, der uns selbst einfällt. An den glauben wir ja eher – ja, ich verstehe diesen Punkt auch.

Ideen kommen heran, wenn sich das Herz etwas vom Gehirn erwünscht. Wenn sich das Herz sehnt nach einem Ziel, wenn es am Meer steht und in die Weite will, wenn es vor dem Berg die Augen erhebt und den Pfad nach oben sucht. – Wenn es auf Entdeckungsreise ist oder ein Problem lösen will. Wenn die Begeisterung flammt und uns weiter und höher hinaus tragen will. Das Suchen nach Ideen ist wie ein Abenteuer zu etwas Aufregendem hin. Ideen selbst sind wie Erwachen des Herzens und Licht überall.

In der SZ vom 16. Januar 2009 werden neue wissenschaftliche Erkenntnisse ausgebreitet. Brainstorming bringt gar nicht viel! So heißt es da. Ja, was ist denn nun wissenschaftlich? Was stimmt denn nun? Hü oder Hott? Und bei aller widersprüchlicher Wissenschaftlichkeit – ich kann doch selbst sehen, wie jämmerlich wenig herauskommt! Das sehen übrigens so ziemlich alle, aber sie wissen nur zu gut, dass dieses elend Wenige besser als nichts ist. „Sehen Sie, wir beschäftigen uns sonst nur mit dem Tagesgeschäft. Da ist es so wohltuend gesund, auch einmal an das Wichtige zu denken, wenigstens für ein Stündchen. Wir können natürlich nicht in einer Stunde die großen Ideen erzeugen und auch nichts auf den Grund durchdenken, aber es ist besser als nichts."

Und so verfangen wir uns in Brainstormings. Wir treffen uns in einem Meeting und bekommen eine simpel klingende Aufgabe, die titanisch schwer zu bewältigen ist. Meist eine dieser Art: „Welche neuen Produkte fallen uns ein?" Entsetzlich. Keiner ist auf solch ein Problem vorbereitet, obwohl wir alle wissen, dass es DAS Problem sein könnte. Kaum jemand von uns hat Ahnung von Neuerungsdurchsetzen oder erfolgreicher Innovation, alle haben aber eine feste Stammtischmeinung, die sie sich bei Misserfolgen gebildet haben. Keiner will etwas vorschlagen, was den eigenen Bereich schädigt. Es ist aus Eigennutzsicht plötzlich gar nicht mehr klar, ob man überhaupt neue Produkte braucht, es genügt oft, die alten etwas besser zu machen – neue Farbe, neues Logo! Das Management aber drängt auf Geschwindigkeit und Neuheiten. „Wir müssen besser werden. Wir müssen Mitarbeiter freisetzen. Helfen Sie uns, es mit der Hälfte von Ihnen zu schaffen." Die Moderatoren eines Brainstormings tun höflich so, als wären die erforderlichen Antworten schon a priori im Hirn, wie auf einer Festplatte gespeichert. Die Antworten müssen nur durch Scannen unserer Hirndaten entdeckt werden. Nicht durch harte Denkarbeit erdacht – nein! Sie sind angeblich alle schon da. Wenn in einem Einzelgehirn nichts zu finden ist – macht nichts! Brainstorming wird ja als Massenveranstaltung abgehalten, irgendein Hirn wird doch etwas zur Sache beitragen können. Wenn keinem etwas einfällt, verrät der Moderator, welche Ideen derjenige hat, der seine Rechnung bezahlt. Am besten wäre es, allen fiele ganz von selbst begeistert ein, wozu sie der Chef sonst zwingen müsste. Seine Idee ist ja auch nicht von ihm, sondern sie wurde ihm in einem früheren Brainstorming selbst von einem höheren Moderator aufgezwungen.

Brainstorming! Legen wir also die Stirn in Falten! Pflügen wir das Hirn um! Da redet der Erste schon los, der Moderator moderiert ihn erfolglos. Die anderen versuchen verzweifelt, auch einmal zu Wort zu kommen. Das Zu-Wort-kommen-Müssen blockiert jede weitere Hirntätigkeit für längere Zeit. Alle plappern was anderes und unsere Idee passt längst nicht mehr in die Diskussion, wenn wir mal dran sind, etwas zu sagen. Es wird vor den Augen des Chefs gebuhlt und um Glanz gekämpft. Die Mehrheit findet schnell ein gruppentaugliches Banalthema: „Wir sind gut, aber es hat keiner gemerkt, weil wir zu stark arbeiteten und leider nicht unsere irren Erfolge adäquat kommunizierten. Wir müssen besser prahlen als andere!" Ach je, und wirklich gute Ideen brauchen zu viel Erklärung und Tiefe und werden deshalb sofort ausgegrenzt. Die echt Kreativen kommen nicht zu Wort oder werden gar nicht verstanden und verzweifeln. Komplexe Ideen werden niedergemacht. „Es muss leicht umsetzbar sein. Die Umsetzung soll schnell gehen und sofort Früchte tragen, dafür darf sie nichts kosten." Damit wird den Ideen Stress gemacht. Unter Stress aber verderben die Ideen. Unter Stress versiegt die Kreativität der Kreativen.

Unter Stress siegen Pseudo-Ideen wie: In den Köpfen muss sich etwas ändern! Wir müssen mehr Disziplin haben, mehr Speed! Verantwortung zeigen und Willen! Die PS auf die Straße bringen! Endlich „nur noch" das umsetzen, was wir schon so oft beschlossen haben! Wir wissen ja, was wir tun müssen, es fehlt nur an der Umsetzung! Wir brauchen einen neuen Projektnamen, damit es wie eine brandneue Idee aussieht! Dann nur noch Leute, die es tun! Wir schauen in die Runde in die verlegenen Gesichter. Wenn Gesichter aufgezwungene Verantwortung oder drohende Sinnlosaktionen wahrnehmen, schauen sie weg wie von einem Bettler. Das darf nicht sein! Und deshalb müssen wir den fahlen Gesichtern Milestones, Measurements und Trackings verpassen, Ziele eben und Termine. Wir versprechen ihnen die dafür nötigen Mittel, die es aber faktisch nicht geben wird. Man muss KREATIV sein, um die Ziele herzuzaubern zu können.

Brainstormings führen in solcher Weise nicht zu Ideen oder Plänen, sondern zu Aktionismus und Folgefrust wegen der voraussehbaren Fehlschläge. Und ich stelle immer wieder die Gretchenfragen, hier an Sie: „Warum bereiten wir uns nicht vor?

Warum arbeiten wir uns nicht vorher in die Problematik ein? Warum bringen wir nicht schon gute Ideen mit? Warum dürfen alle bei neuen Ideen mitmachen? Warum nicht nur die, die so etwas können und am besten ihre Fähigkeiten schon bewiesen haben? (Viele Kochlehrlinge verderben nicht nur den Brei, sie reden nur welchen.) Warum scheiden wir nicht schon vor dem Meeting unsinnige Ideen aus und reden nur über die, die es wert erscheinen?"

Ich weiß es ja: Brainstormings sind fast immer eine Inszenierung von festem Erfolgswillen für adrenalingeflutete Gehirne. Unsere Herzen werden ganz vergessen! Die Sehnsucht nach dem Besseren treibt uns doch! Das Herzblut bleibt nicht rational oberflächlich. Das Herz handelt und ist nicht aktionistisch. Haben Sie je ein aktionistisches Herz gesehen? Heartstormings sollten wir haben.

Und wenn da einer ist und ein Herz und sein Blut spenden will – dann, bitte, erschauern Sie vor Respekt und lassen dieses Herz dann SEIN Lieblingsrezept kochen, nicht Ihres und nicht das Ihres Chefs ... Kochen Sie nicht mit, aber helfen Sie, Gemüse zu putzen und den Tisch zu decken. „Enablement instead of tracking." Ein Herz braucht allenfalls Unterstützung, aber keinen Stress, es will ja ganz aus sich allein heraus.

Ja? Wirklich? Und wer hat jetzt die Kontrolle? Was, wenn es schiefgeht? So wird oft gefragt. Die Kontrolleure aber setzen nur aktionistisch Aktionen auf, bringen aber letztlich nichts hin. Und wenn jetzt ein Herz etwas Wirkliches tut, ist es schon weiter, als sie je kommen. Ist es zu viel verlangt, das zu würdigen? Ohne den Versuch einer Kontrolle? Wussten Sie, dass spontaner Beifall eine gute Kontrolle ist? Oder glänzende Augen?

DD84: Green Programming! (Februar 2009)

Die Behauptung, dass die Programmierer durch schlechtes Programmieren die Weltenergie verschwenden, ist als Bonmot überall angekommen. Das es bitterernst ist, ist im Lächeln untergegangen. Ich muss das weiter verfolgen und geißeln.

Der Strom, den die Computer verbrauchen, kostet bald oder jetzt schon mehr, als sie beim Kauf kosten. Über den Kaufpreis jammern alle, aber die Energie für den Rechner fließt nur so unbemerkt davon. Die Green-IT-Bewegung hat uns in den letzten ein, zwei Jahren wachgerüttelt. Ich habe in der vorigen Woche mit einem der ersten Sturmglockenläuter diskutiert, dem WiWo-Redakteur Thomas Kuhn. Und da fiel mir ein, dass wir die Energie vielleicht noch ganz woanders verschwenden: beim schlechten Schreiben von Programmen.

Als ich 1987 beim IBM Wissenschaftlichen Zentrum in Heidelberg zu arbeiten begann, entwickelte im Büro nebenan ein begnadeter Kollege, Ulrich Schauer, Programme in der Sprache APL2, die auch heute noch Jünger hat. Ich durfte bei ihm lernen. Die Sprache APL2 wird interpretiert. Der Rechner liest also Zeile für Zeile des Programms einzeln und führt die Befehle dieser Zeile nacheinander aus. Danach liest er die nächste Zeile, interpretiert, welche Befehle sie enthält, und führt die Befehle wieder aus. Alles schön Schritt für Schritt.

Eines Tages wurden wir zu einem Unternehmen gerufen, das wissen wollte, ob sich parallele Programmierungen bei seinen typischen Anwendungen lohnen würden. Ulrich Schauer fuhr mit mir hin – ich in seinem Schlepptau wie ein ahnungsloser Knappe hinter seinem Ritter. Man hatte für uns alle Programme auf Endlospapier ausgedruckt, es war ein größerer Stapel. Mein Kollege fuhr einmal grob blätternd über den Stapel, schüttelte den Kopf und verneinte: „Parallel bringt bei solchen Programmen nichts." Ich erinnere mich genau an diesen Augenblick. Ich war kaum je in meinem Leben so voller Bewunderung für eine Kunst. Das Unternehmen war nicht gleich so überzeugt wie ich. Wir vereinbarten, dass einen Tag lang ein Zählprogramm in den Großrechnern mitlaufen sollte. Wir würden dann wissen, welche Zeilen der Programme die Großrechner sehr oft ausführen mussten. Diese Zeilen, so vereinbarten wir, würden wir neu und besonders „schnell laufend" implementieren. Wir reisten also ab und erschienen eine Woche später wieder.

An der Eingangspforte gab man uns zu verstehen, dass wir leider vergebens gekommen wären. Das Programm mit dem Zeilenzählen habe wohl versagt. Es hätte behauptet, eine einzige Zeile Programm im ganzen Rechenzentrum würde über drei Viertel der Rechenzeit aller Computer verschlingen. 85 Prozent! Das machte uns natürlich sehr neugierig. Wir schauten nach: Es war der Befehl, eine Zahl auf zwei Nachkommastellen zu runden (also damals auf Pfennige, es gibt ja bei Geld nicht mehr als zwei Stellen hinter dem Komma).

Da hatte jemand in dieser Zeile das Runden auf Mark und Pfennig programmiert, und zwar so: Man nehme die zu rundende Zahl mal 100, hacke dann alle Nachkommastellen weg (dafür gibt es einen Befehl, der heißt „Ganzzahlig machen") und teile das Ergebnis wieder durch 100. Fertig.

Herr Schauer seufzte über dieses Machwerk sehr tief, ich etwas später auch. Es ist nämlich so: Ein Computer kann in einem Takt immer eine Rechnung ausführen. Einfache Rechnungen kann er eventuell in einem Takt schaffen, kompliziertere Rechnungen eben in mehreren Takten oder in vielen. Eine Addition dauert einen Takt, eine Multiplikation auch einen, das Abhacken der Stellen hinten ebenfalls einen Takt. Aber das Teilen oder Dividieren ist VIEL komplizierter als das Addieren, das dauerte damals 17 Takte. In Worten: Siebzehn! Das Dividieren muss man also beim Programmieren scheuen wie der Teufel das Weihwasser. Man muss in diesem Fall ja auch gar nicht dividieren! Überlegen Sie: Statt eine Zahl durch 100 zu teilen, kann ich sie auch mit 0,01 multiplizieren! Es kommt dasselbe heraus! Aber der Computer braucht nur einen Zeittakt statt siebzehn.

Wir haben damals folglich „geteilt durch 100" durch „nimm mal mit 0,01" ersetzt. Danach brauchte diese Zeile Programm längst nicht mehr 85 Prozent der Rechenzeit! Bedenken Sie: In einem Finanzhaus runden die Rechner fast in jeder Zeile auf Cents, klar? Und diese Rundung, die fast immer dabei ist, machten wir einige Male schneller. Und diese Verbesserung schlug sich fast in jeder Programmzeile nieder! Ich war sehr, sehr stolz.

Die Mitarbeiter des Unternehmens aber freuten sich dann nicht offensichtlich. Es tat ihnen weh, das sah ich in den Gesichtern. Sie konnten sich nicht so naiv freuen wie einer, der Mathe studiert hat wie ich. Und die Leute in meiner Firma IBM schienen auch nicht so wirklich glücklich, dass wir nun serienweise Computer einsparen konnten. Wir sind damals eher ziemlich betreten heimgereist. Eine Analyse der Programme aus dem Stapel zeigte, dass mit echter allerhöchster Programmierkunst von meinem Kollegen so etwa alles drei- bis viermal schneller zu programmieren gewesen wäre . . .

Ich hatte sofort eine Business-Idee. Wir würden das als Service verkaufen! Alles dreimal schneller! Aber niemand wollte so recht. Die Unternehmen kauften lieber schöne Computer und strickten Programme „mit der heißen Nadel", aber Meisterschaft erwerben? Sie sagten, dass die Computer bald so schnell würden, dass es billiger wäre, die Programme zügig zu entwickeln und dadurch Geld zu sparen.

Und heute? Die Computer sind inzwischen tausendmal schneller, aber das Hochfahren von einem PC dauert immer länger. Huuh, das ist jetzt eine unfair emotionale Formulierung, aber Sie verstehen, was ich meine? Ich weiß ja, dass die heutigen Programme wahrscheinlich tausendmal mehr leisten, ich weiß, ich weiß.

Tolle Programme! Ich bewundere sie, obwohl ich eigentlich nur tippe und surfe, wie jetzt.

Aber ich darf doch die Gretchenfrage stellen, ob die Programmierer heute auf Schnelligkeit der Programme achten? Viele von ihnen nutzen Programmbibliotheken. Sind wenigstens die auf Top-Performance gestylt? Oder werden die nach Preis eingekauft? Von der Art „Hauptsache, das Programm tut, was es soll?"

Sollten wir nicht einmal Studien anstellen, wie viel Strom das suboptimale Programmieren verschwendet? Nicht nur die Rechner?

Ich habe damals nicht wirklich das Programmieren gelernt, nur einen Hauch mitbekommen, was wahre Kunst ist. Ich wurde gleich zum Manager berufen und habe das wirkliche Programmieren übersprungen. Aber ich fühle, dass da etwas ganz Wichtiges schlummert.

Stellen Sie sich die zukünftige Zeit vor, wo ein Großteil der Energie für Computer verwendet wird. So 85 Prozent! Und dann ist doch die Idee, alles drei- bis viermal so speedy zu programmieren, nicht aus der Welt? Es geht ja dann wieder einmal um das Überleben, oder?

Ich glaube, ich muss einfach so, ohne programmieren zu können,

GREEN PROGRAMMING

fordern. So ganz sicher bin ich dabei nicht, aber eigentlich schon. Mich plagt wohl nur die Angst vor der eigenen Courage. Aber Sie? Sie können doch programmieren? Achten Sie dabei auf die Schnelligkeit des Programms oder doch nur auf die Schnelligkeit des Programmierens?

Und jetzt lesen Sie vielleicht noch den Artikel von Thomas Kuhn aus der WiWo, der gibt Ihnen in dieser Sache den Rest:
http://www.wiwo.de/technik/gezielte-kuehlung-fuer-computer-230086/

DD85: Der IQL ist wichtig, nicht der IQ! (März 2009)

Alle reden vom IQ, AQ, EQ – was weiß ich. Damit lässt sich in etwa feststellen, was jemand kann oder besser: könnte. Was aber wirklich zählt, ist der IQL, der Internal Quality Level. Der zeigt an, wie gut man für sich selbst etwas machen muss, damit man zufrieden ist. Und noch wichtiger ist es, wie jemand mit seinem IQL mental über die Zeit umgeht. Aber das Licht der Aufmerksamkeit liegt immer auf dem IQ, was ich ziemlich unterbelichtet finde.

So oft hört man dies: „Er ist so gut in der Schule gewesen. Aber im Beruf bringt er wenig. Seltsam." – „Er ist hochbegabt und wurde vom Staat gefördert. Nichts ist draus geworden." – „In der Schule war sie eine Niete. Nun steht sie ganz oben."

Als Professor für Mathematik sah ich im ersten Semester, wie alle diese Studienanfänger erwartungsfroh ankamen. Die meisten hatten eine sehr gute Abiturnote in Mathematik. Aber in wenigen Wochen schienen die meisten erschöpft und abgehängt – etwa die Hälfte verließ die Arena nach dem ersten Semester. Aber sie haben alle in etwa denselben IQ, oder nicht?

Ich glaube, es liegt am IQL. Der Internal Quality Level ist die innere Messlatte, die man in sich selbst hoch legt. Wenn die Messlatte niedriger ist, ist man auch mit Fehlern zufrieden. „Wenn ich eine Drei im Diktat habe, reicht mir das." Andere sehen das so: „Ich finde es selbstverständlich, alle Wörter richtig zu schreiben und ich bemühe mich darum sehr. Wenn ich doch einen Fehler begehe, schäme ich mich." In Mathe an der Uni: „Ich habe die leichteren Aufgaben dann doch ganz gut gekonnt, so dass ich sicher bin, die für den Übungsschein nötigen 50 Prozent zu erreichen. Bei den schweren Aufgaben hatte ich auch nach einer Stunde Nachdenken keine Idee, ich musste dann zum Gemeinschaftskochen und war am Abend zu müde. Hauptsache, ich bekomme den Schein." – Oder: „Ich hatte die Lösung der schweren Aufgabe fast vor Augen, aber es stimmte mehrmals nicht. Da packte mich der Ehrgeiz. Ich musste eigentlich zum gemeinsamen Kochen, aber ich nahm mir vor, eher einmal zu hungern, als hier zu versagen. Ich biss mich durch. Ich schaffte es sogar noch zum Kochen, nur etwas später. Die Kunst ist wohl, nur an die Lösung zu denken und sich nicht durch andere Termine ablenken zu lassen. Ich bin einfach nicht zufrieden, wenn ich etwas halbfertig liegenlasse. Das kann ich nicht." – „Ich habe mit einiger Mühe immer so 50 Prozent geschafft. Ich wäre natürlich auch gerne so gut wie die Überflieger, aber die machen absolut nichts anderes als Mathe. Ich bewundere die eigentlich nicht. Sie sind wahrscheinlich begabt und arbeitssüchtig zugleich und kennen das Leben nicht."

Die Studenten mit dem niedrigen IQL rechnen nie nach. Sie brauchen im Schnitt 16 Semester statt 10. Sie hören etliche Vorlesungen doppelt und müssen immer noch einmal für Wiederholungsklausuren lernen. Wenn man nachrechnet, wie viel sie gearbeitet haben und wie lange sie „lebten", kommt eine schreckliche Bilanz heraus. Sie lesen vielleicht noch ungläubig meine Kolumne DD22 („Leichtes Leben mit Zwei Plus"), aber sie beharren darauf, dass sie besser zu leben verstehen als die Streber mit hohem IQL. Das hält sie davon ab, je über ihren IQL nachzudenken.

Der IQ ist so etwas wie das Potential, was in uns steckt. Natürlich ist ein hoher IQ von Vorteil. Die große Frage aber ist, was wir mit unserem Potential anstellen. Heben wir es? Das hat etwas mit der Wirklichkeit zu tun, nicht mit der Möglichkeit. Die Mathe-Anfänger haben so etwa den gleichen IQ, aber ganz verschiedene IQL. Das wissen die mahnenden Lehrer von je her und predigen seit ewigen Zeiten in die Wüste hinein: „Wer ein hohes Potential hat, kommt bei den leichteren Aufgaben im Leben ohne Mühe davon. Aber irgendwann kommt ein Punkt, wo es Mühe kostet. Und da ist die Nagelprobe für einen Menschen. Müht er sich? Beißt er sich durch? Will er gewinnen, auch wo er nur geringe Chancen hat? An diesem Punkt scheiden sich Erfolg und Misserfolg. Potential ist gut, aber der IQL ist das Entscheidende."

Deshalb werden Sie in den Bewerbungsgesprächen von erfahrenen Managern immer gefragt, wann es in Ihrem Leben schwer wurde und was Sie dann taten. Haben Sie so lange gearbeitet, bis Sie wieder auf Ihrem angestammten Zufriedenheitslevel waren? Oder haben Sie sich Minderleistungen in „Sondersituationen" leicht verziehen, indem Sie sich mit der neuen Lage entschuldigt haben, bei anderen und sich selbst? Wie gehen Sie mit Fehlern und Enttäuschungen um?

Unerfahrene Manager fragen zu sehr nach den gezeigten Leistungen oder nach dem Potential. Dann stellen sie Leute ein, die bisher NUR immer gut waren. Aber was passiert mit denen, wenn es hagelt? Haben wir nicht ein Massensterben von Schönwettermanagern erlebt, als die Wirtschaftslage schlecht wurde? Warum haben wir nicht alle ein bisschen Angst vor den ganz makellosen Bewerbungsakten?

In der Uni, zu Hause und bei IBM gebe ich mir immer die größte Mühe, den IQL nach oben zu beeinflussen. Ich möchte, dass alle den IQL so ansetzen, dass jede Arbeit so ausgeführt wird, dass man in naivem Sinne stolz auf sie sein kann. Nicht relativ stolz zu anderen („Ich bin schlecht, aber noch ein Zehntel über dem Durchschnitt") – nein – in naivem Sinne. Wer ein Instrument spielen will, soll in naivem Sinne gut klingende Musik spielen, nicht die Noten auswendig sägen. Wer im Sport gut sein will, soll siegen wollen, nicht unter ferner laufen zufrieden sein. Viele Erfahrene sagen: „Was auch immer du tust, tue es gut." Damit meinen sie „naiv gut", von außen gesehen. Im Englischen: sound. Oder im Deutschen, wo mir kein Einzelwort dafür einfällt: kerngesund, gerade, gut, ehrlich, vernünftig, sicher, solide, schmuck, korrekt, folgerichtig, tüchtig, gehörig, zuverlässig, kräftig, fest. Wer will, kann darüber hinaus ein Meister sein wollen, wofür es wiederum kein gutes englisches Wort gibt. Meister, nicht Geselle. Und die beispielhaft genannten Fehler im Diktat oder die 50 Prozent Übungspunkte sind eben naiv nicht in Ordnung und schon gar nicht meisterhaft.

Das Erziehen oder Management rund um den IQL ist eine der wichtigsten Aufgaben der Eltern, der Führungskraft oder eines Mentors. Kinder und Mitarbeiter sollen eine „sound personality" werden. Wie das geht, ist bei verschiedenen Menschen ganz anders. Manche Kinder brauchen höhere Ziele und Lob („Fleiß"), andere müssen herausfordernde Momente meistern („Sieg"), wieder andere brauchen eine weite Vision („eine Marssonde bauen" oder „Gott finden"). Also bringt man ihnen Stolz auf sich selbst bei („Disziplin"), hilft ihnen zu spüren, dass sie fast grenzenlose Möglichkeiten haben („sich selbst überwinden"), oder man erzeugt in ihnen die berühmte Sehnsucht nach dem weiten Meer („Saint-Exupéry").

Und wenn sie weiter und weiter kommen, muss der IQL immer mitverändert werden. Das Streben und die Bewegung müssen bleiben! Der Stolz wird größer, die Grenzen weiter, die Sehnsucht stärker.

Die Kinder oder Mitarbeiter dürfen nur nicht blocken und sich fertig fühlen – niemals! Dann ist alles zu Ende.

Wenn sich jemand als fertige Persönlichkeit fühlt, ist sein IQL gefixt und lässt sich kaum mehr ändern. Sein IQL kann ja nur noch hoch gesetzt werden, wenn der Betreffende sich noch nicht fertig fühlt! Selbsternannte fertige Persönlichkeiten ändern sich nicht mehr. Ich habe es langsam aufgegeben, fertige Menschen zu coachen. Es juckt mich trotzdem oft, fertige Menschen mit ganz niedrigem IQL und hohem IQ positiv zu führen. Sie haben ein hohes Potential, erwarten aber nichts Weiteres von sich selbst. Es endet praktisch immer mit Frust auf beiden Seiten.

Fertige Menschen sind fest wie ein Panzer. Man müsste eine Psychologie fertiger Menschen schreiben. Es gibt viele Meter Bücher über den Widerstand in der Psychologie: Psychisch Kranke weigern sich fast generell, die naive Außensicht auf ihr Leiden anzunehmen. Sie weigern sich mit Händen und Füßen, weil das Erkennen ihres Leidens für sie seelisch schlimmer ist als das ewige Verharren im Leiden. So etwas ganz Verhärtetes muss es auch in normal gesunden fertigen Menschen geben. Widerstand gegen alle Erkenntnis, dass noch etwas unfertig ist.

Sokrates weiß, dass er nichts weiß. In dem Kontext hier: Sokrates ist nicht fertig. Und das Wissen und positive Akzeptieren der eigenen Unfertigkeit gibt viel Raum zum Wachsen. Fertige Menschen aber sind erwachsen. Fertig! „Raum zum Wachsen" hört sich für fertige Menschen an wie der scharfe amerikanische Tadel: „There is plenty of room for improvement." Vielleicht ist komplettes Erwachsensein oder die totale Normalität auch eine Art Persönlichkeitsstörung?

Neben den gepanzerten fertigen Menschen stehen die kaum in Frage gestellten fertigen Managementrezepte und Erziehungsregeln. Sie beseitigen die fertige Selbstzufriedenheit mit Strafen, Prügeln, Bestechungsversuchen („Incentives"), Herabsetzungen und „Man darf niemals zufrieden sein!"-Reden, die an der Panzerung der fertigen Menschen abprallen. Solche Maßnahmen zwingen fertige Menschen, mehr zu leisten als es ihr IQL von innen her verlangt. („Ich hatte im Geschäftsbrief drei winzige Fehler, er hat sich furchtbar aufgeregt. Ein Fehler ist doch nicht schlimm, oder? Jeder macht Fehler.") Fertige Menschen, die über ihren IQL hinaus arbeiten, empfinden sich als vollkommen heroisch dabei – denn sie leisten bedeutend mehr als das „Menschen Mögliche" und jammern, sie „würden auf Dauer mit Notstromaggregat laufen", wodurch die Ausnahme zur Regel würde. Sie hassen alle diejenigen, die das ohne Zusatzbelohnung oder massenhaft kniend verabfolgtes Honiglob verlangen oder erzwingen: Das sind die Bosse. Das stärkt ihren Panzer und hält ihren alten IQL fest wie in Beton gegossen. Sie dürfen nie akzeptieren, dass sie nicht fertig sind und einen zu kleinen IQL haben, weil sie dann nicht mehr heroisch wären, sondern eher nur schlicht unfähig. So verharren sie unter Prügeln im Heroismus. Unrettbar wegen des Widerstandes gegen die Erkenntnis ihrer selbst.

Und das fertige Management ist glücklich und zufrieden mit dem Konzept, alle die fertigen Menschen über ihrem IQL arbeiten zu lassen. Fertige Manager sind glücklich, wenn alle unter Stress stehen und nach Atem ringen, wenn sie keine Zeit haben und hektisch agieren.

Ach ja, man kann zwar Menschen über ihrem IQL arbeiten lassen, aber nicht viel höher.

Gar nicht VIEL mehr!

Man könnte aber so irre viel mehr erreichen, wenn sie einen höheren IQL hätten. Alle.

Deutschland hat als Kultur einen ziemlich hohen IQL („Made in Germany"). Der scheint zu schwächeln. Hey, wir sollten von uns aus den Sternen entgegengehen! Und nicht die leichte Tour versuchen – den Stern sinken zu lassen. Lebenslanges Lernen tut Not, das wissen wir alle! Aber wie machen das fertige lower-IQL-Menschen?

DD86: Brainstorming mit diversem IQL (März 2009)

Was passiert, wenn Menschen mit unterschiedlichem IQL (Internal Quality Level) zusammensitzen und über eine bessere Zukunft nachdenken? Es kommt fast zwangsläufig etwas Unsinniges heraus. Damit das auch ganz sicher so kommt, setzt man absichtlich verschiedene Menschen zu Brainstormings zusammen.

Denn verschiedene Menschen haben verschiedene Ideen. Das ist so positiv! Deshalb macht man ja Brainstormings! Weil alle Menschen jeweils ganz unterschiedliche Ideen haben!

Aber was passiert, wenn verschieden gut arbeitende Menschen zusammensitzen, schlimmstenfalls eine repräsentative Mischung von Menschen, die man absichtlich geplant aus verschiedenen Bereichen zusammengerufen hat, weil dann die geballte Intelligenz zusammensitzt?

Menschen mit hohem IQL streben Meisterschaft an, Menschen mit niedrigem IQL machen oft Fehler (was sie ganz in Ordnung finden, weil immer mal Fehler vorkommen). Die mittleren Menschen sind in der komfortablen Mehrheit und wollen gut sein. Da sie das nicht sind, wissen sie nicht, wie das geht – oder sie verfolgen falsche Strategien.

Jetzt also Brainstorming! Fragen Sie einmal unterschiedliche Menschen, wie alles in Zukunft verbessert werden kann. Es gibt darauf stereotype Antworten:

- High IQL: Diese Menschen streben nach dem Höchsten und ringen ehrlich und wahrhaftig um die Zukunft und das Bessere. Sie lieben das Brainstorming als Methode an sich, aber sie hassen es, wenn normale Menschen oder gar Uninformierte dazwischenreden, weil sie auf dem hohen Level der Qualität nicht mitreden können und daher das Brainstorming stören. Meister wollen noch meisterlicher werden und suchen nach den letzten Exzellenzreserven oder nach völlig anderen Ansätzen („disruptive innovation"). Eine solche Diskussion muss ohne normale Menschen stattfinden. Faktisch passiert das vor dem Kaffeeautomaten, wenn sich die Richtigen zufällig treffen. Dann ist es himmlisch gut.
- Normal IQL: Diese Menschen wollen gut werden. Sie halten das für eine Willensfrage, was es zu großen Teilen ja auch ist. Es wird nämlich nichts gut, wenn darüber nur gut geredet wird, sondern dann, wenn etwas Gutes getan wird. Dazu muss sich der normale Mensch zunächst zusammenreißen und disziplinieren. In Brainstormings haben sie deshalb immer die Ideen, sich jetzt endlich

ernsthaft das Gute vorzunehmen und nun erstmals am Ball zu bleiben. Das konnten sie bisher nicht, weil sie zu sehr unter Stress stehen und sich im Tagesgeschäft zerreiben.
- Low IQL: Diese Menschen erwarten wenig von sich selbst und stehen dafür dauernd wütenden oder schmallippig schweigenden KollegInnen gegenüber, die von ihnen explizit oder indirekt eine grundlegende Sinnesänderung verlangen. Die ist ihnen aber unmöglich, weil ihnen zu wenig Zeit gegeben wird, die Arbeit ordentlich zu machen, so dass es zu den häufigen Fehlern kommt. Außerdem können sie nicht gut arbeiten, weil sie nicht respektiert werden und ihnen dadurch die Arbeit verleidet wird. Man soll sie deshalb erst wieder lieben und ihnen auch einmal eine ordentliche Gehaltserhöhung geben und sie damit aus dem Teufelskreis ausbrechen lassen. Im Brainstorming verlangen sie eigentlich nur, dass das Betriebsklima verbessert wird. Veränderungen hassen sie, weil die immer zu ihren Lasten gehen. Insbesondere bekommen sie zu allen Veränderungen immer auch die Forderung dazu, weniger Fehler zu machen. Sie werden also herabgesetzt, das wissen sie.

In dieser Mischung beginnt Brainstorming. Die High IQLs lieben große Veränderungen und wollen etwas wagen. Sie sagen, man müsse auch einmal Fehler machen können, um daraus zu lernen. Die Normal IQLs verstehen von großen Würfen noch nichts, sie wollen erst einmal gut werden. Da sie nicht genau wissen, was das ist, nehmen sie an, dass es zunächst darum geht, keine Fehler zu machen. Dann wäre alles schon viel besser. Die Low IQLs aber wissen, dass ihnen Fehler vorgeworfen werden, so oder so, und bei Veränderungen zum Guten noch viel mehr. High IQLs wollen sprunghafte Veränderung, Normal IQLs eine inkrementelle evolutionäre, Low IQLs gar keine.

Verstehen Sie, was ich sagen will? Je nach IQL ist eine Veränderung zum Guten etwas ganz anderes. Insbesondere diskutieren die Normal IQLs dauernd um das ernsthafte Wollen, so wie sie zu Silvester endgültige Vorsätze fassen, fünfzig Kilo abzunehmen und das Rauchen aufzugeben. Die High IQLs wollen ja ohnehin und halten das für ein ganz mieses Thema. Sie möchten das Wollen einfach als gegeben voraussetzen und mutig voranschreiten. Das aber können sie beim Brainstorming nicht, weil die Normalen in der Mehrheit sind. Die Normalen aber wollen nur gut werden, jetzt endlich einmal ernst! Deshalb haben sie solche Ideen:

- Endlich ernsthaft kundenfreundlich sein
- Endlich ernsthaft bessere Produkte entwerfen
- Endlich ernsthaft langfristig Agieren
- Endlich ernsthaft Qualität erzeugen
- Endlich ernsthaft High Performance zeigen
- Endlich ernsthaft als Team agieren
- Endlich ernsthaft ... und so weiter

Diese Ideen gewinnen immer, weil die High IQLs bald resignieren. Die Normal IQLs schreiben die Ideen aus der vorstehenden Aufzählung an Whiteboards und lassen wie selbstverständlich die quälende Wiederholung der Teilphrase „endlich ernsthaft" weg. Sie haben dann den schwungvollen Vorsatz dastehen, dass sie das beste, freundlichste, innovativste, bewundertste, wachsendste, mitarbeiterbeliebteste Unternehmen sein WOLLEN. Zum Schluss berauschen sie sich an der Vorstellung, ein solches Unternehmen sein zu WERDEN. Damit haben sie schon am Ende des Brainstormings das WOLLEN durch das WERDEN ersetzt. Und sie stellen sich die Frage: WIE werden wir das? Das kann so schnell nicht geklärt werden.

Sie setzen deshalb Teilkommissionen ein, die zu den jeweiligen Punkten der Qualität, der Innovation oder der Kundenfreundlichkeit sachlich bestechende Ausführungsvorschläge machen sollen. Dann vertagen sie sich und tagen und tagen. „Und solange die Ideen nicht gestorben sind, tagen sie allezeit weiter." Es beginnt immer damit, dass die Normal-IQL-Mehrheit zu Recht fühlt, dass sie endlich ernsthaft wollen sollen. Dann aber fangen sie nicht mit dem Wollen an, sondern mit Arbeitssitzungen, wie sie etwas WERDEN könnten. Es ist, als ob ein Übergewichtiger immerfort abnehmen wollen will und glaubt, er könne vor dem Wollen erst einmal alle möglichen Diäten in langen Meetings studieren. Erst wenn er die richtige Diät gefunden zu haben glaubt, was sehr lange dauern kann, erst dann versucht er das Wollen. Und da das Wollen ernsthaft sauer wird und nicht wirklich angenehm gelingen will, erkennt er das Problem in einer falschen Entscheidung für die falsche Diät und beginnt wieder mit Brainstorming.

Das Schlimme ist, dass das endlich ernsthafte Wollen zum Beispiel zur Innovation und Servicefreundlichkeit in dem Brainstorming-Moment ja gut ist. Niemand kann dagegen etwas sagen. Nur die High IQLs wissen, dass es so nicht geht, und meutern noch. Aber der für das Brainstorming angeheuerte Psychotrainer ist glücklich, dass nun alle endlich ernsthaft WOLLEN. Man berichtet dieses Ergebnis dem für die Endpräsentation herbeigeeilten Executive, der sofort befriedigt nickt. Auch er ist glücklich, dass nun alle endlich ernsthaft wollen. Er denkt, dass das seinem Führungstalent zuschreibbar sein könnte. Das bestätigt ihm der Psychotrainer aus vollem Herzen und beendet das Meeting mit einer denkbar optimistischen Prognose. Die High IQLs springen seelisch aus dem Fenster, müssen aber applaudieren.

(Zur Brainstorming-Kolumne DD82 habe ich einige entrüstete Richtigstellungen bekommen, was Brainstorming im Ideal eigentlich wäre und zu welchen Wohltaten es führen könnte. Die Trainer setzen aber implizit immer irgendwie voraus, dass sie ausschließlich mit High IQLs arbeiten. Ja klar, das bringt gute Ergebnisse, aber – nehmen Sie es gefasst hin – auch ohne Trainer! Meist reicht viel Kaffee und Mineralwasser und am besten ein Versprechen von Anfangsinvestitionen in Neues. Ich schrieb aber nicht für den unwahrscheinlichen Fall eines All-Star-Meetings, sondern über das Normal-IQL-Desaster unter Leuten, die zwar richtige Prioritäten kennen und setzen, aber am nächsten Tag so wie immer agieren. Normal IQLs kommen immer aus der Kirche als Christen heraus und zanken beim Mittagessen schon wieder los, WIE man es macht, nicht OB. Politiker setzen immer die richtigen Ziele, ohne etwas zu tun. Sie beschließen nach einem Brainstorming, sozial und sparsam zu sein, und tagen dann endlos über das WIE. Dass die Zeit wegläuft, schert sie nicht. Usw. usw. usw. Sehen Sie das nicht? Wir müssen gar nicht so viel denken, wir müssen tun. Und das viele Denken und Lavieren vor dem Tun verhindert es ganz und gar. Manche sind so verzweifelt, dass sie schreien: „Besser etwas Falsches tun als gar nichts." Das stimmt wahrscheinlich. Der Traum wäre, einmal einen High IQL vertrauensvoll machen zu lassen, was er will, einfach so, ob es falsch ist oder nicht. Einfach „Yes, we can.")

DD87: Spoiled by Rewards: Qualität oder „Achievement"? (März 2009)

Ordentlich und gut arbeiten oder vor allem schnell? Verschiedene Zeiten haben ihre Prioritäten. „Schnell? Ja, gut, aber bitte perfekt!", hieß es früher. Und heute: „Hauptsache schnell und viel, so dass die Zahlen stimmen. Was nicht moniert wird, ist gut genug." Der rechtschaffene und meisterstolze Mensch in uns will gute Arbeit abliefern. Punkt. Der Homo Oeconomicus in uns will viel erreichen und verdienen. Es gibt noch andere Personen in uns – aber bei der Arbeit treffen sich oft diese zwei. Welche dominiert in Ihnen?

Die Kindergärtnerin entschuldigt sich bei den kleinen Kindern, dass sie sie eine halbe Stunde allein lassen muss. „Kinder, seid so nett und malt jeder Bilder für mich. Ich freu mich arg, wenn ihr das tut." Da malen sie voller Hingabe und vergessen die Zeit. Als die Erzieherin zurückkehrt, zeigen sie stolz die Bilder und werden geherzt.

Die Kindergärtnerin kündigt den kleinen Kindern an, dass sie sie eine halbe Stunde allein lassen muss. „Kinder, ich muss euch allein lassen. Damit ihr keinen Unsinn treibt, möchte ich, dass ihr Bilder malt. Damit ihr das auch wirklich tut, gebe ich euch für jedes schöne Bild einen Euro." Da fangen sie schnell an zu malen. Wie viele Euro könnten sie verdienen? Sie diskutieren, wann wohl ein Bild schön wäre. Wofür gibt es einen Euro? Wenn sie selbst das Bild schön finden oder die Erzieherin? Wie viel Geld hat sie denn? Wie wird sie entscheiden? Die Kinder malen schnell, weil die Zeit knapp ist und besprechen immer wieder dabei, wie der Maßstab wäre; sie vergleichen die Bilder. Als die Erzieherin kommt, erwarten sie bang ihr Urteil.

Beispiele wie diese finden Sie im Klassiker *Punished by Rewards: The Trouble With Gold Stars, Incentive Plans, As, Praise, and Other Bribes* von Alfie Kohn, von dem es noch das Buch *No competition* gibt. Was Sie vielleicht erstaunen mag: Die Kinder des ersten Versuches malen in etwa genau so viele Bilder wie die Kinder im zweiten Versuch, aber schönere!

Im ersten Experiment versuchen Kinder, die Schönheit nach ihrem IQL (Internal Quality Level) zu beurteilen, im zweiten nach ihrem IAL (Internal Achievement Level). Die Sichtweise ist anders. Man kann die Bilder schön im naiven Sinne malen oder an Bezahlungskriterien messen, die eventuell nicht einmal ganz klar sind.

(In den vorhergehenden DDs habe ich über den IQL geschrieben, was viele von Ihnen missverstanden haben. Ich habe zu wenig Resonanz erzeugen können, was ich mit „naiv von außen gesehen gute Arbeit" meine. Ich hoffe, es wird hier klarer?)

In der Art der Kinder und Bilder finden wir uns im Alltag wieder. Eine Bankberatung kann naiv gesehen gut sein – aus der Sicht des Kunden, der beraten wurde. Aber eine gute Beratung mag wenig Profit bringen („Bundesanleihen sind sicherer als unsere Haussparbriefe, bringen genauso viel Zinsen und können jederzeit an der Börse verkauft werden, was mit unseren Briefen nicht geht."). Sie stellt dann für den Homo Oeconomicus oder den Chef oder die Bank kein Achievement dar. In diesem Fall ist gute Arbeit sehr verschieden von Arbeitsleistung.

Soll der Zahnarzt gut arbeiten oder schnell? Soll der Handwerker genau die Erwartungen erfüllen oder lieber mit seiner Kunst glänzende Augen erzeugen? Soll der Schüler versuchen, gut Englisch zu lernen, oder soll er 15 Punkte im Abi anstreben? Soll der Student die Wissenschaft aufsaugen oder Bewerbungsaktenoptimierung betreiben?

Wer im naiven Sinne gute Arbeit abliefert, erfreut den Kunden und erfüllt sich mit Stolz. Wer effizient viel schafft, erfreut den Chef und bekommt gutes Geld und Lob, was ihn selbst sehr freut. Wir alle können uns zweifach freuen: über das Ergebnis der Arbeit im eigentlichen Sinne oder über das Erreichen von quantitativen Zielen. Die eine Freude ist wie stille innere Zufriedenheit, die andere wie lauter Triumph bei einem Sieg.

Am besten wäre es, beides zu haben.

Geht das? Und wenn ja, wie?

Denken Sie an die Kinder. Die ersteren malen genauso schnell, aber schöner. Folgen Sie also Ihrem naiven gesunden Menschenverstand. Liefern Sie das Gute. Wenn Sie das aufrichtig tun, werden Sie wohl Meister. Als Meister werden Sie besser und natürlich auch viel schneller. VIEL schneller! Das wollen die meisten Menschen nicht akzeptieren. Ist denn ein exzellenter Programmierer langsamer? Ein Frisörmeister? Ein Zahnarzt? Ein Klempner?

Sie können beides haben, wenn Sie Ihren IQL erhöhen, das ist der Level, an dem Sie Ihre Arbeit als naiv gut empfinden.

Aber wenn Sie zeitvergessen arbeiten und nicht auf das Achievement achten, wird es Ihren Chef aufregen, weil der als Manager meist einer derjenigen ist, der die Freude am Sieg höher schätzt als die stille innere Zufriedenheit. Sein Ehrgeiz macht ihn kurzfristig. Er will nicht beides haben – nur den Sieg. Den bekommt man aber eigentlich eher dann, wenn man beides erreicht! Schauen Sie auf die Kinder!

Und der alte Star wird gefragt, warum er so spät den Oscar bekam: „Ich war zuerst Naturtalent und wurde auf Händen getragen. Dann wollte ich mehr und mehr erreichen und habe zu viele Filme gedreht, ich habe meinen Ehrgeiz gestillt. Irgendwann wurde ich wieder ruhiger. Heute nehme ich Rollen an, die mich glücklich machen und mich wachsen lassen."

Die Kinder im zweiten Versuch schielen auf die Euros, die meisten Arbeitnehmer schielen auf die Augen des Chefs. Die Kinder wissen nicht, dass sie nur malen sollten. Sie aber wissen es jetzt. Und doch werden Sie morgen auf die Augen des Chefs schielen, weil Ihre subjektive Angst höher ist als alle objektive Erkenntnis. Und Ihr Unterbewusstes wird Sie sagen lassen: „Mein Chef wird böse, wenn ich nicht auf Achievement aus bin. In unserer Firma wird man bestraft, wenn man einfach nur gut ist. Er urteilt nach IAL, nicht nach IQL. Ich habe Kinder im Studium, ich kusche und mache meine Arbeit seit Jahren nicht mehr gut. Ach, wenn ich nur dürfte!"

Darf ich einmal brutal sein? Wenn Sie viele Jahre nur Achievement brachten, aber keine Qualität im engeren Sinne – ist dann die Annahme erlaubt, Sie KÖNNTEN gut arbeiten, wenn man Sie nur ließe? Das ist im Prinzip möglich, es gibt ja Beispiele. Aber ist es wahrscheinlich? Trifft es auf Sie zu? Verliert man denn nicht bei hastigem Arbeiten den Sinn für gute Arbeit ganz? Vergisst man denn nicht unter Stress das Weiterbilden und die Selbstmodernisierung? Gibt es ein Comeback? Was machen Sie, wenn Sie pensioniert oder arbeitslos werden?

Tun Sie bitte bloß immer gut, was Sie tun!

Sie bekommen dafür nicht die größten Gehaltserhöhungen, das weiß ich selbst genau. Die Gehaltserhöhungen werden nach IAL bemessen, nicht nach IQL. Aber hohe Qualität wird zwar nicht stark belohnt, aber immerhin nicht verdammt. Faktisch gesehen – und nach allem, was ich selbst so mitbekomme – arbeiten Sie im schlechtesten Falle die ganze Zeit für ein Monatsgehalt weniger im Jahr. Sie haben zwar gut gearbeitet, aber im schlechtesten Falle nicht genug Gewinn gemacht, weil das Gute („Kunde") und die Leistung („Chef") zu weit auseinander lagen. Viel schlimmer habe ich es nie gesehen. Nirgends! Das gute Arbeiten verbunden mit der inneren Freiheit und den glücklichen Augen des Kunden kostet also maximal vielleicht 10 Prozent Gehalt und die resignierte schwache Missbilligung Ihres Chefs. Wenn Sie wählen müssten – was wählen Sie?

Die meisten wählen Achievement. Sie hoffen auf andere Chefs und bessere Zeiten. Spoiled by rewards. Was aber, wenn diese Zeiten nicht kommen? Oder so spät, dass Sie fragen müssten: Wer bin ich jetzt geworden?

DD88: Die Arroganz der Routiniers gegen uns Neulinge (April 2009)

Wir feiern ja gerade Ostern und ich stelle mir vor, ein Fremder aus einer fernen Kultur ist bei uns zu Gast. Wir stehen vom Osterbrunch auf und schauen ihn erwartungsfroh an: „Nun suche!" Er wird fragen: „Was denn?" – „Na, Eier!" Er blickt auf den Tisch, wo noch gefärbte Schalen liegen. Er versteht nicht, was von ihm erwartet wird. Und wir brüllen ihn wütend an: „Suche endlich! Wir haben extra welche für dich versteckt! Überall!" Da schaut er rätselhaft verzweifelt um sich und ist verletzt. Es tut ihm weh. Wir aber finden, er nervt uns mit seinem abgrundtiefen verwerflichen Unwissen. Was will er denn überhaupt Ostern bei uns? Sollen wir ihm jetzt etwa die ganze Geschichte des Christentums inkl. der kirchenamtlichen Hasenkunde erklären?

Das war jetzt eindeutig zu krass, aber Sie sollten sich Ihre aufgerührte Emotion für die restlichen Beispiele aufheben. So wie im „künstlich harten" Beispiel ist es in Wirklichkeit sehr oft!

Die eine Seite weiß alles ganz genau, die andere ist vollkommen ahnungslos. Die wissende Seite will zum Beispiel: „Schicken Sie eine Krankenversicherungsbescheinigung nach § 257." – Oder: „Klar bekommen Sie das Geld, aber wo haben Sie die Testamentseröffnung?" Wir wissen nicht, was sie wollen. In den USA fragen sie uns: „American Breakfast? Okay. Juice?" – „Yes." – „Which juice?" – "What do you mean?" – "Which juice?" – "What do you offer?" – "Orange, Grape." – "Grape." – "Okay, Toast?" – "Yes." – "Oh god, which toast?" – "What do you offer?" – "Wheat, rye." – "Oh, please, bring the first choice of everything." – "Okay, coffee?" – "Yes! Sorry – you don't expect a yes, I understand, I understand. I mean, what do you offer?" – "Coffee? Yes or no?"

Immer ein Ahnungsloser gegen einen Eingeweihten. Viele von uns haben einen Beruf, in dem sie für einen so genannten Prozessablauf zuständig sind. Hier wissen wir ganz genau Bescheid. Jede Feinheit ist uns klar. Bei dem meisten anderen in unserem Leben aber sind wir Anfänger ohne jeden Schimmer – ich wollte fast Jungfrau schreiben, aber die wäre ja schon aufgeklärt.

„Internet? Wir schicken einen Splitter und einen Mini-Router." – „Hauskauf? Ein- oder Zweifamilie? Anlage V." – Ich sollte eine Krawatte, die der Versender versehentlich aus der Schweiz versendet hatte, im Zollamt verzollen. Die Krawatte lag vor uns als Corpus Delicti. „Ist sie gewebt oder handgefertigt?" Ich zeigte darauf. Er herrschte mich an, wahrheitsgemäß Auskunft zu geben, und deutete meine

Hilflosigkeit als mangelnde Kooperation. „Ist sie aus Seide?" Ich nickte, weil sie sehr teuer war. „Sie nicken so einfach. Wissen Sie es genau?" Ein Computerprogramm wurde schließlich mit irgendwelchen Vermutungen gefüttert und berechnete dann die Zollstrafe mit 4,30 Euro im Namen des Volkes.

Es ist so oft das erste Mal! Wir haben beim ersten Mal keine Ahnung. Es fehlt jede Aufklärung. Wir werden aber von den Wissenden angesprochen, als wären wir schon das tausendste Mal da. Dabei heiraten wir doch nur alle Jubeljahre und haben selten Erbfälle. Wir schaffen selten eine neue Küche an, sind nicht so sehr oft arbeitslos, verlieren nicht oft den Hausschlüssel oder haben selten einen Autounfall. Aber die Zuständigen sind allwissend und pochen auf die Einhaltung der hier gültigen Regeln. Für uns Unwissende lohnt es sich aber ganz und gar nicht, uns jemals diese Usancen zu merken. Weil wir ja nicht oft heiraten oder promovieren, sind die Regeln beim nächsten Mal mit Sicherheit ganz anders. „Kopien von Urkunden waren bis ins letzte Jahr erlaubt. Jetzt natürlich nicht mehr." Noch schlimmer: Die zuständigen Leute sind immer ganz andere und kennen die Historie nicht. „Kopien waren noch nie erlaubt." – „Immer!" – „Nicht, solange ich hier bin." – „Seit wann?" – Vier Monate – das sei hier schon lange. Die pseudowissenschaftlichen Theorien hinter den heiligen Regeln ändern sich ebenfalls. „Bei Feueralarm alle Türen schließen!" – „Warum?" – „Weil mangelnder Luftzug das Feuer hemmt, Sie Tropf!" – „Bei Feueralarm die Türen alle aufreißen!" – „Warum?" – „Weil die Feuerwehr dann weiß, dass sie in diesem Raum niemanden retten muss. Manchmal schließt nämlich mittags einer zu und schläft ein bisschen. Wollen Sie den hinrichten? Sie Elender!" Manchmal wollen sie eben die Menschen retten, heute aber eher die Häuser.

Überall trifft man auf mehr oder weniger willkürliche Konventionen mit kürzlich halbtagsausgebildeten Gralshütern. Und alle posieren sie wie Pfauen in ihrem Mehr-Wissen von fünf oder sechs Regeln und machen uns zur Schnecke. Wehe also dem, für den es das erste Mal seit Änderung der Regeln ist! Sie tun uns immer weh. Sie haben kein Verständnis, dass es das erste Mal ist. Sie tun uns rücksichtslos weh.

„Wo wollen Sie hin, in Gottes Namen?" – „Eine Übungsrunde Golf." – „Nicht in Jeans, gnädige Frau. Nicht hier auf dem edlen Platz, dafür war die Green Fee zu hoch." – „Wie denn sonst?" – „Anständig." Zwanzig Minuten später: „Halt, halt! Gelb ist verboten!" – „Es sind jetzt aber keine Jeans." – „Diesmal ist der Stoff in Ordnung, aber die Farbe verboten." – „Dann kommen Sie am besten mit auf mein Zimmer?" Oder:

„Hallo Herr Dueck, zu Ihrem Vortrag möchte ich noch eine Bemerkung machen. Kennen Sie die klassische Komödie Horribiliscribrifax?" – „Nein." – „Waaas? Waaaaas? Das muss ich von Iiiiihnen hören? Die kennen Sie nicht?" – „Nnnein." – „Das darf doch nicht wahr sein, sie schreiben doch auch! Ich kenne sie, manches erinnert mich darin an Sie. Ich weiß nur nicht, was."

Hört auf – Ihr Alleswisser und Hohe Priester! Verkneift euch die hochnotpeinlichen Blicke auf uns Laien! Hört auf, uns mit Abkürzungen und Geheimausdrücken zu quälen! Tut nicht so, als sei alles in eurer Nähe heilig und sonst nichts! Ich protestiere! Ich bin ein Mensch und allenfalls so wie ihr, wenn ich morgen früh selbst arbeite und ihr bei mir etwas erbitten müsst!

Hier wollte ich eigentlich enden. Richtig schön emotional. Dabei spreche ich hier ein ganz wichtiges Problem an. Die Prozessablaufdesigner schwelgen in Abkürzungen und Orgcharts, sie arbeiten winzigste Details aus, wer sich wie bei den Workflows zu benehmen hat. Jeder hat seine genau choreographierte Rolle. Diese Rollen werden nach der Reorganisation wieder und wieder eingeübt. Jeder hat zu wissen, was er zu tun hat. Dann werden die Türen für die Kunden geöffnet. Für ahnungslose und, schlimmer noch, vielleicht unbekümmerte Menschen wie mich, die ihre Rolle gar nicht kennen. „Ich möchte es so und so, bitte." – „Das ist hier nicht vorgesehen." Dann muss ich versuchen, mich in meine aufgezwungene Rolle hineinzudenken. Meist bin ich ein doofer Statist oder die ganze Rolle ist vollkommen unlogisch oder nach dem ausschließlichen Gusto der anderen Seite definiert, was ich sehr unfreundlich finde. „Sie können im ICE mit Kreditkarten zahlen, aber nicht mit der EC-Karte." Fragende Blicke prallen ab. Achseln werden gezuckt. Früher haben wir oft über mehrseitige Speisekarten in Ostländern gelächelt, wenn es dann davon immer nur Mixed Grill gab und sonst nichts. „Die verstehen den Kunden nicht", sagten wir. Immerhin – die exzessiven Fälle spüren auch wir noch selbst.

DD89: Wendungen über Glauben und Bratkartoffeln (April 2009)

Ein Gleichnis sollte etwas Tiefes erklären. Ich versuchte es über Bratkartoffeln. Ich bekam viele Zuschriften, die meisten gaben noch bessere Ratschläge zum Braten und exzellente Rezepturen. Ich war etwas irritiert, weil ich etwas anderes gedacht hatte ...

„Dieser Kaktus blüht nur im April. Man darf ihn nicht anrühren, nicht drehen – nichts! Einfach warten, bis sich die handtellergroße Blüte entfaltet und zu duften beginnt. Einen Tag lang will ich sie bewundern und ihren Anblick genießen. Ich habe der ganzen Familie eingeschärft, den Kaktus nicht anzurühren. Ich habe sie davor gewarnt, die Putzfrau heranzulassen, die heute kommen sollte. Als ich nach Hause komme, haben sie Fenster geputzt und die Pflanzen weggestellt. Jetzt blüht er nicht mehr." Und er weinte bitterlich. Ich beruhigte ihn, das sei mit Bratkartoffeln auch so.

In meiner Familie brate ich die Kartoffeln. Sie alle konzedieren, dass die Kartoffeln aus ganz ungeklärten Gründen bei mir gut gelingen. Wenn es eine grüne Hand für Pflanzen gibt, hätte ich eine für Bratkartoffeln. Sie mokieren sich seit langem, dass ich die Kartoffeln lieber in Stücke schneide, nicht in Scheiben. Ich werde nervös, wenn sie in die Nähe der Pfanne kommen, und ich werde wütend, wenn sie die Hand ausstrecken, die Pfanne zu berühren. Es ist besser, die Pfanne zu bewachen und niemanden in die Nähe zu lassen. Bloß nicht in den Keller gehen, um Rama raufzuholen! „Du, die Kartoffeln stehen da ohne Aufsicht auf dem Herd, da habe ich sie vorsichtshalber gewendet." Eine Katastrophe!

Warum?

Neulich kam Johannes in die Küche, als es Bratkartoffeln geben sollte. „Du, ich weiß jetzt, wie man Bratkartoffeln besonders gut hinbekommt. Ein Starkoch hat es im Fernsehen erklärt. Man legt gerade nur so viele Kartoffelstücke in die Pfanne, dass der Boden bedeckt ist, nicht mehrere Schichten übereinander, nur eine. Dann lässt man sie in völliger Ruhe so lange braten, bis sie richtig schön kross sind. Man dreht sie erst dann um, und zwar am besten einzeln. Dann wieder völlige Ruhe, bis sie kross sind. Das Wichtigste ist es, nicht in der Pfanne herumzurühren. Völlige Ruhe! Ganz wichtig!" – „Und was willst du mir damit sagen, Johannes?" – „Du machst es schon immer richtig und du hast geschimpft, wenn einer drin herumrührt." – „Aber ich hab es selbst schon immer gesagt!" – „Starköche jetzt auch!" –

„Macht das einen Unterschied?" Und ich seufzte wieder einmal, weil es einen Unterschied macht. „Warum schneidest du nicht Scheiben, sondern dicker?" – „ Dann gibt eine Schicht in der Pfanne mehr Volumen und ich muss nicht mehrmals braten." – „Aha, bist du sicher?" – „Warte, bis es im Fernsehen jemand sagt."

Wenn ich es sage, weil ich es weiß, glaubt es keiner. Wenn es im Fernsehen gesagt wird, glauben es alle, ohne es wirklich genau wissen zu wollen, und halten sich womöglich dran. Sie glauben es, weil ihnen ein wichtiger Spartenpapst den Glauben daran geschenkt hat. Er muss nicht erklären, warum es so ist. Es muss wie ein überirdischer Trick aussehen, dessen Wirkung sich noch durch den Glauben daran verstärkt. Man müsste Menschen beibringen, dass es Unglück bringt, Kakteen mit Blüten in ihrer Position zur Sonne zu verändern. Sonst kommt der schwarze Mann des Nachts! Wissen nützt gar nicht so viel, es hilft den Menschen nicht, weil sie sich um Wissen nicht scheren. Wissen versetzt keine Berge, Glaube aber schon. Wir müssten allen Menschen beibringen, die wesentlichen Wahrheiten, die zu wissen sie nicht bereit sind, als Glauben einzutrichtern.

Oh, das ist vielleicht die Weisheit hinter den Religionsstiftungen? Und der Grund, warum die Wissenschaftsgesellschaft ohne Glauben auf Grund läuft?

Heute ist es wohl so:
Wir wissen, dass Wissen hilft –
Und wir glauben nicht, dass Glauben hilft.
Das ist bestimmt falsch! Aber was ist richtig?
Wir wissen nicht, was wir glauben sollen,
Aber wir sollten glauben, was wir wissen müssten.

Das geht aber schon weit über Bratkartoffeln hinaus. Vielleicht sollte ich das lassen. In meiner Jugend sagte mir einmal jemand: „Du verstehst nur Bratkartoffen!" Immerhin.

DD90: Blockierte Unternehmen (Mai 2009)

Ein Leser bat mich einmal, das Buch *Lebenslust* von Manfred Lütz zu lesen – das würde mir gefallen. Es ist im Prinzip keine gute Idee, mir das Lesen von Büchern zu empfehlen, weil ich sooo viel Rat diesbezüglich bekomme, dass ich praktisch immer peinliche Ausreden vorbereiten muss – verstehen Sie meine Lage? Außerdem lese ich nicht gerne Bücher, die meine Meinung bestätigen. Es sollte mich doch erweitern!

Ich habe mir den Autor angeschaut. Lütz. Theologe. Chefarzt für Psychiatrie und Psychotherapie. Hmmh. Das hat doch etwas? Er hat viele Bücher geschrieben. Eines heißt: *Der Blockierte Riese*. Was meint er damit? Untertitel: Psycho-Analyse der katholischen Kirche. Ich habe es gelesen und schreibe hier, was mich besonders berührt hat.

Lütz ist atemberaubend frech. Er vergleicht doch tatsächlich die katholische Kirche – natürlich mit allem nötigen Respekt – mit einem normalen deutschen Alkoholikerhaushalt! Uiiih, ob er inzwischen schon exkommuniziert ist? – So, jetzt sind Sie hoffentlich ganz gespannt, was ich sagen will. Nichts da! Ich hole noch einmal aus: Was fällt Ihnen bei der katholischen Kirche ein? Ich sage einmal als Protestant frisch von der Leber weg, was mir selbst dazu einfällt: Zölibat, Priesterin, Abtreibung, Kondome, Unfehlbarkeit. Darum ranken sich anscheinend alle Tagesdiskussionen. Und ich vermisse von außen als Christ etwas: Wo – bitte – bleibt der Glaube? Das Ewige?

Manfred Lütz nennt es Problemtrance. Die katholische Kirche zerreißt sich an der Peripherie. Sie vergisst fast das ewige Leben über den Kondomen. Wenn früher der Bischof eine Gemeinde besuchte – es heißt wohl korrekt: visitierte –, dann sah er nach dem Rechten und gab Motivation, so schildert Lütz. Heute kommt der Bischof wirklich nur zu Besuch. Die Vertreter der Kirchengemeinde bereiten den Besuch vor und überlegen wochenlang, wie die Zeit mit ihm sinnvoll genutzt werden könnte. Sie brainstormen und planen. Am Ende beschließen sie, den Bischof in Bezug auf die sie selbst bewegendsten Fragen anzusprechen. Das sind: Zölibat, Priesterin, Abtreibung, Unfehlbarkeit. In diesen Themen liegen Zeichen für sie, dass etwas nicht gut ist. Der Bischof kommt und soll etwas dazu sagen. Das kann er natürlich nicht. Er steht im Zwiespalt seiner persönlichen Meinung, der offiziellen Meinung der Kirche und der Erwartung der besuchten Gemeinde. Lütz schreibt, wie Bischöfe wohl antworten: Rheinisch mit Augenzwinkern und „nehmt es nicht so ernst" oder preußisch hölzern pflichtbewusst oder kumpelhaft gesellig mit „ich bin einer von euch". Was auch immer der Bischof sagt, befriedigt niemanden, denn er gibt keine Antwort. Es gibt keine gute Antwort in dieser Lage. Je nach Bischof ist die Antwort drohend, formal, gereizt oder mit einer kunstvoll verschluckten Bemerkung über Haushälterinnen, wenn er sich traut? Danach fährt der Bischof nach Hause und ist sehr unbefriedigt. Immer dieselben Fragen! In jeder Gemeinde! Und er kann nie antworten!

Stellen Sie sich einen archetypischen Alkoholiker mit einer archetypischen Frau und einem archetypischen Sohn vor. Wenn der Alkoholiker gut drauf ist, versprüht er Charme und alle atmen auf. Dann verfällt er in einen Rausch und verdunkelt als Rüpel seine kleine Welt. Die Frau arbeitet wie wahnsinnig und hektisch daran, die Sucht nicht an die Öffentlichkeit kommen zu lassen. Sie verteidigt den Mann, entwertet aufkommende Gerüchte, stellt seine positiven Eigenschaften ins grellste Licht. Sie hofft, außen die Lage zu retten, bis sie sich innen gebessert hat. Daran zweifelt sie nie – dass sie sich innen bessert! Der Sohn aber hat zu viele Schläge bekommen. Er hat alle Schwüre des Vaters gehört, nie wieder einen Tropfen anzurühren. Er ist zynisch geworden und glaubt ihm nichts mehr. Er schimpft mit dem Vater und lässt kein Haar an ihm. „Du Saufsack vernichtest uns nur – ich hasse dich!" Er verlangt ohne rechte Überzeugung auf Machbarkeit eine Entziehungskur und eine gemeinsame Anstrengung, den Haussegen gerade zu rücken und das Ziel eines glücklichen Familienlebens anzustreben. Er verlangt vor allem eine sofortige Bereitschaft zur Problemeinsicht und am besten auch eine Entschuldigung, dass alles so kam. Das ist das klassische Drama-Dreieck der Transaktionsanalyse zwischen dem „Problem", dem „Retter" und dem „Verfolger".

Das Drama aber ist dies: Die Frau wirft dem Sohn vor, durch seine Zynismen die Problemlösung im Innern zu verhindern. Der Sohn wirft der Mutter vor, das Problem künstlich am Leben zu erhalten und an der langen Agonie schuldig zu sein. Nun beginnen sie sich zu hassen. Sie streiten und toben. Der Alkoholiker aber schläft und trinkt und wütet und schlägt. Bis zum Ende aller Tage.

Viele Unternehmen leiden. Die wahren Probleme sind bekannt: Die Innovationsfähigkeit sank, die Kunden sind mit den sehr „effizienten" Services nicht mehr zufrieden, die Qualität der Produkte sinkt, es gibt Reklamationen. Die Unternehmenskultur ist durch Stress geprägt. Die Mitarbeiter sind demotiviert, weil es keine Lohnerhöhungen gibt und es zu Entlassungen kommt. Die Managergehälter sind dagegen zu hoch. Über diese Symptome streiten sich alle und vergessen darüber die Innovationen, die Kunden und die Weltmärkte. Kurz: Der Haussegen hängt schief.

Wenn früher ein Topmanager die Mitarbeiter eines Werkes besuchte – dann sah er nach dem Rechten und gab Motivation. Heute kommt er wirklich nur zu Besuch. Die Vertreter des Werkes und die Betriebsräte bereiten den Besuch vor und überlegen wochenlang, wie die Zeit mit ihm sinnvoll genutzt werden könnte. Sie brainstormen und planen. Am Ende beschließen sie, den Topmanager auf die sie selbst bewegendsten Fragen anzusprechen. Das sind: Gehälter, Arbeitszeiten, Entlassungen, Managergehälter. Da liegen Zeichen für sie, dass etwas nicht gut ist. Der Topmanager kommt und soll etwas dazu sagen. Das kann er natürlich nicht. Er steht im Zwiespalt seiner persönlichen Meinung, der offiziellen Haltung des ganzen Unternehmens und der Erwartung der besuchten Mitarbeiter. Was werden die Topmanager wohl antworten? Rheinisch mit Augenzwinkern und „nehmt es nicht so tragischernst"? Oder preußisch hölzern pflichtbewusst? Oder kumpelhaft gesellig mit „ich bin einer von euch"? Sie sagen: „Wir werden gestärkt aus der Krise hervorgehen!" Oder: „Wir sind bestmöglich aufgestellt, obwohl es nicht einfach ist." Oder: „Wir lassen niemanden aus der Verantwortung, Höchstleistungen und Topergebnisse zu bringen – niemand komme auf die Idee, sich mit der Krise zu entschuldigen." Was auch immer der Topmanager sagt, befriedigt niemanden, denn er gibt keine wirkliche Antwort. Es gibt keine gute Antwort in dieser Lage. Je nach Manager ist die Antwort drohend, formal, gereizt oder exaltiert begeistert. Danach fährt er nach Hause und ist sehr unbefriedigt. Immer dieselben Fragen! In jedem Werk! Und er kann nie antworten!

Die Manager agieren meistens als die gefühlten Retter. Sie versuchen zu oft, die Lage nach außen schön darzustellen und alle inneren Probleme gegenüber den Kunden und Mitarbeitern offensiv zu ignorieren, bis sie innen gelöst sind. Dass sie innen irgendwann gelöst werden, daran zweifeln sie nie. Viele Mitarbeiter und Kunden hadern. Sie sind zynisch und glauben den Besserungsschwüren des Systems nicht mehr. Sie wollen es radikal anders haben, nämlich den Haussegen wieder gerade rücken und die Kunden zufriedener bekommen – aber die Führungskräfte warten auf die innere Heilung, die sie sehr bestimmt erwarten, weil sie so oft und sorgsam im Unternehmen die Stühle hin und her gerückt haben. Aber wenn die beiden Seiten über dem System streiten, diskutieren sie doch nur die peripheren Probleme. Immer wieder und wieder: Leistungsmessungen, Gelder, Budgets, Incentives.

Das Zentrale ist das Ewige, der Glaube, die Familie, die Prosperität der Menschen, sind funktionierende Märkte und florierende innovative Unternehmen in der Zukunft. Die Herrschenden glauben, dass sie eigentlich dafür sorgen, und sie halten Fehler im System für Fehler, die heilbar sind – sie sehen sie fast nie als Symptome einer kompletten Funktionsuntüchtigkeit des Ganzen. Die Bürger oder Mitarbeiter sehen grundsätzliche Untüchtigkeit viel heller und klarer, aber sie fordern dann doch wieder, die Symptome zu kurieren, weil sie von unten aus zwar das Ganze sehen, aber nicht gut verstehen, wie man ein System wandeln müsste. Die da oben versuchen es also gar nicht, weil sie hoffen, es werde sich von allein lösen. Die da unten können es mangels Fähigkeit nicht ändern und tragen aus dieser Unkenntnis dazu bei, dass immer nur über Symptome und Peripheres geredet wird. Das System aber dümpelt so vor sind hin. Es ist das stärkste der drei. Kirche, Staat, Unternehmen, Familie, was auch immer.

DD91: Utopiesyndrome überall (Mai 2009)

Das Wort Utopiesyndrom habe ich bei Watzlawick als Kapitelüberschrift im Buch *Lösungen* gefunden. Es geht um das Anstreben von unerreichbaren Zielen, deren Aufstellen derzeit fast gängige Praxis ist. „Wir wollen Nummer 1 werden." – „Wir werden gestärkt aus der Krise hervorgehen, indem wir von ihr enorm profitieren." Und im privaten Sektor gibt es Formen wie diese: „Ich bin finster entschlossen, ein absolut sinnvolles Leben zu führen." – „Ich will immer schön sein." – „Wir wollen die ideale Liebe leben." – „Meine Kirche ist die wahre."

Das Vorgehen ist einfach: Man stellt einen utopischen Wunsch auf und folgt ihm unbeirrt. Das Nachdenken über die Utopie als solche wird zum absoluten Tabu erhoben. Nun aber frisch ans Werk! Da die vom Utopiesyndrom Befallenen die Utopie nicht erreichen können, müssen sie ab und zu Erklärungen dafür finden, woran das wohl liegt. Von außen gesehen liegt es an der Unerreichbarkeit des Ideals, aber diese Sicht ist – was nicht oft genug erwähnt werden kann – mit einem Tabu belegt. Watzlawick/Weakland/Fisch diskutieren drei „Erklärungen":

- „Ich selbst bin unfähig und schuld – ich schäme mich, es nicht zu schaffen."
- „Was ich mir vornahm, ist ungeheuerlich schwer, es dauert einfach nur etwas länger, als ich dachte."
- „Andere blockieren meinen Erfolg oder helfen mir nicht. Ich zerbreche wegen der anderen."

Sie können sicherlich viele Beispiele neben sich sehen. „Der Sozialismus wird ganz gewiss in den idealen Kommunismus münden, es dauert noch etwas." – „Meine Ehe ist die Hölle, weil ich einen Teufel zum Partner habe." – „Immer wieder passieren mir kleine Fehler, ich kann machen, was ich will." Es gibt aber zusätzlich verschiedene Zusammensetzungen, dachte ich beim Lesen. Bei Verheirateten wäre es doch schön, wenn sich der eine für das Scheitern der Ehe schuldig fühlen würde und der andere die Schuld eben bei diesem einen sehen könnte? Dann passt es perfekt zusammen! Oft suchen ja beide die Schuld beim anderen, dann lassen sie sich scheiden und suchen einen, der den Fehler in sich selbst vermutet.

In vielen Unternehmen werden unerreichbare Ziele gesetzt. „Wir wollen uns ehrgeizige Ziele setzen, für die es sich zu leben lohnt." Dadurch entstehen oft ganz kunstvolle und sehr stabile Komplexe: Da die Ziele nicht erreicht wurden, prügeln die Manager nach unten. „Ihr arbeitet nicht hart genug!" Stufe für Stufe werden die Prügel nach unten gegeben. Die Mitarbeiter bekommen die Prügel zuletzt. Sie sind am Ende die Schuldigen und müssen sich Vorwürfe machen. Dagegen begehren sie innerlich auf, müssen aber mit dem Vorwurf leben. Die Manager aber sind in einer Zwitterstellung. Sie wissen, dass ihre Mitarbeiter schuldig sind, aber sie selbst bekommen die Schuld ja von ihrem direkten Chef. Nach oben müssen sie sich also für die Zielverfehlung schämen, nach unten werden sie deswegen schäumen. Und nur ganz oben sagt der Boss: „Ich werde die Welt verändern, aber das geht nicht an einem Tag. Es dauert, weil ich noch viel an den Köpfen verändern muss." Er ist nicht schuldig, sondern ein Titan. „Ich brauche zwei Jahre, um eine Mannschaft zu formen, die wurden mir nicht gegeben!", erklärte so in etwa gestern ein von Bayern München gefeuerter Trainer. „Ich kann nicht einfach schlechte Spieler austauschen, ich muss die nehmen, die ich vorfinde."

Wenn ein Unternehmen oder eine Gemeinschaft unerreichbare Ziele verfolgt, muss sich jeder entweder gleich direkt schuldig fühlen oder die Schuld irgendwo suchen, zum Beispiel innen oder außen bei den gemeinen Wettbewerbern. Nach außen vertreten alle einheitlich die offizielle Position, dass alles ausgesprochen gut laufen wird, aber noch etwas länger dauert. „Wir sind jetzt optimal aufgestellt und warten auf die Früchte unserer entschlossenen Aktionen."

Das Ziel aber ist unerreichbar. Stellen Sie sich vor, eine Firma wächst nur so stark wie der Markt, nicht doppelt so schnell, und jemand ruft auf dem Flur: „Ich bin glücklich bei der Arbeit." Da zucken alle zusammen, denn das darf man erst sein, wenn das Ziel erreicht ist. Das Erreichen des Ziels ist das Glück! (Deshalb ist Kommunismus oder Fundamental-Grün-Sein oder radikaler Feminismus oder alles Radikale als Unerreichbares immer schwach freudlos.) Wer das Glück in dieser Situation auch woanders empfindet, nicht nur im Erreichen des Ziels, macht sich schuldig. „Ich bin glücklich bei der Arbeit" ist das klare Signal, dass sich hier jemand nicht genug für das Ziel einsetzt, weil er schon jetzt glücklich ist. Deshalb ist der Glückliche in Anwesenheit eines unerreichbaren Ziels schwer schuldig.

Und wir sehen: Niemand darf offen Glück zeigen, wenn das Glück nur im unerreichbaren Ziel bestehen kann. Dann kommt es zum negativen Utopiesyndrom: Wer nicht überlastet ist, bemüht sich nicht richtig – so sehen es alle. Wer nicht leidet, ist schuldig. Daher überlasten sich alle, um nicht schuldig zu sein. Sie überstressen sich und erreichen nun das Ziel ganz bestimmt nicht, weniger als je zuvor. Aber sie sind nicht schuldig, weil sie leiden.

Der einfachere Weg ist es, nur zu leiden, ohne sich zu überlasten. Und noch einfacher: „Lerne zu klagen, ohne zu leiden." Wer klagt, ist nicht schuldig.

Wenn sich in einer Zeit die meisten Menschen in Utopiesyndromen verfangen haben, weil sie unerreichbare Ziele verfolgen, dann sind alle schon ohne weiteres schuldig, wenn sie nur glücklich sind oder nur nicht klagen. Sie haben dann keine unerreichbaren Ziele! Darf man zum Beispiel so etwas sagen? „Ich habe vier großartige kleine Kinder und betreue sie ganztags, es macht mich total glücklich." – „Ich bin Frührentner, mir reicht die kleinere Rente. Jetzt sitze ich oft in der Sonne oder ich spiele Rasenschach. Das habe ich mir verdient." – „Ich studiere so gerne, ich will noch so viel lernen und reisen! Ich hänge noch zwei Semester dran." Solche Menschen leiden nicht! Sie klagen nicht! Was sind denn das für Menschen?

Es sind oft ganz normale natürliche Menschen, keine utopischen.

DD92: Wie erzeuge ich Schizophrenie?
(Mai 2009)

Psychische Störungen werden ja meistens ziemlich spät diagnostiziert – wenn sie schon stark nerven. Dann überlegen alle, wie es dazu kommen konnte. Wenn sich diese Frage nicht gut beantworten lässt, muss es an einem genetischen Defekt liegen, für den niemand verantwortlich ist. Dass Störungen fast planmäßig erzeugt werden können, will niemand hören. Dabei geht es doch in der Vorstellung ganz gut, oder? Wie erzeugen wir zum Beispiel Schizophrenie?

Ich schreibe gerade noch ein bisschen Text zum Erscheinen der zweiten Auflage meines Buches *Topothesie – der Mensch in artgerechter Haltung*. Darin schildere ich, wie eine Mutter in einem Kind schizophrene Zustände erzeugen kann, indem sie ihm zu hohe Ziele einredet und die Zielerreichung ununterbrochen prüft und ratschlagend begleitet. Kurz geschildert geht es etwa so:

Eine Mutter liebt ihren Sohn abgöttisch. Er ist ihr Ein und Alles. Sie hält ihn für den kommenden Gott der Menschheit. Er soll ein Superstar werden. Sie weiht sich selbst und ihren Sohn diesem utopischen Ziel. Sie gibt ihrem Sohn schon von Geburt an diese Aufgabe mit. Er wird etwas sehr viel Besseres werden. Eine Nummer 1. Sie wacht argwöhnisch auf den Fortschritt und beobachtet den Sohn beständig bei allem, was er tut. Sie krittelt herum, wie er grüßt, wie er schaut, wie er lernt, wie er den Löffel hält, vor allem, mit wem er spricht und spielt. Nicht mit jedem! Nicht mit Niedrigen!

Der Sohn ist stolz, einst Superstar zu werden, fühlt sich aber durch die große Pflicht bedrückt. Die anderen Kinder leben normal, aber er geht den steilen Weg. Die Mutter ist immer da. Sie überwältigt ihn mit ständigen Signalen, wie weit er schon ist, was er falsch macht, wie er besser werden kann. Die Mutter wird ihn lieben, wenn er es geschafft hat. Sie liebt ihn vorgreifend schon jetzt, quasi auf Kredit, den er abzahlen muss.

Wenn der Sohn älter wird, sieht er, dass er zwar ein prächtiger Mensch zu werden verspricht, aber im Verhältnis zum Traum der Mutter kaum Fortschritte macht. Er ist nicht sehr viel besser als die Niedrigen um ihn herum. Er beginnt zu erschrecken. Wenn er der Mutter die Wahrheit sagt, dass er den Liebeskredit nicht zurückzahlen wird, wird es eine Katastrophe geben. Wenn er weiterhin versucht, Superstar zu werden, geht er sehenden Auges in einen sicheren Misserfolg, der ebenfalls in einer Katastrophe mit der Mutter enden wird. Er kann wählen: sofortiger Krieg oder lange Agonie. Das Grauen angesichts dieser beiden Todesarten zerreißt ihn. Diese

Zerrissenheit fühlt er am stärksten, wenn die Mutter in seiner Nähe ist. Er liebt seine Mutter, er liebt es, dass sie nahe ist. Wenn sie aber nahe ist, bekommt er Rat, wie er Superstar wird – und damit unausgesetzt indirekte Vorwürfe, dass er es bisher noch immer nicht geschafft hat. In der Gegenwart der Mutter zerreißt seine Seele – zwischen seinem Liebesbedürfnis und der Sorge der Mutter, dass er versagt. Die Mutter sagt mit jedem Satz, dass sie ihn liebt und dass sie mit ihm äußerst ungeduldig ist, weil er ihr Leben zerstört, wenn er versagt. Die Mutter ist nun immer eindringlicher. Sie klebt an ihm. Er fürchtet ihren immer wie tadelnden Blick wie einen Messerstich und will doch ihre aufmerksame Liebe so sehr.

Über die Jahre wird aus dem Knaben ein junger Kerl. Er hält es nicht mehr aus. Er beginnt, mit sich selbst zu diskutieren. Er fühlt sich permanent durch Blicke gestochen. Denn die Lehrer in der Schule sind allesamt nichts weiter als der lange Arm der Mutter. Er will Ruhe vor Blicken haben! Vor Signalen seines Versagens. Er duckt sich ab. Er ist vollkommen verheddert und gleichzeitig zerrissen. Manchmal versucht er zaghafte Wutausbrüche, aber die Mutter fängt ihn vorwurfsvoll blickend schnell wieder ein. Nie kann er klarmachen, was ihn wirklich quält. Er weiß es ja selbst nicht genau.

Was ist Schizophrenie? Gedanken und Gefühle werden als fremd und von außen gesteuert erlebt. Viele ganz zufällige Vorkommnisse werden überstark wahrgenommen und sehr oft bedrohlich interpretiert. Eigene Gedanken werden oft als Stimmen gehört. Die Umwelt des Schizophrenen nimmt ihn emotional wie reduziert oder auch ganz unangemessen wahr. Die Schizophrenie erscheint („manifestiert sich") beim Menschen meist im Alter von 15 bis 25 Jahren und zeigt sich in beginnenden Gefühls- und Willensstörungen. Die Entstehungsursache der Schizophrenie ist noch unbekannt, auch wenn sie viele Wissenschaftler schon kennen – schreiben sie wenigstens.

Aber die geschilderte Strategie der Mutter sieht doch schon ganz passend aus? Ich will nicht sagen, dass sie die einzige Strategie ist oder eine, die immer funktioniert. Ich will nur eindringlich vor solchen Strategien warnen, die von eigenen Utopiesyndromen ausgehen. Wer ist dann eigentlich krank? Die Mutter oder der Sohn? Wenn die Mutter mit kaltem Blut so verfährt – in der Hoffnung, es könnte ja mit dem Superstar klappen und sie reich machen –, dann nur der Sohn?? Die meisten Psychotherapeuten behandeln den, der eingeliefert wird. Sie kennen natürlich auch die wahrhaft Kranken, aber die würden nur wütend, wenn man ihnen zum Kommen riete, und wechselten „den Arzt".

Das Management einer Firma hat den Traum, sie zum führenden Weltunternehmen umzubauen. Es weiht sich selbst, die Firma und alle Mitarbeiter diesem Ziel. Es gibt dieses Ziel den Mitarbeitern jede Sekunde mit. Es wacht argwöhnisch auf den Fortschritt und beobachtet die Firma und alle Mitarbeiter beständig bei allem, was geschieht. Es krittelt herum, wie Kunden gegrüßt werden, wie hoch der Einsatz ist, wer lange in Urlaub geht...

Die Mitarbeiter sind stolz, in der dereinst führenden Firma zu arbeiten, sie fühlen sich aber durch die große Pflicht bedrückt. Das Ziel ist groß, aber die Pein der unendlichen Überprüfungen auch. Sie könnten den Boss warnen, dass sie es nicht schaffen, das aber würde zur Katastrophe führen. Sie könnten einfach weiterarbeiten und nur ganz normal wie eine durchschnittliche Firma abschneiden – das würde ihnen aber nicht verziehen. Normale Leistungen werden nicht gewürdigt! Für diese Würdigung aber leben sie.

In der Nähe eines Managers zerreißt es sie. Sie wollen gewürdigt werden, bekommen aber nur Signale, wie sie besser würden, also indirekte Vorwürfe des Versagens.

Die Manager werden immer eindringlicher, je länger die Firma normal bleibt. Das wollen sie nicht! Für so kleine Ziele opfern sie sich nicht! Da fühlen die Mitarbeiter die Blicke oder Reviews des Managements wie Messerstiche und sehnen sich gleichzeitig nach Anerkennung. Sie sind ganz verheddert und zerrissen. Bei der Arbeit erscheinen ihre Gedanken oft wie von außen gesteuert. Zufällige Fluktuationen im Geschäft werden unerhört wichtig genommen, übergewichtig gefühlt und meist bedrohlich interpretiert. Die Mitarbeiter reduzieren sich emotional mehr und mehr. Das sieht das Management ganz enttäuscht als innere Kündigung und denkt über stärkere Signale nach ...

Was ist hier krank oder handelt falsch? Der, der behandelt wird? Der, der andere an Utopien scheitern lässt?

Was soll ich sagen? LASSEN SIE DAS.

Oder merken Sie wenigstens, was Sie tun, wenn die von Ihnen angestrebten späteren Nummer Einsen ängstlich Ihren Blicken ausweichen. Dann muss sich später auch nichts mehr manifestieren, wovon die Entstehungsursache nicht aufgeklärt werden kann. Sie können die Mitarbeiter feuern oder die Manager wechseln, das Problem der Utopie bleibt.

Ziele muss man mit gemeinsamem Herzen stemmen.

DD93: Missbrauch der BILD-Zeitung als Kernintellekt Deutschlands (Juni 2009)

Auf der ersten Seite der SZ hieß es neulich fast wörtlich (Namen von mir unterdrückt): „Partei und Kanzlerkandidat wollen den Streit in der Öffentlichkeit um die eventuelle Pleite des Konzerns XY nicht weiterführen, weil er der eigenen Partei geschadet hat. Nach Umfragen haben sowohl Partei als auch Kandidat in der Wählergunst verloren." Das ist schon fast die so genannte Lean-Brain-Politik, oder? Man wirft etwas auf den Stammtisch und schaut, ob es absäuft oder nicht!

„Ich bin für die Rettung der Menschen! ... Äh, nein? Okay, dann nicht."

Vor vier Jahren habe ich diese Art von Lean-Brain-Politik im Lean-Brain-Buch empfohlen. Das wird nun umgesetzt! Ich bin begeistert. Ich schrieb im Buch (schwach verändert und mit Bitte um Verzeihung für nichtaktuelle Anspielungen; die Partei hatte damals einen anderen Kandidaten, dem Haare viel bedeuteten):

Wenn die Bürger irgendwann fast auf die Straße gehen und protestieren, weil nichts vom politischen System geleistet wird und wenn auch Entschuldigungen nichts mehr fruchten, dann werfen die Politiker jeden Abend im Fernsehen neue Schlagwörter in die Menge. Regierung und Opposition übertrumpfen sich einfach mit kuriosen Bierstammtischplänen. „Steuern auf die Hälfte!" – „Millionärssteuer!" – „Erziehungsgeld für Kampfhundebesitzer in derselben Höhe wie bei der Geburt von Söhnen!" – „Ernennung eines offiziellen Parteifrisörs!" Nun arbeitet die Redaktion der BILD-Zeitung jeweils die ganze folgende Nacht daran, diese Vorschläge zu sichten und intellektuell zu bewerten. Am nächsten Morgen korrigiert die Volksmeinung die Position der BILD-Zeitung noch um ein paar Nachkommazehntel und gibt sie als Endergebnis einer „Umfrage" aus.

> *Die BILD-Zeitung wird in unserer Demokratie als Kernintellekt missbraucht.*

Die Parteien lesen alles am nächsten Morgen genau, und wenn zufällig einmal ein Unsinn vom Vorabend überlebt hat und Stimmen zu bringen scheint, wird diese Idee zum Zentrum eines neuen Jahrhundertwahlprogramms aufgemotzt. Fertig. Leider kann nach der Wahl nicht daran gearbeitet werden, weil die neue Regierung erst noch die Wahlversprechen der früheren Jahrzehnte verkraften muss ... „Die Rentner sind sicher" etc.

Wann gehen wir endlich die weiteren notwendigen Schritte und institutionalisieren die volle Lean-Brain-Demokratie? Wir lassen die Staatssekretäre ohne die täglich störenden BILD-Zeitungskapriolen der Minister einfach normal fleißig arbeiten und inszenieren die Wahlen als Event oder Casting-Show. Die Regierung und die Opposition dienen dann nur noch als Schauspieler für Reality-Shows. Wir sollten ständig Wahlen haben, nicht immer diese ermüdende Zeit dazwischen, wo Politiker nichts entscheiden können, weil die Wähler keinen Druck ausüben. Wenn aber Wahlen sind, ist der Druck der Wähler so groß, dass wegen des Wahlkampfes auch nichts entschieden werden kann. Das macht aber nichts, weil es jetzt wegen der Wahl nicht langweilig ist. In der Casting-Show bekommen die Kandidaten von Heidi Klum oder Lothar Matthäus die Aufgabe, ein Regierungsprogramm freier Wahl flüssig in zwei Minuten vorzutragen. Dann rufen die Zuschauer an und wählen das Programm oder den Kandidaten oder irgendetwas Passendes aus. Die Anrufe kosten wie immer 49 Cents, was so viel Geld einbringt, dass alle Steuergesetze gestrichen werden können. Das Niveau des Fernsehens verändert sich gleichzeitig um einen historisch noch nicht gesehenen Qualitätsbetrag und wird endgültig volksfest.

Ach, im Ernst: Ist es nicht traurig, dass es keine Meinungen, Fronten und Diskussionen mehr gibt? Werden nun Haltungen, Einstellungen und Ethiken zum Kriegführen, zur Umwelt oder zum ökonomischen Zweck des Menschen nur noch nach Tagesumfragen gestylt? Wie kann eine langfristige Politik umgesetzt werden, wenn täglich neue Konzepte vom Stammtisch tropfen?

Früher, als die Grünen noch Turnschuhe trugen und ebensolche unausgetretenen Ansichten vertraten und Fundamentales kannten – da wurde um Positionen noch gerungen! Früher waren die Freien noch wirklich frei in ihrer Meinung und fühlten sich nicht zum Parteiprogramm der reflexhaften Widerrede gegen jede von anderen geäußerte Meinung verpflichtet, auch wenn es die eigene ist. Früher hatte Linkssein eine gewisse intellektuelle Vornehmheit, sie war nicht dazu da, extremitätisch um sich zu beißen.

Und da frage ich mich, was die Politiker dazu bewegt, heute diese neuen Spielchen zu treiben. Es kann doch sein, dass sie nach unserer Stimme tanzen?! Und ist die Demokratie nicht so gedacht? Und wie wollen wir sie? „Ich bin ein Star, holt mich hier raus!" Wir quälen sie wie Superstars, Supertalente, Next Supermodels, noch Ungefeuerte – sie müssen vorspielen wie Big B(r)others, wir bewerten sie und lassen sie minutenlang unter teuflisch indifferentem Gebabbel leiden, bis wir ihnen sagen, dass sie raus sind. Das ist wahre Machtausübung. Und im Grunde ist es so:

Das Publikum macht das Theater.

Publikum! Mach Theater im Theater, aber lass die Politik nicht in Theater ausarten! In der Politik bist Du nicht Publikum, sondern hier sind Sie verantwortlicher Bürger, dem es daran liegen sollte, mit seiner Stimme beizutragen, die gegenwärtige Krise zu bewältigen und unerschrocken in die Zukunft zu schreiten. Es ist nicht Ihre Krise, ich weiß, aber es ist letztlich doch Ihre Krise, glauben Sie mir. Springen Sie den Politikern ins Kreuz und seien Sie nicht nur eines für sie. Missbrauchen Sie sie nicht als Staatsschauspieler für den Kernintellekt Deutschlands. Verlangen Sie Taten! Und beurteilen Sie nicht täglich! Sie selbst hassen doch Chefs, die alle Woche an Ihren Zahlen herumkritteln und Ihnen als zuschauendes kritisches Publikum bei

Ihrer Arbeit ständig mit Beifall und meistens Buhrufen Theater machen. Sie sind es doch, die unter dem Chef-Publikum täglich leiden. Sie stöhnen doch, dass man vor lauter Publikum kaum noch zum Arbeiten kommt! Also lassen Sie doch die Politiker einfach arbeiten, ja? Vielleicht können die das ja sogar, wenn wir sie nur lassen? Vielleicht geben wir ihnen sogar einen kleinen Spielraum für Eigenverantwortung?

DD94: Innovation durch einen Prozess – geht das? (Juli 2009)

> *Über das Problem, etwas Neues mit System zu finden, denken alle nach. Ich glaube, es geht gar nicht. Ich halte Reden mit dem schönen Titel* Der Prozess ist der Innovation ihr Tod, *aber am nächsten Tag versuchen die Zuhörer des Vorabends es wieder mit einem geordneten Ablauf, den Zufall beherrschen zu wollen.*

Innovationen bringen angeblich das große Geld. Hinter dem sind natürlich alle her. Innovation wird oft mit Goldsuchen verglichen. Goldsucher graben, schürfen und sieben in Flussbetten. Ihr Zustand wird meist mit dem Wort fieberhaft beschreiben. Sie warten auf das große Glück. Die Idee modernen Managements ist es nun, dieses Glück in einer systematischen Art und Weise durch einen Brezelback-Geschäftsprozess zu erzeugen. Ich fürchte, genau diese Idee verhindert Innovation.

Ich sehe mit Sorge, dass viele Unternehmen einen „zielführenden" Prozess zum „systematischen Generieren" von Innovation „etablieren". Der sieht bei allen Unternehmen verdächtig gleich aus. Er steht wahrscheinlich schon in zu vielen Büchern drin.

1. Viele Ideen generieren
2. Gute Ideen abernten und weiterentwickeln
3. Ideen evaluieren
4. Die besten Ideen ausarbeiten und im Unternehmen für sie werben
5. Die allerbesten Ideen umsetzen

Rein theoretisch sieht das so aus: Zuerst werden die Mitarbeiter gefragt, welche Ideen sie haben. Das erzeugt sehr viele. Die werden nun geordnet und sortiert. Viele Ideen sind ja ähnlich und werden zu Clustern zusammengefasst. Diese werden dann als ganzer Komplex behandelt. Die schlechten Ideen werden ausgeschieden, die guten länger besprochen und auf ihr „Potential" hin bewertet: Was kostet die Umsetzung? Wie schnell geht das? Wie schnell kommt ein Gewinn heraus? Wie hoch ist das Risiko eines Flops?

Die Ideen, die hier gut bestehen, werden in Hochglanzpräsentationen ausgearbeitet, mit denen man im Unternehmen um „Funding" sucht. Wenn das Geld für die Umsetzung gegeben wird, geht es sofort los!

Das ist die Theorie. Nun wird der Prozess eingeführt. Es wird um Ideen gebeten. Leider hat kaum jemand welche herumliegen und niemand hat Zeit, extra welche auszudenken. Das höhere Management mahnt. Leider hat niemand Zeit. Nun wird jeder Abteilung befohlen, Ideen abzugeben. Unwillig kommen nun sehr viele, die aber unter Zwang entstehen. Unter Druck kommen simple Ideen wie: „Markt in den Osten ausdehnen" oder „Produkte etwas veredeln und als Premium zum doppelten Preis verkaufen". Die meisten ehrlichen Ideen von Mitarbeitern aber sind ganz unbrauchbar, weil sie zu radikal erscheinen, das Geschäftsfeld der Firma verlassen wollen oder normale ökonomische Realitäten übersehen. Es liegt daran, dass Mitarbeiter nach den Ideen nur gefragt werden – man gibt aber keine Lehrgänge vorher, was gute Ideen von schlechten unterscheidet. Das wäre soooo wichtig! (Sehen Sie ab und an einmal diese Sendung im Fernsehen, wo Leute in ein paar Sekunden neue Ideen vorstellen? Die meisten Ideen sind vollkommen absurd, weil die Leute nur in sich selbst verliebt sind, aber gar nicht fragen, wer das braucht und wie viel wer dafür bezahlen würde etc.)

Im Endeffekt sammelt man nun massenhaft Ideen bedenklichster Qualität ein und findet nur sehr wenige, die sich weiterverfolgen lassen. Die Mitarbeiter bekommen kein Feedback und glauben spätestens jetzt, dass diese jährliche Übung doch nichts bringt. Immer mehr nehmen sich vor, nie mehr auf Aufrufe zu Ideen zu antworten. Die mehr offensichtlichen Ideen sind meist mehrfach genannt worden und liegen deshalb als Cluster vor, also nicht als die Idee eines Einzelnen. Das erscheint im Management immer als gutes Zeichen, weil es ja darüber Konsens zu geben scheint. Leider werden Cluster-Ideen schon zu allgemein und verlieren Kontur. Aus „produziere eine Premium-Version aus Produkt X" (was unter Umständen eine sehr gute Idee sein kann) wird sehr schnell „produziere alles in Premium" (was in der Regel eine Idee ist, die nie umgesetzt wird, aber sehr gut klingt).

Die Ideen werden nun OHNE die Erfinder in Managementmeetings evaluiert. Hier schlagen die Kriterien des Tagesgeschäftes zu. Geht es schnell? Geht es sofort? Ist allen ohne lange Recherche oder Einarbeitung klar, dass es Geld bringt? In dieser Sitzung herrscht so ein bisschen das Fieberhafte der Goldsucher! Wo liegen die Nuggets einfach so herum? Bei der Evaluation gewinnen vor allem Ideen, die dieses Fieber mit sich bringen und die schnelle Chance zu geben versprechen.

Sie werden in Hochglanzfolien aufbereitet. Ideen, die umgesetzt werden sollen, müssen finanziert werden. Naiv gesehen wäre es gut, man hätte einen großen Topf dafür, aus dem das Geld genommen würde, so wie es die Regierungen oft tun. Es hat sich gezeigt, dass dann einzelne ganz schlaue Manager Projekte, die viel Geld kosten oder gar gerade auf Grund laufen, als „hyperinnovativ" hinstellen, sie bei der Evaluation glatt durchwinken und dann das Geld zur Umsetzung oder zur Rettung bekommen. In dieser Weise müssen sie das Projekt nicht selbst bezahlen oder sie kommen aus schlechten Projekten ohne Verlust heraus. (So versickern viele Gelder der Regierungsprogramme.) Es hat sich daher nicht bewährt, einen „Topf" zu haben. Man fordert stattdessen meist, dass die Bereichsleiter des Unternehmens aus ihrem Gewinn die Idee finanzieren. Das tun sie nach der Theorie nämlich nur, wenn die Idee gut ist. Damit hat man eine vermeintliche Sicherheit, dass nur gute Ideen finanziert werden. Da die Bereichsleiter aber unter Druck stehen, den geforderten hohen Quartalsgewinn auszuweisen, lehnen sie im Prinzip alle Ideen zur Sicherheit erst einmal ab. Das führt zu gigantischen Verzögerungen. Aber im Bereichsleitermeeting wird irgendwann befohlen, dass es jetzt Innovationen geben MUSS, weil sonst der ganze Prozess nichts gebracht hat und es deshalb gar keine Innovationen gibt. Daran würde ja die Firma sterben!

Nun werden Innovationen von ganz oben erzwungen. Da haben die Bereichsleiter wieder die rettende Idee, Projekte in ihrem Bereich, die sowieso schon laufen, als neue innovative Projekte auszugeben, die sie nun als „Innovation fördern". Diese Projekte werden nach oben gemeldet, wo man sie zählt und den Fortschritt misst. Dieser Fortschritt ist in der Regel sehr gut, weil die Projekte ja nicht innovativ waren, sondern eher normal. Normale Projekte floppen ja nicht so oft. Das führt zu dem Irrtum im ganzen Unternehmen, dass sich Innovation in fast jedem Einzelprojekt lohnt und fast nie zu Totalausfällen führt. Das Unternehmen bekommt mit der Zeit ganz unrealistische Vorstellungen über die Erfolgsaussichten einzelner Innovationen. Außerdem glaubt es, dass der Prozess, die Innovationen planmäßig zu erzeugen, ein gigantischer Erfolg ist.

Faktisch ist aber nicht passiert!

Und jetzt frage ich Sie: Wo spüren Sie in dieser Alltagsnormalität eines Unternehmenprozesses den Hauch von Wagnis, Entrepreneurship oder Fieber? Wer hat leuchtende Augen? Was ist eine richtige Innovation? Wer will überhaupt wirklich sehnlich eine Innovation?

Innovation geht so nicht – aber wie dann?

(Fortsetzung folgt)

DD95: Was im Unternehmen für Innovation zusammenpassen muss (August 2009)

Die tollsten Innovationen scheitern, weil irgendetwas nicht passt, nicht will oder auf Bedenken stößt. Es liegt daran, dass die bestehenden Strukturen nicht zur Innovation passen und sie aufhalten. Man sagt: „Systeme zeigen eine Immunreaktion auf Innovationen." Die wird fast immer unterschätzt. Es scheitert an der Umfeld-Kultur und den Strukturen, gar nicht so sehr am Geld.

Die Strukturen (besonders die außerhalb des Unternehmens) werden von den Innovatoren kaum wirklich durchdrungen, weil sie das gar nicht versuchen! Innovatoren sind zu sehr mit ihrer Idee oder ihrem Baby befasst. Sie glauben, dass das Verwirklichen einer Idee von einem Okay des Managements abhängt und dass sie schon die halbe Miete mit einem Kopfnicken von oben drin hätten.

Für solch ein Nicken arbeiten Innovatoren bereitwillig an dem üblicherweise geforderten Businessplan, bekommen eventuell ein Lob, dass er gut ist – und dann stirbt alles so langsam dahin, weil die Bedingungen nicht günstig sind. Dann jammern sie meistens über mangelndes Management-Commitment. „Das Management stand nicht voll dahinter, obwohl man das so gesagt hatte!" In Wirklichkeit haben Innovatoren meist erwartet, dass das Management den Willen des Innovators mit Management-Macht durchsetzt, aber das war mit dem Nicken nicht gemeint. Ein Okay bedeutet, dass der Innovator nun selbst echt arbeiten DARF. Es ist damit nicht gesagt, dass das Management sehr viel hilft. Es erwartet, dass der Innovator etwas „unternimmt". Wenn er das nicht alleine schafft, ist das Management vom Innovator enttäuscht. „Der bringt nichts." Damit zeigt das Management, dass es von Innovation wenig versteht. Damit muss der Innovator aber auch klarkommen. Wenn er also vom Management etwas wirklich will, muss er das Management dahin treiben, dass es das tut. Er muss es also von sich aus „prügeln", aber er erwartet in der Regel leider, dass das Management für ihn prügelt.

Das tut das Management nur dann, wenn der Boss die Innovation selbst wirklich will, so wie ein mittelständischer Unternehmer oder ein Bill Gates oder ein Google- oder Amazon-Chef. Dann haben Innovatoren schon fast traumhafte Bedingungen – wenn das Management selbst die Idee durchsetzt. Meistens ist das nicht so. Wollen Sie dann als Innovator aufgeben?

Ich schlage vor, Sie fragen sich per Checkliste, ob Sie bereit für eine Innovation sind. Ich habe selbst bei Gifford Pinchot gelernt, der vor 25 Jahren das Buch *Intrapreneuring* geschrieben hat. I wie Intra oder Innerhalb eines Unternehmens.

Ich musste damals eine hochnotpeinliche Befragung überstehen, als ich ihm meine Ideen zur Industrie-Optimierung erklärte.

- Sind Sie sicher, dass Ihre Idee real ist? Würden Sie die Idee mit eigenem Geld auch verwirklichen, also Ihr Haus verkaufen, um mit Ihrer Idee Millionen zu scheffeln? Oder ist Ihre Idee nur ein Traum? Stimmt Ihre Frau / Ihr Mann zu? Blicken Sie in begeisterte Augen, wenn Sie davon erzählen – oder wollen Leute nichts davon hören? Haben Sie eine gute Story? Haben Sie einen Prototyp zum Vorzeigen? Wissen Sie, wer das kaufen will? Wer genau? Was will der bezahlen? Wer produziert, wer verkauft? Wessen Interessen werden berührt? Kannibalisiert Ihre Innovation jetziges Geschäft? Haben Sie alle überzeugt, dass das Kannibalisieren am Ende wirklich akzeptiert wird? Oder werden andere Unternehmensbereiche gegen Sie arbeiten?
- Traut man Ihnen persönlich zu, dass Sie das alles stemmen? Haben Sie das nötige Vertrauen? Helfen Ihnen genug Manager, die Sie persönlich kennen?
- Kann Ihr Unternehmen das überhaupt, was Sie verlangen? Ist das Unternehmen gut darin? Passt Ihre Idee zum Unternehmen? Passt die Größe Ihrer Idee zum Unternehmen? Sieht man sofort, dass es viel zu verdienen gibt, oder müssen Sie bei Profitfragen ungewiss über eine langfristige Zukunft schwafeln? Was in der Bürokratie wird Sie behindern? Schaffen Sie es trotzdem? Müssen neue Strukturen geschaffen werden? Können Sie die herbeischaffen?
- Ist das Unternehmen innovativ? Lässt es Sie selbst entscheiden – oder lässt es sich alles zur Genehmigung vorlegen, was den ganz sicheren Tod bedeutet? Verzichtet das Unternehmen bei Innovationen diszipliniert auf eine „homerun planning philosophy", also einen Zehn-Jahres-Plan, den Sie ausführen müssen? Interessiert sich das Unternehmen dafür, aus nicht erwarteten Umständen zu lernen und oft tiefe Erkenntnisse zu ziehen? Werden Sie tendenziell von Scharmützeln mit verschiedenen Firmenbereichen verschont, die Einfluss nehmen wollen?
- Und Sie? Werden Sie brennen? Lieben Sie den Kampf im Dickicht? Werden Sie rund um die Uhr an Ihr Baby denken? Haben Sie genug Durchsetzungsvermögen? Sind Sie ein Unternehmertyp? Kommen richtig gute Leute aus der Firma zu Ihnen, um bei Ihnen mitzumachen? Bedeutet es für Leute Freude, gerade bei Ihnen die Zukunft zu stemmen? Oder werden Ihnen nach langem Drängen Leute zwangsweise zugeteilt, für die das Management keine besseren Pläne hat? Haben Sie verstanden, dass Sie selbst und Ihre Crew erstklassig sein müssen, um eine echte Innovation durchzusetzen?

Das waren ein paar Fragen ... Sie betreffen hauptsächlich Faktoren im Unternehmen selbst, noch gar nicht so sehr den Markt, die Infrastrukturen draußen und die Kunden (Fortsetzung dazu folgt). Die Fragen sind todernst! Ich kommentiere ein paar:

Meist passt etwa die Größe der Innovation nicht zum Unternehmen. Ein kleines Unternehmen schafft selten etwas Titanisches gegen große Konkurrenz – oder es muss sich das gut überlegen und Mut haben. Wenn der nicht da ist – lassen Sie's! In großen Unternehmen sind die meisten Idee zu klein. Das Topmanagement hat dann einfach keinen Nerv, wegen einer Idee, die nur 1 Prozent des Umsatzes tangiert, selbst mit Macht aktiv zu werden. Ihre Idee muss zur Macht des Sponsors passen.

Meist fragen sich Leute mit einer tollen Idee nicht wirklich konsequent, ob sie selbst eigentlich Unternehmer sind. Sie hoffen, dass man ihnen hilft und sie trotzdem für die Idee am Ende ehrt und dekoriert. Nein! Die Idee stirbt ohne Tun! Oft nimmt sie ein Unternehmertyp dem Erfinder weg und hat Erfolg, dann schimpft der Erfinder. Zu Unrecht. Innovation ist Durchsetzen, nicht erfinden.

Meist fragen sich Manager bei Innovationen nicht wirklich ernsthaft, ob das Unternehmen so etwas überhaupt kann. Es gibt total naive Unternehmen, die glauben, mal eben so etwas Neues anfangen zu können. (Eine bekannte Drogeriekette hat Shops mit dem gleichen deutschen Erfolgssortiment in Osteuropa eröffnet – und die Leute da kaufen seltsamerweise das Sortiment so nicht!) Es gibt noch mehr Unternehmen, die die Frage nach dem Können bewusst gar nicht stellen wollen, weil sie sich bei der Innovation hohe Profite versprechen. O-Ton: „Wir haben keine Wahl, wir müssen das zum Erfolg führen. Es geht um das Überleben. Was wir nicht können, müssen wir lernen." Liebe Leute, man muss gut sein, um einen neuen Markt zu stemmen! „Mal sehen, wir lernen dann schon" ist viel zu lasch und führt zum Tod. Und normalerweise wachsen einem Unternehmen keine Fähigkeiten zu, nur weil es ums Überleben kämpft. Es kämpft ja, weil es unfähig ist.

Viele Innovatoren stellen sich das Ganze nicht wie Kampf im Dickicht vor, wie ein Durchschlängeln durch zerkratzende Brombeerhecken. Sie erwarten Fanfaren, keine Prügel. Es gibt aber nur Widerstände zu überwinden – den ganzen Tag, immer. Wer das nicht mag, soll's sein lassen.

Fast alle Fragen oben müssen im Sinne der Innovation beantwortbar sein, sonst geht es nicht. Sagen Sie nicht, es werde schon nicht so aufreibend. Sagen Sie nicht, das Unternehmen würde doch noch von allein klug. Hoffen Sie nicht, dass Ihre zu kleine Innovation doch noch Gnade findet. Seien Sie einfach vollkommen ehrlich mit der Sache. Wenn Sie wirklich ganz ehrlich wollen und können – ja dann werden Sie meinetwegen schnell fanatisch und hypomanisch! Los, los!

DD96: „Ich zahle den Schaden selbst, ich bin systemirrelevant" (August 2009)

Einem Alleinverdiener mit einem hohen Gehalt wird von Versicherungen dringend geraten, zu Gunsten der ganzen Familie eine Versicherung abzuschließen. Die Wahrscheinlichkeit eines völligen Bankrotts ist zwar so hoch wie bei allen anderen Verdienern auch, aber der Schaden für andere ist hier immens. Wenn der Alleinverdiener stirbt, kann es ihm eigentlich egal sein. Darf ihm das egal sein?

Solche Anhäufungen großer Risiken Einzelner für schwache andere treffen wir auch in der Wirtschaft an. Das will ich hier deutlich machen.

Schauen wir zuerst auf das schon existierende Kartellamt. Es verhindert, dass Unternehmen eine marktbeherrschende Stellung erringen, weil das Risiko zu groß ist, dass sie ihre Position zur Ausbeutung anderer Wirtschaftssubjekte ausnutzen. Gegen dieses Ausbeuten kann man eine Monopolsteuer erheben oder keine Monopole zulassen. Monopole sind immer so etwas wie ein latenter Feind, gegen den etwas von der Gemeinschaft unternommen werden sollte. Das gehört schon zum Schulwissen.

Durch die Effizienzwirtschaft ist ein neuer Feind der Prosperität entstanden: das systemrelevante Unternehmen. Wir haben neuerdings gelernt oder besser erst einmal erfahren, dass bestimmte Unternehmen bei einem Bankrott so sehr großen Schaden anrichten können, dass sie unter Umständen zum Staatsbankrott führen können (siehe Island und Banken). Jetzt sind wir sehr zornig, dass wir am Ende die größten Übeltäter weich auffangen und aufpäppeln müssen. Warum gibt es aber nur ein Kartellamt und kein Amt gegen Systemgefährdung?

Die Systemrelevanz ist kein Schicksal oder eine unglückselige Entwicklung. Sie ist von den Unternehmen mindestens mittelbar angestrebt worden. Große Unternehmen gliedern möglichst viele Unternehmensteile aus, wie zum Beispiel Zulieferer und Dienstleister. Vieles lassen sie in Ostasien erledigen oder produzieren. Alle diese äußeren Teile werden in den Preisen hart gedrückt, so dass der Gewinn hauptsächlich im Kern des Unternehmens verbleibt, obwohl ihn ja alle Zulieferer gemeinsam mit dem Unternehmen erarbeiten. Das Kernunternehmen nimmt den Zulieferern im Umfeld den Gewinn weg, so wie ein Handwerksmeister den Gewinn von den Gesellen zu gutem Teil abschöpft. Das ist an sich nicht illegitim, bringt aber Probleme mit sich, wenn das Kernunternehmen nur noch einen winzigen Prozentsatz von allem ausmacht. Dann wachsen die Risiken! Das ist aber gewollt! Je kleiner der Prozentanteil des Kernunternehmens, desto besser ist die Rentabilitäts- oder Abschöpfungsquote. Ein Handwerksmeister mit 1000 Gesellen ist reich, aber wehe, ihm selbst passiert etwas!

Die Automobilproduzenten träumten entsprechend, dass sie eigentlich nur noch alle Teile der Autos fertig zusammensetzen und vor allem verkaufen und Geld scheffeln würden. Sie strebten an, alle Produktion, alle Entwicklung und das Marketing in preisgedrückte Firmen hinauszugeben und selbst nur noch an der Kasse zu sitzen. Ein solches Kernunternehmen verdient traumhafte Eigenkapitalrenditen – das Eigenkapital der Zulieferer verdient ja unfair wenig, daher klappt es so gut! Die Wirtschaft verdient also nicht durchgehend gut, sondern nur das Kernunternehmen, das quasi zum Alleinverdiener der großen Familie werden wollte.

Wenn aber der Kern stirbt, ist es ihm selbst egal – er ist tot. Und die anderen haben den Schaden, weil sie zu Gunsten des Kernunternehmens so wenig verdient haben und nun sofort alle krank werden und sterben. Was kann man tun? Das Kernunternehmen mit Staatsgeldern retten.

Bei den Banken ist man ähnlich verfahren. Banken dürfen nur so viel Geschäft machen, wie sie das Risiko decken können. Dafür gibt es Gesetze. Da haben sie diese Risiken an unwissende Kunden ausgelagert und die Bankarbeit der Transaktionen an Zulieferer gegeben.

Das Ziel ist es immer, eine strategische Zentralposition in einem Netzwerk einzunehmen und die Gewinne des ganzen Netzwerks abzuschöpfen, ohne selbst die Risiken des Ganzen tragen zu müssen. Sehen Sie es so: Wenn in einem normalen Unternehmen eine Abteilung herbe Verluste einfährt, weil sie einen großen Fehler zu verantworten hat, dann gehen in der Regel die Gewinne so einiger anderer Abteilungen dafür drauf. Wenn aber ein Zulieferer einen großen Verlust macht, ist es sein ganz eigenes Pech. Das Kernunternehmen hat also keine Probleme bei Verlusten bei Zulieferern. Es nimmt sich einfach einen anderen. Fremde Fehler und Risiken kosten also das Kernunternehmen nichts – andere haben das Risiko.

Das einzige große Problem entsteht, wenn das Kernunternehmen, das nach seiner Strategie nur noch an der Kasse sitzt, selbst einen massiven Fehler begeht oder wenn wegen eines Konjunkturproblems plötzlich kein Kunde mehr an der Kasse erscheint.

Dann stirbt das Kernunternehmen und hinterlässt eine riesige Familie in bitterem Elend.

Systemrelevanz ist also nicht nur eine Folge von Größe (die uns so teure systemrelevante IKB ist ganz klein), sondern besonders eine Folge eines Effizienzstrebens auf Kosten von anderen, typischerweise Schwachen oder Unwissenden (z.B. Zertifikatskäufern). Ist eine solche Unfairness erlaubt?

Könnten wir nicht die Gewinnkonzentration auf die Zentralpositionen in Firmennetzwerken als eine Art anderes Monopol begreifen?

Ein Monopol nimmt aus einer Machtposition heraus unfair hohe Preise von den Kunden.

Ein Kernunternehmen aber zahlt aus einer Einkaufsmachtposition heraus unfair wenig an seine Zulieferer. Ist das nicht dasselbe „in Grün"?

Ich wünsche mir ein neues Amt! Oder für das Kartellamt eine Kompetenzausweitung auf den Kampf gegen die Gemeinschaftsfeinde der neuen Generation!

DD97: Strukturloses Träumen der Innovatoren (August 2009)

Die meisten guten Ideen fallen schon an der nächsten Straßenecke erschreckt zusammen und sinken dahin. Die meisten Ideen brauchen ein weiter als gedachtes Umfeld, um zu gedeihen. Die Erfinder sind in der Mehrzahl blind dafür und denken sich, die Umgebung entstehe von allein.

Amazon musste lange warten, bis die Leute überhaupt Internet hatten und dann der ganzen Sache mit dem Kaufen im Internet vertrauten. Second Life ist nicht wirklich lustig, wenn man keine superschnelle Internetverbindung hat. Digitalkameras sind für die meisten Nutzer zuerst unsinnig – solange sie keine Bilder per Mail verschicken und auch keine Papierabzüge davon im Supermarkt bestellen können. Wer will sich einen extra Drucker dafür kaufen? Elektroautos helfen nichts, weil es keine Ladestationen gibt. Alarmsensoren & Mobiltelefon für Nach-OP-Patienten helfen nicht und lassen ihn doch sterben, wenn das SOS im Funkloch ausgestrahlt wird. Die Idee „Nur 25 Prozent Steuer einheitlich auf alles" ist angesichts der Interessen und der Wahlkampftaktiken als Idee sogar richtig schädlich für den, der sie hat. Genauso wird der SPD gerade das Deutschland Programm 2020 genüsslich zerschlagen, weil es zu viele „ungeklärte Punkte" gibt, also keine Mehrheiten, kein Geld, keinerlei Lust der Wirtschaft oder Wissenschaft zum „Mitziehen".

Hey, Schiffe ohne Häfen sind nichts! Flugzeuge nichts ohne Landebahnen und Bildtelefone nichts, wenn nicht mindestens zwei eins haben.

Das ist Ihnen klar, aber denken Sie bei Ihren Ideen darüber nach, was Sie an Strukturen und Infrastrukturen brauchen, damit Ihre Idee verwirklicht werden kann? Dann bleibt sie nämlich nur ein Traum und Sie sind ein strukturloser Träumer. Ich komme mir im Alltag wie der Henker vom Dienst vor, der alle Ideen umbringt. Viele Interne und Externe rufen mich an. „Ich habe eine Idee."

Neuerdings ist überall 2.0 modern. „Ich habe eine Idee. Wir setzen alle zusammen gemeinsam das Wissen der Firma ins Netz." – „Aber da macht keiner mit!" – „Alle müssen doch einsehen, dass es langfristig gut für alle ist!" – „Aber sie haben jetzt keine Zeit!" – „Pfui, wie kurzsichtig die Leute sind!" – „Sind sie nicht so sehr, aber die meisten hassen es zu schreiben, denk an die Schule." – „Wir befehlen es ihnen." – „Wie?" – „Der Chef befiehlt es! Oder wir setzen Anreize aus! Wir drucken Plakate!" – „Okay, dann drucke Plakate." – „Toll, endlich geschieht etwas! Aber wer entwirft das Plakat und wer bezahlt es?" – „Du." – „Ich doch nicht, ich hatte nur die Idee! Der Chef muss sie umsetzen, das ist doch klar. Er muss befehlen und die Ausführung kontrollieren, das Geld geben, die Plakate entwerfen lassen, Anreizsysteme in Kraft setzen und Preise einkaufen und verteilen, die Artikel des Wissens auf Qualität prüfen und befehlen, dass die alle lesen. Der Chef, nicht ich!" – „Wie soll der Chef das alles machen?" – „Das ist klar, er hat Leute dafür." – „Endlich verstehst du es. Das bist du!" – „Aber ich kann es nicht – und ehrlich gesagt, will ich es auch nicht. Ich habe keine Zeit. Ich hatte doch schon die Idee, ist das nichts? Jetzt tut ihr mal was."

„Ich habe eine Idee: Wir könnten die Krise 2009 meistern, wenn wir für jedes Arbeitsgebiet in der Firma genau voraussagen, wie viele Leute wir in 2010 und 2011 brauchen. Dann passen wir die Personalstruktur an, verteilen die Leute um und es passiert uns nichts." – „Wer weiß denn, wie viele Leute wir brauchen?" – „Das müssen die doch wissen!" – „Wenn sie zum Beispiel wissen, dass sie schrumpfen – werden sie uns das sagen?" – „Das müssen sie!" – „Sie nehmen dann aber selbst Schaden daran, das weißt du?" – „Wir schicken sie woanders zur Arbeit!" – „Und was sagen sie dem Chef, dem sie versprochen haben, den Umsatz zu steigern und eben nicht zu schrumpfen?" – „Der Chef muss dann einsehen, dass dieses Gebiet schrumpft." – „Aber der Chef hat ihnen Wachstum als Ziel gegeben und sie haben das Ziel akzeptiert!" – „Das dürfen sie dann nicht, außerdem haben sie es aus Angst wider besseres Wissen akzeptiert." – „Hast du schon mal ein Ziel nicht akzeptiert?" – „Da bin ich vorsichtig, das wird gegen mich ausgelegt." – „Und du siehst aber, dass man Integrität und Courage braucht, wenn die Prognosen von den Zielen abweichen?" – „Wir müssen einen Befehl vom Chef geben lassen, dass Integrität und Courage nicht bestraft werden."

„Ich habe jetzt aber eine echt umsetzbare Idee: Wir bauen im Flieger ein Münzklo ein." – „Womit bezahlt man?" – „Mit Ein-Pfund-Münzen." – „Wo haben wir die her?" – „Die muss man haben." – „Und wenn man nur muss?" – „Man kann ja einwechseln." – „Ist dann im Flugzeug eine Wechselstube?" – „Ja." – „Und was macht die Fluggesellschaft mit den Münzen?"

„Ich habe eine Idee: Die Unternehmens-PowerPoint-Folien sollten vollkommen einheitlich sein, auch der Hintergrund muss einheitlich sein." – „Aber ein Vortrag vor Aktionären ist anders als einer vor Kunden." – „Warum?" – „Aktionäre wollen, dass der Gewinn sehr hoch ist und die Qualität folglich mittelmäßig; der Kunde will aber hohe Qualität und akzeptiert nur mittelmäßige Gewinne. Da muss jeweils etwas anderes auf die Folien. Vor Mitarbeitern sagen wir zum Beispiel, sie sind unser wertvollstes Gut, vor Aktionären sind sie unser teuerstes. Es kommt auch darauf an, ob jemand etwas von unserer Firma versteht oder nicht. Wir brauchen Blabla-Tralala-Folien und andererseits auch ernsthafte." – „Ich bin der Boss und ich nehme immer dieselben für alle Leute, geschworen – und noch nie hat jemand mit mir gemeckert." – „Welche nehmen Sie denn?"

„Sie meckern aber auch über alle Ideen, was sagen Sie jetzt zum iPod, häh?" – „Der iPod ist zum Musikhören, aber der Clou ist nicht der iPod, sondern das Downloadportal." – „Seltsame Idee, oder? Eine Computerfirma im Musikgeschäft?" – „Nein, sie haben die Struktur geschaffen, in der das Produkt gedeiht." – „Was machen aber die, die keine 99 Cents für einen Song zahlen können?" – „Die kaufen eine 1 l-Cola-Flasche zu 84 Cents, im Deckel ist ein Download-Gutschein für einen Song für 99 Cents." – „Aber wenn das alle machen würden, bräche das Musikgeschäft zusammen." – „Sie begrenzen die Downloadgeschwindigkeit." – „Ja, und?" – „Alles perfekt, sie können eben nicht einfach MP3-Player bauen, sie müssen auch Musik und Getränke beschaffen." – „Das kam zusätzlich!" – „Bitte, nein! Sie haben die ganze Struktur drum herum bedacht! Das gibt den Erfolg!"

Tragen Sie eine Idee einem normalen Menschen vor und beobachten Sie ihn. Wenn er dabei nachdenkt oder argumentiert – verloren. Nur wenn jemand fragt, wo man das kaufen kann und wie viel es kostet – gewonnen, auch wenn es das noch nicht zu kaufen gibt und am Anfang sowieso zu teuer ist. Das kann man später noch regeln. Nur die Struktur muss stimmen – die regelt sich nicht so einfach. Viele Ideen, die an der nächsten Ecke zusammensanken und starben, blühen plötzlich wieder auf, wenn die Strukturen stimmen. Ideen sind oft lange Zeit scheintot. Die wirkliche Kunst ist es, sie dann zu verwirklichen, wenn sie blühen können. Das verstehen Erfinder meist nicht. Die meisten Ideen sind aber die ganze Zeit tot, ehrlich.

„Noch eine: Wir könnten Privatleuten anbieten, über Internet den Computer zu reparieren. Sie geben uns das Passwort und wir beseitigen Viren und laden neue Software." – „Wie viel soll das kosten? 50 Euro die Stunde?" – „Ja, vielleicht, das ist bei Handwerkern so üblich." – „Würden Sie so etwas für sich selbst bestellen?" – „Nein, ich nicht. Ich würde mich eher freuen, wenn mein Computer kaputt ist, dann kaufe ich endlich einen neuen, was mein Partner sonst nicht duldet. Außerdem habe ich sehr private Daten auf dem Computer, die mein Partner nicht sehen darf. Und der Computerspezialist eigentlich auch nicht. Aber es ist doch trotzdem eine gute Idee?" – „Glauben Sie, dass ein Computer-Laie das Problem überhaupt beschreiben kann?" – „Nein, kann er nicht, aber das regeln wir doch irgendwie! Warum immer so negativ!"

Und die beste aller Ideen überhaupt: „Why don't we eat our own food?" – Oder: „Warum benutzen wir unsere Produkte nicht selbst?" Fragen Sie sich das einmal. Diese Idee an sich ist ja wirklich nicht schlecht. Nur tot.

Ich weiß, wir lieben die Ideen, auch wenn sie tot oder scheintot sind. Die Philosophen nennen diesen wohligen Zustand Idealismus. Er hat viele Anhänger.

DD98: Der Profit der Anerkennung und mein Hass auf Hobby-Statistiker (September 2009)

Mitarbeiter klagen fast unisono über mangelnde Anerkennung für ihre Arbeit. Es gibt nur noch Geld, und das auch nur unwillig. Warum lobt uns keiner? Das würde nichts kosten. Aber die Manager schweigen fast eisern. Der Management-Guru Reinhard Sprenger rief auf, Mitarbeiter für Verdienste zu würdigen, aber eine wissenschaftliche Studie widerspricht ihm diametral und „zeigt", dass sich Anerkennung für Unternehmen nicht auszahlt. Ich habe fast eine Stunde vor mich her geschimpft, nachdem ich das alles im Handelsblatt las.

Normale menschliche Erfahrung zeigt, dass Anerkennung die Stimmung im Menschen hebt. Wir gehen nicht so unwillig gedrückt zur stressigen Arbeit, sondern wir freuen uns, heute etwas zu bewirken. Dieses Gefühl der eigenen Wirksamkeit ist ganz körperlich spürbar und strömt als Energie pulsend durch unsere Adern.

Nun aber kommt die Wissenschaft!

Wie können wir eigentlich feststellen, ob sich ein Mitarbeiter durch ein Lob motiviert fühlt? Sollen wir Versuchsratten oder Testpersonen loben und schauen, ob sie besser arbeiten? Was ist überhaupt besser? Wie misst man das im Labor? Diese Studie wird natürlich von Doktoranden durchgeführt, deshalb muss sie unbedingt wissenschaftlichen Ansprüchen genügen, also methodisch sauber sein. Da haben zum Beispiel gesunde Urteile über „besser fühlen" keinen Platz. Alles muss objektiviert messbar sein. Wie definiert ein kleiner Doktorand, was Motivation ist? Darf er das? Wie sehr oder lange muss man Menschen loben, damit sie arbeiten – wie lange darf aber die Studie dauern? Darf sie Geld kosten? Das sind die wichtigen Fragen auf der Suche nach der Wahrheit.

Eine Studie hat nun in einem Call-Center gemessen, wie gut die Mitarbeiter „performten". Das ist einfach, weil der Computer im Hintergrund ohnehin alles misst. Man hat dann den Besten der Belegschaft zum Mitarbeiter des Monats gemacht, ihm dabei ein paar Hundert Euro überreicht und geschaut, ob er danach besser arbeitet. Das wurde vom Computer gemessen. Man kann die Mehrleistung ebenso einfach berechnen. Nun schaut man, ob die geldwerte Mehrleistung des Mitarbeiters höher liegt als der Geldbeitrag, den man ihm schenkt . . .

Das Ergebnis: Belohnte Mitarbeiter arbeiten für ein paar Wochen schwach besser, danach wieder wie vorher. Ohne Wissenschaft spekuliert man, dass die Belohnung für eine Weile zu einer innerlichen Verpflichtung führt. Außerdem kam heraus, dass normalerweise schlechte Mitarbeiter länger und viel besser nach einer

Belohnung arbeiten, bis sie wieder in den gewohnten Trott fallen. (Der Profit der Belohnung ist also bei schlechten Mitarbeitern viel höher! Was empfiehlt die Wissenschaft?) Im Ganzen zeigen aber die Ergebnisse, dass sich Geldpreise für gutes Arbeiten nicht in Profit verwandeln – wenn überhaupt lohnen sich nur Geldpreise für schlechte Mitarbeiter.

Darüber habe ich mich so geärgert! Warum? Ich fange einmal andersherum an: Glauben Sie, dass ein Nobelpreisträger vom Tage seiner Auszeichnung an besser arbeitet als jemals vorher? Dass ein frischer Oscarpreisträger nun besser spielt? Dass ein Olympiasieger sich noch mehr anstrengt? Alle Sieger sagen, dass es sagenhaft schwer ist, oben zu bleiben, weil die Energie dafür immer aufrechterhalten werden muss. Der Weg nach oben aber BIS zum Sieg ist die reine Freude des Aufstiegs! Da pulsiert eben diese frohlockende Energie in uns. Deshalb ist es klar, dass die irgendwann KOMMENDE Ehre die Energie hochfährt, nicht die, die gerade eben vergeben wurde – die peitscht nicht weiter auf, die erwärmt nur, erleichtert die Seele und heilt auch ein paar Verletzungen und Wunden, die der Aufstieg gekostet hat. Viele, die fast nach oben kamen, aber nicht ganz – viele also, die etwa für Oscars nominiert wurden, aber keinen bekamen, trugen diese Wunden weiter und waren um den Lohn gebracht (Studien sagen, dass die Lebenserwartung der nur Nominierten fünf Jahre kleiner ist als die der Oscarpreisträger.).

Diese Studie aber misst die Energien NACH der erbrachten Höchstleistung. Was sagen wir dazu? Papierkorb! Jahrelange Forschung im Blindflug? Ein ganzes Buch darüber im Irrtum? Warum merkt der Journalist vom Handelsblatt nichts? Warum denkt jemand ohne weiteres, ein paar Messungen widerlegen Reinhard Sprenger einfach so? Muss dieser offene Widerspruch nicht durch angestrengtes Nachdenken und Forschen aufgelöst werden – von dem, der ihn aufwirft? Darf man einfach etwas messen und als Wissenschaft unters Volk werfen, ohne sich mit den widersprüchlichen Fakten anderer zu befassen?

Tag für Tag rege ich mich über Fehldeutungen aus Statistiken auf. Nicht nur, dass jede Fehldeutung ja einige Jahresgehälter Doktorand gekostet hat – wir lesen es und es setzt sich als „Meme" in uns fest! Jetzt ärgere ich mich gerade wieder: Das Handelsblatt berichtet, dass Akademiker nicht nach unten heiraten wollen. Die „Homogamie-Rate" steigt. Man nahm die Daten vom Mikrozensus 1996 und 2007 und sah, dass 1996 47 Prozent der Abiturientinnen wieder Abiturienten heirateten und 2007 „schon" 52 Prozent. Die Wissenschaftler sprechen folgerichtig von einem Beleg für eine „zunehmende Abschließungstendenz der Höherqualifizierten". Aha.

Was passiert eigentlich, wenn die bundesweite Abiturquote steigt, sagen wir, auf 100 Prozent? Dann heiraten doch nur noch Abiturienten, oder? Und es liegt kein Unwille vor, nach unten zu heiraten! Nun steigt aber doch die Abiturquote über die Zeit an! Sie liegt heute im Bundesdurchschnitt bei etwa 37 Prozent. In den Unistädten liegt sie sehr viel höher. Wenn man die Leute in der Statistik anschaut, die 1996 verheiratet waren oder heirateten, dann haben die viel früher Abitur gemacht – nicht erst 1996. Wie hoch war die Rate in dieser grauen Vorzeit? Außerdem: Wenn immer mehr Menschen studieren, treffen sich doch die Abiturienten immer mehr an der Uni – und da sind dann nur noch Abiturienten! Ich habe meine Frau da auch kennen gelernt. Bin ich jetzt gegen Heirat nach unten? In diesem Licht nähern

Hinschauens: Was sagt uns die Änderung von 47 Prozent auf 52 Prozent? Nichts! Aber wir haben eine Überschrift: „Akademiker wollen nicht nach unten heiraten". WOLLEN nicht! Kein Wort, dass sie auf der Uni sind und sich dort zwangsweise treffen. Im gleichen Artikel steht, dass 1997 etwa 83 Prozent Hauptschüler/Hauptschüler heirateten, 2007 nur noch 75 Prozent (die Wahrscheinlichkeit, dass eine Frau mit Hauptschulabschluss mit einem Hauptschüler verheiratet war). Aber das geht doch in die andere – erwünschte – Richtung???? Die Zahl 75 wird prompt bemäkelt: „Von einem Aufbrechen der Bildungshomogamie kann man also hier nicht sprechen."

Im Grunde müsste ich neben den DDs jede Woche einen Verriss schreiben, wenn wieder einer Zahlen verdreht, die wir fast alle nicht lesen – wir merken uns nur die Überschriften und die verändern dadurch unsere Kultur.

DD99: Elite verpflichtet – sie muss unten sein (September 2009)

> *In vielen Zuschriften wird beklagt, dass ich nicht alle gleichzeitig aufs Korn genommen hätte – das passiert mir oft: Viele erwarten die erschöpfende Behandlung eines schwierigen Themas auf zwei Seiten, die liefere ich aber nicht! Der Slogan „Arbeit muss sich wieder lohnen" wurde in den Leserbriefen verschieden interpretiert. Ich dachte selbst dabei, dass die Selbstständigen weniger Steuern zahlen wollen und sich über das Schröpfen des Staates empören. Aber eher die Mehrheit der Zuschriften sah im Slogan den Aufruf dazu, die Hartz-IV-Sätze so weit zu senken, dass es sich nicht mehr lohnt, arbeitslos faul zu Hause herumzulungern. Dann würde sich Arbeit wieder lohnen. Das war mir ehrlich gesagt nicht klar. Ich hatte, wie gesagt, nur an die erste Möglichkeit gedacht. Hmmmh. Da fiel mir nach der Wahl ein, ob die Gelben wohl deshalb so viele Stimmen bekamen? War das Absicht mit dem Slogan?*

Wer das Privileg genießt, in unserem Staate wirklich gut gebildet, ausgebildet und großartig erzogen zu werden, der hat die Pflicht, sich wieder unter die zu gesellen, die auf nicht so günstige Lebensumstände trafen, und ihnen zu helfen und sie zum Wohle aller zu führen. So lehrte es uns Platon in *Der Staat*. Heute, am 27. September 2009, gehen wir eine neue Regierung wählen. Mir ist etwas bange.

In seinem Spät- und Hauptwerk gibt uns Platon sein berühmtes Höhlengleichnis mit auf den Weg unseres Lebens: Gefangene sind in einer Höhle streng gerade so angekettet, dass sie stets ins Höhleninnere schauen müssen. Sie können nie in Richtung des Höhleneingangs schauen, woher noch schwaches Licht zu sehen ist. Infolge des trüben Dunkels sehen sie daher nur undeutliche Schatten der Dinge, die sich hinter ihnen abspielen. (Im übertragenen philosophischen Sinne: „Sie wissen fast nichts und sehen statt der Dinge nur deren Schatten.") Eines Tages gelangt einer der Gefangenen ans Licht (im übertragenen Sinne gelangt er „zu der Erkenntnis des Guten und der Wahrheit"), ist vom harten Licht grell geblendet ... etc. Später kehrt er wieder in die Höhle zurück und berichtet vom Licht und dem wahren Anblick der Dinge. Aber die immer noch Angeketteten glauben ihm nicht.

Die meisten jedoch, die ans Licht gelangen und sich mühsam daran gewöhnen, kehren nie mehr in die Höhle zurück, in der es – wie sie jetzt wissen – grausig dunkel zugeht und wo schieres Unwissen über das Gute und die Wahrheit herrscht.

Die, die das Licht sehen, sind bei Platon die Wissenden, die Philosophen und Wissenschaftler. Diese müssten eigentlich regieren, sagt er und weiß, dass diese nicht in die Finsternis zurück wollen werden, weil sie, so Platon, „gutwillig gar keine praktische Tätigkeit werden betreiben wollen, in der Meinung, dass sie noch immer fern der Welt auf den Inseln der Seligen leben und also abwesend sind". Und weiter: „Und also [...] liegt ob, die trefflichsten Naturen unter unseren Bewohner zu nötigen, dass sie zu jenem Wissen zu gelangen suchen, das wir [...] als das höchste bezeichneten, nämlich das Gute zu schauen und den Aufstieg zu jener Höhe anzutreten; aber wenn die dort oben zur Genüge geschaut haben, darf man ihnen nicht erlauben, was ihnen jetzt erlaubt wird, [nämlich] dort zu bleiben und nicht zurückkehren zu wollen zu jenen Gefangenen, noch Anteil zu nehmen an ihren Mühseligkeiten..."

Platon fordert, dass Menschen im Staat, die eine privilegierte Erziehung bekamen, billigerweise mit dem erworbenen Wissen und ihren Fähigkeiten den anderen helfen. Platon schlägt einen Appell an die „Philosophen" oder privilegierten Wissenden vor: „Euch [...] haben wir zu eurem und des übrigen Staates Besten wie in den Bienenstöcken die Weisel und Könige erzogen und besser und vollständiger als die übrigen ausgebildet, so dass ihr tüchtiger seid, an beidem teilzunehmen. Ihr müsst also wieder herabsteigen, jeder in seine Ordnung, zu der Wohnung der übrigen und euch mit ihnen gewöhnen, das Dunkle zu schauen. Nun, sobald ihr wieder daran gewöhnt seid, werdet ihr tausendmal besser als die dort unten sehen und jedes Schattenbild als das erkennen, was es ist und wovon es ein Abbild ist, weil ihr das wahre Wesen des Schönen, Gerechten und Guten geschaut habt. Und so wird unsere, von euch geführte Staatsregierung eine solche der wachenden Menschen sein und nicht von träumenden, wie es jetzt in den meisten Staaten der Fall ist, deren Leiter Schattengefechte miteinander ausfechten und bei ihrer Verwaltung Parteikämpfe um die Herrschaft führen, als ob diese ein gar großes Gut wäre. In Wahrheit aber steht es so: der Staat, in welchem die zur Regierung Berufenen am wenigsten Lust haben zu regieren, wird notwendig am besten und ruhigsten..."

Sic.

Geht unsere Elite wieder nach unten und schaut nach dem Guten und Rechten? Oder bleibt sie untätig in Elfenbeintürmen der Intellektualität – so sehr, dass wir gar keine Intellektuellen mehr in der Öffentlichkeit sehen? Da tummeln sich fast ausschließlich Stars und Topverdiener, die ihren Elitestatus nicht auf das Vortreffliche, Gerechte und Gute stützen, sondern auf ihre Höchstleistungen, ihren Kontostand und eigene anoperierte Schönheit. Und die fassen Platons Forderung nach dem helfenden Abstieg zu den normalen Menschen als „Verschenken von Geld" auf, wo doch beim Helfen nie Geld gemeint ist, sondern das Vortreffliche, Gerechte und Gute. In diesem Sinne aber sind die „modernen Eliten" noch gar nicht wirklich aus der Höhle hinausgekommen, oder?

Es gibt Wahlkampf-Slogans mit absolutem Elite-Touch – mitten in der jetzigen Bereicherungskrise –, dass sich „Leistung wieder lohnen müsse". Hat sich Leistung denn nicht vor der Krise schwer gelohnt? Ist das so gemeint, dass die Eliten immer weiter hochsteigen und nie mehr zu den übrigen Menschen gehören wollen? Ist das die moderne Auffassung von Elite? „Wo Licht ist, ist auch immer Schatten – aber das Licht bin immer ich." So? Ist Elite dann prätentiöse Arroganz? Oder dominanter Narzissmus?

Eigentum verpflichtet. Elite verpflichtet. Bildung verpflichtet. Adel verpflichtet, Stärke verpflichtet. Wer je das Privileg hatte, oben zu sein, hat damit eine Pflicht auf sich geladen. Elite ist nicht oben sein, sondern unten helfen und führen.

So. Jetzt gehe ich, das Vortreffliche, Schöne, Gerechte und Gute zu wählen.

PS: Für treue Leser: DD 99 ist in vieler Hinsicht die tiefer gelegte Fassung von DD11 *Declaration of Lights*. Da ist mehr Licht, hier mehr Dunkel.

GPSR Compliance

The European Union's (EU) General Product Safety Regulation (GPSR) is a set of rules that requires consumer products to be safe and our obligations to ensure this.

If you have any concerns about our products, you can contact us on

ProductSafety@springernature.com

In case Publisher is established outside the EU, the EU authorized representative is:

Springer Nature Customer Service Center GmbH
Europaplatz 3
69115 Heidelberg, Germany

www.ingramcontent.com/pod-product-compliance
Lightning Source LLC
LaVergne TN
LVHW010337260326
834688LV00036B/745